高等院校法学精品课教材

侵权责任法原理

蒋云蔚　王康　编著

格致出版社　上海人民出版社

作者简介

蒋云蔚，复旦大学法学院讲师，北京大学法学博士。讲授合同法、侵权责任法等课程，主要研究领域为侵权责任法、医事法等。曾主持国家社科基金项目、教育部人文社科基金项目。曾在《现代法学》、《民商法论丛》等刊物发表过论文近20篇，出版专著1部。

王康，阜阳师范学院法律系教师，复旦大学法学院民商法专业博士。

内容简介

本书以《侵权责任法》的立法规定为基础，以建构科学的侵权责任法的理论体系为目标，努力打造一本集法解释学、理论法学和案例法学为一体的教材。本书适合法学专业本科高年级学生以及法学硕士、法律硕士作为教材使用。也适合广大法律工作者及爱好者作为学习《侵权责任法》的参考资料。

前　言

《中华人民共和国侵权责任法》(以下简称《侵权责任法》)从2002年进入立法程序,历时7年之久,经全国人大常委会通过并公布,于2010年7月1日起开始实施。《侵权责任法》是继《合同法》、《物权法》之后我国民法典立法的又一部重要的支撑性法律,该法的实施无疑对我国民法学理论研究、司法实践和百姓生活有着深远影响。为向法学专业的学生提供一本反映《侵权责任法》的立法及我国目前侵权责任法理论研究水平和法制建设状况的教材,我们编写了此书。

本书以《侵权责任法》的立法规定为基础,以建构科学的侵权责任法的理论体系为目标,努力打造一本集法解释学、理论法学和案例法学为一体的教材。全书共分9章,体例安排上遵循我国传统侵权行为法的理论体系,第一章至第五章为侵权责任的一般理论,这部分研究侵权责任法的基本理论问题,包括侵权行为的界定、侵权责任法的地位与功能、侵权责任的归责原则、一般构成要件、免责事由以及侵权责任的形态等;第六章为一般侵权责任,主要研究各类一般侵权责任的特点;第七章为特殊侵权责任,研究《侵权责任法》规定的各类特殊侵权责任的构成及特点;第八、第九章为侵权责任的方式,研究侵权责任的承担方式及损害赔偿的概念、原则和方法等。本书全面反映了《侵权责任法》的立法成就,探讨了同命同价、精神损害赔偿、网络隐私权的保护、取消医疗损害赔偿双轨制等《侵权责任法》中的亮点问题。本书各章节均附有相关案例,选取的案例多为近年来实践中出现的真实案例,鲜活生动,富有启迪性,为教师教学提供了便利。本书适合法学专业本科高年级学生以及法学硕士、法律硕士作为教材使用。也适合广大法律工作者及爱好者作为学习《侵权责任法》的参考资料。

感谢上海世纪出版股份有限公司格致出版社麻俊生主任对本书出版的帮助。欢迎读者提出批评意见及建议,以供我们进一步修改和完善。

蒋云蔚

2010年9月

CONTENTS 目 录

第一章　侵权责任法概述

【本章学习目的】

通过本章的学习，了解侵权行为、侵权责任、侵权责任法的含义、特征；了解侵权责任法的立法现状；掌握侵权行为的分类、侵权责任法的调整对象与社会功能；理解侵权责任法的发展趋势。

第一节　侵权行为与侵权责任的一般问题

一、侵权行为的含义

侵权行为，作为一个基础性的法学概念，是对人类社会有史以来也许是最常见的一类现象的描述。经过几千年的法律学术的抽象和法律规范的建构，"侵权行为"一词最终成为当代社会生活中的一个重要的法律术语，并成为侵权责任法研究的逻辑起点。然而，如何解读"侵权行为"这一名词变化莫测的含义，却一直是一个纠结不清的话题，学者之间一直存在着较大的争议。

（一）侵权行为的词源

侵权行为在不同国家有不同的称谓。在英美法中，侵权行为被称为 tort，tort 一词源于 tortus（tortuous，twisted，它也用于将人的手臂或腿砍掉的情形，所以它肯定有拷打、折磨的意思）。[1]从这种词源可以看出，tort 是一种弯曲的、非正常的行为形态。在

① 参见[德]克雷斯蒂安·冯·巴尔：《欧洲比较侵权行为法》（上卷），张新宝译，法律出版社 2004 年第 2 版，第 7 页。

德国法律中，人们常用 unerlaubte handlung（不许行为）或者 delikt 来表述不法的侵害行为，其含义是指对他人利益的不法侵害。在法国法律中，不法行为的法文称谓为 délit，它与德语 delikt 同出一源，来源于罗马法中的 delictum（私犯）。罗马法中的拉丁语名词 delictum 派生于动词 delinqere（偏离正确的道路），意思是一个违法、失误或错误。[①]现在，这些西方的有关侵权行为的词源在中文中几乎都被称为"侵权行为"[②]，它们基本上都表明"侵权行为"是一种为社会所不容许的行为，一种病态的生活事实，而这一事实需要通过正义的矫正以恢复正常的生活秩序。

（二）侵权行为概念在立法中的表述

侵权行为作为法学上的概念，最早来源于罗马法中的私犯和准私犯[③]的概念。《法国民法典》在法律史上第一次正式使用了侵权行为的概念，它用"侵权行为和准侵权行为"作为章名，并在第1382、1383 等条对这一概念的内涵做了具体表述，强调了行为的过错性。《德国民法典》没有明确使用侵权行为的概念，但在第823、826 等条对其内涵和外延做了列举式规定，兼顾行为的过错性并突出了违法性。在日本的民法中，侵权行为被表述为"不法行为"，同样侧重于行为的过错性。

中文的"侵权行为"一词最早于清末编定《大清民律》草案时才开始应用。[④]我国《民法通则》并未使用"侵权行为"的概念，而是使用了"侵权"的称谓。第106 条第2、3 款规定："公民、法人由于过错侵害国家、集体的财产，侵害他人财产、人身的，应当承担民事责任。""没有过错，但法律规定应当承担民事责任的，应当承担民事责任。"

（三）侵权行为概念在学理上的表述

在英美法中，《牛津法律大辞典》在侵权行为的词条中作出的解释是：在普通法制度中，侵权行为这个术语指一种引起民事可诉损害的行为。"一个人对他人造成法律上为不正当的损害或伤害的，法院通常以判决损害赔偿的方式给予救济而不是适用许

---

① 参见［德］克雷斯蒂安·冯·巴尔：《欧洲比较侵权行为法》（上卷），张新宝译，法律出版社2004 年第2 版，第6 页。

② 英美法中的 tort 更好地对应于中文的"侵权行为"，而大陆法中的 delikt、délit 等词更好的中文翻译应为"不法的侵害行为"。参见江平、米健：《罗马法基础》，中国政法大学出版社2004 年修订本第3 版，第368 页。当然，这些不同语境下的文字符号反映在用汉语所表达的概念意义上，可能并不能直接得出相同的内涵和外延上的界定，故而可能产生术语意义上的混淆和模糊。

③ 私犯本来是罗马法中的犯罪的一种，与公犯相对应，即相对于个人而接受刑罚。在今天的语境下，如果不考虑刑事因素，那么私犯相当于今天我们所说的一般侵权行为。按照盖尤斯和优士丁尼的列举，私犯包括四种类型，即：盗窃、抢劫、（财产上的）损害、（人身）侵辱。准私犯基本属于今天所说的特殊侵权行为的范畴，当时大致包括：放置物或悬挂物致害、落下物或投掷物致害、审判员误判致害和产生于自己属员的盗窃或侵害行为的责任等。参见［意］彼德罗·彭梵得：《罗马法教科书》，黄风译，中国政法大学出版社2005 年修订版，第307—311 页。

④ 陈涛、高在敏：《中国古代侵权行为法例论要》，载《法学研究》1995 年第2 期。

多案件中适用的一般的责任原则……被告的侵权责任一般取决于他的作为或不作为是否违反其应负的法律义务,是否侵犯了原告被认可的法定权利并且因此对原告造成了可预见性损害。"①英国学者约翰·福莱明在其久负盛名的《侵权行为法》一书中给侵权行为下过这样的定义:"从非常通俗的角度而言,侵权行为是指损害行为而不是违反合同,对此损害法律将予以赔偿之补救。"②美国学者认为,"'侵权行为'一词被用来指称无论其构成作为或不作为,其特征将使行为人依侵权法原则负有责任的行为。"③

在欧洲大陆,德国学者认为,侵权行为就是"在一定的条件下,一方当事人如果没有对对方的权利和利益予以必要的尊重,无论是故意的还是过失的,他将要承担责任。"④

我国台湾学界对侵权行为有代表性的定义有:(1)"侵权行为者,因故意或过失不法侵害他人之权利或故意以悖于善良风俗之方法加损害于他人之行为也。"⑤(2)"侵权行为者乃因故意或过失不法侵害他人之权利或利益,而应负损害赔偿责任之行为。"⑥(3)"侵权行为,指因不法侵害他人的权益,依法律规定,应对所生损害负赔偿责任的行为。"⑦

在我国大陆,根据《民法通则》的规定,学者给出的定义如下:(1)"所谓侵权行为,是指行为人由于过错侵害他人财产和人身依法应当承担民事责任的行为,以及依法律的特别规定应当承担民事责任的其他致害行为。"⑧(2)"侵权行为是加害人不法侵害他人人身权或财产权的行为。"⑨(3)"侵权行为是不法侵害他人支配型权利或者受法律保护的利益,因而行为人须就所发生损害负担责任的行为。"⑩(4)"侵权行为就是指行为人由于过错侵害他人的人身和财产并造成损害,违反法定义务,依法应承担民事责任的行为。"⑪(5)"侵权行为是指行为人由于过错,或者在法律特别规定的场合不问过错,违反法律规定的义务,以作为或不作为的方式,侵害他人人身权利和财产权利及

---

① [英]戴维·M.沃克:《牛津法律大辞典》,李双元等译,法律出版社2003年第1版,第1109页。

② 参见Jones G. Fleming, *The Law of Torts*, London: Sweet & Maxwell Ltd., 1998, p.3.转引自胡雪梅:《英国侵权法》,中国政法大学出版社2008年第1版,第1页。

③ [美]肯尼斯·S.亚伯拉罕、阿尔伯特·C.泰特选编:《侵权法重述——纲要》,许传玺、石宏等译,法律出版社2006年8月第1版,第4页。

④ [德]克雷斯蒂安·冯·巴尔:《欧洲比较侵权行为法》(上卷),张新宝译,法律出版社2004年第2版,第6页。

⑤ 史尚宽:《债法总论》,中国政法大学出版社2000年第1版,第105页。

⑥ 郑玉波:《民法债编总论》,中国政法大学出版社2004年版,第115页。

⑦ 王泽鉴:《侵权行为法》(第一册),中国政法大学出版社2001年第1版,第59页。

⑧ 马骏驹、余延满:《民法原论》,法律出版社2005年第2版,第997页。

⑨ 佟柔、赵中孚、郑立:《民法概论》,中国人民大学出版社1982年版,第305页。

⑩ 张俊浩主编:《民法学原理》(下册),中国政法大学出版社2000年修订第3版,第902页。

⑪ 王利明:《侵权行为概念之研究》,载《法学家》2003年第3期。

其利益,依法应当承担损害赔偿等法律后果的行为。"①(6)"所谓侵权行为是指行为人违反某种法定或约定的义务,实施损害他人受法律保护的利益并且对其可予救济的民事违法行为。"②

应当说,上述关于侵权行为的概念界定已经基本揭示了它的内涵。如果可以将侵权行为的含义从行为人的过错、行为不法性、侵害对象、行为方式、法律责任等要素加以概括,那么,上述观点基本可以粗略地分为几种:英美法系的学说多不关注主观过错和行为的不法性,而是强调赔偿的法律责任,可以称之为"责任说";而大陆法系学说则考虑得较为全面,综合了各个要素,但各个定义又呈现出复杂的组合形式,大部分都主要突出了主观过错,可以称之为"过错说";一些定义中没有出现故意或过失的字样,而是强调了违法、不法或违反义务,可以称之为"不法说"。

通过文献回顾,我们不难发现,在解读侵权行为的含义时,前述所引定义基本上都竭力将侵权责任构成要件的各个要素包容进来,这样就把侵权行为与侵权责任相混淆,就不可能从侵权行为只是作为侵权责任的构成要件之一的性质上予以纯粹的观察,从而对其本来面目的理解进一步产生较大的分歧。实际上,在已有文献中,正如刘士国指出的,所谓"侵权行为"有两种含义:一是"侵权行为责任"的简称;二是单指"行为"本身,即"侵犯他人民事权利的行为"。一般所说的"侵权行为"就是作为侵权责任构成要件的"行为",是指后一种含义。③与此种认识相契合,张新宝认为:侵权行为有广狭义之分,狭义的侵权行为是指"侵害他人人身权、财产权以及法律保护的利益的行为",广义的侵权行为包括狭义侵权行为(加害人自己的侵权行为)和准侵权行为(他人的加害行为以及物件造成损害的情形)。④这种认识符合侵权行为的本质。

侵权行为属于开放型概念,难以下一般的定义。因而,必须从其法律要件上加以把握。⑤一个内涵圆满的侵权行为定义应该关注其本质的要素和特征,即考查行为主体、对象("权")、方式(作为或不作为)、性质("侵")等。而应该排除侵权责任构成要件中的其他因素如过错、不法性、损害后果、因果关系等要素。但考虑到行为方式在侵权责任法上的意义并没有特别突出的不同之处,与其他民法领域中基本一样,都以作为或者不作为的方式为之,所以我们在侵权行为的定义中也没有必要予以强调。关于侵害对象的认识也有不同争议⑥,本书采绝对权利或受法律保护的利益的观点。绝对

① 杨立新:《侵权行为法专论》,高等教育出版社2005年第1版,第29页。

② 张民安、梅伟:《侵权法》,中山大学出版社2008年第3版,第3页。

③ 参见刘士国:《现代侵权损害赔偿研究》,法律出版社1998年版,第59页。

④ 参见张新宝:《侵权责任法原理》,中国人民大学出版社2005年第1版,第16页。

⑤ 张俊浩主编:《民法学原理》(下册),中国政法大学出版社2000年修订第3版,第902页。

⑥ 不同观点和立法例的具体情况可参见刘士国等:《侵权责任法重大疑难问题研究》,中国法制出版社2009年版,第1—7页。

权利或受法律保护的利益本身就意味着除了其主体之外的其他不特定的人对其均负有一种不可侵害的义务——或者称为一般保护义务，所以在对侵权行为的定义中也就没有必要再强调对此种义务的违反。

综合以上分析，本书放弃通说的立场，而是借鉴刘士国教授和张新宝教授的观点，把“侵权行为”的内涵首先定位于作为侵权责任构成要件之一的“行为”要素，并且将“侵权行为”从广义上加以理解。这样，一个简要的定义归纳为：所谓侵权行为，是指行为人或其负责下的人对他人的绝对权利或受法律保护的利益的加害行为。广义的侵权行为当然包括狭义侵权行为（加害人自己的侵权行为）和准侵权行为（他人的侵权行为以及物致人损害），其中物致人损害被理解为保有人（所有人或管理人）不作为的侵权行为。

二、侵权行为的特征

与其他民事行为相比较，侵权行为的特征主要有：

（一）侵权行为是一种事实行为

侵权行为是一种事实行为，而非表意行为（法律行为），它并不要求以意思表示为要素。侵权行为作为事实行为，并非直接以产生合法的法律效果为目的，甚至也不是直接以发生事实上的效果为目的的行为。如故意伤害他人所追求的可能是直接的事实上的效果——他人的身体受伤，但交通事故致人损害就没有这样直接的目的。并且侵权行为所发生的法律效果大多局限在行为的法律责任上。侵权行为作为事实行为，其法律效果主要基于行为人的客观行为符合法定构成要件，法律才在行为人身上规定了相应的义务——修复被损害的社会关系或生活秩序，不履行这一修复义务就要在法律上承担特别规定的侵权责任。侵权行为不像法律行为那样以行为人具有民事行为能力为生效要件，并不要求行为人具有相应的民事行为能力，行为人也不能主张变更或撤销行为的效力。

（二）侵权行为是一种加害行为

侵权行为是给他人的合法权利造成损害的行为，即加害行为的内涵在于行为给他人的绝对权利或受法律保护的利益所带来的损害。损害从不同角度可以分为人身损害和财产损害、物质性的损害和精神性的损害、财产性损害和非财产性损害。损害的存在表明侵权行为具有相当的社会危害性，因此应受法律的谴责。

（三）侵权行为并不限于违法行为

一般来说，合法行为不会构成侵权行为，违法或不法行为才会构成侵权行为。侵权行为这一概念本身就体现了法律对此种行为的谴责性评价。侵权行为是一种违反法律规定的行为，所违反的法律主要是对于绝对权利或者利益进行保护的法律，以及作为法的原则的公序良俗等。但随着社会进步以及工业化进程的深入发展，当今社会处处充满了危险，故而有了严格的危险责任（无过错责任），对于这样一些特殊的侵权行为及其责任，法律并不绝对要求过错和违法性的存在。比如，对于合法排放污染物的企业行为，因环境污染导致了他人损害，企业能否以其行为的合法性进行责任抗辩？通说认为，在此类侵权行为的构成上并不要求违法性的要件。与环境污染侵权行为类似，机动车交通侵权行为、产品侵权行为、高度危险活动和危险物侵权行为等均属于特殊的不以违法性为要件的侵权行为。

（四）侵权行为并不限于有主观过错的行为

在一般情况下，传统侵权行为主要是行为人有过错并直接致人损害的行为，这也是最常见的侵权行为，如行为人故意损害他人财产等，在理论上称之为一般侵权行为。一般侵权行为必须以过错作为其责任承担的构成要件。但现代社会正日益呈现出越来越多的不以过错为特征的而又必须承担侵权责任的行为，这些行为大多属于理论上的特殊侵权行为的范畴（一般把适用过错推定原则进行归责的侵权行为也作为特殊侵权行为），如前面所提到的环境污染侵权行为、产品侵权行为、高度危险活动和危险物侵权行为等，它们并不要求行为人具有主观过错。在这种情况下，他人的损害确是行为人的行为或与行为人控制下的物的原因所致，并进而适用法律中的特别规定而承担相应的侵权责任。目前，无过错侵权行为有进一步增多的趋势。我国全国人大法工委制定的《中华人民共和国侵权责任法（草案）》第三次审议稿对此所作的规定基本相同。

三、侵权行为与其他行为的区别

（一）侵权行为与违约行为

侵权行为是给他人的合法权益造成损害的行为，但并不是说造成他人损害的行为都是侵权行为。违约行为也表现为对民事权利的侵害。它与侵权行为可能发生竞合，即同一行为既是侵权行为又是违约行为。但二者的区别也是很明显的，主要表现在以下几个方面：

1. 侵权行为违反的是法定义务，一般情况下行为人承担的多为消极的不作为义务。违约行为违反的是约定义务，一般情况下行为人基于与他人的社会接触（合同行为）而承担的多是积极的作为义务。

2. 侵权行为则主要表现为对他人具有对世意义（即能够对抗一切不特定的人）的绝对权或受法律保护的利益的侵犯。由于违约行为是以有效合同的存在为前提，所以违约行为侵犯的是已经存在于特定人之间、具有特定意义的相对权（即只能对抗特定的义务人）——合同债权。

3. 侵权行为一般表现为一种过错行为，仅在特定情况下法律明确规定不考虑行为的过错性。而对违约行为所致责任承担时一般不考虑违约人的过错。

4. 侵权行为可能引发的法律责任包括财产责任和精神损害赔偿等非财产责任。而在目前我国的法律实践中，违约行为引发的法律责任仅限于财产责任（当然，在二者发生竞合时，如果选择侵权责任的请求权，当然可以获得精神损害赔偿的救济的）。

【案例分析】

张某诉辛某侵害抚养权、监护权案

原告张某与被告辛某在河北省廊坊市协议离婚。协议约定：婚生男孩归女方抚养，男方每月付抚育费，每月男方可看望孩子，并能接回北京（即男方家）住几天；双方如有一方再婚，孩子归没再婚一方抚养；双方都再婚，按原协议办。后来辛某发现张某再婚，就几次去接孩子，但没接成。某日，辛某从张某之母家强行将孩子接回北京。张某以侵害抚养权、监护权为由向所在地法院起诉。

分析本案中的行为属于违约行为还是侵权行为。

（二）侵权行为与缔约过失行为

缔约过失行为的含义在于："于缔约之际，尤其是在缔约谈判过程中，一方当事人因可非难的行为侵害他方当事人时，应依契约法原则（而非依侵权行为规定）负责，至于契约是否成立，此一可非难的行为与契约内容是否有关，均所不问。"①按照《合同法》第42条，比较常见的缔约过失行为有：假借订立合同，恶意进行磋商；故意隐瞒与订立合同有关的重要事实或提供虚假情况；有其他违背诚实信用原则的行为等。侵权行为与缔约过失行为有许多相同之处，如它们都在没有合意的背景而违反了法定义

① 王泽鉴：《民法学说与判例研究》（第四册），中国政法大学出版社1998年版，第9页。

务，行为结果都造成了对他人的损害，所引发的法律责任主要以损害赔偿为内容等。但它们也有明显的区别：

1. 侵权行为并不要求当事人进行与合同有关的实际接触，它不一定存在于缔约过程中，而可以存在于一切社会交往中。而缔约过失行为产生于订立合同过程中，是以双方相互接触、磋商进行缔约准备为前提的。

2. 侵权行为违反的是对他人的关注义务或一般保护义务。而缔约过失行为则违反了以诚实信用原则为基础的先合同义务（附随义务）。诚实信用原则要求“民事主体在从事民事活动时，应讲诚实、守信用，以善意的方式行使权利并履行义务。”①在缔约之际，它具体表现为缔约各方相互负有的告知、忠实、保密以及在特定情形下的协作和照顾义务。相比之下，侵权行为所违反的关注义务的标准要低于缔约过失行为所违反的关注义务。

3. 侵权行为是侵犯他人的人身权或财产权等绝对权益的加害行为，并且一般情况下行为发生之前对象可能并不确定。缔约过失行为所侵犯的是一种信赖利益，所谓信赖利益，在大陆法中又称为消极的利益或消极的契约利益，是指因信赖无效的法律行为为有效而所受的损害。②对特定相对人的信赖利益的违反，正是缔约过失行为发生的前提。

4. 侵权行为可能在特定情况下，基于法律的明确规定而不考虑行为的过错性。缔约过失行为所致责任承担时却要求考虑行为人的过错。

5. 侵权行为受侵权责任法的调整，而缔约过失行为受合同法的调整。并因此而导致它们的责任形式和赔偿范围不同。按照我国法律实践，侵权行为的责任形式除了赔偿损失之外，还有停止侵害、排除妨碍、消除危险、返还财产、恢复原状、消除影响、恢复名誉、赔礼道歉等，赔偿范围不仅包括财产损害，还涉及精神损害赔偿方面。缔约过失行为的责任形式就是赔偿损失，赔偿范围是信赖利益的损失③，并不产生精神损害赔偿。

（三）侵权行为与犯罪行为

历史上，不管是在古罗马还是古代中国，侵权行为和犯罪行为在法律中并没有截

---

① 王利明：《合同法研究》（第一卷），中国人民大学出版社2002年第1版，第312页。

② 参见史尚宽：《债法总论》，中国政法大学出版社2000年第1版，第289页。

③ 所谓信赖利益的损失，“不是现有财产的毁损灭失，也不是履行利益的丧失，而是因为相信合同的有效成立导致的信赖利益的损失。”参见王利明：《违约责任论》，中国政法大学出版社2000年修订版，第740页。既包括因行为人的缔约过失行为而导致相对方的直接财产的减少（比如为缔约准备而支出的费用等），也包括相对方的财产应当增加而未增加的利益（如为了缔约而失去的其他应得到的机会利益的损失）。当然，这些利益被要求在缔约时可以预见的范围之内。

然区分。犯罪行为是指行为人在一定的犯罪心理影响和支配下所实施的危害社会的、触犯刑事法律的、应受刑罚处罚的行为,是犯罪心理的外部表现。这样,侵权行为与犯罪行为就具有一定的相似性,比如都具有反社会的行为性质,都受法律和道德等社会规范的谴责,二者还表现为一定程度的竞合性,即同一行为既是侵权行为又是犯罪行为。但侵权行为毕竟不同于犯罪行为,二者的区别主要有:

1. 侵权行为主要着眼于对私权利的侵害,责任关系存在于私主体之间。而犯罪行为则不仅仅侵犯私权利,更主要表现为对社会秩序和公共利益的侵害,责任关系存在于行为人与他人以及社会、国家之间。

2. 侵权行为的所产生的责任主要是以财产性的责任为主的民事责任,犯罪行为的法律责任主要是以剥夺自由或生命为主的刑事责任。

3. 侵权行为对社会的恶性相对于犯罪行为而言较轻。对于犯罪行为中情节显著轻微、危害不大的,不认为是刑事犯罪,但有可能会构成民事侵权行为。

4. 侵权行为人在主观上并不一定要有过错,在有过错(故意和过失)时,也并不需要认识到自己行为可能带来的实际损害,甚至侵权行为也并不一定要存在违法性。而犯罪行为人则必然具有过错(主要是故意,过失并不多见),同时过错行为一定是刑法明文规定禁止的行为。

5. 侵权行为如果没有实际损害,将不会产生责任后果。而犯罪行为的责任承担却不一定需要实际损害的发生,如犯罪未遂形态以及行为犯类型。

【案例分析】

“相约自杀”案①

2005 年 5 月,云阳县某村 10 组的 6 户人家采取抓阄的办法按轮次接水灌溉自家农田,村民冷某与陈某为争轮次发生拉扯。第二天,冷某到陈某家,称自己刚做手术不久,被打后病情加重,要求对方赔偿医药费,并与陈某的妻子刘某发生了激烈争吵。争吵过程中刘某说:“我就是去死也不愿去给你买药吃。”冷某赌气道:“那走嘛,我们都去死,去跳水嘛!”两人在无人阻拦的情况下,来到汤溪河边,冷某抓着刘某的左手一起跳进了河中。后来,冷某在水中几经挣扎爬上了河岸,刘某则溺水而亡。5 月 28 日,云阳警方以涉嫌故意杀人罪将冷某刑事拘留。经过 5 个多月的调查,查明二人赌气相约跳

① 案件详情可参见杭州网 2008 年 3 月 30 日的新闻报道《两农妇赌气相约自杀 生还者被判赔偿 6 万余元》, http://www.hangzhou.com.cn/20080310/ca1475122.htm。

水的事实清楚,但由于二人均不会游泳,主观上一方有逃生可能而放任另一方生命消亡的证据不足。11 月 10 日,云阳县公安局依法撤销了冷明翠涉嫌故意杀人案。此后,冷明翠长期下落不明。2007 年 5 月 28 日,陈某及三子女起诉冷某,要求赔偿丧葬费、赔偿金、被抚养人生活费、精神抚慰金等共计 118 552.5 元。2008 年 2 月 26 日,云阳县法院在被告未出庭的情况下,依法缺席公开审理了此案。法院认为,公民以"相约自杀"的方式结束自己和他人的生命属非法,被告的言行与刘某的死亡有直接因果关系,应对其死亡承担相应的赔偿责任。同时,法院认为刘某在与被告相约跳水的过程中,自身也存在重大过错,据此可酌情减轻被告的赔偿责任。2008 年 3 月 7 日,法院依法作出了被告冷某赔偿原告误工费、丧葬费、被抚养人生活费、死亡赔偿金、精神抚慰金等合计 64 131.5 元的判决。

分析本案中"相约自杀"行为的性质。

四、侵权行为的分类

(一)一般侵权行为与特殊侵权行为

根据对侵权行为具体类型有无法律的特别规定,可将侵权行为分为一般侵权行为与特殊侵权行为。一般侵权行为是指基于过错的行为人对他人的绝对权利或受法律保护的利益的加害行为。特殊侵权行为则主要是基于危险的加害行为,包括根据法律规定不问行为人有无过错而必须承担民事责任的加害行为,以及基于过错推定而由其负责的加害行为(具体类型多为他人的加害行为以及物件致人损害)。

一般侵权行为是侵权行为的常态,特殊侵权行为是侵权行为的例外,只有在法律有特别规定的情况下,特殊侵权行为才能成立。我国《民法通则》规定了以下几种特殊侵权行为:(1)国家或者国家机关工作人员在执行职务中,侵犯公民、法人的合法权益造成损害;(2)因产品质量不合格造成他人财产、人身损害;(3)从事高空、高压、易燃、易爆、剧毒、放射性、高速运输工具等对周围环境有高度危险的作业造成他人损害;(4)违反国家保护环境防止污染的规定,污染环境造成他人损害;(5)在公共场所、道旁或者通道上挖坑、修缮安装地下设施等,没有设置明显标志和采取安全措施造成他人损害;(6)建筑物或者其他设施以及建筑物上的搁置物、悬挂物发生倒塌、脱落、坠落造成他人损害;(7)饲养的动物造成他人损害;(8)无民事行为能力人、限制民事行为能力人造成他人损害的侵权行为。[①]一些行政法规如《医疗事故处理条例》、《学生伤害事故处

① 分别参见《民法通则》第 121 条至 127 条以及第 133 条。

理办法》等对医疗事故、学校事故等侵权行为做了规定。在最高人民法院的司法解释中，还有违反安全保障义务的侵权行为、学校事故侵权行为、雇主侵权行为等。①还有一些单行法律分别对相应的侵权行为作出了具体规定，如《产品质量法》、《消费者权益保护法》、《道路交通安全法》等。2010 年 7 月 1 日施行的《中华人民共和国侵权责任法》在关于责任主体的特殊规定中，对监护人、用人单位、网络服务提供者、公共场所的管理人、学校等特殊主体的侵权行为做了规定，并以专章规定了产品、机动车交通事故、医疗损害、环境污染、高度危险、动物致人损害和物件致人损害七种特殊侵权行为。②

一般侵权行为和特殊侵权行为的区分，有利于在司法裁判中准确认定某些类型的侵权行为的归责基础，并在举证责任的分配、损害赔偿的标准等方面加以明确，从而减少司法判断中的不一致，以有效地保护受害人的合法权益。比如，对于一般侵权行为的归责采用过错责任，而对于特殊侵权行为的归责则采用过错推定责任或无过错责任（危险责任）。而在举证责任上，一般侵权行为的受害人较特殊侵权行为受害人的举证责任较重，比如在一般侵权诉讼中受害人需证明加害人行为的过错，而在特殊侵权诉讼中就无需证明。

（二）财产侵权行为与人身侵权行为

根据侵害对象的不同，可将侵权行为分为人身侵权行为与财产侵权行为。人身侵权行为又可以分为人格侵权行为和身份侵权行为。人格侵权行为包括物质性人格侵权行为和精神性侵权行为，前者包括侵害他人生命权、健康权、身体权等，后者包括侵害名誉权、隐私权、姓名权、肖像权、婚姻自主权、信用权等，此外还有对于一般人格权如人身自由、人格独立、尊严等的侵害。在人格侵权上，还存在对于侵害特殊人格利益（如胎儿、尸体、胎盘等人体分离物、特定的人类基因等遗传物质、受精卵和胚胎等人格体、具有人格象征意义的特定物）的侵权行为，随着生命科技的发展，此类侵权行为可能会更多地出现，如何在侵权责任法上予以特殊规制将成为一个棘手的难题。身份侵权行为主要包括对配偶权、亲权（监护权）、荣誉权、悼念权等的侵权行为。

财产侵权行为主要表现为侵害物权（非法侵入、妨害、侵占、毁损行为）和第三人侵害债权（如诱使违约等），使他人现有或应得财产减少等的行为。当然，一部分侵权行为既侵害了财产权也侵害了人身权，如对具有双重权利性质的知识产权、股权、继承权等的侵害就可能出现人身侵权和财产侵权重叠的情形，在交通事故致人损害的场合则可能会发生人身侵权和财产侵权并列的情形。

---

① 分别参见《最高人民法院关于审理人身损害赔偿案件适用法律若干问题的解释》第 6 条、第 7 条和第 9 条。
② 分别参见《中华人民共和国侵权责任法》的第 4 章、第 5 章至第 11 章。

（三）作为侵权行为和不作为侵权行为

根据侵权行为的性质不同，可将侵权行为分为作为侵权行为和不作为侵权行为，也即积极的侵权行为和消极的侵权行为。前者是指行为人以积极的作为的方式致人损害的行为，属于较为常见的现象。后者是指行为人以消极的不作为的方式致人损害的行为，只在某些特定的情形下发生，其前提是行为人负有特定义务。这一特定义务表现为法定的义务（如警察、消防员等的职务救助义务）、约定的义务（如受委托照看被监护人的义务）或者基于其他社会接触关系而产生的义务（如共饮酒者对同伴的关照义务）等几种，只有负有特定义务的人才可能构成不作为侵权行为。简言之，前者是不应为而为，后者是应为而不为。

（四）单独侵权行为与共同侵权行为

根据加害人数的多少，可将侵权行为分为单独侵权行为与共同侵权行为。单独侵权行为的致害人仅为一人，共同侵权行为的致害人为两人以上。一般来说，加害人的复数性、受害人的同一性、行为的关联性或共同性、损害的同一性、责任的连带性，是共同侵权行为的特点。从行为表现看，共同侵权行为可以分为共同加害行为（狭义共同侵权行为）和共同危险行为。共同加害行为是指两人以上共同实施直接的侵害行为致他人损害的情况，包括共谋、共同认识、公害事件、交通事故等。[1]共同危险行为也称为“准共同侵权行为”，是指二人或者二人以上共同实施侵害他人民事权益的危险行为，对所造成的损害后果不能判明谁是加害人的情况。[2]从主观状态或归责基础考虑，一般把共同侵权行为分为有意思联络型和无意思联络型两种，前者为“主观说”，后者为“客观说”。[3]共同侵权行为分为意思关联（包括故意联络和过失认识）型和行为关联（无意思关联）型两种可能更为恰当，前者主要对于有过错的侵权行为而言，后者主要对于无过错的严格责任的侵权行为而言。

单独侵权行为在责任承担上不太复杂，较为复杂的是共同侵权行为的关联性或共

---

① 参见刘士国：《现代侵权损害赔偿研究》，法律出版社1998年版，第86页。

② 共同危险行为需具备的特别要件，参见张新宝：《侵权责任法原理》，中国人民大学出版社2005年版，第86—88页。

③ 王利明主持起草的《中国民法典·侵权行为法编》草案建议稿第13条关于共同侵权行为的规定采纳的就是“主观说”：“二人或者二人以上因共同过错致人损害的，为共同侵权行为，共同加害人应承担连带责任。”梁慧星主持起草的《中国民法典草案建议稿·侵权行为法编》第1551条采纳了“客观说”：“二人或者二人以上共同实施加害行为造成他人损害的，由共同侵权行为人承担连带责任。”《中华人民共和国侵权责任法》第8条也采纳了“客观说”：“二人以上共同实施侵权行为，造成他人损害的，应当承担连带责任。”依据2004年5月1日实施的《最高人民法院关于审理人身损害赔偿案件适用法律若干问题的解释》第3条规定：“二人以上共同故意或者共同过失致人损害，或者虽无共同故意、共同过失，但其侵害行为直接结合发生同一损害后果的，构成共同侵权，应当依照民法通则第130条规定承担连带责任。二人以上没有共同故意或者共同过失，但其分别实施的数个行为间接结合发生同一损害后果的，应当根据过失大小或者原因力比例各自承担相应的赔偿责任。”实采“折中说”。

同性的认定、因果关系的共同性、原因力的比例等问题的解决上。共同侵权行为由于加害人多在两人以上,因而在确定对受害人承担连带侵权责任之后,还需解决共同加害人之间的责任的划分问题。关于共同侵权行为及其责任的其他问题将在后面的章节里具体阐述,此不赘述。

(五) 因人的侵权行为与因物的侵权行为

根据侵权行为的实施者或来源形式的不同,可以将侵权行为分为因人的侵权行为与因物的侵权行为。其中,因人的侵权行为又可以分为自己的侵权行为和他人的侵权行为。自己的侵权行为就是本人亲自实施的侵权行为,责任承担者也是本人。他人的侵权行为是本人(如监护人)之外并由其负有责任的人(如被监护人)实施的侵权行为,在此,侵权行为与侵权责任发生分离,不再是自己责任而变成了替代责任,本人必须承担由其负责的人的侵权行为引发的责任,监护人对被监护人致人损害的责任即是一个适例。为他人行为而承担责任的本质在于对自己控制义务的违反。因物的侵权行为是指某种物(包括动物)的危险状态、加害举动或瑕疵而致人损害的情况。它可以具体分为动物致人损害、工作物致人损害、建筑物致人损害、产品致人损害、其他危险物致人损害等情况。当然,因物的侵权行为,就其本质意义而言,也是因人的侵权行为之一种——属于应对物的安全性负责的行为人消极地未尽安全保障义务而引发的侵权行为。

五、侵权责任的含义

侵权责任是民事法律责任的一种,民事法律责任又是法律责任的一种。凯尔森认为,“法律责任是与法律义务相关联的概念。一个人在法律上对一定行为负责,或者他在此承担法律责任,意思就是,他作相反的行为时,他应受制裁。”①我国学者认为,法律责任“是指因损害法律上的义务关系所产生的对于相关主体所应当承担法定强制的不利后果。”其特点在于:法律责任首先表示一种违反法律上的义务关系而形成的责任关系,它以法律义务的存在为前提;法律责任表现为一种承担方式,即承担不利后果;法律责任具有内在逻辑性,即存在前因后果的逻辑关系;法律责任的追究是由国家强制力实施或潜在保证的。②

按照这样的解释,民事法律责任也有其特定含义,它是指不履行义务而应承担的某

---

① [奥]凯尔森:《法与国家的一般原理》,沈宗灵译,中国大百科全书出版社1996年版,第73页。
② 参见孙笑侠主编:《法理学》,中国政法大学出版社1996年版,第189—190页。

种不利的民事法律后果。从法律意义上说,行为主体义务的履行就是他人权利的实现,违反义务则就会发生不利的后果——承担法律责任。所以,无义务的违反即无责任的产生,而责任的实现就是对受损害权利的救济,使之恢复其圆满性。民事法律关系由民事权利、民事义务和民事责任构成,其中,民事责任是民事权利、民事义务实现的法律保障,“民事责任使民事权利具有法律上之力。”①民事责任之所以能够使民事权利具有法律上之力,是因为民事责任伴有诉权,权利人得以借此寻求国家公权力之救济。②

基于这种权利、义务与责任的关系,侵权责任可以被理解为一种行为人违反法律上的义务关系对他人人身或财产造成损害而依法应当承担的不利后果。关于此种违反法律上的义务与侵权责任的关系,英国学者温菲尔德(Winfield)曾指出,侵权责任是由违反法律事先规定的义务引起的,此种义务对人们具有普遍的约束力,对违反此种义务的补救办法就是损害赔偿诉讼。③这种解释是非常合理的。当然,如果把违反法律上的义务纳入“侵权行为”这个术语,那么侵权责任的定义就可以更简洁地得到如下表述:行为人对自己或其负责下的人致人损害的侵权行为应承担的不利的民事法律后果。

六、侵权责任的特征

侵权责任是整个民事责任的一部分,同时,它又是与其他民事责任相区别的一种独立的责任。和另一种基本的民事责任形态——违约责任相比,侵权责任的特征表现为:

(一)侵权责任的前提是侵权行为,违反了法定的义务——尊重或无害他人绝对权利或利益的一般保护义务。此种义务也称为“普遍性的不作为义务”④,违反此种义务,才可能构成侵权责任。而违约责任的前提是违约行为,违反了约定的具有法律拘束力的义务,侵害的是特定相对方的相对权。

(二)侵权责任的责任方式多样化。虽然主要是财产责任,但不限于财产责任,还包含非财产的和精神性的救济方式。如我国《民法通则》除规定了赔偿损失、返还财产等财产责任以外,还规定了停止侵害、排除妨碍、消除危险、赔礼道歉、消除影响、恢复名誉等一些非财产内容的责任形式。

(三)侵权责任的构成要件较为复杂,内在的逻辑性较强。违约责任的构成要件

---

① 梁慧星:《民法总论》,法律出版社2007年第3版,第86页。

② 参见张新宝:《侵权责任法原理》,中国人民大学出版社2005年版,第20页。

③ See W. Rogers, *Winfield & Jolowicz on Tort*, London: Sweet & Maxwell Ltd., 1998, p.4.

④ 王利明主编:《民法·侵权行为法》,中国人民大学出版社1993年版,第27页。

相对简单,甚至不要求过错的存在,不需要进行因果关系的认定,损害后果不一定是承担责任的要件。

（四）侵权责任的责任主体与行为主体可能分离。在侵权责任的承担上,如监护人为未成年的侵权行为承担责任、雇主替雇员的执行职务的侵权行为负责等就是如此。违约责任则不会发生这种情况,违约责任的责任主体与行为主体是一致的,实行的是自己责任原则。

（五）侵权责任比违约责任具有更强意义的法律谴责性和后果不利性。这是因为虽然同样作为不利的法律后果,但侵权责任是一种法定责任,而违约责任是一种约定责任。侵权责任的免责事由只能是法定的,而违约责任却可以有约定免责事由。此外,违约责任的承担却不一定给行为人带来更大的不利,如所谓的"效率违约",它可能对于违约方来说比履行合同有更为有利的后果。因此,违约责任和侵权责任相比,其法律谴责性也较弱,这主要是因为意思自治原则在合同领域得到了更彻底的体现。

（六）侵权责任的诉讼时效较短。根据我国法律的规定,在人身损害的情况下,侵权责任的诉讼时效为一年,而违约责任的诉讼时效一般为两年。

七、侵权责任的分类

侵权责任的分类可以参考前述侵权行为的分类的依据,将其分为一般侵权责任与特殊侵权责任、财产侵权责任与人身侵权责任、作为的侵权责任和不作为的侵权责任、单独侵权责任与共同侵权责任、因人的侵权责任(或表述为基于自己行为的侵权责任、基于他人行为的侵权责任)与因物的侵权责任(或表述为基于物之危险的实现的侵权责任)等。此处对这些分类不再详述。

第二节　侵权责任法的含义、调整对象与社会功能

一、侵权责任法的含义

（一）侵权责任法的概念

在我国,侵权责任法有不同的称谓:有的称之为"侵权行为法",有的称之为"损害

赔偿法”,更多的时候被简称为“侵权法”。“侵权行为法”是从行为的角度加以界定的,称“损害赔偿法”是从侵权责任方式角度加以界定的(但无疑损害赔偿不仅仅发生在侵权的情况下,侵权责任方式也不仅仅是损害赔偿)。目前,主流的认识是称其为“侵权责任法”,我国的民事基本法律就定名为《中华人民共和国侵权责任法》。“侵权责任法”的称谓较为合理,在逻辑体系上不仅涵盖行为,还可以突出损害与赔偿等中心内容,并以责任作为民法典体系中的最后一个部分,起到收尾的作用。

作为民法的一个重要组成部分,侵权责任法是指调整因侵权行为所产生的损害赔偿等责任关系的法律规范的总和。或者简单的说,侵权责任法是“调整侵权责任关系的法律规范的总和”①。

(二)侵权责任法的特征

侵权责任法属于民法,因此具有民法所具有的一般私法的性质。和民法其他组成部分相比,侵权责任法具有自己的特征。

1. 侵权责任法是权利救济法。民法是权利法,其中人格权法、身份权法、继承权法、物权法、债权法、知识产权法等主要是确认、创设或认可权利的,而侵权责任法主要是在上述权利受到侵害后对其予以救济的,故称权利救济法(或称权利保障法)。无救济即无权利,这也就是侵权责任法的要义所在。

2. 侵权责任法是具有较浓公法色彩的私法。这主要因为它在救济权利的过程中,要通过国家公权力的运行提供现实的或潜在的强制力以保证受损害的社会关系得到恢复。侵权责任法领域中的责任构成、归责基础、责任主体、各种责任形式均有法律明确规定,禁止约定甚至选择适用,即带有强烈的公法性。侵权责任法在救济个体权利的同时,往往也在渗入社会生活的公共利益领域,比如《消费者权益保护法》中有关适用惩罚性赔偿的情形,就不仅涉及权益受到侵犯的个人,还涉及社会公共利益的保障,可以说在一定程度上侵权责任法也是实现国家公共政策的途径。又比如,一些特殊的侵权领域如工伤的情形下,是不允许通过劳动合同事先约定“工伤责任由雇员自负”的,即使有约定也是无效的,因为这种约定违反了公共政策。德国联邦最高法院曾声明,侵权责任法“属于包含强制性规范的私法规则,因此在广义上构成公共秩序的一部分,即构成那些也适用于私法关系的法律原则”。②这样,侵权法在一定程度上排除了私法自治而呈现较浓的公法色彩。不过,需要注意的是侵权责任法中还是有一些具有任

---

① 张新宝:《中国侵权行为法》,中国社会科学出版社1998第2版,第1页。

② 参见[德]克雷斯蒂安·冯·巴尔:《欧洲比较侵权行为法》(上卷),张新宝译,法律出版社2004年第2版,第680页。

意性的规范,比如受害人可以自主处分所享有的赔偿权利,这是因为侵权责任法毕竟是私法。

3. 侵权责任法以侵权责任关系为调整对象。侵权责任法虽然属于民法的一个部分,其调整的对象却不同于人格权关系、物权关系、合同关系或知识产权关系,它不以平等主体之间的财产或人身关系为调整对象,而是上述社会关系受到侵害之后的侵权责任关系。

二、侵权责任法的调整对象

侵权责任法的调整对象是侵权责任关系。

"责任"一词包含两层语义:一为责任关系,一为责任方式。主体A对……负有责任,即表示责任关系;主体A负有……的责任,即表示责任方式。任何责任都存在于两个(或两个以上)主体之间,所以责任表示一种社会关系。没有责任关系也就不会有责任方式的问题。[①]法律责任关系可分为法律上的功利关系和法律上的道义关系。在人类生活的习惯中,判断是非或正义与否的标准唯有两项,即功利与道义。"欠债还钱"这一习惯义务设定的理由是以功利为标准,而"杀人偿命"这一习惯义务的理由是以道义为标准。功利关系是基于客观利益和效用而存在的,能否满足当事人的利益是衡量法律上的是与非的标准,道义关系是基于主体对客观利益的能动认识而产生的,它不仅考察客观利益与效用,还考察行为动机的"善"与"恶",相对而言,它比功利关系更多地注重人的社会性以及公众评价。一般来说,基于客观利益的法律义务已被基于道义的法律义务所吸收,功利性义务之重要性让位于道义性义务之重要性。[②]据此可以认为,侵权责任关系是一种以侵权责任主体弥补他人所受侵权损害为主要内容的社会关系。这种社会关系兼具法律上的功利关系和道义关系的性质,同时包含对加害人的不利评价——法律谴责。

侵权责任关系作为侵权责任法调整的社会关系,具有以下特征:

第一,它是"民事主体违反民事义务产生的后果关系,而非正常的权利义务关系。"[③]诸如人格权法、物权法、债权法等设权法调整的是正常的权利义务关系,即第一性的权利义务关系,而侵权责任法作为权利救济法调整的则是违反上述法律所保护的权利义务关系而产生的非正常的社会关系,即第二性的权利义务关系。前者为法律所

① 参见孙笑侠:《法的现象与观念》,山东人民出版社2001年版,第193—194页。
② 参见孙笑侠:《法的现象与观念》,山东人民出版社2001年版,第197—198页。
③ 刘士国等:《侵权责任法重大疑难问题研究》,中国法制出版社2009年版,第2页。

肯定和确认,后者为法律所否定和矫正。

第二,它是“侵犯绝对权的后果关系,是新生之债,不同于侵犯相对权的违约责任。”[①]侵权责任关系不同于仅仅涉及合同权利义务的违约责任关系,它涉及所有绝对性的民事权利,也涉及第三人侵害债权。债权虽然发生在特定的相对方之间,但其相对性仅仅是针对债权债务关系的双方而言的,在针对不特定的第三人时它同样具有绝对权性质,同样具有支配并排除他人干涉的权能。侵权行为对绝对权的侵害所产生的后果就属于新生之债,在特定人之间产生相对性的权利义务关系。

第三,它是一种非自愿的社会关系,此种关系的两端具有一定程度的对抗性。它发生在特定民事主体之间即加害人一方(行为人或需对行为人的加害行为负责的人)与受害人一方之间,法律的强制矫正使得它一般不具有在正常债权债务关系中的双方基于意思自治基础上的合作性。

三、侵权责任法的社会功能

侵权责任法的功能,也可以称为侵权责任法的目的,是指侵权责任法通过自身规范的适用所希望实现的社会目的。关于这一目的,有不同的争议,有学者总结出侵权责任法的目的有实现惩罚正义、赔偿正义和阻却正义的理论,[②]其中惩罚正义即制裁功能,赔偿正义即补偿功能,阻却正义即预防功能;也有学者提出侵权责任法的功能有创设民事权利与保护民事权益、对受害人权益的补偿、分散损失与社会利益的平衡、教育与惩戒作用;[③]也有学者认为侵权责任法除了具有补偿功能外,还具有保护和创造权利、维护行为自由、制裁与教育、预防与遏制等多项功能;[④]还有学者认为侵权责任法主要具有惩罚、预防与补偿三个功能。[⑤]王泽鉴教授认为,侵权责任法的功能“在其历史发展中迭经变迁,如赎罪、惩罚、威吓、教育、填补损害及预防损害等,因时而异,因国而不同,反映了当时的社会经济状态和伦理道德观念。”[⑥]在现代社会,危害事故剧增,损失重大,侵权责任法“应面对的重大问题有二:其一,如何防止或减少危害事故?其二,如何合理填补所产生的损害?”[⑦]由此概括起来,侵权责任法的功能一为填补损害,一为预

---

① 刘士国等:《侵权责任法重大疑难问题研究》,中国法制出版社2009年版,第2—3页。

② 参见张民安、梅伟:《侵权法》,中山大学出版社2008年第3版,第20页。

③ 参见张新宝:《中国侵权行为法》,中国社会科学出版社1998年第2版,第35页。

④ 参见王利明:《侵权行为法研究》(上卷),中国人民大学出版社2004年版,第84页。

⑤ 参见江平:《民商法学》,群众出版社2000年版,第146—151页;杨立新:《侵权行为法专论》,高等教育出版社2005年第1版,第7—10页。

⑥ 王泽鉴:《侵权行为法》(第一册),中国政法大学出版社2001年第1版,第7页。

⑦ 王泽鉴:《侵权行为法》(第一册),中国政法大学出版社2001年第1版,第4页。

防损害。填补损害即是救济,从矫正正义出发,注重对受害人的赔偿以修复被损害了的社会关系,这是侵权责任法最主要的功能。预防损害则从分配正义出发,将损害预防的风险和负担进行平衡,让最能够以最小社会成本避免损害发生的一方承担损害发生的责任,这也是侵权责任法的一项重要功能。而为了有效地填补损害,还有必要考虑分散损害的问题。

(一)填补损害

填补损害,即是在损害发生之后对于对受害人进行功利意义上的充分补偿,借以弥补受害人一方的财产和非财产损害。当然,此种补偿并不仅仅是对侵权行为的受害人的金钱性质的损害赔偿,还包括通过精神抚慰性质的方式如赔礼道歉、恢复名誉、消除影响等来填补受害人受到的精神损害。不过,侵权责任法的填补损害(补偿)功能主要还是体现在通过向受害人支付赔偿金而进行损害救济。

一如前述,侵权责任法与其他民事法律最重要的区别,就在于它在本质上是权利救济法。依照侵权责任法的这一性质,保护受害人的合法权益,责任主体对受害人作出充分、合理的赔偿——填补损害就应该成为侵权责任法的首要和基本功能。"总的来说,人类文明的历史是对人的原始冲动加以抑制,并逐渐得以制度性或体制化舒展的过程。"①比如,罗马法对私犯(侵权行为)的制裁经历了"私人报复——协议赎罪金——法定罚金诉——(罚金和赔偿)混合诉——损害赔偿诉"这样一个发展阶段。②在这个过程中,带有惩罚色彩的规范从侵权责任法中分离出去,而为作为公法的主要以惩罚为目的的刑法所包容,而作为私法的侵权责任法的功能也逐渐从强调处罚转向注重补偿,确立以填补损害为主的责任原则在侵权责任法上就有了历史的合理性和现实的正当性。

损害填补是民事责任中最重要和最有效的形式。通过责任主体承担赔偿责任来填补受害人的损失,使其合法权益恢复到损害以前的状态,并使损害的最终后果转移到加害人身上,从形式上实现了法的正义目标。尽管金钱赔偿永远无法真正弥补受害人残疾或死亡的人身损害后果,但它在目前以及在很长一段时间内都是一种无可替代的次优方案。值得注意的是,在我国目前存在着一种借口公共利益、社会利益高于私人利益的而侵犯私人利益的现象(如违法强制拆迁),对这种不正常的现象应予纠正,在侵权责任法上要进一步强调对私人合法权益的损害的充分填补——哪怕是出于公

① 易继明:《侵权行为法的道德基础(代译序)》,载[美]格瑞尔德·J.波斯特马主编:《哲学与侵权行为法》,北京大学出版社2004年版,第i页。

② 叶秋华、刘海鸥:《论古代罗马侵权行为法的发展演变》,载《法学家》2006年第6期。

共利益的动机。

（二）预防损害

预防损害可以分为具体的预防和一般的预防。具体的预防是在个案中对加害人侵权行为的遏制，即防止加害人重复进行侵权行为；一般的预防是通过惩罚性赔偿对社会一般人可能的潜在侵权行为进行遏制。预防的意义可以从多个维度来理解，既包括道义上的制裁、威慑与抑制，还包括一定程度上对受害人的安抚等。

侵权责任法对漠视他人合法权益和社会利益的行为的否定性评价，可以对其本人以及在社会上产生一种威慑，进而抑制此类损害再次发生。比如，侵权责任法中的惩罚性赔偿的规定，惩罚性赔偿的赔偿金远大于受害人的实际损失，其所赖以存在的基础就在于加害行为对整个社会秩序的破坏，所以惩罚性赔偿责任就在救济受害人的同时对社会产生良性引导。制裁、抑制与预防是紧密相连的，前者只是手段，而预防才是最终的目的。当然，随着责任保险的出现，此种威慑与抑制作用受到了一定程度的影响。

对受害人的安抚主要是指加害人不利的责任承担能在一定程度上平息受害人的激愤和仇恨情绪，抚慰其精神创伤。当然这意味着某种报应主义。侵权责任法通过对责任承担使受害人感受到其合法权益受到救济，进而消除不安并满足其本能的复仇心理，使得社会趋于稳定，从而预防了可能的报复侵权行为的行为发生。

侵权责任法预防损害的功能的现实意义，还在于引入预防理性来改变侵权责任法对社会的良性引导。侵权责任法"不只是一个衡量与被告的利益相对抗的原告利益的过程。社会利益被列入考虑的范围，而且通常受到更多的重视"①。这体现在通过效益原则对损害风险的分配和损害归责因素的考量上，即让最能够以最小社会成本避免损害发生的一方承担损害发生的责任。种种迹象表明，中国正处于突发公共事件的高危期。普遍认为，应该以"严格执法"和"强化责任"等方式来应对突发公共事件。这些都属于结果控制层面的措施。应对高危突发事件最有效率的路径应该是：以合理的法律制度安排来推进一种普适的预防理性，以预防来降低发生突发公共事件的风险。如果运用基于预防理性的"成本—收益"分析，可以说，损害的预防成本就是避免损害发生的成本，如果付出一个较小的成本（预防成本）能够避免一个较大的成本（损害），效益原则就要求付出这个较小的成本。这样，侵权责任法就会向社会释放出一种刺激，最终刺激人们——特别是制造风险的人——在损害发生前就采取适当的措施而避免损

① ［美］伯纳德·施瓦茨：《美国法律史》，王军译，中国政法大学出版社1989年版，第290页。

害的发生,违反预防义务的人将承担损害的责任。

(三) 分散损害——综合性损害社会救济机制

分散损害并非侵权责任法的独立功能,而是为了有效地填补损害而借助其他社会系统的种种解决方案。其实,在侵权责任法内部也存在分散损害的情况,比如受害人与加害人的混合过错责任、双方均没有过错的公平分担责任和受益人的分担责任等规则,将损害全部或者部分转移给加害人或者其他相关责任主体,从而实现侵权责任法内部的分散损害功能。但这里所说的分散损害功能,主要指侵权责任法借助其他社会安全系统(责任保险、社会保障等)乃至建立"综合性损害社会救济机制"来对损害进行社会化救济。

随着社会的发展,侵权损害日益严重和多样,特别表现为企业大规模的社会化侵权行为。比如,现代大工业生产所导致的污染过程的复杂性、缓慢性和累积性和损害后果的严重性,都对传统侵权责任法中的损害赔偿规则提出了挑战。巨额的损害赔偿可能会使行为人(包括企业)难以承受,也可能因加害人无力赔偿致使受害人无法获得救济。"单一制度不足解决此项问题,故各国多采用混合体制,期能兼顾'个人自由及责任'与'社会安全'二个基本价值,因此产生多种损害填补制度并存之现象。"①传统的侵权法的功能不得不发生这样的变化:"一为更进一步否定了传统侵权行为法所隐含之阻吓或预防损害发生之功能;二为更积极地强调侵权行为法填补损害之作用。关于损害之填补,传统侵权行为法系采移转方式(shifting),即依法律规定,决定损害应由被害人自己承担或例外地由加害人赔偿。在责任保险制度下,填补损害系采分散方式(spreading),即透过保险制度,将损害分散于社会大众。"②作为社会安全系统的一种,环境责任保险制度正是应对这一挑战的产物,它使责任人的个人环境损害赔偿责任社会化,有利于转移、分散企业的风险和保护受害人的利益,体现了以社会为本位的思想。

通过社会安全系统来填补损害已经越来越引起重视,已经以社会保障法的形式出现。新西兰于1973年施行了《意外事故补偿法》(Accident Compensation Act),依该法规定,任何谋生者因车祸、医疗、劳动等意外事故而致身体、生命损害,不论其发生地点、时间及原因为何,均得依法定程序向意外事故补偿委员会请求支付一定金额。该法开创了一种以社会保障为基础的广泛补偿机制,带动了关于侵权行为法及其他补偿

① 王泽鉴:《王泽鉴法学全集·第二卷:民法学说与判例研究②》,中国政法大学出版社2003年第1版,第187页。

② 王泽鉴:《王泽鉴法学全集·第二卷:民法学说与判例研究②》,中国政法大学出版社2003年第1版,第183—184页。

制度的思考和改革建议。美国的 Fleming 教授称其为“人类文化史上史无前例的法律制度的创举”①。1979 年，日本加藤雅信教授主张建立类似新西兰的统一的综合救济体制，以社会保障性救济取代侵权损害赔偿。加藤教授理论的主要内容是：设立“综合救济体制救济基金”，对所有受害者实施给付。基金由现行的各种制度筹措的资金组成，依据统一的标准一体化地进行给付，既可以避免某些事故的受害人得不到救济，也可以消除制度之间给付上的不平衡。除特殊场合之外，损害的负担被分散，因此不会产生负面效应。综合性损害救济体制遭到了一些批评，如认为这种制度的运作需要消耗巨大的成本，受害者丧失追讨加害人的积极性，基金的建立可能会使侵权责任法的惩罚、抑制功能丧失殆尽，相应的预防功能也随之逐渐被弱化等。②不过，这一体制的提出还是有积极意义，对于我们解决如何发挥现有的侵权法补偿功能③的问题上有所启发，并使侵权责任立法的前瞻性意义得以显现，最终还是要更好地实现侵权责任法的救济功能。

第三节　侵权责任法的立法现状与发展趋势

一、我国侵权责任法的立法现状

（一）现有侵权责任法的基本内容

1987 年 1 月 1 日起施行的《民法通则》是我国最基本的民事立法，其中有关侵权责任的规定，在长达 23 年的历史期间构成了我国侵权责任法的主体部分，内容主要包括以下 6 个部分：一是关于侵权行为的一般规定，主要是规定了过错责任的侵权行为和无过错责任的侵权行为。二是关于各种具体侵权行为及其民事责任的规定，主要包括侵害财产的责任、侵害知识产权的责任、侵害身体的责任、侵害姓名、肖像、名誉、荣誉的责任、国家机关及其工作人员职务侵权责任、产品责任、高度危险作业侵权责任、污

① 王泽鉴：《王泽鉴法学全集》（第二卷），中国政法大学出版社 2003 年第 1 版，第 187 页。

② 参见于敏：《日本侵权行为法》，法律出版社 2006 年第 2 版，第 64—76 页。

③ 其实，责任保险制度的出现并没有削弱反而是加强了侵权法的补偿功能，因为责任保险总是建立在侵权责任成立的基础之上的。这就是所谓责任保险的寄生性。社会保障制度的救济一般只能维持较低的水平，并且在一些特定的情况下（如侵害隐私权、名誉权等）难以充分补偿受害人的损害（特别是精神损害赔偿），所以要想得到较高的赔偿额，侵权责任法的救济还是基础方案。

染环境侵权的责任、地面施工致人损害的责任、物件(建筑物、其他设施及搁置物和悬挂物)致人损害的责任、饲养动物致人损害的责任等,分别归于过错(含过错推定)或无过错责任。三是关于责任抗辩事由和责任分担的规定,抗辩事由主要有不可抗力、正当防卫、紧急避险、受害人过错等,责任分担主要是双方均无过错时的公平分担责任的规定。四是关于共同侵权的连带责任。五是关于无行为能力、限制行为能力人的侵权责任。六是关于侵权责任方式,包括停止侵害、排除妨碍、返还财产、恢复原状、赔偿损失、恢复名誉、赔礼道歉等。

《民法通则》奠定了我国侵权责任法律制度的基础,而2010年7月1日施行的我国《侵权责任法》则不仅是我国还是世界上第一部独立的体系完备、内容详尽的单行法。

《侵权责任法》共12章,92个条文,具体内容与结构如下:第一章是一般规定,第二章规定了责任构成和责任方式,第三章规定了不承担责任和减轻责任的情形,第四章规定了关于责任主体的特殊规定,第五章规定了产品责任,第六章规定了机动车交通事故责任,第七章规定了医疗损害责任,第八章规定了环境污染责任,第九章规定了高度危险责任,第十章规定了饲养动物损害责任,第十一章规定了物件损害责任,第十二章是附则。其中,前四章相当于《侵权责任法》的总则部分,规定的是侵权责任的一般性问题。接下来的七章相当于《侵权责任法》的分则部分,通过类型化的方式将一些特殊侵权责任加以分别规定,当然,这并不是一个内容圆满、包容一切的分则,它仅仅是一些特殊侵权责任的分则,而不是一个包含一般侵权责任的大分则。另外,第四章关于责任主体的特殊规定,其实也可以不认为属于总则的内容,因为它实际上是从责任主体的角度对有关监护人责任、使用人责任、网络服务提供者的责任、违反安全保障义务的责任以及学校的责任等内容做出的规定,这些仍然属于分则的内容。《侵权责任法》是目前我国侵权责任法的最重要的渊源,并将有可能作为最后一个部分存在于我国未来的民法典中。

(二) 有关侵权责任的特别法

此外,我国还有40多部单行法对相关侵权责任问题作出了规定,从侵权责任类型化的角度可以大致列举如下:(1)《国家赔偿法》是有关国家侵权责任的专门法律。(2)《物权法》、《农村土地承包经营法》等对侵害物权的责任作了规定。(3)《专利法》、《商标法》、《著作权法》等对侵害知识产权的责任作了规定。(4)《婚姻法》、《继承法》、《收养法》、《妇女权益保障法》等对侵害婚姻自主权和继承权等的责任作了规定。(5)《道路交通安全法》、《铁路法》、《民用航空法》等对各种交通事故责任作了规定。(6)《产品质量法》、《药品管理法》、《食品安全法》、《消费者权益保护法》等对产品侵权责任作了规定。(7)《环境保护法》、《海洋环境保护法》、《水污染防治法》、《大气污染防治法》、《固体废物污染环境防治法》等对环境污染侵权责任作了规定。(8)《劳动法》、《安全生产法》、《建筑法》、《电力法》、《煤炭法》等对工伤事故、生产事故责任作了规定。(9)《公司法》、《反不正当竞争法》、《海商法》、《票据法》、《保险法》、《证券法》、《信托法》等对各种商事侵权的责任作了规定。(10)《传染病防治法》、《献血法》、《人民防空法》、《公路法》、《邮政法》等针对其他不同的具体侵权责任作了规定。

《民法通则》和《侵权责任法》的内容与这些有关侵权责任的特别法的规定,共同构成了我国现行的侵权责任法的主体部分。

(三)有关侵权责任的行政法规、规章

行政法规和其他立法文件(规章)中也有大量侵权责任立法。

比如《医疗事故处理条例》对处理医疗事故侵权责任做了详细规定,其第49条的规定经鉴定不构成医疗事故的,医疗机构不承担赔偿责任,而构成医疗事故医疗机构承担损害赔偿责任的,应当按照第50条规定的赔偿项目和标准计算损害赔偿金。在《医疗事故处理条例》生效之前,医疗损害赔偿案件适用《民法通则》第106条关于过错责任的规定,在《医疗事故处理条例》生效之后,医疗损害赔偿案件优先适用《医疗事故处理条例》的规定,而不再适用《民法通则》第106条第2款。但是,对于不构成医疗事故的一般医疗过错案件的处理,还是适用《民法通则》和相关司法解释。①

再如教育部于2002年9月发布的《学生伤害事故处理办法》,第26条规定,学校对学生伤害事故负有责任的,根据责任大小,适当予以经济赔偿。第27条规定,因学校教师或者其他工作人员在履行职务中的故意或者重大过失造成的学生伤害事故,学校予以赔偿后,可以向有关责任人员追偿。第28条规定,未成年学生对学生伤害事故负有责任的,由其监护人依法承担相应的赔偿责任。第12条规定,学校对于因不可抗、来自学校外部的突发性侵害、学生自杀自伤,及其他意外因素造成的学生人身损害,不承担责任。等等,基本明确了学校对于学生的过错责任。

其他较重要的还有《工伤保险条例》、《道理交通安全法实施条例》、《机动车交通

---

① 但是,司法实践出现了极端的后果。《最高人民法院关于参照〈医疗事故处理条例〉审理医疗纠纷民事案件的通知》(法[2003]20号)第1条规定:"条例施行后发生的医疗事故引起的医疗赔偿纠纷,诉到法院的,参照条例的有关规定办理;因医疗事故以外的原因引起的其他医疗赔偿纠纷,适用民法通则的规定。"这样,经鉴定构成医疗事故的,参照《医疗事故处理条例》的规定,受害人所获得的赔偿金额较低;反之,未经鉴定甚至经鉴定不构成医疗事故的,适用《民法通则》第106条第2款关于过错责任的规定,并按照相关司法解释规定的赔偿标准计算,受害人所获得赔偿金额反而较高。此种冲突在《侵权责任法》正式出台后亦没有根本解决。

事故责任强制保险条款》、《铁路交通事故应急救援和调查处理条例》、《国内航空运输旅客身体损害赔偿暂行条例》等。

(四) 有关侵权责任的地方性法规

地方性法规只在本地有效,往往只能就执行法律的规定而做出具体规定。涉及侵权责任的地方性法规较多,比如《北京市中小学生人身伤害事故预防与处理条例》、《上海市中小学生伤害事故处理条例》、《安徽省实施〈中华人民共和国道理交通安全法〉办法》、《广东省道路交通安全条例》等等。

(五) 有关侵权责任的司法解释

最高人民法院涉及侵权案件的司法解释包括两种主要情形:一是一般性的解释,比如《关于贯彻执行〈中华人民共和国民法通则〉若干问题的意见(试行)》、《关于贯彻执行民事政策法律若干问题的意见》、《关于确定民事侵权精神损害赔偿责任若干问题的解释》、《关于审理人身损害赔偿案件适用法律若干问题的解释》、《关于审理名誉权案件若干问题的解答》、《关于审理名誉权案件若干问题的解释》等。二是针对具体的侵权案件所做的批复、复函等,比如《关于雇工合同应当严格执行劳动保护法规问题的批复》、《关于对行政侵权赔偿案件执行中有关问题的复函》、《关于保留车辆所有权的出卖方不应承担民事责任的批复》、《关于交强险中精神损害抚慰金赔偿问题的复函》等。这些一般性解释和针对具体个案的批复中涉及侵权责任的部分,当然成为我国侵权责任法的渊源。

在上述司法解释中,尤其值得关注的是《最高人民法院关于确定民事侵权精神损害赔偿责任若干问题的解释》(2001)和《最高人民法院关于审理人身损害赔偿案件适用法律若干问题的解释》(2003)。前者将精神损害赔偿的范围由《民法通则》第120条规定的姓名权、肖像权、名誉权、荣誉权侵害扩及生命权、健康权、身体权、人格尊严权和人身自由权侵害,最重要的是规定了隐私侵权也可以请求精神损害赔偿。此外,侵害其他人格利益如死者姓名、肖像、名誉、荣誉、隐私、遗体、遗骨等,其近亲属亦可请求精神损害赔偿。同时规定精神损害抚慰金包括残疾赔偿金、死亡赔偿金和其他损害情形的精神抚慰金等方式。后者除明确规定人身损害赔偿案件的各项费用及残疾赔偿金、死亡赔偿金的计算标准外,还对《民法通则》第131条规定的过失相抵进行了补充,规定侵权人属于故意或者重大过失,受害人属于一般过失的,不得适用过失相抵;对于法律规定无过错责任的侵权行为,受害人有重大过失的,可以适用过失相抵。还对前者的精神损害抚慰金的形式做了调整,规定可以在残疾赔偿金、死亡赔偿金之外提出请求。此外,还规定了共同危险行为的侵权责任和违反安全保障义务的侵权责任。

最高人民法院还在其公报中公布了一批有关侵权的案例,并正在推行案例指导制度。这些案例作为给下级法院的某种示范,具有某种指导性的作用,但我国目前尚未承认判例制度,故在目前条件下此类案例尚不具有正式的法律效力。

总而言之,《民法通则》和《侵权责任法》是侵权责任的基本法,单行法律、行政法规中关于特殊侵权责任的规定是侵权责任的特别法。不过,有关部委规章关于侵权责任的规定只是法院裁判案件时的参考依据,而司法解释却在实际上成为法院裁判侵权案件的直接和具体依据。

二、侵权责任法的发展趋势

随着现代科学技术和工业经济的快速发展,侵权损害事故数量显著增加,规模上越来越大,程度上越来越严重。在这种情况下,侵权责任法呈现出一些明显的发展趋势。

(一)侵权责任法在民事立法体系中的地位逐步提高

首先表现在侵权责任法的条文数量上日益增多。《法国民法典》共有2 283条,但是有关侵权行为法的条文在第4编第2章中却只有5条,只占0.21%;《德国民法典》共有2 385条,有关侵权行为的规定有31条,在各国侵权行为法中,是条文较多的一部法律,也只占1.3%;《日本民法》共有1 044条,有关侵权行为的规定有16条,只占1.53%;《意大利民法典》共有2 969条,侵权行为法的条文17条,占0.57%。我国《民法通则》共有156条,有关侵权行为法的规定为22条,所占比例较大,为14.1%。但是与我国整个民事法律规范的总数相比,比例与国外侵权行为法在民法中的比例基本相同。[①]但是,在近期的立法中,侵权责任法的条文数量有了大增,如荷兰民法典中有36个条文,俄罗斯民法典中的侵权责任法有38个条文,而我国的《侵权责任法》草案就有91条之多。

其次表现在侵权责任法相对独立,并最终成为民法典中的一编。传统大陆法基本上都是将侵权行为法放到债权中,主要采取损害赔偿的方法。但现在对人格权、身份权、知识产权等权利和利益的保护得到重视,侵权损害的责任方式也不限于损害赔偿,

① 资料统计参见杨立新:《侵权行为法专论》,高等教育出版社2005年第1版,第3页。

还包括赔礼道歉、恢复名誉等等。我国《民法通则》突破了传统民法的体制，不是把侵权行为列入债法中，而将其规定于民事责任一章内。按照立法规划，我国《侵权责任法》将成为民法典中的最后一编。之所以将侵权责任法和债法分立并成为独立的一编，主要目的在于建立一个完整的侵权责任法制度体系，同时丰富侵权责任法的具体规则，以更好地保护私人的合法权益。这种立法体系是对传统大陆法系立法体系的一大突破，也正是侵权责任法自身发展逻辑所生成的合理结果。

（二）侵权责任法调整领域进一步扩张

现代侵权责任法的扩张主要表现在：(1)企业责任进一步发展。自《德国民法典》以来，法人的独立侵权责任在立法上得以确立，发展至今，以企业社会责任运动为核心的法人等团体责任日益得到法律的正视，我国《公司法》就于2005年修订时把社会责任引入其中。在侵权责任法中，应该以特有的责任方式使企业责任得到具体落实和强化，在欧洲和我国已经出现了以较为严格的企业责任为核心的侵权责任法立法思路。① (2)强调对无形财产权利以及法律尚未确定为有名权利的各种具有法律相关性的利益（法益）的保护。例如知识产权成为侵权法扩张最快的领域，著作权、商标权、专利权、邻接权以及商誉、商业秘密、知名商品的原产地标识等都被纳入侵权法的严格保护，开创了对无体财产权及其相关人身权提供独特保护的相对独立的侵权法领域。再如不正当竞争行为造成的损失、滥用权利给他人造成的损失、合同成立前要约人因他人的不正当行为所遭受的损失等，都可以依侵权法的规定而使加害人承担责任。为了保护市场交易的稳定性，侵害债权等经济损害的赔偿也纳入了许多国家侵权法。在英美法系，干涉关系（interference with relationship）直接成为一种独立的极具包容力的侵害类型，对于维护交易秩序的稳定具有突出的作用。②

（三）新型侵权使侵权责任法面临新的挑战

目前，大量新类型的侵权行为不断出现。特别是随着互联网、生命科技特别是基因技术、医疗实验等的发展，侵权责任法也面临新的挑战。互联网上的侵权责任样态较多，比如网络隐私侵权（影响较大的有香港艺人不雅照事件）、网络名誉侵权、网络著作权侵权、黑客攻击、网络"人肉搜索"等行为均在法律上提出新的应对方案的要求。同样，以基因技术为核心的当代生命科技快速发展，对人类文明与自身进化带来不可

① 参见[德]布吕格迈耶尔、朱岩：《中国侵权责任法学者建议稿及其立法理由》，北京大学出版社2009年第1版。

② 参见麻昌华：《21世纪侵权行为法的革命》，载《法商研究》2002年第6期。

预测的巨大影响。目前,一系列难以解决的法律问题已经出现,比如:人类基因的法律属性如何界定,人类有权扮演上帝改变自己的基因并进而改变自身的演化规律吗,人类可以出于某些目的复制自己吗,怎样应对个体或者种群间的基因歧视,基因侵权责任如何承担,等等。这一不同于传统的侵权责任,在责任构成、责任承担、损害赔偿等方面所呈现出来的一系列法律问题,要求有针对性地进行侵权救济机制的合理设计,这就对现有的侵权责任法理论提出了挑战。

(四)保险制度、社会保障、公共政策等对侵权责任法的影响日益加大

现代社会是一个充满风险的社会,每一个人都可能成为风险的受损害者,同时也可能成为风险及其损害的制造者。单纯靠侵权责任法往往不能很好地解决所有社会损害问题,必须求助其他社会风险的分担机制。在这方面,在侵权损害救济上责任保险制度、社会保障体制和公共政策的影响正日益加大,甚至在个别国家(如新西兰)已经建立了基于社会保障和福利国家政策的综合性损害救济制度。1978年,英国的皮尔森委员会提出了一个全面的交通事故补偿计划即著名的皮尔森报告(the Pearson Report),提出全面废除侵权法的意见,只是后来没有被采用。日本学者加藤雅信教授更是提出了综合性救济机制的设想。在中国解决矿难、药品安全、食品安全等问题上,公共政策的作用更是非常巨大,此类较大规模的侵权责任往往都是通过侵权责任法外的途径由政府主导加以解决。损害赔偿的社会化救济机制的产生使得人们突然发现侵权责任法正要推出社会舞台,以至于有人惊呼"侵权法的危机"已经出现。美国弗莱明(Fleming)教授认为,侵权法处在十字路口,其自身的真实存在正面临挑战①。其实,不管其他社会化损害救济体制如何渗入侵权责任法,侵权责任法在很长一段时间内还是要在侵权纠纷解决中占据主导地位,除了前述的一些原因,还因为侵权责任法毕竟还有深厚的社会道德基础,即它在救济损害的时候对于侵权行为的否定和谴责总是符合基本的人性和伦理的,特别是人格性侵权的情况下。这一点是其他社会化损害救济体制所不可比拟的。各国目前侵权责任制度基本上都是由多种不同的机制构成,不过总体而言,侵权责任法还是一种最广泛、最基础的责任机制。在此情形下,协调好侵权责任法与责任保险、社会保障制度以及公共政策之间的关系就尤为重要。

(五)利益平衡的理念与严格责任的国际化趋势

侵权责任法在行为自由与法益保护之间的平衡作用越来越重要,但个人行为自由

---

① See John G. Fleming, *Contemporary Roles of the Law of Torts*, *Introduction*, 18 Am. J. Comp. L. 1(1970).

越来越让位于社会整体利益或公共秩序的优先保护，并因此而产生有明显倾向的侵权损害赔偿责任的分配机制。比较明显的是产品责任、环境污染致人损害等公害事件问题。在现代科技条件下，产品的危险性严重增强，并且生产者与消费者之间的信息存在着不对称情况，产品责任中的因果关系的判断又非常复杂；环境侵权（乃至生态损害）的后果以及因果关系的认定也同样困难。这些现象“源于现代生活，由于广泛使用具有重大隐藏性危险之科学技术及构造精密复杂的机械，而这种隐藏危险又经常造成非人力所能控制之严重的损害事故”①。因此必须对此行为施以严格责任，以平衡社会利益与行为人行为自由之间的冲突。严格责任进一步拓宽范围，并在诸多危险活动领域中呈现出国际化的趋势。“逐渐扩张严格责任可能会被证明是令人满意的，只要他本身既不违反各国法律体系的内部标准，又没有在整体上推翻外部标准”（如《欧洲侵权法原则》）②。此外，为了应对各种社会突发性危机事件（如遍布世界的恐怖主义活动）而采取的法律措施给人类生活和个人权利带来难以回避的“危机”。美国在9·11事件后通过的《爱国者法》③规定可以基于反恐的需要而采取诸如审查私人信件等措施，因此极大地限制了原本可以通过侵权法获得救济的隐私权等基本权利和自由。基于利益平衡的需要，侵权责任法在界定侵权行为的法律后果和损害赔偿责任的分配方面，除了考虑公平原则，还要考虑所不同时期国家经济与社会发展进程中的基本价值取向。

【本章小结】

侵权行为是指行为人或由其负责的人对他人的绝对权利或受法律保护的利益的加害行为。侵权责任是指行为人对自己或由其负责的人致人损害的侵权行为应承担的不利的民事法律后果。侵权责任分为一般侵权责任与特殊侵权责任、财产侵权责任与人身侵权责任、作为侵权责任和不作为侵权责任、单独侵权责任与共同侵权责任、因人的侵权责任与因物的侵权责任等。侵权责任法是指调整因侵权行为所产生的损害赔偿等责任关系的法律规范的总和。侵权责任法的地位表现为它在民法中相对独立。

---

① 邱聪智：《民法研究（一）》，中国人民大学出版社2002年增订版，第30页。

② 欧洲侵权法小组编著：《欧洲侵权法原则：文本与评注》，于敏、谢鸿飞译，法律出版社2009年10月第1版，第160页。

③ 正式名称为《通过为拦截和阻止恐怖主义犯罪提供适当手段来团结和加强美利坚合众国法》（Uniting and Strengthening America by Providing Appropriate Tools Required to Intercept and Obstruct Terrorism Act），因其首字母缩写为“USA PATRIOT”，故又被称为《爱国者法》或《反间谍法》。该法律的副标题为：“法案旨在阻吓和惩罚发生在美国和世界各地的恐怖主义行为，并加强法律执行中的调查手段等”，明示这部法律的主要目的在于赋予执法部门更大权力来预防侦查和打击恐怖犯罪。

侵权责任法的功能为填补损害、预防损害。《民法通则》奠定了我国侵权责任法律制度的基础,侵权责任法表现出一系列明显的发展趋势。

本章思考题

1. 如何正确理解侵权行为、侵权责任的概念?
2. 侵权责任法的调整对象是什么?
3. 谈谈你对侵权责任法的首要的社会功能的认识。
4. 用精炼的语言概括我国现行侵权责任法的渊源。
5. 随着科技的发展,侵权责任法面临哪些新的挑战?整理和讨论新类型的侵权行为,思考侵权责任法应该如何应对。

第二章 侵权责任归责原理

【本章学习目的】

通过本章的学习，了解归责的含义与特征；掌握归责原则体系，掌握过错责任与无过错责任的含义及其适用范围，掌握严格责任和公平责任，理解归责原则的含义与特征，理解过错责任与无过错责任的理解基础。

第一节 归责与归责原则体系

一、归责的含义

侵权责任的归责原理是侵权责任法中的核心理论问题。

归责，即寻找责任的归属，也就是说依据一定的理由将责任归于某一主体承担。在侵权责任法上，归责“是指行为人因其行为和物件致他人损害的事实发生以后，应依何种根据使其负责，此种根据体现了法律的价值判断，即法律应以行为人的过错还是应以已发生的损害结果为价值判断标准，抑或以公平考虑等作为价值判断标准，而使行为人承担侵权责任。”①或者简单点说，归责“就是将侵权行为所造成的损害后果归于对此损害后果负有责任的人来承担”②，即“确认和追究侵权行为人的民事责任”③。

对于归责的含义，可以进一步从不同角度来理解：

---

① 王利明：《侵权行为法归责原则研究》，中国政法大学出版社1992年版，第17—18页。
② 杨立新：《侵权行为法专论》，高等教育出版社2005年第1版，第69页。
③ 张新宝：《侵权责任法原理》，中国人民大学出版社2005年第1版，第24页。

首先,归责是一个法律思维过程。归责具有很强的实践目的,即寻找责任的归属。在损害与责任之间总有一系列复杂的因素在起作用,在对这些因素进行法律判断的过程中,体现出法律思维的逻辑的严密性、规则性、程序性的突出特点。

其次,归责又是一种法律推理技术。归责主要根据事先确定的标准和规则判断当事人是否应当承担法律责任,因此归责表现为一种法律推理技术。法律推理通常以演绎、归纳和类推为表现形式。但在我国根据法律的既有规定来处理案件时,主要还是以"三段论"的演绎推理为主,即归责时的推理必须与侵权责任的法定构成要件密切关联,归责其实就是在构建具体个案中侵权责任的构成要件。这里的大前提就是法定要件,小前提是具体事实,只要小前提符合大前提,就会有责任成立的结论。

再次,归责还是一种法律理性状态。它必须将事实判断与价值判断相互结合,事实判断主要针对加害行为、损害后果而言,价值判断主要针对具有强烈道德意义的过错而言,而因果关系的判断则较为复杂,可能两种要素兼而有之。对案件事实的探求过程首先是做出客观的事实判断,在做价值评判时必须谨慎对待情感因素,尽量使得价值判断结论的是非界限明确。此外,归责所依据的法律事实只能是具有正当程序意义的事实,因为"法律无法以一种完美无缺的公平方法适用于一切情况"①,所以,在归责的过程中,归责主体(主要是法官)的理性乃至良知在符合正当程序的判断过程中起到重要作用。

根据归责时主要关注的要素或标准,可以将其分为主观归责和客观归责两类。前者是指主要根据行为人的主观过错或者行为的违法性而归责,又包括两种情况:一是只有侵权人行为具有违法性(其实是把违法性视为过错)才会考虑责任承担问题,它强调法律上的可责难性;二是只有在有主观过错的时候才会让其承担责任,它强调道德上的可责难性。后者主要是指根据客观的行为、损害事实及其因果关系的存在即可归责,而不考虑行为人主观上的过错或违法性因素。客观归责的概念最先是由拉伦茨提出来的。其基本内涵是:归责的问题与行为人个人的特性无关,而仅仅取决于一个对于客观关系的判断。②德国刑法学教授罗克辛从刑法视角认为,客观归责中的根本归责要素是客观目的性,也就是说,如果引起损害结果的样态和方式,不可能是符合目的的行为的对象,则该结果不能归责于行为人。客观归责原则包含三个判断规则,即制造不被允许的风险、实现不被允许的风险和构成要件的效力范围。③如果行为人实施了制

---

① [英]彼得·斯坦、约翰·香德:《西方社会的法律价值》,王献平译,中国法制出版社2004年版,第133页。
② 参见许玉秀:《主观与客观之间:主观理论与客观归责》,法律出版社2008年版,第180页。
③ 参见[德]罗克辛:《德国刑法学总论》(第一卷),王世洲译,法律出版社2005年版,第245—247页。

造不被允许的风险的行为，并且行为人所制造的风险在具体的结果中得以实现即产生构成要件中的损害后果，同时该结果又在法定的可予救济的责任范围之内，那么责任即告成立。在侵权责任法上，这种归责的判断规则主要体现在对损害事实和加害行为之间的客观存在的因果关系的判断方面。

二、归责原则的含义与特征

所谓归责原则，就是确定行为人侵权责任时所遵循的一般准则。换句话说，就是"将损害归于侵权者的根本规则"①。它是指导归责这一法律技术在应用时的基本要求，是归责的宗旨和价值的体现，应该贯彻整个归责的过程和领域。归责原则的这一地位决定它在应用时的抽象性而非具体性。

归责原则不同于民法基本原则。民法基本原则贯穿于民法各个领域以及民法运行的始终。归责原则作为侵权法中的核心内容，意义仅在于解决侵权责任的根据，不同于民法基本原则，但是它又必须体现民法基本原则尤其是平等、公平、诚实信用以及民事权益受法律保护等原则。②

归责原则不同于赔偿原则。这里所说的赔偿原则是指侵权损害赔偿时的基本准则，主要包括全部赔偿、财产赔偿、损益相抵以及考虑当事人经济状况等原则，③仅仅适用于损害赔偿责任方式的应用环节，而归责原则则适用于全部侵权责任的归责过程。此外，赔偿的前提是责任的存在，而只有通过归责才能决定责任的有无，所以从序列上看，归责过程是先行于赔偿等侵权责任的实现过程的。不过，赔偿原则和归责原则也具有一定程度上的一致性，即一般来说，赔偿与责任之间要符合同一的比例。

归责原则更不同于归责基础。作为"原则"，本来必须具有一般性和全局性的指导意义，因为它从某类问题中抽象出来并普遍适用于此类问题的基本准则。而理论上通常所说的"归责原则"如过错责任、无过错责任、公平责任等原则，其实并非如此，而是各自有着自己的领地，每一个原则都并不能普遍地适用于整个归责领域，实指"归责基础"。归责基础实际上是承担侵权责任的根据，它回答基于何种理由而让责任主体承担侵权责任的问题。把归责原则和归责基础不加区分的认识较多，比如，"应将损害归由加害人承担，使其负赔偿责任的事由，学说上称之为损害归责事由或归责原则"④；又

---

① 刘士国：《现代侵权损害赔偿研究》，法律出版社1998年版，第34页。
② 参见张新宝：《侵权责任法》，中国人民大学出版社2006年第1版，第20页。
③ 参见杨立新：《侵权损害赔偿》，法律出版社2008第4版，第321—336页。
④ 王泽鉴：《侵权行为法》(第一册)，中国政法大学出版社2001年第1版，第12页。

如,归责原则“是指以何种根据确认和追究侵权行为人的民事责任,它所解决的是侵权的民事责任之基础问题”①,等等,这些论述均把二者作为一个概念加以表述了。但是,我国学理上通常在归责原则的名义下研究规则基础,以下对此也不再做具体的区分。

三、归责原则体系

在我国侵权责任法理论上,归责原则体系有一元论、二元论、三元论-A、三元论-B、三元论-C等观点。一元论认为只有一个归责原则即过错责任原则。二元论认为归责原则将为两个即过错责任与无过错责任或者严格责任原则并存。三元论-A认为归责原则是由过错(包括过错推定)、无过错和公平责任原则构成的;三元论-B认为归责原则为过错、过错推定和公平责任原则,无过错不是独立的原则;三元论-C认为归责原则表现为过错、过错推定和无过错三个不同的责任。②

《侵权责任法》第6条规定:“行为人因过错侵害他人民事权益,应当承担侵权责任。根据法律规定推定行为人有过错,行为人不能证明自己没有过错的,应当承担侵权责任。”第7条规定:“行为人损害他人民事权益,不论行为人有无过错,法律规定应当承担侵权责任的,依照其规定。”据此,可以认为,我国的归责原则体系由过错责任和无过错责任(危险责任)组成。基于过错的侵权责任称为过错责任,基于危险的侵权责任被称为危险责任(无过错责任)。过错推定只是过错责任的一种形式,而不能成为一个独立的责任形式或者归责原则。公平原则本属于民法基本原则,应该贯穿于民法的始终,即不管是过错原则还是无过错原则都应该是公平的原则,所以不应成为一项独立的归责原则。《侵权责任法》第24条规定:“受害人和行为人对损害的发生都没有过错的,可以根据实际情况,由双方分担损失。”可以看出,这不是归责原则,也不是侵权损害的赔偿原则,而只是在特殊情况下的损害分担原则。

---

① 张新宝:《侵权责任法原理》,中国人民大学出版社2005年第1版,第24页。并参见王卫国:《过错责任原则:第三次勃兴》,浙江人民出版社1987年版,第212页。实际上,张新宝已经指出,在英美侵权法中,归责原则为 criterion of liability,即责任的标准或者责任的基础。在这个意义上,与其说过错责任或无过错责任为一般适用的原则,倒不如说它们为确认不同种类的侵权行为的责任根据的规则。参见张新宝:《侵权责任法原理》,中国人民大学出版社2005年第1版,第25页。

② 具体参见杨立新:《侵权行为法专论》,高等教育出版社2005年第1版,第71—72页;并可参见张新宝:《侵权责任法原理》,中国人民大学出版社2005年第1版,第25—27页。

第二节 过错责任

一、过错与过错责任的含义

过错是第一个也是最具一般意义的归责基础。“所谓过错,实际上是指行为人在实施加害行为时的某种应受非难的主观状态,此种主观状态是通过行为人所实施的不正当的、违法的行为所表现出来的。过错也体现了法律对行为人所实施的违背法律和道德、侵害社会利益和他人利益的行为的否定评价和非难。过错是行为人在法律上应负责任的重要根据。”①这里所说的主观状态主要包括两种形态,即故意和过失。一般认为,在侵权责任法上,故意是指行为人已经预见到自己行为的损害后果,但仍然希望或者放任这一后果的发生的心理状态,具体又表现为直接故意和间接故意两种;过失是指行为人应当预见自己行为的损害后果而没有预见,或者已经预见而轻信能够避免损害的发生但最终还是导致损害的心理状态,前者称为疏忽(疏忽大意的过失),后者称为懈怠(过于自信的过失)。与故意相比,在侵权法责任中,对过失的认定更具有重要意义,所以,有时候也把“过错责任”表述为“过失责任”。

基于过错的侵权责任称为过错责任(fault liability)。过错就是过错责任所抽象出来的归责事由,是加害人承担民事责任的基础。德国法学家耶林(Rudolf von Jhering,1818—1892)曾经说过:“使人负损害赔偿的,不是因为有损害,而是因为有过失,其道理就如同化学上之原则,使蜡烛燃烧的,不是光,而是氧一般的浅显明显。”②简而言之,过错责任的概念可以表述为:以行为人的过错或在法律特别规定时以推定的过错为必备要件的侵权责任。在过错责任类型下,判断行为人对其造成的损害应否承担侵权责任,是以过错作为事实标准和责任基础的。比如在对患者进行头部手术时对其头部毛发的剃除,患者苏醒后认为医方不该剃除其头发,侵犯了其身体权。因为这是手术所必须,所以医方不具有作为侵权责任成立的事实标准和基础的主观上的过错,而缺少这一基础也就欠缺了责任构成的一个基本要件,即使加害人造成了损害事实并与损害结果之间有因果关系,行为人也无需承担侵权责任。

① 王利明:《侵权行为法归责原则研究》中国政法大学出版社 2004 年修订二版,第 48—49 页。

② 参见王泽鉴:《侵权行为法》(第一册),中国政法大学出版社 2001 年版,第 13 页。

过错责任的基本内涵是:(1)以行为人的过错作为承担侵权责任的最基本要件,有过错有责任,无过错无责任。(2)过错程度往往在混合过错的情况下决定着加害人和受害人之间责任的比例,甚至加害人的故意、重大过失在一些情况下还成为承担损害赔偿责任的必要条件。《民法通则》第131条规定:"受害人对于损害的发生也有过错的,可以减轻侵害人的民事责任。"《侵权责任法》第26条的规定与此类似。《最高人民法院关于审理人身损害赔偿案件适用法律若干问题的解释》第2条规定:"受害人对同一损害的发生或者扩大有故意、过失的,依照民法通则第131条的规定,可以减轻或者免除赔偿义务人的赔偿责任。但侵权人因故意或者重大过失害人损害,受害人只有一般过失的,不减轻赔偿义务人的赔偿责任。"(3)在一般情况下,被侵权人对加害人的过错承担证明责任,但在法律特别规定推定加害人有过错时,由加害人证明自己没有过错,即实行举证责任的倒置。(4)过错责任成为最一般的侵权责任类别,得到普遍的适用。与此相对应,危险责任(无过错责任)是特殊的侵权责任类别,必须由法律作出明文的规定才能适用。

二、过错责任的理论基础

确立过错责任的理论依据主要在于:法律调整应尊重行为的相对自由,法律制裁应起到教育和预防作用,法律规范应当成为昭示道德观念的手段,法律制度应当保持适当的弹性。同时,在多数情况下,由过错方承担民事责任,按过错大小决定责任之轻重,这体现了法律中包含的公平正义观念。而且,过错责任原则还有为人们确定行为规范标准的积极作用。①过错责任体现了强烈的道德观念,个人就自己过失行为所肇致的损害,应负赔偿责任,乃正义的要求;它调和了"个人自由"与"社会安全"两个基本价值,因为个人若已尽其注意,即得免负侵权责任,则自由不受束缚,人人尽其注意,一般损害亦可避免,社会安全亦足维护;它尊崇个人抉择、区别是非能力,只是在具有过失时才负赔偿责任,最能够表现对个人尊严的尊重。从这些意义出发,它甚至被视同自然法则。②

过错责任与所有权神圣、契约自由一起共同构成传统私法的基石,其意简而言之,在于有过错有责任,无过错即无责任。由于它重在维护个人行为自由,在对过错行为的法律责任的实现中贯彻了浓厚的道德评价,强调的是矫正正义,体现出强烈的个人主义的特征。

---

① 参见张新宝:《侵权责任法原理》,中国人民大学出版社2005年第1版,第31—32页。
② 参见王泽鉴:《侵权行为法》(第一册),中国政法大学出版社2001年版,第13—14页。

三、过错责任的法律依据及其适用范围

早期的古代侵权责任法虽然有过错责任的萌芽①,但主要还是实行结果责任,即其归责基础的界定在于损害,只要有致人损害的后果发生,无论行为人有无过错,都应承担责任。这使得一些正当行为所致损害的行为人也可能面临承担责任的风险,责任太过严苛,在一定程度上限制了行为自由和社会效率。罗马法如早期的《十二铜表法》、《阿奎利亚法》已经明确区分了故意和过失的概念,并且在一定程度上实行了过错责任原则。虽然有学者将其称为过错责任原则的"第一次勃兴"②,但并没有得到普遍地适用。最早系统、全面地规定过错责任的是《法国民法典》,其第1382条规定:"任何行为使他人受损害时,因自己的过失而致行为发生之人对该他人负赔偿的责任。"第1383条规定:"任何人不仅对其行为所致的损害,而且对其过失或懈怠所致的损害,负赔偿的责任。"这种关于过错责任的一般规定,在后来的《德国民法典》③、《日本民法》等其他大陆法系的民法典中基本上都得到了确立。英美法更是以过错作为最基本的侵权行为类型。自15世纪以来,英国法院通过判例确认了过错责任,并在1846年的《不幸事故法》中使其得到了成文法的正式表达。

我国也把过错作为最基本的归责基础,把过错责任作为最基本的责任类别。我国《民法通则》第106条第2款规定:"公民、法人由于过错侵害国家的、集体的财产,侵害他人财产、人身的,应当承担民事责任。"《侵权责任法》第6条规定:"行为人因过错侵害他人民事权益,应当承担侵权责任。根据法律规定推定行为人有过错,行为人不能证明自己没有过错的,应当承担侵权责任。"这是目前我国关于过错这一归责基础的基本法律依据。这些规定的基本含义在于:(1)过错责任属于主观归责,它以行为人的主观心理状态作为确定和追究责任的依据,即"有过错方有责任","无过错即无责任"。(2)过错责任表明行为人的过错为侵权责任的构成要件,因此证明行为人的过错之有无便成为确定与追究侵权责任的一个中心环节。(3)过错责任表明行为人过错之大小对责任范围具有决定性的作用。因此,证明行为人过错的轻重程度、证明行为人与第三人的共同过错或证明受害人的过错或受害人与行为人的混合过错,对于责任范围之确定,均有十分重要的意义。④

---

① 我国古代法中就出现过"眚"、"肆"、"宥"等区别过失和故意的概念,参见《周礼·秋官》。《汉谟拉比法典》和《摩奴法典》中也有这样的情形,参见王利明:《侵权行为法归责原则研究》中国政法大学出版社2004年修订二版,第62页。

② 参见王卫国:《过错责任原则:第三次勃兴》,中国法制出版社2000年第1版,第15—16页。

③ 《德国民法典》第823条(损害赔偿义务)第1项规定:"因故意或过失不法侵害他人的生命、身体、健康、自由、所有权或其他权利者,对被害人负赔偿损害的义务。"

④ 参见张新宝:《侵权责任法原理》,中国人民大学出版社2005年第1版,第31页。

过错责任是侵权责任法中最一般的责任类别,适用于大多数侵权损害的情形,凡是没有法律的特别规定,都要适用这一法律责任的基本规定。对于产品责任、机动车交通事故责任、医疗损害责任、环境污染责任、高度危险责任、饲养动物损害责任、物件损害责任、国家赔偿责责任等而言,由于有法律的特别规定,不能适用过错责任的规定,它们属于另外一个基本侵权责任类别——危险责任的范畴。

四、关于过错推定

在过错责任的适用中,对于过错的认定有两种方法:一是"谁主张谁举证",即由受害人对加害人的过错承担证明责任;二是过错推定,即法律推定加害人有过错,而由加害人承担证明自己没有过错的责任,也即所谓举证责任倒置。《侵权责任法》第6条第2款规定:"根据法律规定推定行为人有过错,行为人不能证明自己没有过错的,应当承担侵权责任。"这就是有关过错责任的特殊规定,即过错推定的情形。

过错推定始见于法国17世纪法学家让·多马的过错理论,其后为《法国民法典》和《德国民法典》所采纳。过错推定理论和立法的出现,是对当时工业事故等侵权受害人扩大法律救济的一种法律措施。其基本方法是法律推定加害人有过错,从而实现举证责任的倒置——由加害人证明自己没有过错。如果加害人不证明或者不能证明自己不存在过错,则认定其有过错并结合其他构成要件而承担相应的民事责任;如果加害人能够证明自己没有过错,则不宜承担民事责任。过错推定的出现,在受害人的保护方面向前迈进了一步,因为它比由受害人证明加害人的过错显然更有利于受害人一方。但是,它毕竟不如无过错责任那么简单明了:根本不考虑加害人的过错。因此,过错推定无论是作为一种民法理论还是作为一个侵权法制度,它都属于过渡性的,具有自身不可克服的局限性。①

过错推定是过错责任适用中的一种特殊情形,它仍然以加害人的过错为责任的根据或标准。目前,过错推定的情形主要存在于我国《民法通则》第126条关于建筑物等倒塌、脱落或坠落致人损害的规定②(本条实际上已经被《侵权责任法》第85条吸收),以及《侵权责任法》规定的未尽安全保障义务的责任③、学校对无民事行为能力人的责任④、

① 参见张新宝:《侵权责任法原理》,中国人民大学出版社2005年第1版,第33页。

② 该条规定为:"建筑物或者其他设施以及建筑物上的搁置物、悬挂物发生倒塌、脱落、坠落造成他人损害的,它的所有人或者管理人应当承担民事责任,但能够证明自己没有过错的除外。"

③ 参见《侵权责任法》第37条:"宾馆、商场、银行、车站、娱乐场所等公共场所的管理人或者群众性活动的组织者,未尽到安全保障义务,造成他人损害的,应当承担侵权责任。"

④ 参见《侵权责任法》第38条:"无民事行为能力人在幼儿园、学校或者其他教育机构学习、生活期间受到人身损害的,幼儿园、学校或者其他教育机构应当承担责任,但能够证明尽到教育、管理职责的,不承担责任。"

医疗损害责任(部分)①、物件损害责任(部分)②等侵权责任类型中。

在这些适用过错推定的侵权情形中,大多数行为或物也具有一定的危险性,但是法律出于利益衡量的考虑,对此作了过错推定的规定,使得此类责任的程度对于加害人而言非常严格,而在事实上几乎等同于无过错责任(危险责任)。

第三节　无过错责任(危险责任)

一、无过错责任(危险责任)的含义

(一)危险与危险责任、无过错责任

危险是重要的,也是最具有现实意义的归责基础。现代化大规模工业生产的发展,使人类真正进入了一个高度的“风险社会”,我们生活的时时处处都可能遭遇不可知的危险。法律上的危险即来自于行为人的某种危及他人人身、财产安全的状态,或者简单点说是一种人为的不安全状态,具体表现为危险物和危险活动,前者包括危险设施如核能反应堆、大型水利工程、巨幅广告牌,以及高压、高空、易爆、剧毒、放射性物质等高度危险物,动物也属于危险物;后者包括使用机动车等交通工具、工业生产活动等。实际上二者也可以统称为危险活动,因为对危险物的制造、处分、管理和控制等也是一种活动。各种危险活动导致的事故损害日益增多,如工伤事故、食品和药品安全事故、交通事故、环境事故等等。这些事故带来的损害往往是非常巨大的,甚至单靠加害人是无法进行救济的。③尤其需要注意的是,这些危险活动往往都是在合法的情况下进行的,因此对此危险的施加者而言,很难证明他的过错的存在,这就要求对此危险活动所致损害的责任承担不同于过错责任。在风险社会,在危险活动致人损害的情形

---

① 参见《侵权责任法》第58条:“患者有损害,因下列情形之一的,推定医疗机构有过错:(一)违反法律、行政法规、规章以及其他有关诊疗规范的规定;(二)隐匿或者拒绝提供与纠纷有关的病历资料;(三)伪造、篡改或者销毁病历资料。”

② 参见《侵权责任法》第85条:“建筑物、构筑物或者其他设施及其搁置物、悬挂物发生脱落、坠落造成他人损害,所有人、管理人或者使用人不能证明自己没有过错的,应当承担侵权责任。所有人、管理人或者使用人赔偿后,有其他责任人的,有权向其他责任人追偿。”第88条:“堆放物倒塌造成他人损害,堆放人不能证明自己没有过错的,应当承担侵权责任。”第90条:“因林木折断造成他人损害,林木的所有人或者管理人不能证明自己没有过错的,应当承担侵权责任。”

③ 如我国在2008年发生的三鹿奶粉事件就是这种几乎无以挽救的食品公害事故,三鹿企业自己已经破产而导致众多受害人得不到充分的赔偿。

下，要确立“一条令人满意的法律规则”，即法庭只须在每一个案件中，以“如果这个损害事件发生将会对谁造成危险？”这样的追问来代替那种“它的发生是由于谁的过失？”的思考。[①]这种认识就是建立在把危险作为侵权损害的归责基础之上的。

基于危险的侵权责任被称为危险责任。危险责任是工业社会在侵权法上的产物，它从根本上改变了侵权法的体系，形成了划分传统侵权法与现代侵权法的标识。危险责任的概念来源于德国，德国学者 Max Ruemelin 在 1896 年第一次使用了危险责任的概念，此种概念在此之后被德国侵权法理论和立法所接受，与英美法中的严格责任概念不同。危险责任的概念更多地建立在侵权危险来源的基础上。在德国的法律中，危险责任是指企业经营活动，具有特殊危险性的装置、物品、设备的所有人或持有人，在一定条件下，不问其有无过失，对于因企业经营活动、物品、设备本身所具风险所引发的损害，承担侵权责任。可见，危险责任从发生损害的事由——“特殊危险”出发，定义此种新型的侵权责任。[②]这样，我们可以把危险责任的概念界定为：基于行为的危险性而不论行为人有无过错，依照法律的特别规定都应当承担的侵权责任。

由于危险责任的构成并不要求加害人具有主观过错的存在，所以在这种意义上，也可以称之为无过错责任（liability without fault）。无过错责任的表述可以从字面上地表明即使无过错也要承担责任，可以与过错责任的称谓很好地对应，但“无过错”却不是承担责任的正当理由，不能成为侵权责任的归责基础，而危险责任的概念却能够鲜明地表明这种不问过错的责任的归责基础。所以，为行文方便，本书将危险责任与无过错责任互用。

（二）无过错责任（危险责任）的内涵与形态

无过错责任（危险责任）的基本内涵是：（1）加害人不能以自己无过错作为免责事由，其承担侵权责任的基础在于自己行为或者自己应对之负责的物的危险。（2）过错在无过错责任（危险责任）中也有一定意义。加害人的过错虽然无关归责过程，但可以影响到赔偿过程，即是否承担惩罚性赔偿以及精神损害赔偿的数额。受害人的过错可以影响到加害人责任的大小，《最高人民法院关于审理人身损害赔偿案件适用法律若干问题的解释》第 2 条第 2 款规定：“适用〈民法通则〉第 106 条第 3 款规定确定赔偿义务人的赔偿责任时，受害人有重大过失的，可以减轻赔偿义务人的赔偿责任。”《民法通则》第 106 条第 3 款规定是：“没有过错，但法律规定应当承担民事责任的，应当承担民

---

① 参见 J. A. 乔洛维奇：《事故责任》，1968 年版，转引自［英］彼得·斯坦、约翰·香德：《西方社会的法律价值》，王献平译，中国法制出版社 2004 年版，第 122—123 页。

② 参见朱岩：《风险社会下的危险责任地位及其立法模式》，载《法学杂志》2009 年第 3 期。

事责任。”(3)在诉讼中,加害人有动力证明受害人的过错,而不是证明自己没有过错。(4)无过错责任(危险责任)属于法律明文规定的特殊的侵权责任,没有法律的特别规定就没有适用的余地。

无过错责任(危险责任)包含的具体责任形态主要表现为:(1)典型的现代危险责任,如产品责任、机动车等运输工具交通事故责任、环境污染责任、核事故责任、工伤事故责任等,这些责任均有专门的法律进行具体的明文规定。(2)抽象的高度危险责任,如我国《民法通则》第123条①、《侵权责任法》第9章的大部分内容规定的就属于此种形态,这些责任没有具体的形式界定,基本上采用了“易燃、易爆、剧毒、放射性等高度危险物”、“高空、高压、高速”等的描述性用语,在适用时需要根据个案进行解释。(3)传统的一般危险责任,如动物致人损害的责任、监护人对被监护人致人损害的责任等。

二、无过错责任(危险责任)的理论基础

一般认为,最早的无过错责任(危险责任)立法是1838年《普鲁士铁路企业法》,不过该法没有直接使用危险责任的概念。它规定:“铁路公司所运输的人及物,或因转运之事故对别的人及物造成损害,应负赔偿责任。容易致人损害的企业虽企业主毫无过失,亦不得以无过失为免除赔偿的理由。”该法确立了通行于现代铁路运输行业的赔偿责任,而且认为这种无过错责任理应适用于一切“容易致人损害的企业”。②在英国1964年判决的一个案件(丹纳诉新威尔士煤气公司案)中,几个人同时在一场煤气爆炸中受了伤。爆炸的原因是自来水总管漏出来的水与周围的土质一起腐蚀了煤气管道,煤气发生逸漏并进而引起爆炸。上诉法院裁决受害人要求获得赔偿的诉讼败诉,因为他们无法证明煤气公司或自来水公司有什么疏忽。人们普遍感到,不让这些受害者得到赔偿是不公平的。③这样,传统的过错责任越来越无法适应因各种危险活动所导致的事故。实际上,在此前,英国曾在赖兰兹诉弗莱彻案(Rylands vs. Fletcher, 1866)④中确立了危险责任。德国法学家耶林虽然针对过错责任正确地指出,产生责任的是过错

---

① 该条规定:“从事高空、高压、易燃、易爆、剧毒、放射性、高速运输工具等对周围环境有高度危险的作业造成他人损害的,应当承担民事责任;如果能够证明损害是由受害人故意造成的,不承担民事责任。”

② 参见谢邦宇、李静堂:《民事责任》,法律出版社1991年版,第366页。

③ [英]彼得·斯坦、约翰·香德:《西方社会的法律价值》,王献平译,中国法制出版社2004年版,第122—123页。

④ 案情是:被告Fletcher雇佣一个承包商在被告土地上建造了一个蓄水池作为磨坊供水之用,工地之下有一已封闭的废矿,其尚存之坑道与原告Rylands的煤矿相连通,被告及承包商均未发现。完工后蓄水池开始蓄水,水流通过坑道渗入原告煤矿造成损害。布拉克本法官在判决中确立了如下规则:“某人在自己的土地上带来或者堆放危险物品,他就应负该物品的逃逸而可能造成对邻居损害的危险,如该物品逃逸造成损害,尽管他已尽注意义务并已做出防止损害的各种警告,仍应负赔偿责任。”这一规则被称为布拉克本规则。

而不是损害,但他的名言是针对过去,而不是面向未来。因为,在企业工伤事故、道路交通、产品生产、环境污染等领域,是危险决定责任,而不是过错决定责任。侵权法的中心已经从过错行为责难、损害填补转移到风险范围归责、损害分担。①

无过错责任(危险责任)基于分配正义的理念,其正当性理论基础正在于对"不幸损害"的合理分配。王泽鉴将其主要理由具体归纳为四点:(1)特定企业、物品或设施的所有人、持有人制造了危险来源。(2)在某种程度上仅该所有人或持有人能够控制这些危险。(3)获得利益者,应负担责任,系正义的要求。(4)因危险责任而生的损害赔偿,得经由商品服务的价格机能及保险制度予以分散。②这就是通常所说的危险来源说、危险控制说、报偿主义说和损害分散说。没有机动车的使用,就不会有机动车交通事故的发生,没有现代企业的大规模工业生产,就没有日益严重的环境污染事故。当加害人制造了某种危险来源并进行利用时,就应对相应的损害承担责任。同时,危险的制造者,即从事危险活动的人、危险物的所有人或持有人最有能力和条件控制危险,由其承担损害是合理的,也可以有效地预防损害的发生。在欧洲,侵权法上的这种产生于古典时代的观念——现在仍然是欧洲人的公共财富——似乎更强调报偿主义的理论,"如果一项法律允许一个人——或者是为了经济上的需要,或者是为了他自己的利益——使用物件、雇佣职员或者开办企业等具有潜在危险的情形,他不仅应当享受由此带来的利益,而且也应当承担由此危险对他人造成任何损害的赔偿责任:获得利益者负担损失。"③因为行为人从危险活动中获得了利益,如果他对此危险带来的损害不承担责任,将是对社会正义的违反。另外,危险的制造者在从事危险活动时可以通过责任保险等机制将其可能的危险责任的风险社会化予以分散。正如彼得·斯坦和约翰·香德所指出的,"危险原则的基础,是承认在现代社会中人身伤害和财产损失必然会发生,况且,对于人身伤害、财产损失、以及赔偿责任,都可以向保险公司投保。实际上,经营产业的人都投保了事故责任险,以此将保险费开支以提高产品成本或价格的方式转嫁到了消费者身上。"④在各种责任保险的推动下,无过错责任(危险责任)得到了更多的应用,在法律上其范围日益扩张,几乎触及任何危险活动领域。

此外,无过错责任(危险责任)还出于"举证困难之理由"。对于企业使用机器或利用核能所发生的损害事故,在过错责任制度下,受害人应就加害人的过错负举证责任,

---

① 参见朱岩:《危险责任的一般条款立法模式研究》,载《中国法学》2009年第3期。不过,"是危险决定责任,而不是过错决定责任"一句在原文中表述为"是损害决定责任,而不是过错决定责任"。

② 参见王泽鉴:《侵权行为法》(第一册),中国政法大学出版社2001年版,第16页。

③ [德]克雷斯蒂安·冯·巴尔:《欧洲比较侵权行为法》(上卷),张新宝译,法律出版社2004年第2版,第10页。

④ [英]彼得·斯坦、约翰·香德:《西方社会的法律价值》,王献平译,中国法制出版社2004年版,第122—123页。

但现代危险活动诸如航空器之构造、维修、飞行安全、核能之存储、使用等属于专门知识,受害人"纵有专门智识亦难为有过失之举证",而因无法举证便无法获致赔偿。"为弥补此一缺失,唯有将责任提高为无过失之责任,即危险责任。"①

无过错责任(危险责任)旨在从社会整体利益出发,对危险活动产生的利益和损害予以衡平考量,并重新分配责任。这种对不幸损害的合理分配,强调的是分配正义。由于不问加害人有无过错,而重在危险活动所致损害的填补,所以和过错责任的"个人"主义特征相比,它突出地体现了"社会"主义的色彩。

三、无过错责任(危险责任)的法律依据及其适用范围

无过错责任(危险责任)的源头可追溯至罗马法,《十二铜表法》第 8 表第 6 条规定,牲畜致人损害的,由其所有人把该牲畜交给被害人处理,或赔偿所致的损害。②这是动物致人损害的最早规定。现代无过错责任(危险责任)的首次立法是 1838 年的《普鲁士帝国铁路法》第 25 条针对铁路运输而确立的无过错的损害赔偿责任,现在德国法中的危险责任分散在各个特别法中,对于各种事故如铁路、汽车、航空、核能、矿害、基因工程、产品、环境污染等事故引发的损害赔偿责任进行规范。

我国法律中虽然没有明确的使用危险责任的概念,但实际上也是把危险作为另一个重要的归责基础的,把危险责任作为一个基本的侵权责任类别。我国《民法通则》第 106 条第 3 款规定:"没有过错,但法律规定应当承担民事责任的,应当承担民事责任。"此处的"没有过错"一语容易发生争议,有的认为它是无过错责任的依据,有的认为它也可以是公平责任的依据。这个问题在《侵权责任法》中得到了解决,其第 7 条规定:"行为人损害他人民事权益,不论行为人有无过错,法律规定应当承担侵权责任的,依照其规定。"这样的表述是正确的,"不论行为人有无过错",即是不问过错是否存在,加害人可能有过错也可能没有过错,但不管何种情形均要承担损害赔偿的责任,真正体现了无过错责任(危险责任)的本意。这是关于无过错责任(危险责任)的归责原理的一般规定和法律适用的基础依据。

我国《侵权责任法》用专章特别规定的产品责任(第 5 章)、机动车交通事故责任(第 6 章)、医疗损害责任(第 7 章,主要指其中的医疗产品损害责任)、环境污染责任(第 8 章)、高度危险责任(第 9 章)、饲养动物损害责任(第 10 章)、物件损害责任(第 11 章)等,除了其中部分情形被规定为过错(如机动车与机动车之间的交通事故责任、

---

① 曾世雄:《损害赔偿法原理》,中国政法大学出版社 2001 年版,第 374 页。
② 参见周枏:《罗马法原论》(下册),商务印书馆 1994 年版,第 809 页。

一般医疗损害责任）或过错推定（如前所述）的责任外，基本上都属于无过错责任（危险责任）的范畴。此外，监护人对被监护人致人损害的责任（《侵权责任法》第32条）、用人单位对工作人员致人损害的责任（《侵权责任法》第34条）、雇主对雇员致人损害的责任（《侵权责任法》第35条）、国家赔偿责任（《民法通则》第121条）等也是基于危险活动而产生的责任。在这里，使用或者监护他人和提供产品（或服务）、饲养动物、使用物件等行为一样，对社会都具有一定程度上的危险性，所以让其承担无过错的责任是建立在危险这一合理的归责基础上的。

第四节 严格责任和公平责任

一、严格责任

严格责任（strict liability）主要是一个英美法中的概念，按照学者的认识，它是指一旦被告对原告造成了某种明显的损害，就应对此承担损害赔偿的侵权责任，而不考虑其是否具有故意或过失。①依《牛津法律大词典》的解释，严格责任指一种比没有尽到合理的注意而应负责的一般责任标准更加严格的责任标准。但这种责任标准也不是绝对责任，它是一种有时由制定法规定的标准，如果应该避免的伤害事件发生，则当事人必须负责，而不论其尽到了怎样的注意和采取了怎样的预防措施。如果承担严格责任，则仍有一些（尽管是有限的）对责任的抗辩理由可以援引，但当事人已尽到合理的注意不能作为抗辩的理由。从词典的解释中，我们可以对严格责任作一些抽象：（1）它与过错责任一样，是一种责任标准；（2）与过错责任（由于没有尽到合理的注意，而须负一般责任）相比较，它更为严格；（3）在有限的抗辩理由中，当事人（被告）不得以无过错（尽到合理注意）为抗辩条件；（4）它不同于绝对责任。②严格责任作为一个侵权责任法上的概念，与其他侵权责任有着较大的区别。

严格责任不同于过错责任。在严格责任中，主要从损害出发，考虑的是被告的行为和损害之间的因果关系。与严格责任相对应的过错责任，则除了在被告的行为与原告的损害之间存在因果关系之外，还须有被告的故意或过失，才会产生侵权责任。事

---

① Epstein, Gregory and Kalven: *Cases and materials on torts*, little Brown and Company, 4th ed., 1984, p. 5.

② 参见张新宝：《侵权责任法原理》，中国人民大学出版社2005年第1版，第39页。

实上,二者的划分主要是从责任严格程度上来说的,它们是一般级与比较级的关系。

严格责任也不同于无过错责任。严格责任主要存在于英美法中,而大陆法中本来并没有这种概念,内涵类似的是无过错责任或危险责任。称谓的不同,表明一个强调责任的程度或形式上的严格性,一个强调责任基础或内容上的可归责性。此外,英美法中的严格责任的范围比大陆法中的无过错责任要宽。严格责任最早适用于动物所有人对其动物侵害他人财产的案件,至近现代,不仅适用于所有人对动物致人损害的责任,也适用于高度危险作业致人损害、产品责任案件、工伤事故案件等,它的适用范围大致等于大陆法中的无过错责任的适用范围加上过错推定这一特殊形式的过错责任的适用范围。①从理论亲缘和范畴的角度讲,二者没有同一的联系,把二者等同也是不可能的。

严格责任也不同于绝对责任(absolute liability)。英美法学者一般把严格责任与绝对责任区别开来。所谓绝对责任,按照《牛津法律大词典》的解释,指侵权行为和轻罪法中的损害赔偿责任,它们由某些法律规定予以加强,无须考虑注意程度或已采取的预防措施,也不需要提供有关过失或过错的证据。有人认为绝对责任有几种含义,有时指诸如保险人的责任,有时指产品责任中无论产品有无缺陷,制造者负的损害赔偿责任。严格责任虽然严格,但非如绝对责任中的绝对。前者适用于多种侵权行为,后者只是个别,前者有一定的免责事由,后者则无任何抗辩可能。②从责任严格程度上来说的,它们是比较级与最高级的关系。

最为重要的是,除了它是英美法中的基本概念外,严格责任中的"严格"一词无法表明归责基础之所指。所以,即使它在一定程度上与本书所说的危险责任(无过错责任)类似,甚至有过强烈的主张将其作为一个"归责原则"③,但本书还是不把它作为一个可以与过错责任相对应的基本责任类别。

二、公平责任

一般认为,公平责任是指在加害人和受害人对于损害的发生都没有过错的情况下,又没有适用无过错责任的特别规定的余地,以公平作为价值判断标准,根据实际情况和可能,由双方公平地分担损失。

我国《民法通则》第132条对公平责任作了明确的规定:"当事人对造成损害都没

---

① 参见张新宝:《侵权责任法原理》,中国人民大学出版社2005年第1版,第39—40页。
② 参见张新宝:《侵权责任法原理》,中国人民大学出版社2005年第1版,第40—41页。
③ 参见王利明:《侵权行为法归责原则研究》中国政法大学出版社2004年修订二版,第91—92页。

有过错的,可以根据实际情况,由当事人分担民事责任。"《侵权责任法》第24条类似的规定是:"受害人和行为人对损害的发生都没有过错的,可以根据实际情况,由双方分担损失。"由此可以概括出所谓公平责任的构成特征:(1)双方当事人均没有过错,因此构不成过错责任;(2)不存在适用法律特别规定的无过错责任的可能;(3)行为人的行为与损害之间往往不一定存在因果关系。《民法通则》第一百零九条规定:"因防止、制止国家的、集体的或者他人的财产、人身遭受侵害而使自己受到损害的,由侵害人承担赔偿责任,受益人也可以给予适当的补偿。"这里,受益人的受益状态或行为与损害结果就毫无因果关系。(4)从公平观念出发,考量个案实际如受害人的损害事实以及对方的经济承受力等情况。

关于公平责任的性质有不同的认识。有的认为它是和过错责任、无过错责任并列的"归责原则"之一,同时,它不同于民法基本原则中的公平原则,而是其"在侵权责任领域的直接应用和直接体现"。[①]有的认为它不是"归责原则",[②]不能成为认定侵权责任所普遍适用的基本准则。

本书认为:

(1) 公平责任实质上是一种法官自由裁量的一般规则,由法官根据个案的具体事实,基于法律的公平理念,合理地将损害分摊给各方当事人。如《侵权责任法》第24条、《民法通则》第109条、第132条以及《最高人民法院关于贯彻执行〈中华人民共和国民法通则〉若干问题的意见(试行)》第156条[③]、第157条[④],都是对损害分担的公平责任的原则性规定。这种公平责任具有相当程度的道德合理性。

(2) 公平责任根本不是一种侵权责任类别或形式,在它作为一个所谓的"责任"形式时,仅仅是一个损害分担时的补偿责任,而非一种损害赔偿时的侵权责任。在过错责任和危险责任(无过错责任)归责后,最终加害人所承担的责任形式可能包括所有的侵权责任形式,如停止侵害、排除妨害、消除危险、返还财产、恢复原状、赔偿损失、赔礼道歉、消除影响、恢复名誉等,而公平责任的形式却只有补偿损失,而无法表现为以上

---

① 参见刘士国:《现代侵权损害赔偿研究》,法律出版社1998年版,第55页。

② 理由主要有:《民法通则》并没有规定公平责任原则是归责原则;公平责任调整的范围过于狭小且不属于严格的侵权行为;在实践中双方都无过错的损害赔偿纠纷并非一律适用这个规则。参见杨立新:《侵权法论》(第2版),人民法院出版社2004年版,第118—119页。日本学者的看法是:在以抽象性的市民形式平等为基本原理的民法与着眼于富人、穷人这样具体关系的社会法原理构成的公平责任原则之间无法毫无矛盾地结合在一起的;"公平"的内容是暧昧的,有可能因为法官的恣意而损害法律的稳定性。参见[日]小口彦太:《不法行为法二题》,丁相顺译,载张新宝主编:《侵权法评论》2004年第1辑,第190页。

③ 《侵权责任法》第156条:"因紧急避险造成他人损失的,如果险情是由自然原因引起,行为人采取的措施又无不当,则行为人不承担民事责任。受害人要求补偿的,可以责令受益人适当补偿。"

④ 《侵权责任法》第157条:"当事人对造成损害均无过错,但一方是在为对方的利益或者共同的利益进行活动的过程中受到损害的,可以责令对方或者受益人给予一定的经济补偿。"

所有的侵权责任形式。

(3) 公平责任也不是一个和过错原则、无过错原则并列的“归责原则”，因为“公平”并非责任的基础，归责基础的确立应该是一种事实判断而非价值判断。

(4)《民法通则》第132条和《侵权责任法》第24条的规定仅仅是一种损害的分担规则，其适用前提是并不存在侵权责任，也就是说在无法归责的情况下，才能适用这一特别的损害分担规则。皮之不存，毛将焉附？既然没有归责的可能，何谈归责原则？何谈归责基础？

(5) 如前所述，在把归责原则和归责基础两个概念区分的语境下，公平归责原则是具有根本意义的唯一的归责原则，它是民法基本原则中的公平原则在归责领域中的延伸和贯彻。不管是在过错基础上归责的过错责任，还是在危险基础上归责的危险责任(无过错责任)，在归责过程——加害人有无侵权责任的判断过程——中，都要做到公平考量，贯彻公平原则。

【本章小结】

侵权责任的归责原理是侵权责任法中的核心理论问题。在侵权责任法上，归责就是确认和追究侵权行为人的民事责任。归责原则，就是确定行为人侵权责任时所遵循的一般准则。过错和危险是两个基本的归责基础，决定着最基本的侵权责任类别：基于过错的侵权责任称为过错责任，基于危险的侵权责任被称为危险责任(无过错责任)。过错责任是侵权责任法中最一般的责任类别，适用于大多数侵权损害的情形，凡是没有法律的特别规定，都要适用这一法律责任的基本规定。过错推定是过错责任适用中的一种特殊情形。无过错责任是基于行为的危险性而不论行为人有无过错，依照法律的特别规定都应当承担的侵权责任。公平责任仅是损害分担责任，不是损害赔偿责任，更不是归责原则。

本章思考题

1. 如何理解归责原理是侵权责任法中的核心理论问题?
2. 从归责原则、归责基础的内涵出发，谈谈你对归责原则体系的认识。
3.《侵权责任法》第6条规定：“行为人因过错侵害他人民事权益，应当承担侵权责任。根据法律规定推定行为人有过错，行为人不能证明自己没有过错的，应当承担侵权责任。”根据本条规定论述过错责任的内涵与理论基础。

4. 试论无过错责任的内涵与理论基础。
5. 《侵权责任法》第 24 条规定：“受害人和行为人对损害的发生都没有过错的，可以根据实际情况，由双方分担损失。”举例说明本条的含义及其如何适用。

第三章　侵权责任构成要件

【本章学习目的】

通过本章的学习，了解侵权责任构成要件的含义；掌握过错责任、无过错责任的构成要件，掌握各构成要件的含义及其特征，掌握加害行为、损害的分类，掌握责任成立的因果关系与责任范围的因果关系，掌握过错的性质与判断标准；理解确定侵权责任构成要件的标准，理解关于因果关系的几种学说和介入因素与原因力比例的确定，理解注意义务的含义、来源、标准及其判断。

第一节　侵权责任构成要件概述

一、侵权责任构成要件的含义

侵权责任构成要件是指构成侵权责任所必须具备的各种因素，是判断行为人是否应负侵权责任的具有法律相关性的事实根据。从事物本质出发，这些事实根据在法律上被高度抽象出来，表现为一组具有特定意义的法律存在，如加害行为、损害、因果关系和过错等。从静态的角度观察，侵权责任构成要件所包含的各种因素成为归责的外在技术标准，与归责的内在技术标准——归责基础，在归责原则的引领下保持了归责原理体系的自洽与圆满。

侵权责任构成要件的合理确定具有重大意义。它是法律对自由裁量权的适度限制，在一定程度上可以避免司法的恣意和混乱。同时，侵权责任构成要件使归责主体（法官）在进行归责时能够运用一个明确的、统一的技术标准，使得归责原则的基本价值在案件的裁判中能得到充分体现。

二、侵权责任构成要件的确定

确定侵权责任构成要件的标准在于具有普遍意义的事物本质。

侵权责任构成要件可以分成共同构成要件和特殊构成要件。共同构成要件指所有侵权责任共同涉及并必须具备的要件,包括侵权行为、损害事实和因果关系。而特殊构成要件则是根据不同的侵权责任各自的特殊性而必备的要件。①

根据一般侵权责任(过错责任)与特殊侵权责任(包括过错推定责任和无过错责任)的区别,侵权责任个别构成要件的存在有不同的表现。比如,过错并非每一个侵权责任都必须具备的共同要件,它是一般侵权责任的必备构成要件,不过在特殊侵权责任的构成中也并非都不要求加害人过错的存在。在过错推定时的特殊侵权责任构成中就要求必须存在过错的因素,只不过受害人不需要证明加害人的过错而已,如果加害人能够证明自己无过错,则将无法构成侵权责任。再比如,有一些侵权行为的实施并不一定产生实际的具体损害,或者只是造成了损害危险的产生——即有可能导致损害,如一些知识产权侵权行为。所以,在此时的侵权责任构成要件中并不要求损害的存在。在一些案件中,如在我国《侵权责任法》第21条规定中的"侵权行为危及他人人身、财产安全"的情况下,"被侵权人可以请求侵权人承担停止侵害、排除妨碍、消除危险等侵权责任",这些情况可能并不存在具体的损害,或者确切地说只是存在损害的危险,实际上侵权责任的要求是只要具备了侵权事实即存在加害行为,就可以请求停止侵害、排除妨害、消除危险等,如果一定要等到损害产生之后才可以构成侵权责任,才赋予原告侵权责任请求权,是与法的目的性要求相违背的。当然,如果把损害危险的产生也看作一种损害,即一种潜在的、非具体的"损害",似乎也并非没有道理。

根据各国法律和司法实践,一般侵权责任的构成要件有不同表现。法国法主张侵权责任构成要件有三个,即损害事实、因果关系和过错,德国法则在以上三个要件外,还要求行为违法性要件的存在。我国最高司法机关在《关于审理名誉权案件若干问题的解答》(1993年)中指出,是否构成侵害名誉权的责任,应当根据受害人确有名誉被损害的事实、行为人行为违法、违法行为与损害后果之间有因果关系、行为人主观上有过错来认定。

---

① 参见刘士国:《现代侵权损害赔偿研究》,法律出版社1998年版,第59页。

我国学者对一般侵权责任构成要件的代表性观点主要有以下几种:(1)一般侵权责任构成要件有过错、损害、因果关系三个。[①](2)一般侵权责任必须由违法行为、损害事实、因果关系和主观过错四个要件齐备。[②](3)认为一般侵权责任由行为、侵害权利、损害、因果关系、违法性、故意或过失等构成。[③](4)与前类似的观点认为,一般侵权责任有加害行为、行为不法、侵害他人之权利、损害、责任能力、故意或过失等构成,其中前四者为该行为的状态及其所造成结果的问题,属客观要件,后二者乃行为人本身主观方面的问题,属主观要件。[④]

以上诸种看法在相应的分析背景下都不无道理。分歧之所以存在,一个主要问题是对于具体分析对象——侵权行为构成要件还是侵权责任构成要件——没有做出区别,所以在第一种观点里,行为(违法行为或加害行为)都不见了。另外,对于违法性是否独立于行为要素以及过错可否吸收违法性也存在不同认识。

本书认为:(1)侵权责任构成要件不同于所谓侵权行为构成要件,行为只是责任产生的一个原因或条件,是要素之一,二者不可混淆;(2)在侵权行为(加害行为)中,违法性(不法性)不一定是加害行为的当然性质,违法性也不是侵权责任必备的要件,一些合法的行为可能也要产生侵权责任(主要是特殊侵权责任);(3)过错(特别是过失)主要采注意义务的违反之客观过错概念,因此过错可以吸收违法性,违法是过错的一种法律表现,违法视同过错;(4)因果关系是加害行为与损害之间的关系,而非过错与损害之间的关系。

这样,基于过错而归责的过错责任的构成要件应为4个:加害行为、损害、因果关系和过错。基于危险而归责的危险责任(无过错责任)的构成要件则没有过错,只有加害行为、损害和因果关系三个。

值得提出的是,以上关于侵权责任构成要件的分析只是一般性的原理,不可做绝对化的理解。就每一个具体的侵权责任构成要件而言,除了考虑这些一般性的构成要件的基础,还需要关注相关法律的特别规定和具体案件的特殊情况。

---

① 参见王利明:《侵权行为法归责原则研究》中国政法大学出版社2004年修订二版,第461页。

② 参见杨立新:《侵权行为法专论》,高等教育出版社2005年第1版,第89页;张新宝:《侵权责任法原理》,中国人民大学出版社2005年第1版,第50页。

③ 参见王泽鉴:《侵权行为法》(第一册),中国政法大学出版社2001年版,第87页及以下。王泽鉴在分析侵权行为构成时引入了刑法中的三阶层理论,认为此等要件在体系结构上可归纳为构成要件、违法性、及故意或过失,它们是为侵权行为的三层结构。参见上书第87—88页。上述侵权行为的三层结构在逻辑上具有一定次序的关连。须先有符合构成要件事实的行为,始判断该行为是否违法,其后再就具违法性的行为认定其有无故意或过失。此项结构分析有助于认识违法性与故意、过失(可归责性)的区别。前者系就行为作法律上无价值的判价,后者系对行为者的非难。此在法律适用上请求权基础的检查具有实益。倘认定某特定行为不符合构成要件时,即无须再检讨其违法性或故意过失。参见上书第89页。

④ 此为中国台湾学者郑玉波、史尚宽、孙森焱、黄立等的观点。参见王泽鉴:《侵权行为法》(第一册),中国政法大学出版社2001年版,第87页。

第二节 加害行为

一、加害行为的含义

加害行为的含义一般可以等同于侵权行为的含义。已如前述(第一章第一节),所谓侵权行为,是指行为人或其负责下的人对他人的绝对权利或受法律保护的利益的加害行为。为了避免同义反复,也可以说,加害行为是指行为人实施的给受害人民事权益带来损害(或损害可能)的行为。广义的侵权行为包括狭义侵权行为(自己的加害行为)和准侵权行为(他人的加害行为以及物致人损害),其中物致人损害也可以被理解为保有人(所有人或管理人)不作为的侵权行为。此处对加害行为进行的简要分析主要是对前述内容的补充。

加害行为的内涵在于行为给他人的绝对权利或受法律保护的利益所带来的损害或损害可能。因此,加害行为在本质上具有不法性。对于加害行为的不法性认识有三种观点:(1)以德国民法为代表的侵权责任法认为不法性是其本质属性;(2)法国法则不强调行为的违法性;(3)近来的观念认为,不法性已经不能成为普遍的或一般的要件,因为一些行为即使不为法律所禁止(如得到政府机关许可的排污行为),造成损害也应当承担责任。最后一种认识是有道理的。但是,在某些特殊侵权责任中加害行为不以不法性为本质属性的情况,不能否定在一般侵权责任领域加害行为的不法性的本质,不法性仍然是一般侵权责任领域加害行为的本质特征。如果从最广义来理解所谓的不法性,那么侵犯任何一种绝对权利的行为以及违反保护他人为目的的法律的加害行为、故意违反善良风俗的加害行为,也都是具有广义违法性的行为。①

【案例分析】

违反婚约侵害名誉权案②

2004 年 11 月,原告和被告经人介绍成了恋人并很快同居,不久原告怀孕。2005 年

---

① 参见张新宝:《侵权责任法原理》,中国人民大学出版社 2005 年第 1 版,第 51 页。
② 案例来源:中央电视台《今日说法》栏目 2006 年 4 月 16 日报道《逃跑的新郎》。

3 月，被告送给原告 19 300 元礼金，定于 4 月 6 日举行婚礼，但未领结婚证。婚礼当天，原告准备了 50 桌宴席。众多亲朋好友都已赶来，等待被告到家迎娶，可等了很长时间都不见被告出现，当天下午 5 点多，原告才知道被告竟迎娶了另一位新娘。随后，原告以名誉侵权为由起诉，请求恢复名誉、赔礼道歉，赔偿经济损失 73 000 多元，其中精神抚慰金 5 万元。云南省呈贡县人民法院一审认为：双方约定举行婚礼，被告应在约定的时间按风俗迎娶原告，如不同意举行婚礼也可退婚，但应及时告知原告，使原告能够及时告知亲朋好友，以免扩大影响和造成损失。但被告不愿按约定与原告举行婚礼，却又不及时告知原告，而是迎娶他人继续举行婚礼，其行为对原告已构成一种恶意欺诈，是对原告及其家庭的一种侮辱，被告应当因其过错行为承担相应民事责任。据此，法院作出一审判决：被告赔偿原告经济损失 6 万多元，其中包括精神抚慰金 5 万元。宣判后，被告提出上诉。昆明市中院审理认为，被告的行为构成了对原告名誉权的侵犯，原告精神抚慰金的诉求有事实和法律依据，作出“驳回上诉，维持原判决”的终审判决。

分析本案中被告行为是否属于加害行为。

二、加害行为的方式

按照通说，法律上的行为有作为和不作为两种方式，加害行为也因此表现为作为和不作为。作为加害行为是以积极的作为的方式致人损害的行为，不作为加害行为是以消极的不作为的方式致人损害的行为。与较常见的前者相比，后者较为特殊，只在某些特定的情形下发生，其前提是行为人负有特定义务，这一特定义务表现为：法定的义务（如警察、消防员等的职务救助义务）、约定的义务（如受委托照看被监护人的义务）或者基于其他社会接触关系而产生的义务（如共饮酒者对同伴的关照义务）几种，只有负有特定义务的人才可能构成不作为的侵权行为。简言之，前者是不应为而为，后者是应为而不为。物致人损害可以视为行为人未尽到注意义务——避免自己所有或控制的物给社会带来的损害或损害可能的一般关注义务——的一种消极行为（参见下文）。

三、加害行为的来源

根据加害行为的实施者或来源形式的不同，可以将加害行为分为人的加害行为与物的加害行为。其中人的加害行为又可以分为自己的加害行为和他人的加害行为，自己的加害行为就是由本人亲自实施的加害行为，责任承担者也是本人；他人的加害行为是本人(如监护人)之外并由其负有责任的人(如被监护人)实施的加害行为。物的加害行为属于“准侵权(加害)行为”,是指某种物(包括动物)的危险状态、加害举动或瑕疵而致人损害的情况。

当然,在本质意义上讲,物的加害行为也是人的加害行为——属于应负责的行为人消极地未尽安全保障等一般保护义务而引发的加害行为。之所以对它们作出分类,主要“因为两者实行的责任基础并不完全相同”①。一般来说,物的加害行为多属于特殊侵权行为,要么基于过错推定要么基于危险而适用严格责任。就欧洲法的经验看,“在过去的百年中,在对自己侵权行为的责任、对他人之不当做法之责任和对产生与物的危险之实现的责任,这三种责任之间的明显区别已经发生相互交错。由于法官所造之法给这样问题带来了如此多的细微差别,以致任何仓促的分类都不过是一个错误,因此发明了监督和控制的义务。”②对监督和控制义务的违反的人——“无论其为危险的制造者还是危险状态的维持者,他都有义务采取一切必要的和适当的措施保护他人和他人的绝对权利”③,因此,行为人对他人的加害行为和物的加害行为承担责任就有了正当性基础。

第三节 损 害

一、损害的含义与特征

虽然“损害”在自然意义上很容易理解,但在欧洲,除奥地利法以外,其他成文法都没有界定什么是“损害”,不过损害总是一个法律概念。奥地利《民法典》第1293条规定:“损害是指某人的财产、权利或人身遭受的一切不利。某人按照事物的通常发展可期待的利润的损失并非损害。”④我国《民法通则》和《侵权责任法》也没有明确的界定。

侵权责任法上的损害(damage),又称损害后果、损害事实,是指受害人的民事权益

---

① 张民安、梅伟:《侵权法》,中山大学出版社2008年第3版,第77页。

② [德]克雷斯蒂安·冯·巴尔:《欧洲比较侵权行为法》(上卷),张新宝译,法律出版社2004年第2版,第11页。

③ [德]克雷斯蒂安·冯·巴尔:《欧洲比较侵权行为法》(上卷),张新宝译,法律出版社2004年第2版,第145页。

④ 参见[德]U.马格努斯主编:《侵权法的统一:损害与损害赔偿》,谢鸿飞译,法律出版社2009年版,第275—276页。

因他人的侵权行为(包括人的加害行为或物的危险之实现)而遭受的不利后果。损害不等于损失(loss),损害除了包含损失之意外,还有伤害(harm, injury)的意思。损失主要是指侵害财产权所造成的不利后果,而损害则包括侵害财产权和人身权的不利后果。

损害的特征表现为:

第一,不利性。受害人的民事权益所遭受的“不利后果”表现为生命丧失、身体残疾、健康受损、自由丧失、人格贬损、精神痛苦以及财产毁损或减少等。概括而言,损害的此种不利性指向了人身权益、财产权益两大类,并不以法律上已经明文确定的权利为限,还包括正当的利益在内。

第二,确定性。损害的确定性又称现实性,一般是指已经出现的具体损害,但在特殊情况下,即虽然具体的损害尚未出现,但已经产生了足以造成损害的危险时,也可以认为存在法律上的损害。所谓“足以造成损害的危险”,是指在损害产生的可能性上具有真实性和急迫性。这种损害的危险绝不是臆想中的危险,而是可以预期的,并且依据社会一般观念已经让受害人真实地感受到了极度的不安乃至恐惧。在此情况下的侵权责任构成就不以具体损害的实际产生为必要,这突出地体现了侵权责任法的预防功能。

第三,实质性。实质性或者成为可予救济性。“任何人身或财产上的不利,只有在法律上被认为具有补救的可能性和必要性时,才能产生民事责任。”①侵权责任法上的损害必须是实质性的,即对损害的救济不是任意的,而是要求损害本身必须达到依据社会一般观念的相当程度,在这种程度上才应当予以法律上的救济,所以对极为轻微的不利后果一般不能认为具有损害的实质性。

二、损害的分类

(一)财产性损害和非财产性损害

根据可否通过金钱来计量的标准,损害可以分为财产性损害和非财产性损害。

财产性损害是指因财产或生命、身体、健康等人身权益受到侵害而造成的经济上的损失。财产性损害可以通过金钱加以具体计算,表现为已经发生的实际损失或将来必然发生的损失(如将来发生的二次手术费),同时既包括既有财产的损失,也包括可得财产的损失。财产性损害的产生不以财产权益受侵害为限,一般情况下,只要人身

① 王利明:《侵权行为法研究》(上卷),中国人民大学出版社2004年版,第354页。

权益(如生命、身体、健康等)受到侵害,就可能出现财产性损害,因人身侵权而产生的医疗费、误工费、护理费、交通费等均为实际的财产损失。

非财产性损害是指难以通过金钱计量的损害,如肉体的、精神的痛苦。冯·巴尔指出,非财产性损害主要表现为“那些自始至终就不能以金钱加以衡量因而只能以一般损害赔偿形态加以补偿的损失,如痛苦和疼痛(pain and suffering)及社会生活的丧失(loss of amenities)。”①因为财产性损害主要体现在一个人的“财产平衡表”上,而非财产性损害则体现在一个人的“情感平衡表”上,②最终多表现为情感上或精神上的不利状态,如不安、恐惧、悲伤、愤怒、绝望、羞辱等精神痛苦,所以也可以在不严格的意义上称之为精神损害。

区分财产性损害和非财产性损害在一般情况下没有什么难度。“两种损害的金钱评价是不同的:前者往往以客观的市场价格为标准;而后者也只能用主观方法评价。”③在对财产性损害和非财产性损害的划分中,事件损失表现为何种利益的损失及损失是否已经发生或将来发生都不重要:一个人如果因身体伤害而必须购买轮椅就遭受了财产性损害,一个毫无价值却为主人所爱的宠物被杀时导致的就是情感上的损失(非财产性损害);未来收入损失是财产性损害,而因事故不能再从事已长期从事的业余爱好则属于非财产性损害;亲人死亡而导致的悲伤是非财产性损害,而父母因儿子死亡不能再获得经济上的帮助则属于财产性损害;未经他人同意在广告中使用其姓名或肖像时,如果受害人要求获得的是假定他同意使用时的使用费,则他要求的是财产性损害赔偿,相反,如果他绝不同意在广告中使用其姓名或肖像,则只能就非财产性损害要求赔偿。④

关于非财产性损害的内容,各国法律的规定可能有所不同:在英国,法律学说中将其分为精神痛苦、生活享乐的丧失、身体上的不便和不适、社会信用的降低以及亲属关系的丧失;在法国,主要有肉体的痛苦、娱乐活动的损害、性的损害、青春的损害以及美感的损害等。其实,各国的规定大同小异,均包括肉体的痛苦、精神的痛苦以及生活享乐的损失。⑤大多数欧洲国家将非财产性损害赔偿限定于人身伤害案件,如侵害身体、隐私或名誉。只有奥地利和法国法承认物被侵害时的非财产性损害赔偿。⑥

根据《最高人民法院关于确定民事侵权精神损害赔偿责任若干问题的解释》

① [德]克雷斯蒂安·冯·巴尔:《欧洲比较侵权行为法》(下卷),焦美华译,张新宝校,法律出版社2004年第2版,第191页。

② 参见[德]克雷斯蒂安·冯·巴尔:《欧洲比较侵权行为法》(下卷),第193页。

③ [德]U.马格努斯主编:《侵权法的统一:损害与损害赔偿》,谢鸿飞译,法律出版社2009年版,第277页。

④ 参见[德]克雷斯蒂安·冯·巴尔:《欧洲比较侵权行为法》(下卷),焦美华译,张新宝校,法律出版社2004年第2版,第193页。

⑤ 参见张民安、梅伟:《侵权法》,中山大学出版社2008年第3版,第85—86页。

⑥ 参见[德]U.马格努斯主编:《侵权法的统一:损害与损害赔偿》,谢鸿飞译,法律出版社2009年版,第278页。

(2001),我国司法实践中关于非财产性损害的情况可以概括为以下几种:(1)自然人的人格权利(生命权、健康权、身体权;姓名权、肖像权、名誉权、荣誉权;人格尊严权、人身自由权;隐私或者其他人格利益)遭受非法侵害;(2)亲子关系或者近亲属间的亲属关系遭受严重损害;(3)近亲属因死者的姓名、肖像、名誉、荣誉、隐私、遗体、遗骨受到侵害而遭受精神痛苦;(4)具有人格象征意义的特定纪念物品,因侵权行为而永久性灭失或者毁损。可以看出,我国司法实践是承认一些特殊的物被侵害时的非财产性损害赔偿责任的。而根据我国2010年生效的《侵权责任法》第22条,只有侵害他人人身权益,造成他人严重精神损害的,被侵权人才可以请求精神损害赔偿,并没有将物被侵害的情况列入。对于具有人格象征意义的特定纪念物品,因侵权行为而永久性灭失或者毁损的情况,可能只能根据该法第19条进行赔偿。该条规定:"侵害他人财产的,财产损失按照损失发生时的市场价格或者其他方式计算。"这里的"其他方式"可以解释为主观评估标准,但已经不是非财产性损害的赔偿了。

区分财产性损害和非财产性损害的意义在于侵权责任方式的适用上。就我国《侵权责任法》的规定而言,对于财产性损害中实际发生的损害,可以采取返还财产、恢复原状、赔偿损失等财产性责任;对于那些可能发生损害的危险情况,可以采取停止侵害、排除妨碍、消除危险等责任形式。对于非财产性损害,通常可以采取停止侵害、赔礼道歉、消除影响、恢复名誉等非财产性责任形式,但一般也通过金钱赔偿的方式对受害人予以抚慰。当然,以金钱抚慰的形式对受害人的非财产性损害进行救济是不得已的做法,尽管非财产性损害是无法以金钱来计量的,但用金钱赔偿来替代或表示损害后果的程度,也是目前为止法律所能找到的最后的也是最好的办法。

(二)人身损害、财产损害和纯粹经济损失

根据损害的对象,可以将损害分为人身损害、财产损害和纯粹经济损失。

人身损害是指生命、身体、健康、名誉、肖像、隐私、亲属关系等人格或身份权益受到侵害而产生的损害。人身损害又可以分为人格利益的损害(包括物质性人格利益损害、精神性人格利益损害)和身份利益的损害。物质性人格利益损害包括致人死亡、身体完整性受到破坏或者伤残、健康受损等情况,既可能产生财产性损害,也可能产生非财产性损害(精神损害)。精神性人格利益损害包括对他人的名誉、肖像、隐私等精神性人格的侮辱、诽谤、非法使用、泄露等侵害后果,除了可能产生一定的财产性损害外,往往会降低受害人的人格评价,对受害人产生极为严重的精神损害。身份利益的损害主要包括配偶权、亲权以及其他亲属权受到的损害,同样可能产生财产性损害,但更突出地表现出非财产性损害(精神损害)。

财产损害是指财产权益受到侵害而产生的损害。对他人财产的直接或间接的侵害，均构成财产损害，这一损害也是上述财产性损害。但是，侵害他人的生命、身体或健康也会产生相应的财产性损害，如丧葬费、医疗费、护理费、交通费等，但这些都不是此处所说的财产损害，因为它们都不是财产权益而是人身权益受到侵害所间接产生的损害。财产损害主要有侵占、毁损、灭失、非法进入、妨碍等几种形态。

纯粹经济损失（pure economic loss）是英美法和大陆法中都存在的一个概念。瑞典1972年制定的侵权损害赔偿法第二条认为纯粹经济损失是一种在任何方面与人身伤害和财产伤害都没有关联的经济损失。理论上认为，纯粹经济损失是指“那些不依赖于物的损坏或者身体及健康损害而发生的损失”，或者是“非作为权利或者受到保护的利益侵害结果存在的损失”。①不过，纯粹经济损失不一定都能获得赔偿，大多数情况下是根据个案中的具体情况并考量案件发生时的公共政策而由法官裁量。

纯粹经济损失的情况可以冯·巴尔在各国的具体案例基础上假设的案例②作为典型：一个农夫早晨在农田里工作时，因为过失，他驾驶的拖拉机撞倒了铁路桥的一个桥墩。毫无疑问，他必须对所有权人承担桥梁的维修费用，然而他也必须赔偿铁路公司因路段被毁而遭受的误工损失吗？他必须承担为那些桥梁停滞运行之前已经上车的顾客提供的替代候车之费用吗？他必须承担那些将继续转车的顾客的费用吗？对那些因无法遵守交易约定而遭受损失的顾客以及徒劳地遵守了约定时间的对方当事人，他也须承担赔偿责任吗？对于其他无数的在桥梁维修期间必须绕道的该路段使用者，又该如何处理呢？对那些有约定的医务人员不能及时到达而使患者健康状况恶化的情况，又该如何处理呢？在这个个案中，利益衡量的结果是：如果要求该农夫因“必然条件”理论意义上的“过失”所导致的一切损害承担赔偿责任，不仅过于倾向各方利害关系人中一方的利益，而且也不现实。该农夫既没有能力以自己的财产支付，他的劳动所得也不足以支付能够覆盖一切风险的保险费用。对于上述这些损害，农夫不一定全要负责，乘客、铁路公司以及那些要去赴约的人等都只是遭受了纯粹经济损失，对于这些损失，农夫可以不承担赔偿责任。

可以看出，(1)纯粹经济损失只是一种经济上的损失，但受害人的财产权益或人身权益本身并没有受到侵害，也就是说受害人并非加害行为指向的对象，因此它不同于财产损害；(2)同时作为一种经济损失，它也不包括非财产性损害即精神损害；(3)它是一种独立存在的损害形式，是否能够得到赔偿，需要在具体个案中进行利益衡量。

---

① ［德］克雷斯蒂安·冯·巴尔：《欧洲比较侵权行为法》（下卷），焦美华译，张新宝校，法律出版社2004年第2版，第32页。

② 参见［德］克雷斯蒂安·冯·巴尔：《欧洲比较侵权行为法》（下卷），焦美华译，张新宝校，法律出版社2004年第2版，第2—3、32—33页。

（三）直接损害和间接损害

以加害行为与损害之间的关系的远近为依据，可以将损害分为直接损害和间接损害。[①]直接损害又称积极损害或“所受损害”，是指因侵害行为对权益本身所致之损害，即既存财产减少的损害，如厂房被汽车撞坏。间接损害又称消极损害或“所失利益”，指财产应增加而未增加时的损害，如因厂房被汽车撞坏而致无法生产，而无法生产又产生合理利润的减少。在人身损害的情况下，受害人因住院治疗所支出的医疗费、护理费、交通费等就属于积极损害，而误工费或营业收入的减少、上述费用的利息损失等就属于消极损害。

三、不可救济的损害

侵权责任法“只有当它避免了过分严苛的责任时，才能作为有效的、有意义的和公正的赔偿体系运行。它既不能成为为公众所认可的经济秩序的阻碍因素，作为一个为理性所支配的法律，也不能要求一个行为不谨慎的人对他人因其行为所产生的一切损害，即一切该他人若非因行为人的过失即无须容忍的损害，承担赔偿责任。”[②]所以，侵权责任法中的损害是有其界限的，不可救济的损害主要有以下几类。

（一）经济竞争的正常后果

经济竞争的正常后果如失去市场份额而导致的利润损失，不能认定为侵权责任法上的损害。正如冯·巴尔指出的，如果侵权责任法不仅将一些经济竞争的正常后果认定为是那些失去市场份额者的“损失”，而且认定为“可归责的损失”并强令胜利者赔偿失败者的这一损失，就确实会出现阻碍公认的社会经济秩序的情况，因为这将导致市场经济的终结。[③]

（二）可容忍或应谅解的损害

“为了维持社会生活的安定，法律上常常要求人们容忍来自他人行为的轻微损害，或使行为人对造成他人的轻微损害后果不承担责任。”[④]例如，对于居住场所旁边的建

---

① 参见王泽鉴：《损害之概念及损害之分类》，载《月旦法学杂志》2005年第9期，第211页。

② ［德］克雷斯蒂安·冯·巴尔：《欧洲比较侵权行为法》（下卷），焦美华译，张新宝校，法律出版社2004年第2版，第1页。

③ 参见［德］克雷斯蒂安·冯·巴尔：《欧洲比较侵权行为法》（下卷），焦美华译，张新宝校，法律出版社2004年第2版，第1页，脚注2。

④ 王利明：《侵权行为法研究》（上卷），中国人民大学出版社2004年版，第355页。

筑施工所产生的正常的噪音,应适当容忍。再如,对于因天下小雨而行走时溅湿他人的衣服、撕毁他人桌面上的一张空白打印纸、错误地进入他人的房间等那些极为轻微的不利后果,一般不能认为具有损害的实质性而予以法律救济。此外,基于情谊行为、戏谑行为而产生的一些损害后果也是不能获得救济的。比如,曾经的情人之间因为一朵玫瑰的赠与而在分手时要求返还那已经凋谢而被抛弃了的"原物";因为朋友的一句"明天上午我请你客,请去某酒店就餐"的玩笑话,"受害人"为此花费了一些交通费并浪费了时间;等等,这样的损害也是要从侵权责任法上排除的。一个理性的人应该能够判断和谅解这些正常的社会交往行为的真意及其可能的后果。

(三)"美感上的损害"

在环境污染事故侵权责任中,能否对当地所有居民因植被和动物群体的破坏而遭受的生活乐趣之丧失给予金钱赔偿?冯·巴尔的回答是:"一个一生都钟爱某种鸟类的人,现在因为环境污染这种鸟不再飞回原生活地了,他无疑遭受了实在的和可感知的不利,但没有可赔偿性损害。这一点在欧洲各国的法律制度中已达成共识。"①

(四)"遥远的损害"

对于那些太过遥远的损害(remoteness of damage)②也无法提供法律救济。恰如西方民谣所说:丢失一个钉子,坏了一只蹄铁;坏了一只蹄铁,折了一匹战马;折了一匹战马,伤了一位骑士;伤了一位骑士,输了一场战斗;输了一场战斗,亡了一个帝国。这种"遥远的损害"都要让被告承担责任是不合理的,所以提出"遥远的损害"的目的是限制被告的侵权责任。

【案例分析】

擅自移动骨灰盒索赔案③

2001年6月中旬,成都市的文某专门花钱请了一名"风水先生"对其已故父亲的陵

① [德]克雷斯蒂安·冯·巴尔:《欧洲比较侵权行为法》(下卷),焦美华译,张新宝校,法律出版社2004年第2版,第4页。

② See Philip S. James & D. J. Latham Brown, *General Principles of the Law of Torts*, 4th ed., London, Butterworth & Co(Publishers) Ltd, 1978. p.37.

③ 资料来源:中国新闻网2002年4月11日的新闻报道《亡父骨灰被移动坏了"风水"?荒唐案索赔16万》,http://www.people.com.cn/GB/shehui/44/20020411/707261.html。

位的物品安放进行了设置。2002 年清明节前夕他们来晋塔时,发现骨灰盒的位置已改变,照片立起靠在骨灰盒上,原先压在下面的玉扣、小钱也被移到了盒盖上。文某认为,擅自移动改变塔陵内的物品摆放位置,此举破坏了“风水”,致使其近一年来在生意场上屡屡受挫,要求塔陵方面除书面道歉和重做晋塔仪式外,赔付 16 万元精神抚慰金。塔陵工作人员承认是在打扫卫生过程中移动了死者的骨灰盒。

分析本案中损害事实是否存在。

第四节 因果关系

一、因果关系的含义与特征

在哲学上,因果关系是现象之间存在的前因后果的关联性。作为哲学上的因果关系在法学领域的具体体现,侵权责任法上的因果关系,是指加害行为与损害事实之间的引起与被引起的关系。值得指出的是,有人认为因果关系是违法性或过错与损害之间的关系,这是不正确的。侵权责任法的所谓“因”只能是加害行为,“果”则指损害事实。行为人的行为是否具有违法性或有无过错,是对行为的法律或道德评价,属于其他的侵权责任构成要件问题,而不应该把它归于因果关系的领域。不能指望在侵权责任构成上,单靠因果关系的判断就能决定责任的成立,否则过错或者行为这一独立的要件就失去存在意义了。

侵权责任法上的因果关系(以下如非特指,简称因果关系)有以下几点特征:

第一,因果关系具有高度的抽象性和复杂性。因果关系作为侵权损害赔偿的一个核心问题,其高度的抽象性、复杂性最令人困扰。“因果关系在某种程度上测度着抽象思考方法,因此纵无此一问题,学者(尤其是德国教授)也会创造这个理论来展现他们的分析能力。”①这种高度的抽象性使得对它的认识在理论上纠结无比。因果关系的复杂性除了下文提及的内容外,还体现在因果联系的直接和间接、多因一果、一因多果和多因多果等表现形式上。

第二,因果关系具有确定性。因果关系作为法律上的一种事实,不是臆想和猜测

① 王泽鉴:《侵权行为法》(第一册),中国政法大学出版社 2001 年版,第 187 页。

的结果，也不是单纯思辨后的偶然发现，它一定是真实存在的。当然，在针对具体个案判断或认定因果关系的时候，并不要求其一定百分之百地确定，在一定情况下可能只要求达到相当的程度。

第三，因果关系具有主观性。哲学上的因果关系强调现象之间存在客观性的联系，是一种事物之间在本质上所固有的具有普遍意义的事实联系。而侵权法上的因果关系则是法律在现实化过程中建构出来的一种事物之间的关联，需要在个案中根据证据（法律事实）由法官自由裁量，所以它是法官确信的结果，是法律思维的结果，不可避免地呈现出较强的主观色彩。

第四，因果关系具有特定的目的性。因果关系是侵权责任的成立与责任范围的确定的重要根据。因果关系的这种双重目的性意味着：正确判断因果关系的存在与否，将决定被告是否承担侵权责任或在什么范围内承担多大的责任。

二、责任成立的因果关系与责任范围的因果关系

关于侵权行为法上的因果关系，按照德国法律的通说以及日本法律的主流学说，分为两种，即责任成立的因果关系与责任范围的因果关系。前者是指对某种加害行为能否归责于行为人的问题，为主观的归责；后者是指损害后果中那些应由行为人赔偿的问题，为客观的归责。这一区分便于对不法行为（侵权行为）构造的理论性说明，便于明确成立的因果关系的限定规则和范围的因果关系的限定规则。①区分二者的重要意义恰如王泽鉴所指出的：(1)责任成立的因果关系所欲断定的是"权利"受侵害是否因其原因事实（加害行为）而发生。责任范围的因果关系所欲认定的不是"损害"与"其原因事实"（加害行为）的因果关系，而是"损害"与"权利受侵害"间的因果关系，易言之，即因权利受侵害而生的损害，何者应归由加害人负赔偿责任的问题。(2)责任成立的因果关系属构成要件，侵权行为是否成立，尚须受违法性及有责性（故意或过失）要件的规范。至于责任范围的因果关系，则属损害赔偿责任范围问题，与加害人的过失无关，因其具有合理限界加害人赔偿责任的重要机能，涉及法律上的价值判断，而为学说与判例争论的重点。②以下所论因果关系，主要指责任成立的因果关系，即主要在侵权责任构成要件的语境下使用这一概念，对二者不再作具体区分。

① 参见刘士国：《现代侵权损害赔偿研究》，法律出版社1998年版，第70—71页。
② 参见王泽鉴：《侵权行为法》（第一册），中国政法大学出版社2001年版，第189—191页。

三、关于因果关系的几种学说

(一) 必然因果关系与相当因果关系

所谓必然因果关系,是指加害行为与损害事实之间的必然联系。这种理论主要来自前苏联,我国早期的民法学教材多采此说。在必然因果关系的判断中,要把原因与条件加以区别,行为只有与结果即损害事实之间具有内在的、必然的联系才是原因,而行为如果与损害事实之间存在的只是外在的、偶然的联系,则是条件。就一般情况而言,这种理论反映了对客观现象之间的关系的哲学认识,但却是在法律领域的机械应用。对于一些现代工业生产所引发的公害侵权等案件,则无法用此理论来解决,否则将使得众多的受害人无法得到救济。

相当因果关系的基本内涵在于:如果某项事实仅于现实情形发生该项结果,还不足以判断有因果关系,必须在通常情形下,依社会一般见解亦认为有发生该项结果之可能性,始得认为有因果关系。例如,受伤者被送入医院治疗,不幸医院失火致被烧死。其伤害与死亡,于该案特定情形不能说没有因果关系,但医院失火之事实出于意外,在通常情形不可能发生此结果,因此不能认为有因果关系。如因伤后受风以致死亡,则在通常情形,依一般社会经验,认为有此可能性,因此应认为其伤害与死亡之间有因果关系。此说符合民法之公平原则,因而为多数学者及实务上所采取。①相当因果关系的结构由“条件关系”及“相当性”组成,在适用时区别为两个阶段:“第一个阶段是审究其条件上的因果关系;如为肯定,再于第二个阶段认定其条件的相当性。”②所以,相当因果关系说又称为适当条件说,即适当条件为发生该结果所不可缺之条件。不独于特定情形偶然的引起损害,而且是一般发生同种结果之有利条件。例如酒醉司机迷路,途中大雨骤至,乘客因雷击而死,司机之醉酒,为乘客死亡之结果所不可缺之条件,然于遇骤雨雷击之特别情形为伤亡之原因,不得认为一般的死亡原因。反之,如因司机之过失致车倾翻,因而伤害乘客,虽车之倾翻不一定伤害乘客,但有伤害之可能性,因而有相当因果关系。③

相当因果关系说与必然因果关系说的根本区别在于:前者强调结果发生的“可能性”;而后者强调结果发生的“必然性”。且前者所强调的“可能性”,取决于“社会一般见解”,“在通常情形下,依一般社会经验,认为有此可能性”,即有相当因果关系;而后

---

①③ 参见梁慧星:《雇主承包厂房拆除工程违章施工致雇工受伤感染死亡案评释》,载《法学研究》1989 年第 6 期。

② 参见王泽鉴:《侵权行为法》(第一册),中国政法大学出版社 2001 年版,第191 页。

者所强调的“必然性”是“客观的”存在，与人的认识无关。[①]由此可以看出，相当因果关系说的理论逻辑起点在于人的认识能力的有限性，我们不可能完全认识事物之间的因果关系，因而只能在有限的条件下对因果关系做出一个盖然性、可能性的判断。

目前，相当因果关系说在我国理论界和实务界已经基本成为主流认识。

（二）事实上因果关系与法律上因果关系

事实上因果关系与法律上因果关系为英美法上关于因果关系的基本理论。王泽鉴在分析相当因果关系的结构时特别指出，英美侵权法亦采上述二阶段思考方法，分别称为事实上因果关系（factual causation, cause in fact）及法律上原因（legal cause），前者以“but-for”（若无、则不）作为判断标准，后者以direct（直接）、proximate（接近）或foreseeable（预见）作为判断标准。[②]即前者考察损害与行为是否存在事实上的联系，后者考察损害是否过于遥远以及原告能否因此而获得法律上的赔偿。

事实上因果关系的判断通说采“必要条件说”，英美法常用“but-for”（即“若无，则不”）规则。如果没有被告的加害行为，损害就不会发生，那么，该行为是损害的原因；如果没有被告的行为，但是损害仍会发生，那么该行为就不是损害的原因。在这一阶段，不考虑是否存在对损害的发生起作用的其他因素。法律上因果关系的判断通常采“近因”（proximate cause）原则。近因是被告对原告承担责任的最近原因，是一种自然的和继续的、没有被介入因素打断的原因，没有这种原因，就不会发生原告受害的结果。所谓最近，不必是时间或空间上的最近，而是一种因果关系上的最近，因此，损害的近因是主因或有效原因，附加原因、介入原因虽然在时间上或空间上是最近的，但并不是近因。确定法律上的原因因果关系，需要着重分析介入原因是否存在。介入原因是在被告的行为与伤害后果之间，介入了外来的事件或者行动，与被告的行为结合起来导致伤害结果的发生，介入原因的出现改变了事件发生的过程和结果，改变了当事人之间的关系与责任。当介入原因能够取代被告的行为的时候，被告的责任就可能得到原谅。[③]所以，在这一阶段，必须考虑在被告的行为之外是否还存在对损害的发生起作用的其他因素。因此，法律上的因果关系实际上起到限制被告赔偿责任范围的作用，是法官根据不同事件背后的法政策进行利益衡量的结果。其判断标准在英美法上不一而足，主要有直接结果规则、可预见性规则等，其中可预见性规则有非常重要的地位。

---

① 参见梁慧星：《雇主承包厂房拆除工程违章施工致雇工受伤感染死亡案评释》，载《法学研究》1989年第6期。

② 参见王泽鉴：《侵权行为法》（第一册），中国政法大学出版社2001年版，第191—192页。

③ 参见杨立新：《侵权损害赔偿》，法律出版社，2008年第4版，第127页。

事实上因果关系与法律上因果关系理论对我国侵权法理论和实务具有较大影响。

(三) 因果关系的几种特定形式

因果关系的形式有多种复杂表现,具体举例如下[①]:(1)加算的因果关系,又叫超越的因果关系,其特点是多个原因在时间上依次出现,共同构成原因力引起损害,多个加害人负不真正连带责任。如某人因车祸致腿部骨折,在住院治疗期间又因医院的过错导致本不该发生的死亡的情形。(2)共动的因果关系,又叫共同的因果关系,其特点是多个原因共同发生作用,可以根据其作用大小分割责任,但作为共同侵权行为,各加害人对受害人应负不真正连带责任。不过,如我国《侵权责任法》第12条规定的责任承担有所不同:"二人以上分别实施侵权行为造成同一损害,能够确定责任大小的,各自承担相应的责任;难以确定责任大小的,平均承担赔偿责任。"(3)择一的因果关系,又叫不确定的因果关系,其特点是在共同危险行为的情况下,由于不知谁是具体的加害人,而推定适用某一种因果关系。如我国《侵权责任法》第10条规定:"二人以上实施危及他人人身、财产安全的行为,其中一人或者数人的行为造成他人损害,能够确定具体侵权人的,由侵权人承担责任;不能确定具体侵权人的,行为人承担连带责任。"实际上并不属于真正的因果关系,而是因果关系的证明问题。(4)重叠的因果关系,又叫累积的因果关系、聚合的因果关系,其特点是在复数加害人的情况下,如果没有其他加害人的行为,其中每一个加害人的行为都足以造成同一损害后果。如我国《侵权责任法》第11条规定:"二人以上分别实施侵权行为造成同一损害,每个人的侵权行为都足以造成全部损害的,行为人承担连带责任。"(5)假设的因果关系,是指存在这样的情况——损害由于加害行为而已经发生,但即便不存在该加害行为,损害也会因为另外的与加害人无关的原因而必然发生。这种并未实际导致损害发生的原因被称为"假设的原因",如甲驾车撞死已经医生证明患有绝症即将死亡的乙的情况,乙患有绝症即是"假设的原因"。假设原因在事实上没有产生损害发生的原因力,所以真正的问题不在于因果关系的认定,而在于损害的认定或计算。

四、相当因果关系的认定规则

(一)"条件关系"的认定

条件说是最初盛行的因果关系认定规则。在简单的侵权案件中,只要某一行为是

---

① 主要参见刘士国:《现代侵权损害赔偿研究》,法律出版社1998年版,第73—75页;王泽鉴:《侵权行为法》(第一册),中国政法大学出版社2001年版,第194—197页。

损害事实发生的适当条件,就可以直接认定行为与损害之间具有因果关系。但在一些特殊情况下,条件说有很大的不足。如甲被乙伤害,深受折磨,于是自杀身亡,其妻悲痛万分并因此殉情。依照条件说,乙的伤害行为是甲人身损害的条件,是其自杀的条件,也是甲妻死亡的条件。这样,条件说的缺陷显而易见,足以导致在责任范围上的漫无边际,后被废弃而代之以“必要条件说”。在运用条件说时必须参照其他规则如“若无,则不”公式,就具体案件中的“必要条件”加以具体分析。只要加害人的行为对于损害的发生构成必要条件即可,并不要求它是损害的唯一原因(即充分条件)。

(二)“相当性”的认定

相当因果关系旨在以条件的“相当性”来合理界定侵权责任的范围。关于“相当性”的认定,各国判例学说所采的判断基准不同,但具有一项共识,即相当因果关系不仅是一个技术性的因果关系,更是一种法律政策工具,是侵权责任法的价值判断。因果关系的“相当性”是以“通常足生此种损害”为判断基准的。1993 年台上字第 2161 号判决曾指出:“所谓相当因果关系,系以行为人之行为所造成的客观存在事实为观察的基础,并就此客观存在事实,依吾人智识经验判断,通常均有发生同样损害结果之可能者,该行为人之行为与损害间,即有因果关系。”①换句话说,“相当性”的判断标准在于:有此行为通常足以产生此种损害,就可以认为存在相当因果关系;无此行为,必不产生此种损害,有此行为通常也不会产生此种损害,即不存在因果关系。

当然,相当性的认定也是一种价值判断。日本判例认为,事实因果关系的证明“不是不允许任何疑点的自然科学的证明,而是对照经验法则综合审查全部证据,证明特定的事实导致特定结果发生的关系上存在高度盖然性,该判断达到一般人不会置疑的程度,具有确定的真实性,则足矣。”②如果依照社会一般观念,认为加害行为有引起损害发生的可能性,并在事实上该行为确实导致了损害的发生,这样才能认定相当因果关系的存在。

在不作为侵权案件中,相当因果关系的判断是较为复杂的。在这类案件(比如违反安全保障义务致人损害)中,主要的判断模式是:假定行为人(比如经营者)履行了作为义务,比如积极地提供了安全保障措施,那么损害后果是否可以避免或者可以在一定程度上减轻。如果经营者履行了作为义务就足以避免损害的发生或减轻损害,那么不作为行为就与损害之间存在相当因果关系。如果即使经营者履行了该作为义务,仍

---

① 参见王泽鉴:《侵权行为法》(第一册),中国政法大学出版社 2001 年版,第 204—205 页。

② 最判昭和 50 年 10 月 24 日民集 29 卷 9 号 1417 页“穿刺案件判决”。参见[日]圆谷峻:《判例形成的日本新侵权行为法》,赵莉译,法律出版社 2008 年第 1 版,第 112 页。

不足以避免损害的发生或减轻损害，那么就不存在相当因果关系。比如在一个普通商场里发生了有预谋的恐怖爆炸活动，并导致数人伤亡的损害后果，如果商场没有配备保安，即没有履行安全保障义务，其不作为与损害直接是否具备因果关系？此时，做出存在因果关系的"相当性"的判定几乎是不可能的，因为商场即使履行了该作为义务，仍不足以避免该损害的发生。

"条件关系"的认定主要考察行为与损害事实之间是否具有引起与被引起的必要条件关系，这是一个形式意义上的事实判断。而这种具有事实条件关系的考察结果能否通过"相当性"的考量而归责于行为人，却是一个实质意义上的价值判断。加害行为与损害事实之间存在必要条件关系是认定相当因果关系的基本前提，当加害行为实现了构成要件意义上的损害事实并依照社会一般观念认为"通常足生此种损害"时，就在"条件关系"的第一层判断结果中加上了"相当性"的第二层过滤，最终实现了对因果关系的事实判断与价值判断的统一。

(三) 关于因果关系的"推定"

在环境污染事故致人损害的情况下，被告的行为可能对于损害的发生具有原因力，但又不能在事实上精确地证明因果关系的存在，所以，为对受害人提供符合正义的法律救济，在一定的情况下要对此种因果关系加以"推定"。在具体立法例上，我国《侵权责任法》第10条规定："二人以上实施危及他人人身、财产安全的行为，其中一人或者数人的行为造成他人损害，能够确定具体侵权人的，由侵权人承担责任；不能确定具体侵权人的，行为人承担连带责任。"《侵权责任法》第66条规定："因污染环境发生纠纷，污染者应当就法律规定的不承担责任或者减轻责任的情形及其行为与损害之间不存在因果关系承担举证责任。"在理论上，有关因果关系"推定"方法的学说主要有盖然性学说、疫学（流行病学）因果关系说和间接反证说等。

盖然性学说认为，事实上的因果关系往往在一些情况下很难得到确定性的证明，所以在一些案件（特别是环境污染侵权案件）中不要求达到这样确定的证明程度，而只要能够证明损害因加害行为而发生的高度可能性（或然性），即可认定因果关系的存在。在法律明确规定的情况下，可采取举证责任的倒置来解决这个问题，如我国《侵权责任法》第66条的规定。这大大减轻了原告的证明责任，为其得到法律的充分救济提供了便利。日本学者认为，原告和被告哪一方胜诉的问题是民事案件的证明所关注的焦点，"因此，能够说哪一方主张的事实达到确切（盖然性大）的程度就可以，从数学上来说，存在超过50%的盖然性的场合就可以得出存在因果关系的结论。并且，从常识上来看如果达到可以判断为由因果关系的程度，即使没有严密的证明也可以认定有因果关系,如果对方认为从常识上来看似乎有因果关系,但实际上并非如此,那么他可以就其主张作证明。”①这也被称为“优势证据”理论。

疫学因果关系说往往针对大规模的环境污染、食品、药品侵权等公害案件(如三鹿奶粉事件),主要是就疫学上通常考虑的各种可能的因素加以罗列,对潜在的致病因素与大规模损害之间的关联性进行判断。其判断模式正如我国台北地方法院所指出的:“在辐射受害事件中,欲以此自然科学方法阐明事实性因果关系甚为困难,殆属不可能。……某种因素与疾病发生之原因,就疫学上可考虑之若干因素,利用统计学的方法,以‘合理之盖然性’为基础,即使无法经由科学严密之实验,亦不能影响该因素之判断。而美国毒物侵权行为诉讼更是采用‘增加罹病危险’之标准以资证明损害,换言之,仅须证明被告之行为所增加之危险,已达‘医学上合理之确定性’即可,无须进一步证明被告行为造成原告目前损害。”②疫学因果关系的证明需要考虑:(1)某种因素在某种疾病发生的一定期间存在着;(2)该因素发挥作用的程度越显著该疾病的罹患率就越高(量与效果的关系);(3)该因素被消除的场合该疾病的罹患率就降低,并且在没有该因素的群体中该疾病的罹患率是极低的;(4)该因素作为原因其作用机制能够无矛盾地得到生物学上的说明。③在以上条件具备时,就可以认定该因素与疾病之间的因果关系。当然,采用疫学因果关系说认定因果关系,必须充分考虑统计学上的大量因素。

上述理论的进一步发展,是因为传统侵权法理论在现代各种新型公害事件面前无能为力,以致造成有违正义的结果,所以因果关系的“推定”实属必要。

五、介入因素与原因力比例的确定

此处的介入因素主要是指在初始原因事件发生后发生作用的那些因素。④可能构成介入因素的原因包括受害人自身的因素、第三人的行为、自然的原因、动物的侵袭等等。

受害人自身的因素主要包括受害人的非自愿行为以及客观上的生理因素。前者首先表现为身体强制,如被告抓住原告不停地旋转,直至他眩晕,最后他的头碰上一个铁钩;还表现为在被告刺激下的冲动、惊骇、晕眩、催眠等,在这种条件下原告所实施的行为给自己或者他人造成了损害;还表现为自我保护的行为,如紧急避险。在这些情

① 于敏:《日本侵权行为法》,法律出版社2006年第2版,第193页。
② 参见王泽鉴:《侵权行为法》(第一册),中国政法大学出版社2001年版,第201—202页。
③ 参见于敏:《日本侵权行为法》,法律出版社2006年第2版,第200页。
④ 参见张新宝:《侵权责任构成要件研究》,法律出版社2007年第1版,第365页。

况下,原告的运动或者行为作为介入因素,不能否定被告行为与原告损害之间的因果关系。①后者主要指受害人自身的疾病或者特殊体质如严重近视、精神衰弱、心脏病或者其他疾病,这些因素一般不能切断被告的责任,否则将可能严重影响这类群体的行为自由,对人的尊严产生危害。

第三人的行为如果是合法行为,那么不会成为损害与被告行为的因果关系的障碍,因此能够真正构成介入因素的主要是第三人的过错行为。一般来说,第三人的行为可以切断因果关系,但在一定情况下,被告可能无法免责,而要承担补充责任。如我国《侵权责任法》第37条规定:"宾馆、商场、银行、车站、娱乐场所等公共场所的管理人或者群众性活动的组织者,未尽到安全保障义务,造成他人损害的,应当承担侵权责任。因第三人的行为造成他人损害的,由第三人承担侵权责任;管理人或者组织者未尽到安全保障义务的,承担相应的补充责任。"

自然的原因如地震、雷雨等也可能介入因果关系,并且构成原因力而发生作用,但能否因此而切断因果关系则需要作具体分析。动物的侵袭可以分为野生(流浪)动物、饲养动物等,如果动物的侵袭构成原因力,则在前者可以视同自然的原因,在后者可以视同第三人的行为(不作为,即对所饲养的动物没有尽到善意监管的义务,违反保护他人的法律的要求)。

所谓原因力,是指在导致同一损害的复数原因中,各个原因对于损害的产生所施加的作用。从比例上看,一般可以分为主要原因、次要原因,主要原因者要承担主要责任,次要原因者承担次要责任;在无法区分时,则在不能构成共同侵权的情况下,一般推定构成同等原因力而承担同等的责任,在构成共同侵权的情况下,对外要承担连带责任,对内才推定为同等责任。在我国司法实践中,"二人以上没有共同故意或者共同过失,但其分别实施的数个行为间接结合发生同一损害后果的,应当根据过失大小或者原因力比例各自承担相应的赔偿责任。"②这是我国按照原因力比例承担侵权责任的正式依据。

【案例分析】

"家属"拒绝签字同意医院手术致人死亡案

2007年11月,肖志军因为拒绝签字同意医院进行剖腹产手术,其怀孕的"妻子"李

① See H. L. A. Hart & A. M. Honore, *Causation in the Law*, Oxford: The Clarendon Press, 1967, pp. 134—136.
② 《最高人民法院关于审理人身损害赔偿案件适用法律若干问题的解释》(2003)第3条第2款。

丽云最终和腹中的孩子双双身亡,"肖志军拒签事件"引起社会广泛关注。随后,李丽云的父母李晓娥、李旭光将朝阳医院和肖志军一并告上法院。2008 年 1 月,北京市朝阳区人民法院受理此案。原告诉称其女儿李丽云因感冒、畏寒、咳嗽等病症,于2007 年 11 月 21 日在肖志军陪同下到首都医科大学附属北京朝阳医院京西院区呼吸内科门诊就诊。院方在没有采取任何诊断手段和急救措施情况下,将李丽云转到妇产科住院,并对她进行剖宫产手术前准备工作,后因肖志军拒绝在手术同意书上签字,手术未能进行。而朝阳医院没有对李丽云采取有效的救助措施,最终造成一尸两命的惨剧,朝阳医院具有不可推卸的责任。朝阳医院答辩称,李丽云在肖志军的陪同下到该院京西院区呼吸内科门诊就诊。经过检查发现,李丽云病情危重,医院妇产科、ICU、麻醉科联合对她进行了积极抢救,并请石景山区危重症孕产妇抢救小组组长等专家会诊。其间,因考虑挽救母儿生命,建议进行剖宫产手术,但因自称是李丽云丈夫的肖志军拒绝而未能进行。朝阳医院认为对李丽云的诊断、治疗、抢救已充分尽到了法定义务,无任何过错,她的死亡与医院的医疗行为没有因果关系。朝阳区法院认为,因病历为双方共同封存,也无证据表明存在伪造的情况,涂改之处也不影响对医疗行为的评价,故可以作为鉴定材料。经向卫生行政主管部门核实,朝阳医院参与救治的医务人员均具有相应的资质,且不影响对医疗机构医疗行为的鉴定。根据司法鉴定结论,朝阳医院对患者李丽云的诊疗过程中存在一定不足,但其死亡主要与其病情危重、病情进展快、综合情况复杂有关,医方的不足与患者的死亡无明确因果关系。李丽云神志清醒时,未对陪同其就医的肖志军的关系人身份表示异议,故朝阳医院无法也没有能力对肖志军作为李丽云家属的身份进行核实。需要说明的是,患者入院时自身病情危重,患方依从性又较差,朝阳医院履行了医疗方面法律法规的要求,而患方却不予配合,这些因素均是造成患者最终死亡的原因。2009 年 12 月 18 日,法院判决认为,因朝阳医院的医疗行为与患者的死亡后果之间没有因果关系,故不构成侵权,驳回原告诉讼请求;但考虑到本案实际情况,由被告朝阳医院向原告支付 10 万元的经济补偿。

第五节 过　错

一、过错的性质与判断标准

过错(fault)作为法律术语在最早源于古代罗马法的规定,无过错即无责任的原则对后世有着深远的影响。由于其的特有评价功能,过错在侵权法长期的发展过程中牢牢确立了核心地位。至今,基于国家和历史阶段的差别,侵权法的价值理念与法律技术也存在着较大的区别,关于过错涵义的认识众说纷纭,主要表现为主观说、客观说两种。

主观说认为,过错是指一种在法律上可归责的心理状况,表现为故意(intention)和过失(negligence)两种形式。主观说主要被以《德国民法典》为代表的一些大陆法系国家的民法典所采用,如《德国民法典》第823条第1款,《瑞士债务法》第41条,《意大利民法典》第204条,《日本民法》第709条等。这种理论的根据源于耶林关于“客观的不法”与“主观的不法”的划分。①主观的不法即是过错,与人的心理状态相关,是行为人的主观方面;客观的不法则是指行为的违法性,是法律对行为本事特别是基于行为的结果所作的否定性评价。过错和行为的违法性(加害行为)分别作为侵权责任的构成要件之一,因而在侵权责任构成要件上主要采四要件说。

客观说认为,过错并非一种内心的可非难的状态,而是注意义务的违反。这种注意义务来自法律的明确规定、行为人的约定以及一个理性的人应当保有的一般关注义务。客观说在立法上的表现,以《法国民法典》第1382条为代表,受法国影响的大陆法国家的民法典多有仿效。由于把违法视为过错,因而过错是一种客观的具有不法性的行为表现,过错和行为的违法性结合为一个侵权责任构成要件,因而在侵权责任构成要件上采三要件说。

其实,上述两说都有道理,歧义之产生主要在于对过错的观察角度不同,主观说关注于过错的性质,客观说关注于过错的判断标准。以一定的心理状态为标准来衡量时,过错的性质(可归责性或可非难性)是主观的;以一定的外在表现为标准来判断时,过错的表现(行为)是客观的。也就是说,过错在性质上是一种可非难的主观心理状态,但过错的判断标准则是客观的行为表现。

主观的意思或者动机是无法在法律上加以衡量的,只能通过外在行为的表现进行客观判断。马克思曾经睿智地指出:“我只是由于表现自己,只是由于踏入现实的领域,我才进入受立法者支配的范围。对于法律来说,除了我的行为以外,我是根本不存在的,我根本不是法律的对象,我的行为就是我同法律打交道的唯一领域……”②因此可以说,行为人的过错心理状态作为行为的内在驱动力只有外化为加害行为,才能成为法律调整的对象并进而可以加以法律上的评判,同时行为人的加害行为又是其心理状态的客观化。客观标准的判断是以一个理性人(reasonable man)的行为作为标准的,

---

① 参见[德]鲁道夫·冯·耶林:《为权利而斗争》,胡宝海译,中国法制出版社2004年第1版,第28页。
② 《马克思恩格斯全集》(第一卷),人民出版社1956年版,第16—17页。

即注意义务的违反。按照这一客观标准,“违反之,为有过错,符合之,为无过错。过错的有无,仍然是说行为人在主观上的有无不注意的心理状态,并不是说这种过错已经离开了行为人的主观世界,而成为客观上的形态。过错永远不能离开行为人的主观世界,而成为客观的实在形态。”①

本书主要采主观过错的概念(具体分析参见前述内容),但强调在过错的判断上采取客观标准,同时将违法视为过错。

二、过错的表现形态

(一) 故意

已如前述,故意是指行为人已经预见到自己行为的损害后果,但仍然希望或者放任这一后果的发生的心理状态。相应地,故意又具体表现为直接故意和间接故意两种。

对于故意的判断,在侵权法理论上有意思主义和观念主义之争。意思主义强调故意必须有行为人对损害后果的“希望”或“意欲”,观念主义强调行为人认识或预见到行为的后果。这两种主张,意思主义比观念主义要求为严。我国通说认为,行为人应当认识到或者预见到行为的结果,同时又希望或听任其发生。②这实际上是将二者加以综合而得出的认定标准。

作为一种典型的可归责的心理状况,故意一般通过行为人的行为明显而充分地表现出来,可以直接根据行为及其结果加以认定,而不需要像对过失那样要运用各种不同的判断方法来认定。如我国《侵权责任法》第47条规定:“明知产品存在缺陷仍然生产、销售,造成他人死亡或者健康严重损害的,被侵权人有权请求相应的惩罚性赔偿。”生产者和销售者的故意是明显的,所以一般可以根据“他人死亡或者健康严重损害”的事实加以认定。再如第58条③关于医疗机构的过错推定的规定,特别是其中“隐匿或者拒绝提供与纠纷有关的病历资料”和“伪造、篡改或者销毁病历资料”的情形,基本上可以明显看出故意的不良主观状态,所以法律直接推定了医疗机构的过错而不需要原告加以证明。

(二) 过失

在侵权责任法上,过失是指行为人应当预见自己行为的损害后果而没有预见,或

① 杨立新:《侵权法论》,人民法院出版社2005年第3版,第195页。

② 参见杨立新:《侵权法论》,人民法院出版社2005年第3版,第196页。

③ 该条规定:“患者有损害,因下列情形之一的,推定医疗机构有过错:(一)违反法律、行政法规、规章以及其他有关诊疗规范的规定;(二)隐匿或者拒绝提供与纠纷有关的病历资料;(三)伪造、篡改或者销毁病历资料。”

者已经预见而轻信能够避免损害的发生但最终还是导致损害的心理状态,前者称为疏忽(疏忽大意的过失),后者称为懈怠(过于自信的过失)。在英国1856年的Blyth v. Birmingham Waterworks Co.一案中,法官B.安德森对过失的定义是:“过失是一个理智的人没有去做他应该做的某事,或者一个文雅和理智的人做了他不应该做的某事。”①在美国侵权法上,过失是对“为保护他人免受不合理风险而要求的行为标准的一种偏离。”②简而言之,过失就是注意义务(duty of care)的违反。

过失的可归责性就在于行为人对自己注意义务的违反,表现出的心理状态具有相当的不正当性。行为人能够预见到损害结果的发生而未能预见,或者虽然已经预见但没有尽到对他人的一般关注义务,最终致使损害的发生。在一般情况下,加害行为本来具有可控制、避免的可能性,即损害本来可以通过加害人的必要的注意而避免,因此,让加害人对其过失行为的后果承担侵权责任就具有了道德和法律上的正当性。

三、过失的判断

在侵权责任法上,过错的判断是通过对行为的考量来进行的,所以是一种客观标准。其中,故意是更严重的主观恶意,通过行为表现一般容易加以识别和认定,较为复杂的是对于过失的判定。以下主要分析过失的判断问题。我们对于过失的判断采用客观的标准,即注意义务的违反。

(一)注意义务的含义

现代欧洲侵权法均认可了这样一个事实,即导致赔偿责任的不是(因其本质而无法“抽象”认定的)“过错”,而是对具体情况下必须施加的注意义务标准的偏离。③英国法中的注意义务,最早是由Atkin勋爵在1932年的Donoghue v. Stevenson一案的判决中,基于《圣经·路加福音》提到的“爱你的邻居”的教义而推导出来的:“爱你的邻居的规则在法律上就是不得伤害你的邻居。……你必须采用合理的注意去避免可以合理预测到的可能伤害邻居的作为或不作为。”④那么,在法律上什么是注意义务?注意义务就是,在社会交往中,一个理性人应该合理行为,以避免损害或者危险发生的谨慎

---

① 参见徐爱国编著:《英美侵权行为法》,法律出版社1999年第1版,第74页。

② [美]肯尼斯·S.亚伯拉罕、阿尔伯特·C.泰特选编:《侵权法重述——纲要》,许传玺、石宏等译,法律出版社2006年第1版,第50页。

③ 参见[德]克雷斯蒂安·冯·巴尔:《欧洲比较侵权行为法》(下卷),焦美华译,张新宝校,法律出版社2004年第2版,第294—295页。

④ Donoghue v. Stevenson, [1932] A.C.532, [1932] All ER Rep 1.

义务,对这种义务的违反被视为过失。对此可作以下理解:

首先,注意义务的判断是以一个理性人(reasonable man)的行为作为标准的,而不是以一个道德上高尚的人(如好撒玛利亚人(good Samaritan)①的行为作为标准。尽管一些国家或者法域(如加利福尼亚州等)曾经制定了好撒玛利亚人法②,但正如王泽鉴所说③,好撒玛利亚人显现着对悲惨垂死遭难者的怜悯、亲切和温暖的照顾,从而将崇高的道德标准表明到极点。但从法律的观点而言,我们一方面应宽容祭司及利未人的无情,另一方面仍应认为好撒玛利亚人怜爱受伤的那个人道德的实践,不应成为法律强制的对象。

其次,理性人的行为标准是一个合理谨慎之人可以期待的作为或不作为。所谓"理性人",在一定情况下又称"善良家父"、"善良管理人"或"一般人",实际所指当然并非是指平均的、谨慎的"家父"。"这些表达更多地是指被告所属的群体中一个谨慎的成员应该履行的义务。医生的行为应当根据其专业标准加以判断,一个银行家应有的不是家父之谨慎而是对一个银行家可以期待的谨慎,等等。"④这是一种客观的判断标准,即应以行为人所属职业、年龄层次等所通常具有的智识能力来进行判断。在美国的侵权法中,理性人是一个虚拟的人:"他从不存在过失,他的行为永远符合标准。他不应被混同于任何真人;尤其不应被混同于陪审团的成员,无论是其单个成员还是其整体。"⑤

最后,对注意义务的违反将被视为过失。注意义务的确立实际上明确了加害行为的不法性的尺度,这种规范意义的尺度进而成为过失的客观判断标准。

(二)注意义务的来源

一是法律上的义务。"行为人一经违反法定义务就必须承担责任的理论基础是任

① 《圣经·路加福音》第十章记载了好撒玛利亚人的故事:有一个律法师起来试探耶稣,说:"夫子!我该做甚么才可以承受永生?"耶稣对他说:"律法上写的是什么?你念的是怎么呢?"他回答说:"你要尽心、尽性、尽力、尽意爱主——你的神;又要爱邻舍如同自己。"耶稣说:"你回答的是;你这样行,就必得永生。"那人要显明自己有理,就对耶稣说:"谁是我的邻舍?"耶稣回答说:"有一个人从耶路撒冷下耶利哥去,落在强盗手中。他们剥去他的衣裳,把他打个半死,就丢下他走了。偶然有一个祭司从这条路下来,看见他就从那边过去了。又有一个利未人来到这个地方,看见他,也照样从那边过去了。惟有一个撒玛利亚人行路来到那里,看见他就动了慈心,上前用油和酒倒在他的伤处,包裹好了,扶他骑上自己的牲口,带到店里去照应他。第二天拿出二钱银子来,交给店主,说:'你且照应他,此外所费用的,我回来必还你。'你想,这三个人那一个是落在强盗手中的邻舍呢?"他说:"是怜悯他的。"耶稣说:"你去照样行吧。"

② 参见徐国栋:《民法哲学》,中国法制出版社2009年第1版,第336页及前后。

③ 参见王泽鉴:《侵权行为法》(第一册),中国政法大学出版社2001年版,第93页。

④ [德]克雷斯蒂安·冯·巴尔:《欧洲比较侵权行为法》(下卷),焦美华译,张新宝校,法律出版社2004年第2版,第282页。

⑤ [美]肯尼斯·S.亚伯拉罕、阿尔伯特·C.泰特选编:《侵权法重述——纲要》,许传玺、石宏等译,法律出版社2006年第1版,第50页。

何一个谨慎合理的人都会遵守法律的假设。”①法律上的义务具有最强意义的效力，一旦违反即可推定为具有过失，并且行为人不能以不知道法律上的义务的内容而为自己抗辩。当然，法律上的义务除了不作为义务外，还特别表现为职业上的积极作为义务，如警察、消防员、值班医生等的职务救助义务。

二是契约上的义务。契约即是允诺，而允诺必守是契约法的基本原则，也是契约上的注意义务来源的正当性基础。违反了契约上的义务，在符合侵权责任构成要件的情况下就必须承担责任。比如，受托看护幼儿，竟致幼儿走失，就是违反了约定的义务，此种过失就成为侵权责任的基础。

三是一般关注义务。“不是一经被侵犯就构成客观不当行为的权利和法益产生义务，而是法律、任何人都不能加害他人的原则和一般注意要求产生了义务。”②即使没有法律的明确规定和契约的允诺，根据人们对于社会交往中不受侵害的信赖或者期待，行为人也将产生一种义务，即一般关注义务（或一般注意义务）。冯·巴尔写道：除以保护他人为目的之法律、法典中（份量较少）的侵权法部分、损害赔偿法及根源于法官造法的普通法之“有名侵权”以外，各国都有进一步的为侵权法所特有的“规范发生器”：一般注意义务。换句话说，如果行为人未实施对一个“善良家父”即合理谨慎之人可以期待的作为或不作为时，其行为就构成不当行为。③一般关注义务就是行为人基于其他社会接触关系而必须具备的谨慎对待他人的特定义务。

一般关注义务主要表现为：（1）先行行为引发的义务。如驾车出现交通事故，过失撞伤他人，当然应该承担事故责任。在受害人受伤后却不予可能的救助（如及时拨打救护电话），而是眼睁睁地看着其在血泊中痛苦挣扎，最终延误治疗而亡。这样，由于加害人违反了先行行为（交通事故）引发的义务（救助），具有重大过错（故意或者重大过失），就还要对受害人的死亡承担责任。（2）具有特殊密切关系的人之间的关照义务。比如，情人之间发生争吵后女朋友赌气当着男朋友的面喝药自杀，男朋友就必须及时救助；再比如，朋友聚会，其中一人酒醉，其他人就有了适当的关照义务。（3）依公序良俗而为的义务。公序良俗即公共秩序与善良风俗，是法国、日本、意大利、德国等大陆法系民法中的概念，在英美法中与此类似的概念则是公共政策。我国《民法通则》第7条、《合同法》第7条和《物权法》第7条使用了社会公德、社会公共利益和社会经

---

① ［德］克雷斯蒂安·冯·巴尔：《欧洲比较侵权行为法》（下卷），焦美华译，张新宝校，法律出版社2004年第2版，第292页。

② ［德］克雷斯蒂安·冯·巴尔：《欧洲比较侵权行为法》（下卷），焦美华译，张新宝校，法律出版社2004年第2版，第270页。

③ 参见［德］克雷斯蒂安·冯·巴尔：《欧洲比较侵权行为法》（下卷），焦美华译，张新宝校，法律出版社2004年第2版，第281页。

济秩序的概念，基本上属于公序良俗的范畴。以赠送财产而要求他人不得结婚、与他人配偶的私通行为、相约自杀、追讨赌债、将出售的花圈大量摆放于他人饭店门前①、在他人落水之时“不救活人只捞尸体”②等都属于违背公序良俗的行为。德国、法国和意大利等国甚至还有将违反公序良俗作为犯罪的立法例，但在我国却连追究行为人民事责任的可能性都很小，在这方面我国侵权责任法需要做进一步的考量。

【案例分析】

喝酒致人死亡案③

52岁的秦某离异十多年，并于2006年12月被认定为精神病人。他平时喜欢到江边网鱼，因此认识了李某。2007年2月13日下午，两人又到江边网鱼。李某称，收网后秦某提出要到他家去喝酒，他碍于情面就答应了。吃饭时，他拿出了自己炮制的药酒，两人对饮了3杯后，自己出门去买烟，大约15分钟后回到家里，发现秦某大醉不醒，倒在沙发上。由于不知道秦某的酒量和身体有疾病，李某让秦某在自己家里过夜。他给秦某喂了茶水，用热毛巾敷头等，秦某一直未醒来。第二天下午2时多，秦某的母亲找到李家，给儿子喂了冷糖水，然后通知秦某的哥哥把他背回家。当晚10时许，秦某醒来，吐了许多黑色酒水，还称心里很不舒服。家人认为他吐了酒水，并清醒过来，应该没什么事了，便让他睡觉。15日早晨，家人发现秦某呼吸困难，马上把他送到医院。上午9时，秦某因抢救无效死亡。医院诊断，死亡原因为酒精中毒。秦某家人以李某没有尽到合理注意义务，对秦某的死负有重大过失为由，将李某起诉到法院，要求赔偿21万余元。法院认为李某未对秦某尽到合理注意义务，李某负有一般过失，负10%的责任。判决李某赔偿秦某家人死亡赔偿金2.3万余元，精神损害抚慰金1 000元，共计2.4万元。

分析本案中的注意义务是否存在以及责任承担比例。

（三）注意义务的考量因素

首先，相关注意义务的内容和范围的确定需要考虑诸多因素。除因其本质而

---

① 实例如：原告与被告相邻租房经营饭店，原告经营得法，而被告却经营亏损。被告遂改为经营花圈店，并将花圈样品摆放在与原告饭店相邻的自己一边。原告见状用席子对花圈样品进行遮挡，被告却又将花圈架高。原告又进行遮挡，被告则将花圈挂在房檐上。被告的一系列妨碍行为致使原告的经营遭受损失。

② 2009年10月24日，为救两名落水少年，湖北长江大学10多名大学生手拉手扑进江中营救，两名少年获救，而3名大学生不幸遇难。而令人发指的是附近的有救助能力和救助机会的船主却“不救活人只捞尸体”，以此牟利。详情可参见人民网专题，网址：http://opinion.people.com.cn/GB/155936/155938/172196/index.html。

③ 参见《重庆晚报》2008年1月9日报道《设家宴醉死朋友 判赔偿两万多元》。

无法加以归类的法律政策之考虑外,可预见性(损害事件的现实可能性),可能的结果之严重性、导致损害发生行为的社会价值、避免危险的费用、社会的合理期待和(明显的或潜在的)保险保障等都发挥了一定的作用。[①]其中,导致损害发生行为的社会价值实际上就是行为的效益,如果法律对于医生施加较重的注意义务,将可能使得医生出现更多的过渡性、防范性医疗行为,从而加重患者的经济负担,也不利于医疗事业的发展,不利于医疗保险、医疗福利等公共政策的实行。所以,我国《侵权责任法》在第54条中一改以往的推定过错的做法,规定"患者在诊疗活动中受到损害,医疗机构及其医务人员有过错的,由医疗机构承担赔偿责任",这是一种过错责任,充分考量了"导致损害发生行为的社会价值"。避免危险的费用指为了减少或去除行为的危险或者避免损害的发生而采取预防措施或替代行为所必须支付的费用,如果这个费用与损害相比过于巨大,防范过于困难,则会影响注意义务和过失的成立。

其次,尤其需要注意的是,注意义务是作为行为人应有的合理外部注意要求而存在的,这些注意要求有着认识论的基础。"这些对正当行为的要求因不与行为人的能力、经历及个性相结合而显得'他象',但在'不得施加加害人完全无法实现的谨慎义务'这个意义上它是人道的。法律原则上仅要求在特定领域内对一般人可以期待的谨慎。"[②]注意义务不是无边界的,而是以行为人对损害发生的"可预见性"、"可期待性"的认识的判断为前提和基础的。

最后,注意义务的认定是一个需要在个案中具体化的法律操作,所以虽然是一种客观判断,但法官的良知与对公共政策的考量也发挥着重要的作用。

(四)注意义务的标准、层级与过失的等级

注意义务的基本判断标准就是理性人的行为标准。对理性人的行为"所要求的标准必须是客观、外在的,而不应是对某个人单独作出的是非判断。它必须对所有人都同等一致,因为法律不能有任何偏袒;但是,对人与人之间的某些区别、行为人明显面对的风险、行为人对该风险的应对能力、行为人必须采取行动的具体情形都要有足够的考虑。"[③]采用理性人的行为标准的主要优点是:"它使那些需要确定行为人的行为

---

① 参见[德]克雷斯蒂安·冯·巴尔:《欧洲比较侵权行为法》(下卷),焦美华译,张新宝校,法律出版社2004年第2版,第284—285页。

② [德]克雷斯蒂安·冯·巴尔:《欧洲比较侵权行为法》(下卷),焦美华译,张新宝校,法律出版社2004年第2版,第281页。

③ [美]肯尼斯·S.亚伯拉罕、阿尔伯特·C.泰特选编:《侵权法重述——纲要》,许传玺、石宏等译,法律出版社2006年第1版,第50页。

是否应使行为人负过失责任的事实裁判者能以一个社区——而不是某个人——的标准为准,同时能以一个人的行为来表述他们对该标准的内涵的判断。”①这就提供了一个能在尽可能的范围内坚持一个统一标准的方法。

一般认为,行为人的过失程度因具体事件中的注意义务不同而有轻重之别。注意义务的层级,通常以善良管理人之注意程度为中心,或加重或减轻,具体表现为以下五个层级,并与注意义务违反的后果(过失的有无或者等级)相对应:②

注意的程度	违反的后果(过失的等级)
一般人所不能注意	不可抗力
一般人所能注意之极限	事变
善良管理人之注意	抽象轻过失
自己处理事务同一之注意	具体轻过失
一般人所能注意之起点	重大过失

所谓一般人所能注意之起点,是最低层级的注意义务,即在正常情况下,以一般人在通常情况下能够注意的情形。如果在一般情况下,一般人都难以预见并避免某种损害,就不能认为其有过失。反之,如果在这种情况下,一般人都能够注意到行为的危险性并能够提供预防措施或采取替代行为,但行为人竟没有尽到此种注意义务,那么他就具有重大过失。

所谓自己处理事务同一之注意义务,是中间层级的注意义务,即应以行为人“平素对于处理自己事务所用注意为标准,以测定其注意或不注意”③。如果一个行为人不能以处理有关自己利益的事务的注意程度和标准对待他人,就违反了此种注意义务,存在具体轻过失。

所谓善良管理人之注意义务,是最高层级的注意义务,“即以有相当思虑经验之人为标准,抽象的言之,欠缺此注意,谓之抽象的过失。”这种日常生活必要之注意义务,罗马法称为“善良家父之注意”,德国民法称为“交易上必要之注意”。④行为人有无尽此注意的知识和经验,以及他向来对于事务所用的注意程度,均不过问,只有依其职业斟酌,其所用的注意程度应比前两种注意要求更高。这种过失不依行为人的主观意志

① [美]肯尼斯·S.亚伯拉罕、阿尔伯特·C.泰特选编:《侵权法重述——纲要》,许传玺、石宏等译,法律出版社2006年第1版,第50页。

② 参见曾世雄:《损害赔偿法原理》,中国政法大学出版社2001年第1版,第82页。

③④ 史尚宽:《债法总论》,中国政法大学出版社2000年第1版,第116页。

为标准,而是抽象的,以行为人客观上应不应当做到为标准。[①]违反善良管理人之注意义务,为抽象轻过失。

(五) 过失的判定式——汉德公式

通过运用法律的经济分析方法,美国法官汉德(Learned Hand)在具体的司法实践中,创造了一个著名的判定过失的公式——汉德公式(Judge Hand's formula)。

案件事实发生在1944年1月3日因战争而繁忙的纽约港。当时有很多驳船(barge)用一根泊绳系在几个凸式码头边。被告的一只拖轮被租用将一只驳船拖出港口。由于驳船上没有人,为了松开被拖的驳船,被告拖轮的船员就自己动手调整泊绳。由于没有调整好,脱离泊绳的驳船撞上了另一只船,连同货物一起沉入了海底。驳船船主以拖轮船主存在过失而导致损失为由向法院起诉。而被告拖船公司认为,当拖轮的船员在调整泊绳时,驳船的船员不在该船上,驳船的船员作为驳船船主的代理人,具有过失。案件到了美国联邦上诉法院第二巡回法庭著名法官汉德的手中,他提出了以下见解:任何船只都有脱锚的可能,并在脱锚后对附近的船只构成威胁,一位船主防止此类事件发生的义务应由三个变量来决定:(1)该船脱锚的可能性(probability,简称P);(2)该船脱锚后将给其他船只造成的损害的严重性(cost of injury或loss,简称L);(3)对此采取足够预防措施而产生的负担或者预防成本(burden,简称B)。汉德法官认为,被告的责任取决于他的预防成本是否小于未采取足够预防措施而产生的损害。本案发生在战时并且是白天较短的一月,无疑,这两点因素可以认为船只进出港口将十分频繁,这进一步导致事故损害发生的概率增加,而驳船的船员离船二十一小时之久更是难以令人想象的,船主的预防明显不足。因此,驳船船主存在过失。[②]

由此分析出发,形成了著名的汉德公式,用数学语言可以使这样的概念清楚地表达出来:

假设事故发生的概率为P,损害为L,预期事故成本则为PL,再假设个人的预防成本为B,那么过失存在与否便取决于B是否小于P乘以L,即是否$B<PL$。

如果$B<PL$,并且行为人没有采取或者没有采取足够的预防措施,那么就有过失。

反之,如果$B>PL$,即使行为人没有采取预防措施,那么也没有过失。如果必须提供预防措施的话,从经济上讲是无效率的,超出了合理关注的范围。

当$B = PL$时,事故的预防成本等于预防的预期收益,预防的边际成本等于边际收益,事故的社会成本最小,效率最高,行为人也不具有过失。

---

① 参见杨立新:《侵权损害赔偿》,法律出版社,2008年第4版,第133—134页。

② United States v. Carroll Towing Co. 159 F. 2d 169(2d Cir. 1947).

汉德法官所提出的上述公式随后成为美国各级法院在侵权案件中经常使用的判定过失有无的标准。根据汉德公式的表述，法院经常以B、P、L来计算行为人应当采取的对他人人身和财产安全的合理关注。

作为法律经济学重要成果的汉德公式，其成立有若干理论前提：(1)假设行为人是理性经济人，具有使预期收益最大化的倾向，且风险中立，他不会做出亏本的行为。(2)在价值取向上以效益最大化原则为第一要务，在过失标准上以事故发生的社会成本最小化为目标。(3)认为事故发生的概率是预防成本投入规模的函数，投入成本越高，事故发生概率越小，并且在边际上，投入单位成本使事故概率减少的数量是递减的。

当然，汉德公式也有着内在缺陷：(1)尽管汉德公式以其简洁的形式向我们展示了评判侵权案件的优越性，但并非所有的案例都能运用它。在实际应用时，该公式经常遇到B、P、L无法真正量化的问题。以P和L为例，人们通常很难确切地计算出某一事故发生的可能性以及该事故将造成的损失，这些不确定因素增加了在司法实践中汉德公式的应用难度，甚至都很难在个案中予以把握。(2)理性经济人的理论假设和效率最大化的原则，同大陆法系学者的思维方式和价值观存在着严重冲突。现实中有太多的在非理性决策下发生的法律问题。纯粹的经济分析很少考虑个人的道德性，同时很多东西也是难以用金钱或财富来计算的。侵权法的理念在于"维护个人自由并合理分配损害，非仅为成本效益的微积分，不能使侵权行为法上的善良管理人成为冷血、精于计算的经济人。"[1]因此，对法律问题的经济分析不能取代法学自身的论证。

尽管汉德公式有种种不确定之外，但它仍能对我国的侵权法研究和实务带来一个分析和判断的思维方式——"成本—收益分析"。可以说，事故的预防成本是避免损害发生的成本，如果付出一个较小的成本能够避免一个较大的成本，效益原则就要求付出这个较小的成本。法院注重效率的判决将更有利于社会资源合理公平的配置。

【本章小结】

侵权责任构成要件是指构成侵权责任所必须具备的各种因素，是判断行为人是否应负侵权责任的具有法律相关性的事实根据。确定侵权责任构成要件的标准在于具有普遍意义的事物本质。过错责任的构成要件有加害行为、损害、因果关系和过错。无过错责任的构成要件只有加害行为、损害和因果关系三个。加害行为在本质上具有

① 王泽鉴：《侵权行为法》(第一册)，中国政法大学出版社2001年版，第264页。

不法性。侵权责任法上的损害是指受害人的民事权益因他人的侵权行为(包括人的加害行为或物的危险之实现)而遭受的不利后果。侵权责任法上的因果关系是指加害行为与损害事实之间的引起与被引起的关系,分为责任成立的因果关系与责任范围的因果关系。相当因果关系说已经成为主流认识。过错在性质上是一种可非难的主观心理状态,但过错的判断标准则是客观的行为表现。对注意义务的违反被视为过失。

本章思考题

1. 分析侵权责任构成要件的确定因素及其具体内容。
2. 加害行为的不法性如何理解?
3. 相当因果关系的确定规则应如何把握?
4. 损害事实有哪些类型?
5. 谈谈你对过错(过失)的判断标准的理解,并结合实例分析如何应用这一标准。

第四章　侵权责任抗辩事由

【本章学习目的】

通过本章的学习,了解抗辩事由的含义、特征与分类;掌握正当防卫、紧急避险、自助、受害人同意、依法执行职务、不可抗力、受害人过错、第三人行为(过错)等具体抗辩事由的构成;理解不同抗辩事由的具体适用规则和抗辩效果。

第一节　侵权责任抗辩事由概述

一、抗辩事由的含义与特征

抗辩是指被告针对原告的主张,通过提出特定事由以证明其不成立或不完全成立,进而免除或者减轻责任的活动。在侵权责任法上,抗辩事由是指被告提出的能够对抗原告有关侵权责任构成要件以及责任范围的主张的基本理由,是法律上的一种事实。

作为法律事实的抗辩事由,具有以下一些特征:(1)客观性,即能够表明某种事实如第三人的过错、不可抗力等情况的存在;(2)对抗性,即能够产生致使原告的主张在法律上不成立或不完全成立的效果;(3)法定性,即它必须是由法律特别规定的事由。抗辩事由在我国《侵权责任法》中集中规定于第三章“不承担责任和减轻责任的情形”,即第26条至第31条,共6条,分别规定了被侵权人过错、受害人故意、第三人行为(过错)、不可抗力、正当防卫和紧急避险。另外,在其他章节部分针对具体的侵权行为及其责任范围,又作了一些特殊的规定。

二、抗辩事由的分类

根据抗辩针对的侵权责任构成要件(加害行为或者因果关系)的不同,抗辩事由一般分为正当理由和外来原因两种。(1)正当理由所包含的是这样的情形:损害虽然是由被告的行为所致,但其行为具有阻却违法性,可因无过错或因法律的特别规定而免除责任,如正当防卫、紧急避险、自助、受害人同意、依法执行职务等。(2)外来原因则一般发生在这样的情形下:损害的发生不是被告的行为而是外在于被告的原因所致,侵权责任构成中的因果关系被切断,如不可抗力、受害人过错、第三人行为(过错)等。在外来原因的范畴中,有争议的是关于意外事件能否成为抗辩事由。一种观点认为,意外事件应予免责。另一种观点认为,意外事件不是法定免责条件。例如希腊法律认为,意外事件是一个范围极为广泛的概念,包括了独立于人的行为之外的各种事件,意外事件在狭义上使用时,即指不可抗力,而只有不可抗力才能成为免责事由。①我国刘士国教授也有基本相同的看法,"就其本意而言,意料之外与不可预见关系密切,不可预见本身就属意外,因此,意外事件造成损害,如属不可预见的意外,为不可抗力;如属可预见的意外,当事人有过错,应负过错责任。因此,意外事件不应构成独立的抗辩事由。"②本书也认为,应根据具体情况分析所谓意外事件的性质,而不能把它作为一种抗辩事由。同时,我国《侵权责任法》也没有把意外事件作为独立的抗辩事由对待。

根据抗辩的效力程度的不同,抗辩事由可以分为责任成立的抗辩事由、责任范围的抗辩事由。(1)责任成立的抗辩事由主要是指针对侵权责任构成要件而提出的抗辩事实,目的是使侵权责任构成要件不能完全具备。原则上,凡是能够致使侵权责任构成要件不能具备的事实均属于此种抗辩,如在过错责任案件中能够证明被告没有过错的事实、在危险责任案件中能够证明不存在因果关系的事实等,上述正当理由和外来原因均可能对抗侵权责任的成立。(2)责任范围的抗辩事由主要是指在侵权责任已经构成的情况下,被告所提出的减轻或免除其侵权责任范围的抗辩事实。如在被告有过错的同时存在受害人过错③或第三人行为(过错)④、多重加害原因的并存⑤、尽到监护

---

① 参见王利明:《侵权行为法归责原则研究》,中国政法大学出版社2004年修订2版,第615页。

② 刘士国:《现代侵权损害赔偿研究》,法律出版社1998年版,第99页。

③ 参见《侵权责任法》第26条、第27条。

④ 参见《侵权责任法》第28条。

⑤ 如《最高人民法院关于审理人身损害赔偿案件适用法律若干问题的解释》第3条第2款的规定:"两人以上没有共同故意或者共同过失,但其分别实施的数个行为间接结合发生同一损害后果的,应当根据过失大小或者原因力比例各自承担相应的赔偿责任。"再如《侵权责任法》第12条的规定:"二人以上分别实施侵权行为造成同一损害,能够确定责任大小的,各自承担相应的责任;难以确定责任大小的,平均承担赔偿责任。"只要被告完成举证,就可以减轻自己的赔偿责任范围。

责任①等。

第二节 正当理由

一、正当防卫

(一) 正当防卫的含义

侵权责任法上的正当防卫的概念与刑法中的基本相同。通说认为,正当防卫就是行为人为了使本人、他人的合法利益或者公共利益免受正在进行的不法侵害,而对加害人采取必要限度的防卫措施的合法行为。《德国民法典》第227条给出了明确的法律上的定义:"因正当防卫所为之行为,不以违法论。正当防卫系对于现时违法的攻击为防卫自己或者他人所为必要的行为。"承继我国《民法通则》第128条的精神,《侵权责任法》第30条规定:"因正当防卫造成损害的,不承担责任。正当防卫超过必要的限度,造成不应有的损害的,正当防卫人应当承担适当的责任。"

(二) 正当防卫的构成要件

正当防卫的构成要件主要有以下五点:

第一,正当防卫的起因条件。正当防卫的起因条件是不法侵害的现实存在。此处所谓"不法侵害",既包括民法上的加害行为,也包括性质更为恶劣的刑法上的犯罪行为,并且在一般情况下侵害人具有故意的主观状态。当然,一般来说,只能对具有暴力性和紧迫性的不法侵害实行正当防卫。对那些合法的行为(如依法职务行为、正当防卫行为、紧急避险行为等)以及缺乏暴力性、紧迫性的过失侵权行为、不作为侵权行为等,不能或不宜进行正当防卫。

第二,正当防卫的对象条件。正当防卫所针对的具体对象只能是不法侵害行为的实施者本人,也就是说,不能对没有实施不法侵害行为的第三者实施防卫。正当防卫必须是以合法行为对抗不法行为,而不是对第三人的合法权益进行侵犯。另外,所谓"针对不法侵害行为的实施者"采取防卫措施,既包括针对其人身,也包括针

① 《侵权责任法》第32条:"无民事行为能力人、限制民事行为能力人造成他人损害的,由监护人承担侵权责任。监护人尽到监护责任的,可以减轻其侵权责任。"

对其财产。

第三,正当防卫的目的条件。正当防卫的目的是为了使本人或者他人的人身、财产权利和利益、国家或公共利益等免受不法侵害。这种不法侵害不一定是针对本人的,也可能是针对他人的,也可能是针对国家或者公共利益的。这是区分正当防卫与相互进行的非法侵害行为(斗殴)的标准。当然,在相互斗殴中也可能出现可以实施正当防卫的条件,比如一方已经宣布并在事实上放弃殴斗或者开始逃跑,但另一方却继续侵害,以及在徒手殴斗中一方突然使用致命凶器,威胁到对方的生命安全等情形。

第四,正当防卫的时间条件。正当防卫必须发生在不法侵害正在进行中,即不法侵害已经开始,尚未结束。所谓“已经开始”,有“现场说”、“临近说”、“着手说”等不同的理解。通说认为,在一般情况下,应以不法侵害人着手实行不法侵害时作为不法侵害开始的标志,但在不法侵害的现实威胁已经十分明显、紧迫的情况下,即使不法侵害尚未着手,也应认为不法侵害已经开始。所谓“尚未结束”,应理解为合法权益不再处于紧迫的现实侵害或侵害的威胁之下,比如不法侵害已经完成、不法侵害人已经放弃侵害或因外在原因致不法侵害已经不可能继续等情形。

第五,正当防卫的限度条件。正当防卫不能明显超过必要限度而造成重大损害。在理解正当防卫的必要限度上有三种不同的学说。(1)客观需要说。只要防卫行为造成的损害是制止不法侵害所客观需要的,即使防卫在强度、后果等方面超过侵害行为所可能造成的损害,也不能认为是超过了必要限度。(2)基本适应说。防卫行为与不法侵害行为在性质、手段、强度和后果上要基本相适应。(3)相当说。防卫行为原则上应以制止不法侵害所客观需要为标准,同时防卫行为要与不法侵害行为在手段、强度等方面相当,二者不能存在过于悬殊的差异。最后一种主张实际上是对前二者的综合,具有一定的合理性。一般来说,正当防卫的措施和强度要考虑到不法侵害的手段和强度,如果只需用较缓和的手段就足以制止侵害,就不必采取较强烈的手段,故应以足以制止不法侵害为限。在能够用较缓和的手段有效防卫的情况下,就不允许采取造成重伤等激烈的手段对不法侵害人进行防卫。当然,在面临紧迫的侵害时,防卫人往往很难对不法侵害的危险程度做出准确的判断,在大多数情况下都是出于本能而采取可能的措施进行防卫,所以,只要不是明显超过必要限度造成重大损害的,都应当属于正当防卫。

(三)非正当防卫行为

与正当防卫行为相对应的是非正当防卫行为。非正当防卫行为实际上是侵权行为,严重的将可能构成犯罪行为。非正当防卫行为如果造成了损害,行为人应负相应的法律责任。与正当防卫的构成要件相对应,非正当防卫行为主要表现为以下几种:

第一,假想防卫。它是指缺乏正当防卫的起因条件的不当行为,即不法侵害行为根本不存在,行为人对假想中的不法侵害行为人实施"防卫",实属侵权行为。

第二,局外防卫。它是指缺乏正当防卫的对象条件的不当行为,即防卫人不是针对不法侵害人而是针对其以外的人实施"防卫"行为。

第三,恶意防卫。它是指缺乏正当防卫的目的条件的不当行为,即不是为了使本人或者他人的人身、财产权利和利益、国家或公共利益等免受不法侵害,而是为了加害对方,故意引发他人向自己"侵害",然后借口正当防卫加害于对方。

第四,防卫失时。它是指缺乏正当防卫的时间条件的不当行为,表现为事前防卫与事后防卫。不是在不法侵害已经开始、尚未结束时进行防卫,而是在不法侵害尚未发生或者已经结束后,对不法侵害人进行"防卫"。

第五,防卫过当。它是指缺乏正当防卫的限度条件的不当行为,即防卫人实施防卫行为时明显超过必要限度,并造成重大损害的行为。从正当防卫到防卫过当,是一种从合法到不法(侵权)的质变,决定这一质变的度在于防卫的手段和后果"明显超过必要限度"。

二、紧急避险

(一)紧急避险的含义

一般认为,紧急避险是指为了使本人、他人的人身、财产权益或者公共利益免遭正在发生的危险而不得已采取的损害他人权益的合法行为。

紧急避险在大多数国家的侵权法中都属于正当理由的抗辩。康德认为"所谓紧急避险权是一种假定的权利或者权限","这样一种为了自我保存而发生的暴力侵害行为,不能视为完全不该受到谴责,它只是免于惩罚而已。……一直被法学家们视为在客观上也是合法的同义词。……紧急避险的格言可以用这样一句话来表达:'在紧急状态下没有法律'。但是,不能由于紧急避险而把错误的事情变为合法。"① 由于紧急避险涉及较为复杂的道德上和法律上的价值衡量,所以大多数国家对此都作出了规定,如《德国民法典》和《日本民法》等。在我国《民法通则》第129条的基础上,《侵权责任法》第31条规定:"因紧急避险造成损害的,由引起险情发生的人承

---

① [德]康德:《法的形而上学原理——权利的科学》,沈叔平译,商务印书馆1991年版,第46—47页。

担责任。如果危险是由自然原因引起的，紧急避险人不承担责任或者给予适当补偿。紧急避险采取措施不当或者超过必要的限度，造成不应有的损害的，紧急避险人应当承担适当的责任。”

由此可以看出，紧急避险行为实际上是以一个较小的损害避免另一个较大的损害，符合社会效益原则，并且在本质上不具有社会危害性。如某人为躲避一只疯狗的追咬，撞坏他人的大门以求藏身，就属于紧急避险，并且所采取的措施并无不当，也没有超过必要的限度造成不应有的损害，紧急避险人可以获得此种抗辩以否定自己的侵权责任，真正应当承担侵权责任的是“引起险情发生的人”——狗的所有人或管理人。当然，如果无法找到狗的所有人或管理人，那么可以视为“危险是由自然原因引起的”，紧急避险人可以不承担责任，或者由其给予适当补偿（但此种补偿不是侵权责任，而是损害的公平分担）。这就充分体现了紧急避险的制度功能。

（二）紧急避险的构成要件

和对正当防卫的构成要件的分析角度相类似，紧急避险的构成要件也主要有以下五点：

第一，紧急避险的起因条件。紧急避险的实施必须以现实危险的存在作为起因。“危险”是指现实存在的可能立即对公共利益或个人合法权益造成损害的紧迫的事实状态。首先，危险是现实存在的，而不是想象中的。其次，在不严格的类型化的情况下，危险的来源表现为：(1)自然的原因，如洪水、地震、雷电、暴雨等；(2)制造物的原因，如飞机故障、油库自燃等人工制造物产生的危险；(3)动物的原因，包括野生动物、流浪动物和饲养动物的侵袭；(4)人的原因，如故意伤害行为、危急疾病的突发等情形。人的原因可能是由第三人引起的，也可能是由避险行为人或者避险行为的受害人引起的。最后，现实的危险已经对合法权益（排除非法利益）构成紧迫的威胁，不立即采取避险行为将造成重大的损害。这种危险的紧迫性表现为这样的状态：不损害某种其他的合法权益就无法避免，因而紧急避险行为人别无选择。

第二，紧急避险的对象条件。紧急避险的对象条件的确切说法应该是紧急避险行为所损害的对象，这一对象必须是比所要保全的合法权益价值较小的他人的利益。“他人的利益”是理解对象条件的关键，主要是指避险人之外的第三人（避险行为的受害人）的利益，在加害人的过失侵权、物或动物致人损害等的特殊情况下，也可以是加害人的人身或财产利益。如果行为人面临的紧迫危险来源于自然人（加害人）的故意不法侵害，并且“避险行为”直接针对加害人而非第三人的人身或财产，则这种情况就不属于紧急避险，而是正当防卫；如果在上述情况下，并且“避险行为”直接针对“避险人”(受害人)本人的人身或财产,这种情况也不属于紧急避险,而是一种自救措施。这种行为的结果属于侵权行为直接导致的受害人的损害事实,是侵权责任构成要件的一部分,“避险人”(受害人)可以直接请求加害人承担侵权责任,而没有紧急避险规则适用的余地。如果受到疯狗追咬的行为人(避险人),捡起路边的石头把疯狗砸死,即导致了疯狗所有人(加害人,也是受害人)的财产损害,这也属于紧急避险,避险人可以获得此种抗辩而不需承担赔偿责任。

第三,紧急避险的目的条件。紧急避险行为人必须有正当的避险意图,即为了避免国家、公共利益、本人或者他人的人身、财产和其他合法权益受到损害。这一目的在于保护一个较大的合法权益,损害某一较小的合法权益,因而具有目的的正当性。如某人为躲避持刀抢劫人的追赶,猛地推开路旁一户人家的院门进入躲避,但却将门后一小孩撞翻并造成骨折,他的行为就是紧急避险。行为人有正当的避险意图,那就是为了保护本人的生命安全,破门进入他人住宅一般情况下不会造成他人的身上伤害,他也没有这种损害的故意和过失,所以对小孩的受伤行为人没有侵权责任。

第四,紧急避险的时间条件。紧急避险行为必须在紧迫的危险正在进行中实施。危险迫在眉睫,合法权益正处在危险威胁之中,如不实行紧急避险,危险立即会转化为现实危害,而使合法权益遭受不可挽回的损失。紧急避险行为必须是在迫不得已的情况下实施的,这是采取避险措施的必要性要求。所谓“迫不得已”,是指不立即采取该措施就不足以使合法权益避免正在遭受的现实危险,不足以保全这个较大的利益。如果还有其他可能的选择,则不允许紧急避险。

第五,紧急避险的限度条件。紧急避险行为所造成的损害不得超过必要的限度,即要小于所避免的(危险可能造成的)损害。一般情况下,“必要的限度”可以作以下理解:(1)人身权益(如生命权、身体权、健康权)大于财产权益;(2)在人身权益中,生命是最高权益,但一般不能在避险时以保全自己的生命为目的而牺牲(损害)他人的生命;(3)在财产权益中,可依财产价值的大小加以衡量;(4)国家和公共利益并非永远高于个人利益,应根据具体权益的性质、内容等确定价值的大小;(5)职务上、业务上负有特别责任的人员如军人、警察、消防员、医生等,在紧急状态时不适用关于避免本人危险的规定。

(三)非紧急避险行为

同非正当防卫行为一样,非紧急避险行为实际上也是侵权行为,严重的将可能构成犯罪行为。非紧急避险行为如果造成了损害,行为人应负相应的法律责任。与非紧急避险行为主要表现为以下几种：

一是假想避险。它是指缺乏紧急避险的起因条件的不当行为，即紧迫的现实危险根本不存在，行为人为了避免假想中的危险而对他人的利益造成不应有的损害，实属侵权行为。

二是恶意避险。它是指缺乏紧急避险的目的条件的不当行为，即不是为了避免国家、公共利益、本人或者他人的人身、财产和其他合法权益受到损害，而是为了保全自己的非法利益而损害他人利益。

三是避险失时。它是指缺乏紧急避险的时间条件的不当行为，表现为事前避险和事后避险。避险行为的实施不是在危险正在进行中，而是在危险尚未发生，或者已经结束时实施。这两种情况都不是在迫不得已的情况下实施的，而是还有更优的可能的危险预防措施的其他选择。

四是避险过当。它是指缺乏紧急避险的限度条件的不当行为，表现为避险人实施紧急避险行为时超过必要限度，所造成的损害大于所避免的(危险可能造成的)损害。

(四) 紧急避险与正当防卫的联系与区别

紧急避险与正当防卫有一些相同之处:(1)都是作为合法行为的抗辩事由。(2)都是为了公共利益、本人或者他人的利益免遭损害。(3)都是针对正在发生的危险而采取的措施。(4)都要求不能超过必要的限度。

紧急避险与正当防卫的主要区别是:(1)危险的来源不同。正当防卫的危险来源是人的不法侵害行为；而紧急避险的危险来源比较广泛，可以是人的不法侵害，也可以是自然原因、动物的侵袭等原因。一般来说，狗咬人属于一种具有紧迫性的危险，如果被咬的行为人拿起砖头砸死它，就属于紧急避险，而不是正当防卫。(2)紧急避险必须是出于迫不得已；正当防卫无此要求。(3)在适用主体上，紧急避险在特定的紧急状态下对具有特定身份的人(如军人、警察、消防员等)不能适用；正当防卫没有这样的要求，任何人均有正当防卫的权利。(4)紧急避险属于“两害相权取其轻”，即所保护的利益必须要大于避险行为所损害的利益，如果等于或者小于所损害的利益，避险就没有意义，法律也就没有保护的必要；正当防卫则是“正当对不正当的反击”，即以合法利益对抗非法利益，对防卫行为所造成的损害只要求不能明显超过必要限度，也就是说可能大于侵害行为所可能造成的损失。(5)紧急避险一般是向第三人实施，只是在特殊情况下才可以向加害人实施；而正当防卫只能对不法侵害人实施。以上述例子来说，如果这条狗是受其所有人或管理人的唆使而咬人，被咬的行为人拿起砖头砸死它，就不属于紧急避险，而是正当防卫。因为在这时，狗实际上已经成为人的一种侵害工具，对其所采取的防卫措施实际上就是对加害人的正当防卫。(6)二者的后果不同。因紧急避险造成损害的,由引起险情发生的人承担责任,“引起险情发生的人”可能是紧急避险人、第三人(加害人)或者紧急避险所指向的受害人;如果危险是由自然原因引起的,紧急避险人不承担责任或者给予适当补偿,所谓“适当补偿”即根据《侵权责任法》第二十四条的规定,因为“受害人和行为人对损害的发生都没有过错”,所以“根据实际情况,由双方分担损失”。因正当防卫造成损害的,则一律按照《侵权责任法》第三十条规定“不承担责任”。

三、自助行为

自助行为,又称私力救济行为,是行为人为了保护自己的合法权益,在情势紧急无法求助公权保护的情况下,不得已而对他人的人身或财产采取扣押、拘束或其他控制措施的行为。我国民法中规定的留置权实际上也是自助行为的行使方式,但在我国侵权责任法上却没有规定自助行为,不过在法理上一般都予以认可。

自助行为的性质是一种私力救济,它与紧急避险、正当防卫在这方面的社会功能和道德基础是相同的,即都是行为人对自己合法权益的自我保护手段,都是在无法获得公力救济时的紧急状态下所能采取的、具有正当性的有效措施。但与正当防卫和紧急避险行为不同,自助行为所保护的仅是自己的合法权益。如果是为了保护他人的合法权益而采取“类似自助行为”(实为“他助”),在构不成正当防卫的情况下,则可能构成见义勇为的一种类型,属于无因管理的范畴。

自助行为的构成要件表现为:(1)必须有正当的自助意图。行为人希望以自助手段维护本人合法权益,同时对所实施的自助行为的对象、手段及其强度以及可能造成的损害后果有明确的认识。如果是为了保护非法利益如追讨赌债而实施自助行为,就不具备正当的自助意图。(2)行为人的权益应处于情势紧急的受损状态,并来不及请求公力救济。如果仅仅因为一般的债务纠纷,就不能实施自助行为;但如果小偷偷窃被捉住,则在警察到来之前可以暂时限制其人身自由,这就属于自助行为。(3)自助行为必须在合法的范围内进行,同时不违反社会公德。比如,医院在患者死亡但家属没有交齐医疗费的情况下,医院留置死者的尸体的行为,就不是自助行为,因为这严重违反了社会公德。(4)自助行为采取最小强度原则,应以可达到目的的限度为准,所造成的后果不得超过必要的限度。比如,受害人在遭遇车祸后,为获得有效救济,可以暂时扣押加害人的机动车,但不得将其机动车毁损,否则不是自助行为而是侵权行为。更重要的是,实施自助行为不得危害到他人的生命、身体和健康。在那些小偷被打死的案件中就存在未遵守最小限度原则的情形,这是与自助行为的宗旨和伦理基础相违背的。(5)自助行为实施后,必须及时请求国家机关的处理,以公力救济取而代之。

如果行为人的自助行为符合以上要件,对所造成的损害,行为人不负赔偿责任。但是,对于自助行为的后果超过必要限度或未在行为实施后立即请求公力救济的自助过当行为,行为人可能要承担相应的侵权责任。

四、依法职务行为

依法职务行为,又称为职务授权行为,是指依照法律的规定或授权,在行使职权的过程中出于必要而损害他人人身、财产利益的行为。

依法职务行为必须符合以下条件:(1)执行公务的行为必须有合法根据;(2)执行公务的行为必须程序合法;(3)造成他人损害的行为必须为执行公务所必需;(4)所造成的损害不能超出必要限度。

执行职务的行为是合法行为,行为人本人对执行职务给他人造成的损害不负赔偿责任。

五、受害人同意

受害人同意,又叫受害人允诺,是指受害人事前明确做出的自愿承担某种损害后果的意思表示。受害人同意作为一种正当理由的抗辩,在受害人所表示的自愿承担的损害结果的范围内,行为人对其所造成的受害人的损害不承担侵权责任。比如,某人参加体育竞技活动,意外被伤,就不能请求赔偿。因为,参加此种竞技活动就意味着对可能的风险自我负担的承诺,每个参加者都是风险的制造者,也是风险的自我承受者。

不过,受害人同意不得违反公序良俗,和违反法律的强行性规定。比如,我国《合同法》第53条规定了两个"受害人同意"的事先免责条款无效的情形,一是"造成对方人身伤害的",二是"因故意或者重大过失造成对方财产损失的"。根据该条规定,受害人事先做出的免除行为人对其造成的人身伤害责任的允诺(如"出现工伤,责任自负"),因违反公序良俗和法律的强行性规定而一概无效。另外,在目前我国的法律上,实施安乐死(特别是积极的安乐死)的行为是非法的,实际上属于受托杀人,即使事前有受害人同意,但也不能以此作为不承担责任(特别是刑事责任)的抗辩事由。

第三节 外来原因

一、不可抗力

（一）不可抗力的含义

关于不可抗力的定义，我国学者通常是依据我国《民法通则》第一百五十三条的规定作出的，认为不可抗力是指“不能预见、不能避免并不能克服的客观情况”。就是说，不可抗力是人力所无法控制的、不可抗拒甚至是无法预见的力量。在侵权责任法上，不可抗力作为损害的发生原因，是一种独立于行为人意志之外的客观事实。我国《侵权责任法》第二十九条规定：“因不可抗力造成他人损害的，不承担责任。法律另有规定的，依照其规定。”不可抗力不仅是侵权责任法上的抗辩事由，也是合同法上的抗辩事由，而且具有一般性和绝对性，只有在法律有特别的明文规定时，才不能以不可抗力免责。

（二）不可抗力的判断标准

关于不可抗力的判断标准有三种主要的学说：(1)主观说。这一学说以行为人的预见能力和预防能力为标准，如果行为人已尽最大注意仍不能防止损害的发生，这种致害原因即可认定为不可抗力。换言之，不可抗力是主观上不能防止的事件，即使能够预见并已尽最大注意，但事件的发生仍不可避免。主观说由于缺乏客观的判断标准，解释时弹性过大，难于把握，因而使得不可抗力的范围实际上难于确定。(2)客观说。这一学说主张以事件的性质及外部特征为标准，凡属于一般人无法防止和抵御的重大外来力量，即为不可抗力。客观说过分强调不可抗力的客观性，抛弃了合理注意的主观要素，可能导致行为人对客观危险的注意义务的漠然。(3)综合说。这一学说认为应采主、客观统一的标准，凡属于基于外来因素而发生的、行为人以最大谨慎和最大努力仍不能防止的事件为不可抗力。综合说承认不可抗力是一种客观的外部因素，也强调当事人以最大的注意预见不可抗力、以最大的努力避免和克服不可抗力。①

显然，综合说具有更多的合理性，而为许多大陆法系国家民法所采用，我国《民法

① 参见张新宝：《侵权责任法原理》，中国人民大学出版社2005年第1版，第127—128页。

通则》也将不可抗力界定为“不能预见、不能避免并不能克服的客观情况”,属于综合说。这里的“不能预见”是从人的主观认识能力上来考虑不可抗力因素的,一般人根据现有的科学技术水平和自己的认知能力,对某种事件的发生是无法预见的;“不能避免”是指虽然尽了合理的注意和最大的努力仍不能阻止、避免该事件的发生;“不能克服”是指在事件发生后虽已采取一切可以采取的措施仍不能克服该事件。后两种情况是以一般人行为的客观标准来衡量的。

(三) 不可抗力的范围

我国现有的法律对不可抗力的范围没有做出明确规定,《海商法》第 51 条只是从一个角度列举了一般认为属于不可抗力范围的一些客观事件,包括天灾、战争或者武装冲突、政府或者主管部门的行为、检疫限制或者司法扣押、罢工、停工或者劳动受到限制。按通常理解,不可抗力是以一般人的行为为衡量标准的,在一般人人所不可抗拒的力量中,既包括自然灾害、社会异常事件,也包括政府行为。

自然灾害总是经常发生的,具体包括地震、海啸、洪水、暴雨、蝗灾、飓风、台风、火山爆发、山体滑坡、雪崩、泥石流等。但是并非一切自然灾害都能成为免责理由,一些轻微的可以预见、避免或克服的自然灾害,不能构成不可抗力。

社会异常事件和自然灾害不同,它是人的行为所致,多表现为突发事件如战争①、武装冲突、罢工、骚乱、暴动等。当然,这些异常事件也必须达到一定的程度,才能被列入不可抗力的范围。对于一般人来说,只要这些异常事件不能预见,也不能避免和克服,就可以成为不可抗力。

政府行为在特定条件下也属于不可抗力的范围。政府行为主要指国家行使行政、司法职能而导致损害之发生或扩大的行为,如前述《海商法》所规定的“政府或者主管部门的行为、检疫限制或者司法扣押”等行为。当然,政府行为要成为不可抗力,除了必须具有国家公权运行的性质外,也同样应当具备不可预见、不可避免并不能克服的性质。

(四) 不可抗力的抗辩效果

我国《侵权责任法》第 29 条规定:“因不可抗力造成他人损害的,不承担责任。法律另有规定的,依照其规定。”对此的理解是:

---

① 《侵权责任法》第 70 条规定:“民用核设施发生核事故造成他人损害的,民用核设施的经营者应当承担侵权责任,但能够证明损害是因战争等情形或者受害人故意造成的,不承担责任。”本条明确把“战争”作为免责理由,可以解释为明确把战争列入不可抗力的范围。

首先,不可抗力作为侵权责任法上的抗辩事由,具有一般性和绝对性,对于绝大部分侵权责任都可以产生对抗效果。

其次,在不可抗力成为损害发生的唯一原因时,被告不承担任何责任;在不可抗力是损害发生的部分原因时,被告在不可抗力的影响范围内部分免责。

再次,如果不可抗力发生于损害产生之后,则虽然可能存在假想的因果关系——即使没有加害行为,此种损害也必然会发生,但一般不能免除加害人的侵权责任。

最后,在法律有特别的明文规定时,特别是一些危险责任(无过错责任),被告不能以不可抗力免责。比如依照《邮政法》第 34 条,汇款和保价邮件的损失即使是不可抗力造成的,邮政企业也不得免除赔偿责任。《环境保护法》、《水污染防治法》和《大气污染防治法》中也有类似的规定。

二、受害人过错

(一)受害人过错的含义

受害人过错是指受害人对于损害的发生或扩大具有过错,体现了行为的自己责任的原则。按照《民法通则》第 131 条的规定,由于受害人的过错而造成损害,“可以减轻侵害人的民事责任”,即应由加害方分担损失。《侵权责任法》第 26 条规定:“被侵权人对损害的发生也有过错的,可以减轻侵权人的责任。”第 27 条接着规定:“损害是因受害人故意造成的,行为人不承担责任。”这是我国目前有关受害人过错作为抗辩事由的基本法律依据。

(二)受害人过错的抗辩效果

受害人过错的抗辩效果可以从两个方面来分析。

一是在过错责任的情况下,侵权损害往往是由加害人的单方过错造成的,则加害人要对受害人承担全部的侵权责任。但是,如果在加害人有过错的同时,受害人也有过错,就构成所谓“与有过失”或混合过错,此时就应该实行过错相抵,减轻了被告的责任。具体减轻责任的程度,按照《最高人民法院关于审理人身损害赔偿案件适用法律若干问题的解释》(2003)第 2 条第 1 款规定处理:“受害人对同一损害的发生或者扩大有故意、过失的,依照民法通则第 131 条的规定,可以减轻或者免除赔偿义务人的赔偿责任。但侵权人因故意或者重大过失使人损害,受害人只有一般过失的,不减轻赔偿义务人的赔偿责任。”如果加害人没有过错,而仅存受害人的过错,那么受害人过错(相对应的是加害人无过错)就构成了绝对的责任成立的抗辩事由。

二是在危险责任(无过错责任)的情况下,由于法律并不要求被告具有过错,其责任构成要件只有损害、加害行为和因果关系三个,所以过错(主要是受害人过错)只能具有责任范围上的意义。在大陆法中,"葡萄牙法甚至规定了风险责任(民法典第505条)和过错推定责任(民法典第570条,第2款)中受害人的共同过错也会导致责任减少直至为零的基本原则。相反,受害人轻微的共同过错也可能根本不被加以计算,低于10%的共同过错认定是很少见的。"[①]在我国,《最高人民法院关于审理人身损害赔偿案件适用法律若干问题的解释》(2003)第2条第2款规定:"适用民法通则第106条第3款规定确定赔偿义务人的赔偿责任时,受害人有重大过失的,可以减轻赔偿义务人的赔偿责任。"《民法通则》第106条第2、3款的规定是:"公民、法人由于过错侵害国家的、集体的财产,侵害他人财产、人身的,应当承担民事责任。没有过错,但法律规定应当承担民事责任的,应当承担民事责任。"第3款是有关无过错责任的承担规则。在无过错责任情况下,结合司法解释来理解《民法通则》和《侵权责任法》的规定,可以看出受害人过错作为抗辩事由的意义在于:

第一,在无过错责任情况下,只有受害人有"重大过失"或者故意,才可以减轻赔偿义务人的赔偿责任。如《侵权责任法》第78条规定:"饲养的动物造成他人损害的,动物饲养人或者管理人应当承担侵权责任,但能够证明损害是因被侵权人故意或者重大过失造成的,可以不承担或者减轻责任。"在第9章"高度危险责任"中也有很多条文[②]作出了类似的规定。

第二,在无过错责任情况下,如果受害人只有轻微过失或者一般过失,将不能减轻赔偿义务人的赔偿责任。

第三,在无过错责任情况下,如果受害人存在造成损害的故意,同时行为人没有过错时,将免除行为人的责任。如《道路交通安全法》第76条规定:"交通事故的损失是由非机动车驾驶人、行人故意碰撞机动车造成的,机动车一方不承担赔偿责任。"

【案例分析】

周某诉黄某等人身损害赔偿纠纷案[③]

原告周某曾长期为被告黄某雇用做其建筑队小工,黄某没有合法的建筑资质。

---

① 参见[德]克雷斯蒂安·冯·巴尔:《欧洲比较侵权行为法》(下卷),焦美华译,张新宝校,法律出版社2004年第2版,第652—653页。

② 参见《侵权责任法》第70条至第73条。

③ 案例来源于安徽省阜阳市中级人民法院民事判决书。

2007年5月12日上午,原告在被告黄某承建的刘某楼房建筑工地上施工,在浇灌第一层圈梁时,由于高处施工的浇灌工身体不适,在地面的负责混凝土搅拌和运送的原告便自愿到梁上浇灌施工。但因振动棒的接线盒漏电,击中原告并使其摔掉在地上,当场昏迷不醒,生命危急。因此事故,原告身体多处骨折伴高位截瘫,并有其他损害。经阜阳市颍上县人民法院委托进行司法技术鉴定,鉴定结论为:被鉴定人身体各处损伤分别构成一个三级伤残、一个五级伤残、一个八级伤残、三个十级伤残;属大部分护理依赖程度;将来必然发生的二次手术费为6 000元。因协商未果,原告诉至法院请求赔偿。被告黄某认为,原告擅自代为操作振动棒,具有过错,应自行承担责任。法院判决被告黄某承担70%的赔偿责任,被告刘某作为发包人知道黄某没有相应资质或者安全生产条件,对此负连带责任;原告因有过错应自行承担30%的责任。被告黄某不服,提起上诉。二审维持原判。

分析受害人过错能否作为本案中的抗辩事由。

三、第三人行为(第三人过错)

(一) 第三人行为的含义

第三人行为是指对于损害的发生和扩大具有原因力的被侵权人和行为人之外的第三人的行为。通常又称之为"第三人过错"。《侵权责任法》第28条没有使用"第三人过错"的用语,第37条明确使用了"第三人的行为"的概念。"第三人行为"这一称谓比"第三人过错"更具有包容性,可以包括第三人的非过错行为在内,本书也采用这一称谓。

理解第三人行为作为抗辩事由的含义,需要注意以下几点:(1)第三人不限于自然人,法人或其他组织也可以成为第三人。(2)第三人行为一般是有过错的行为,这是行为人(被告)抗辩的责任基础,如果不能证明第三人行为的过错则无法免责。(3)第三人的行为不一定具有违法性,某些合法的行为也可能致人损害。(4)第三人的行为不一定是损害的全部原因,可能只构成损害发生或扩大的部分原因。(5)同时,构成损害发生或扩大的部分原因的情况下,第三人行为与被告的行为也一定不是共同侵权,否则就要承担连带责任了,所以这也是第三人行为作为抗辩事由的核心。

(二) 第三人过错的抗辩效果

第三人过错的抗辩效果表现为以下几个方面。

第一，受害人的损害是以第三人行为作为单独的原因力的，应由第三人单独承担侵权责任。基本法律依据是我国《侵权责任法》第 28 条规定："损害是因第三人造成的，第三人应当承担侵权责任。"在特别法上，如《海洋环境保护法》第 43 条规定："完全是由于第三者的故意或者过失造成污染损害海洋环境的，由第三者承担赔偿责任。"《水污染防治法》第 41 条、《电力法》第 60 条第 2 款等也有类似的规定。在这种情况下，被告就可以"第三人行为"而获得完全抗辩的法律效果。

第二，被告的行为和第三人的行为共同构成损害发生的原因，即构成共同致人损害（但不是共同侵权），这时应比较各自的过失大小或者原因力比例，确定各自应承担的民事责任。正式依据是《最高人民法院关于审理人身损害赔偿案件适用法律若干问题的解释》（2003）第 3 条第 2 款："二人以上没有共同故意或者共同过失，但其分别实施的数个行为间接结合发生同一损害后果的，应当根据过失大小或者原因力比例各自承担相应的赔偿责任。"在此情况下，第三人行为可以成为被告部分免责的理由。

第三，如果被告的行为和第三人的行为共同构成损害发生的原因，当然前提是双方没有共同故意、共同过失，"但其侵害行为直接结合发生同一损害后果的，构成共同侵权，应当依照民法通则第 130 条规定承担连带责任。"①所以，根据现行司法解释，被告自然不能以第三人行为作为抗辩事由。

第四，在特定情况下，如在经营场所或者学校里，因第三人的行为造成他人损害的，应由第三人承担侵权责任；但是，在原告无法向第三人请求救济时，如果具有安全关注义务（安全保障义务）的人（管理人或者组织者）违反了此义务，即也同时具有过失，那么可能要"承担相应的补充责任"。②类似的规定是《侵权责任法》第 40 条③。也就是说，第三人行为在此情况下，不一定导致绝对免责的效果。

第五，在法律明文规定的特定情况下，虽然是第三人行为导致损害的发生，但被告却不能以此作为抗辩事由，而只能获得法律授予的对第三人的追偿权，以此作为不能免责的替代救济手段。如《侵权责任法》第 44 条规定："因运输者、仓储者等第三人的

---

① 参见《最高人民法院关于审理人身损害赔偿案件适用法律若干问题的解释》（2003）第 3 条第 1 款。当然，需要明确的是，对所谓"侵害行为直接结合发生同一损害后果的，构成共同侵权"以及第 2 款中的"间接结合"的认定存在较大争议，本书对此不做具体分析。

② 参见《侵权责任法》第 37 条："宾馆、商场、银行、车站、娱乐场所等公共场所的管理人或者群众性活动的组织者，未尽到安全保障义务，造成他人损害的，应当承担侵权责任。因第三人的行为造成他人损害的，由第三人承担侵权责任；管理人或者组织者未尽到安全保障义务的，承担相应的补充责任。"

③ 该条规定："无民事行为能力人或者限制民事行为能力人在幼儿园、学校或者其他教育机构学习、生活期间，受到幼儿园、学校或者其他教育机构以外的人员人身损害的，由侵权人承担侵权责任；幼儿园、学校或者其他教育机构未尽到管理职责的，承担相应的补充责任。"

过错使产品存在缺陷,造成他人损害的,产品的生产者、销售者赔偿后,有权向第三人追偿。”其他类似条文也较多。①设定这种法律效果的目的,是为了在危险责任的场合下,充分保护受害人的利益。

【案例分析】

叶某诉黄某人身损害案

1988年8月29日上午,某村村民陈某豢养的黑狗叼走同村屠宰专业户黄某某肉铺里的一块肉。下午这只黑狗又来到肉铺旁边时,黄某用木棍将狗打跑,狗在逃遁中撞倒一头正在街上跑的母猪,猪因惊吓而逃跑时将在此间行走的76岁老太太叶某撞倒,致其坐骨脱节,经治疗花去医疗费400元。受害人叶某要求打狗人黄某赔偿,黄说:“是因狗偷吃肉铺的肉才打狗,撞伤你是狗引起的,应当找养狗人。”养狗人陈某称:“直接撞伤你的不是狗而是猪,是找一找养猪人。”养猪人缪某称:“我的猪被撞倒,按理也是受害者,而且一连串事件是因为打狗人的行为造成的。”也推脱责任。叶某诉讼到法院,请求打狗人黄某赔偿损失。

分析此案中的涉事者的抗辩能否成立?

【本章小结】

抗辩事由是指被告提出的能够对抗原告有关侵权责任构成要件以及责任范围的主张的基本理由,是法律上的一种事实。抗辩事由一般分为正当理由和外来原因两种。正当理由包括正当防卫、紧急避险、自助、受害人同意、依法执行职务等。外来原因包括不可抗力、受害人过错、第三人行为(过错)等。

本章思考题

1. 如何理解责任成立的抗辩事由、责任范围的抗辩事由?

① 参见《侵权责任法》第59条(医疗产品侵权)、第68条(环境侵权)、第83条(动物侵权)、第85条(建筑物及其搁置物、悬挂物脱落、坠落侵权)、第86条(建筑物倒塌侵权)等。

2. 正当防卫与紧急避险的联系与区别有哪些?
3. 自助行为的性质和构成要件是什么?
4. 结合实例谈谈不可抗力、第三人过错的抗辩效果。
5. 在无过错责任的情况下,受害人过错在责任范围上具有怎样的意义?

第五章　侵权责任形态

【本章学习目的】

通过本章的学习，了解侵权责任形态的含义；掌握侵权责任形态的体系，掌握共同侵权责任的含义、构成要件、分类、具体表现形式；理解自己责任和转承责任、最终责任和补充责任、单方责任和双方责任、单独责任和共同责任的具体内涵及法律规定。

第一节　侵权责任形态的体系

一、侵权责任形态的含义

形态就是事物的外在表现形式或状态。侵权责任形态是指“侵权法律关系中的不同当事人按照侵权责任承担的基本规则承担责任的不同表现形式”①。

和侵权责任法上的其他概念如侵权责任构成、侵权责任方式等相比，侵权责任形态具有独特的法律意义：(1)侵权责任形态要解决的不是侵权责任构成要件或者责任方式的问题，而是侵权责任承担样态的表现形式。它只规定当事人自己承担还是他人承担，是连带承担还是按份承担等，至于由当事人具体承担什么样的责任方式，承担责任的程度是什么，不是侵权责任形态而是侵权责任方式及其具体内容所解决的问题。(2)侵权责任形态关注的焦点不是具体的责任形式，而是具体的侵权责任方式在不同

---

①　杨立新：《侵权行为法专论》，高等教育出版社2005年第1版，第242页。在此顺便指出，在对侵权责任形态进行抽象、系统的基础性研究方面，杨立新做出了重大贡献。参见杨立新：《中国侵权责任法应当如何规定侵权责任形态》，载《法律适用》2008年第8期。

的当事人之间如何分配。尽管"分配"这个概念具有极为主观的色彩,但它基本上准确地表现了侵权责任形态的含义,而法律规定侵权责任形态的本身就具有极为强烈的主观色彩。①(3)侵权责任形态的每一对范畴,都表现为一个一般形态对特殊形态的模式,特殊形态均具有法律的特别规定性。

侵权责任形态的体系主要由自己责任和转承责任、最终责任和补充责任、单方责任和双方责任、单独责任和共同责任等一系列范畴构成。

二、自己责任和转承责任

自己责任和转承责任的区分关键在于:侵权责任是由行为人(加害人)自己负担,还是由对行为人(加害人)的行为负责的人负担?行为人对自己的行为所产生的损害负侵权责任,即是自己责任;对他人的行为所产生的损害负侵权责任,即是转承责任(又称替代责任、为第三人行为责任)。需要注意的是,自己责任和转承责任的区分只是形式上的,如使用人(雇主)责任表面上看是对他人行为承担责任,实质是对自己的使用行为致人损害承担责任;监护人责任,是行使亲权不当承担的责任。②因此,所谓转承责任,在本质上就是自己责任。

自己责任的基本内涵在于:(1)自己责任体现了传统私法的基本理念,即每个人只能对自己的行为后果承担责任,反对株连,有利于行为自由的张扬,促进了社会效率的提升。(2)自己责任是一般责任,不需要法律的特别规定。杨立新在其主持的《中华人民共和国侵权责任法草案建议稿》第15条中,就自己责任做出如下规定:"本法在规定侵权责任时没有特别规定侵权责任形态的,为自己的责任,行为人应当对自己的行为造成的损害承担侵权责任。"(3)自己的行为包括自己的作为,也包括自己的不作为,物件致人损害可以视为自己的不作为。一种观点认为,如果责任人为自己管领下的物件致害负责赔偿,为替代责任。③实际上,行为人应该对其管领下的物件对他人负有一种安全保障义务,一旦物件致人损害,除了具有不可抗力等抗辩事由存在外,就可以推定其违反了此种义务,所以所产生的责任实际上是其不作为行为的后果。"对自己的支配物致人损害的责任,是因物的支配者有义务控制物的危险性发生,违反这一义务理当承担自己责任。……离开物的危险控制义务,就不存在什么对物致人损害的责任。因此,对物责任也是自己责任的一种类型。"④这种侵权责任在本质上还是一种自己责

① 参见杨立新:《侵权行为法专论》,高等教育出版社2005年第1版,第243页。
② 参见刘士国等:《侵权责任法重大疑难问题研究》,中国法制出版社2009年版,第18页。
③ 参见杨立新:《中国侵权责任法应当如何规定侵权责任形态》,载《法律适用》2008年第8期。
④ 刘士国等:《侵权责任法重大疑难问题研究》,中国法制出版社2009年版,第19页。

任，而非替他人的行为后果所承担的转承责任。

转承责任（替代责任）是与自己责任相对应的范畴。在上述建议稿第16条中，有关替代责任的规定是："法律规定承担替代责任的，其责任人是对造成损害的行为人的行为负责的人，该责任人应当承担侵权责任。"转承责任的基本内涵在于：（1）转承责任不是对自己责任的颠覆，不是对行为自由的限制，而是一种体现社会公平的法律设计，重在对受害人的权利救济。如在雇员致人损害时，雇主不得主张对雇员的选任或监督已尽相当注意而免责，雇主本身虽无任何过失，但仍必须对雇员的行为负责。（2）因其责任的严格，转承责任需要法律做出特别的规定才能适用，它主要针对一些特殊的场合，如雇主责任、监护人责任等。（3）转承责任的基础在于责任人与他人（加害人）之间的特殊关系，如指挥、监督、管理以及教育等的关系，责任人在法律上应对加害人的行为及其后果负责。通常认为，责任保险的赔偿责任也是转承责任，这种看法似有不妥。保险责任虽然是替他人的行为承担赔偿责任，但其基础是合同的约定，保险标的就是投保人对他人的一定限度内的赔偿责任，所以责任保险在本质上是一种为第三人利益的合同责任，不同于侵权责任法上的转承责任。（4）作为一种平衡，法律可能会做出赋予转承责任人追偿权的规定，如上述建议稿第16条中的规定："已经承担了替代责任的责任人，可以向有过错的行为人追偿，但法律另有规定的除外。"或者，规定在一定情况下减轻其责任，如《侵权责任法》中的"监护人尽到监护责任的，可以减轻其侵权责任"的规定。（5）所谓"他人的行为"或"造成损害的行为人的行为"，指的是"人"的行为，而不包括"物件"致人损害的情形。

我国《侵权责任法》有关转承责任的规定主要有：（1）第32条：无民事行为能力人、限制民事行为能力人造成他人损害的，由监护人承担侵权责任。监护人尽到监护责任的，可以减轻其侵权责任。（2）第34条：用人单位的工作人员因执行工作任务造成他人损害的，由用人单位承担侵权责任。劳务派遣期间，被派遣的工作人员因执行工作任务造成他人损害的，由接受劳务派遣的用工单位承担侵权责任；劳务派遣单位有过错的，承担相应的补充责任。（3）第35条：个人之间形成劳务关系，提供劳务一方因劳务造成他人损害的，由接受劳务一方承担侵权责任。提供劳务一方因劳务自己受到损害的，根据双方各自的过错承担相应的责任。（4）第54条：患者在诊疗活动中受到损害，医疗机构及其医务人员有过错的，由医疗机构承担赔偿责任。第57条：医务人员在诊疗活动中未尽到与当时的医疗水平相应的诊疗义务，造成患者损害的，医疗机构应当承担赔偿责任。

应当说，《侵权责任法》对于转承责任人的追偿权并没有明确的规定。不过，《最高人民法院关于审理人身损害赔偿案件适用法律若干问题的解释》（2003）的第9条规定:“雇员在从事雇佣活动中致人损害的,雇主应当承担赔偿责任;雇员因故意或者重大过失致人损害的,应当与雇主承担连带赔偿责任。雇主承担连带赔偿责任的,可以向雇员追偿。”这就赋予了雇主对具有故意或者重大过失的雇员的追偿权。但因为此条司法解释不同于《侵权责任法》的最新规定,所以其效力不无疑问。

三、最终责任和补充责任

最终责任是指行为人作为真正加害人而应负的最终属于自己的侵权责任,并且是第一顺位的责任。补充责任则是指行为人(非真正加害人)基于某种关联,在受害人无法从真正加害人处获得充分救济时,对受害人承担的补充性的赔偿责任,是第二顺位的责任。最终责任是侵权责任的一般形态,补充责任则是需要法律明文规定的特殊形态。最终责任和补充责任的区分是在特定的情形下发生的,主要是在经营场所、公共活动、教育管理或监护责任的情况下,因第三人的行为造成他人损害时,根据对受害人承担侵权责任的不同主体,而产生这两种责任形态。

在我国的《侵权责任法》中,最终责任和补充责任作为一对范畴存在的典型表现是第 37 条:“宾馆、商场、银行、车站、娱乐场所等公共场所的管理人或者群众性活动的组织者,未尽到安全保障义务,造成他人损害的,应当承担侵权责任。因第三人的行为造成他人损害的,由第三人承担侵权责任;管理人或者组织者未尽到安全保障义务的,承担相应的补充责任。”本条第一款所指的侵权责任就是最终责任;第二款所指的作为真正加害人的该第三人所承担的侵权责任是本来就真正属于自己应负的责任,也是最终责任;但对于未尽到安全保障义务的管理人或者组织者来说,其所承担的相应的侵权责任就属于补充责任。该法第四十条是关于幼儿园、学校或者其他教育机构的补充责任的规定:“无民事行为能力人或者限制民事行为能力人在幼儿园、学校或者其他教育机构学习、生活期间,受到幼儿园、学校或者其他教育机构以外的人员人身损害的,由侵权人承担侵权责任;幼儿园、学校或者其他教育机构未尽到管理职责的,承担相应的补充责任。”该法第 34 条明确了劳务派遣单位的补充责任:“劳务派遣期间,被派遣的工作人员因执行工作任务造成他人损害的,由接受劳务派遣的用工单位承担侵权责任;劳务派遣单位有过错的,承担相应的补充责任。”另外,根据该法第 9 条,无民事行为能力人、限制民事行为能力人在被他人教唆、帮助下实施侵权行为,在其监护人未尽到监护责任时,监护人应当承担相应的责任,这一责任也应该属于补充责任。

在此之前,《最高人民法院关于审理人身损害赔偿案件适用法律若干问题的解释》(2003)第 6 条已经明确了补充责任:“因第三人侵权导致损害结果发生的,由实施侵权行为的第三人承担赔偿责任。安全义务保障人有过错的,应当在其能够防止或制止损害的范围内承担相应的补充赔偿责任。安全保障义务人承担责任后,可以向第三人追偿。赔偿权利人起诉安全保障义务人的,应当将第三人作为共同被告,但第三人不能确定的除外。”

以上法律和司法解释中的条款都是针对具体情形的特别规定。在理论上,杨立新主持的《中华人民共和国侵权责任法草案建议稿》第20条对补充责任做了一个抽象的概括:“依照法律规定,基于同一个损害事实产生两个以上的赔偿请求权,数个请求权的救济目的相同,但对请求权的行使顺序有特别规定的,受害人应当首先向直接加害人请求赔偿。在直接加害人不能赔偿或者赔偿不足时,受害人可以向补充责任人请求承担损害赔偿责任。补充责任人在承担了补充责任后,有权向直接责任人行使追偿权,但就其过错行为产生的直接损害部分不享有追偿权。”

理解补充责任需要把它与连带责任、不真正连带责任等区别开来,注意以下几点:

第一,补充责任的构成要件中因果关系模式是多因一果,即不同的原因造成同一个损害。此处不同的原因至少有两个:一个是第三人的故意或者过失行为,并且在大多数情况下是积极的作为,是直接原因;另一个多是安全保障义务人违反安全保障义务,存在不作为形式的过失,是间接原因。作为原因的复数加害行为的形式在大多数情况下都是作为与不作为的间接结合。

第二,产生补充责任的侵权行为不是共同侵权,补充责任也不属于共同侵权责任——连带责任。补充责任只是在受害人无法获得真正加害人(第三人)的任何或充分赔偿后,在未获赔偿的有限范围提供补充性的赔偿。补充责任人是第二顺位责任人,在第一顺位责任人(真正加害人)未承担最终责任前享有抗辩权。这一顺位性的要求,同时也是它与不真正连带责任的主要区别。

第三,真正的损害来源是第三人的行为,若非因第三人的行为,则对他人损害的赔偿责任就不会发生,所以补充责任对于赔偿责任人来说是较为严格的,似乎有一种不公平的色彩。所以,补充责任人一旦进行了补充赔偿,就可以获得对真正加害人——作为最终责任人的第三人的追偿权。

第四,补充责任人(如安全保障义务人)事后可以向真正加害人(第三人)追偿,但真正加害人则不能向补充责任人请求分摊责任。这是因为:即使在安全保障义务人未尽此种义务的情况下,具有不作为的过错,但这种过错也不是真正加害人实施侵权行为的理由,更不能成为减轻或免除其责任的理由。这也是补充责任不同于连带责任的另一个关键之处。

第五,补充责任也不像连带责任、不真正连带责任那样将全部损害赔偿责任作为补充责任人的赔偿范围,而是以其行为的过失大小和原因力比例来确定一个有限的补充赔偿责任范围。按照《侵权责任法》第37条的规定,补充责任人如“管理人或者组织者”只在“未尽到安全保障义务”所影响到的损害范围内“承担相应的补充责任”,就是说只能在其法定义务能够防止或者制止的损害范围内承担相应的补充赔偿责任。

四、单方责任和双方责任

单方责任和双方责任的区分依据是损害发生的责任由一方负责还是由双方负责。单方责任是只存在一方对另一方造成的损害负责的责任形态,双方责任则是对同一损害的发生双方都应负责任的责任形态。

双方责任的内涵在于:(1)作为与单方责任相对应的概念,双方责任只能发生在双方的行为都对其同一损害后果具有原因力的情况下。(2)“一个完整的侵权赔偿责任应当由加害人和受害人双方分担,双方当事人所承担的赔偿责任总和,是这个侵权行为所产生的全部侵权责任。”①不过,此处所谓双方承担的“责任”,实际上应该是对受害人的同一损害的“发生”意义上的责任,而非侵权损害赔偿意义上的责任。侵权损害赔偿责任的本意是加害人对于受害人的损害所应承担的责任,而非受害人对自己的损害承担的“侵权赔偿责任”。如果在仅存在受害人一方有损害,同时受害人又具有过错时,其所分担的损害部分不是侵权责任,而是对加害人侵权责任的减轻,属于责任抗辩的法律效果。(3)《侵权责任法》第24条规定的“受害人和行为人对损害的发生都没有过错的,可以根据实际情况,由双方分担损失”的“责任”,不是双方责任。因为此时根本就不存在侵权责任,只是基于公平观念,根据实际情况,由双方对受害人的损害进行分担而已。(4)一般情况下,双方责任是与混合过错或与有过失的情形联系在一起的,可以运用过失相抵赔偿原则和法律技术,结合各自的损害情况,来确定各自的最终责任(主要是同质的责任,如损害赔偿责任)的大小。

五、单独责任和共同责任

单独责任和共同责任的区分依据是承担侵权责任的一方是单独一人还是多人。只有一个责任人对受害人的损害承担侵权责任就是单独责任形态,复数责任人对受害人的损害共同承担侵权责任就是共同责任形态。

---

① 参见杨立新:《中国侵权责任法应当如何规定侵权责任形态》,载《法律适用》2008年第8期。

典型的单独责任就是一个行为人加害于他人时其所承担的侵权责任,一般情况下多是一种自己责任。但在替代责任的情况下,承担侵权责任的人可能只是一个,但加害人却不一定就是一个,也可能是两个以上,如两个无行为能力人致人损害,某个监护人(如果只有一个的话)必须承担的侵权责任。

共同责任的具体承担又有不同的表现形式:第一,如果复数加害人的行为构成共同侵权,那么复数加害人之间的共同责任就属于连带责任。第二,如果复数加害人的行为构成间接结合的共同致害行为,则其所要承担的责任就是按份责任。第三,如果复数加害人的行为相互构成不真正连带关系,则其承担的责任就是不真正连带责任。第四,如果在特定情况下,因第三人的行为造成他人损害时,则行为人的行为与第三人的行为发生牵连,产生行为人的补充责任。

关于共同责任,将在下一节做详细讨论。

第二节 共同侵权责任

一、共同侵权责任概述

(一) 共同侵权责任的含义

一般认为,共同侵权责任是指"两人以上共同侵犯他人财产或人身造成损害而依法承担的连带赔偿责任。"①我国现有法律依据主要是《民法通则》第131条:"二人以上共同侵权造成他人损害的,应当承担连带责任。"《侵权责任法》第八条的内容与其是一致的:"二人以上共同实施侵权行为,造成他人损害的,应当承担连带责任。"

承担共同侵权责任的前提是行为人的行为构成共同侵权行为(参见第一章中的相关内容)。与一般的侵权行为相比,共同侵权行为的本质特点在于"共同性",这在理论上存在"意思联络说"、"共同过错说"、"共同行为说"和"共同结果说"等不同主张。意思联络说认为共同加害人之间必须有共同故意才能构成共同侵权;共同过错(或过错关联)说认为共同侵权行为的本质特征在于数个行为人对损害后果具有共同过错,既包括共同故意,也包括共同过失以及故意与过失的结合;共同行为说认为共同行为是

① 刘士国:《现代侵权损害赔偿研究》,法律出版社1998年版,第81页。

共同加害人承担连带责任的基础;共同结果说认为共同侵权行为以各个侵权行为所引起的结果存在客观的关联共同为前提。①本书认为,在对共同侵权行为的"共同性"的理解上,以过错关联为基础、以行为关联为补充的主客观结合的认识可能更为恰当。

共同侵权责任的共同性则体现在责任的连带性上。

(二) 共同侵权责任的构成要件

共同侵权责任的构成要件主要表现在以下几方面:

一是侵权行为主体的复数性。侵权行为主体即加害人一定是两个或两个以上的复数,可以是自然人、法人或者其他组织。二是共同的过错关联或行为关联。在特殊情况下,"构成共同侵权行为并不一定需要有共同过错,有共同的关联行为直接导致受害人同一损害结果也可以构成共同侵权行为"②。《最高人民法院关于审理人身损害赔偿案件适用法律若干问题的解释》第3条曾作出规定:"二人以上共同故意或者共同过失致人损害,或者虽无共同故意、共同过失,但其侵害行为直接结合发生同一损害后果的,构成共同侵权,应当依照民法通则第130条规定承担连带责任。二人以上没有共同故意或者共同过失,但其分别实施的数个行为间接结合发生同一损害后果的,应当根据过失大小或者原因力比例各自承担相应的赔偿责任。"这是对共同侵权责任的共同性的基本依据。其中,共同的过错关联要素主要针对必须具备过错要素的过错责任下的侵权行为而言,共同的行为关联要素主要针对无需过错的严格责任的侵权行为而言,当然也不能排除二者交错的可能。当然,如何判断所谓的"直接结合"和"间接结合",以及此种分类是否合理,在司法实践中有不同看法,理论上也有较大争议。三是损害后果的同一性。如果损害后果可以分割成不同的单元,那么其原因行为就不能构成共同侵权行为,所产生的责任也不是共同侵权责任。四是因果关系的同一性。无法将共同侵权人的具体行为与损害后果之间的关系一一清楚地界定,而是视为同一个原因力,共同导致了损害的发生。

二、共同侵权行为的类型

从行为表现看,共同侵权行为可以分为共同加害行为(狭义共同侵权行为)和共同

① 对此,本书不作具体分析,具体可以参见史尚宽:《债法总论》,中国政法大学出版社2000年版,第173页;张新宝:《中国侵权行为法》,中国社会科学出版社1998年第2版,第164页。杨立新:《侵权法论》,人民法院出版社2004年第2版,第535页;王利明:《侵权行为法研究》(上卷),中国人民大学出版社2004年版,第685页;程啸:《侵权行为法总论》,中国人民大学出版社2008年版,第384页。

② 张新宝:《侵权责任法原理》,中国人民大学出版社2005年版,第77页。

危险行为。

(一) 共同加害行为

共同加害行为是指两人以上共同实施直接的侵害行为致他人损害的情况,包括共谋、共同认识、公害事件、交通事故等。[①]共同加害行为作为共同侵权行为的典型,一般又称狭义的共同侵权行为。根据《最高人民法院关于审理人身损害赔偿案件适用法律若干问题的解释》第3条的规定,共同加害行为可以分为两种具体形式:(1)意思关联型,即共同故意或者共同过失行为致人损害。(2)行为关联型,即无意思联络但各自的行为直接结合致人损害。

意思关联型共同侵权行为中存在着教唆、帮助行为以及团伙行为的问题。《侵权责任法》第9条规定:"教唆、帮助他人实施侵权行为的,应当与行为人承担连带责任。"但是,当被教唆、帮助者是无民事行为能力人、限制民事行为能力人时,教唆、帮助者本人应当单独承担全部的侵权责任。团伙行为在侵权责任法上没有具体的规定,但梁慧星主持起草的《中国民法典草案建议稿 · 侵权行为法编》第1553条有过规定:"部分团伙成员实施加害行为造成他人损害的,由全体团伙成员承担连带责任;但其他团伙成员能够证明该加害行为与团伙活动无关的,则其他团伙成员不承担责任。"[②]将团伙活动规定为特殊的共同侵权行为,是团伙成员承担连带责任,具有重大的现实意义。

行为关联型共同加害行为中有一种特殊的形式,即与损害后果具有重叠的因果关系(参见前述相关内容)的共同侵权行为。《侵权责任法》第11条规定:"二人以上分别实施侵权行为造成同一损害,每个人的侵权行为都足以造成全部损害的,行为人承担连带责任。"既然侵权行为是"分别实施"的,就不会具有意思关联而是行为关联。这属于特殊的共同侵权行为,即此种行为是与损害后果具有重叠的因果关系的,行为之间具有不可分的关联性,应视为共同侵权行为,因此法律做出承担连带责任的特殊规定。这不同于《侵权责任法》第12条的规定:"二人以上分别实施侵权行为造成同一损害,能够确定责任大小的,各自承担相应的责任;难以确定责任大小的,平均承担赔偿责任。"此处没有"每个人的侵权行为都足以造成全部损害"的要件,各自分别的行为与同一损害之间不具有重叠的因果关系,所以不能视为共同加害行为。

---

① 参见刘士国:《现代侵权损害赔偿研究》,法律出版社1998年版,第86页。

② 梁慧星等:《中国民法典草案建议稿附理由:侵权行为编 · 继承编》,法律出版社2004年12月第1版,第18页。有关团伙侵权责任问题的分析,也可参见刘士国等:《侵权责任法重大疑难问题研究》,中国法制出版社2009年版,第81页。

(二) 共同危险行为

共同危险行为也称为“准共同侵权行为”,是指二人或者二人以上共同实施侵害他人民事权益的危险行为,对所造成的损害后果不能判明谁是加害人的情况。[①]《最高人民法院关于审理人身损害赔偿案件适用法律若干问题的解释》第 4 条规定:“二人以上共同实施危及他人人身安全的行为并造成损害后果,不能确定实际侵害行为人的,应当依照民法通则第 130 条规定承担连带责任。共同危险行为人能够证明损害后果不是由其行为造成的,不承担赔偿责任。”《侵权责任法》第 10 条在总结实践经验的基础上规定:“二人以上实施危及他人人身、财产安全的行为,其中一人或者数人的行为造成他人损害,能够确定具体侵权人的,由侵权人承担责任;不能确定具体侵权人的,行为人承担连带责任。”

除了需要具备侵权行为的一般要件外,共同危险行为还需要具备以下特别要件[②]:(1)加害人的复数性以及行为的同时或相继性是共同危险行为的基本要件。数人同时或者相继实施加害行为,加害行为存在时间上的关联性。(2)数人的行为均具有危险性。这种危险性是现实存在的,而不仅仅是一种可能性或者盖然性。(3)加害人的不可确定性。与共同加害行为不同,共同危险行为实质上只是部分行为人的行为造成了受害人的损害,而另一些行为人的行为并没有造成损害。但是由于认识方面的主客观限制,无论是受害人还是法院都无法确认究竟是谁的行为造成了受害人的损害。真正的加害人是共同危险行为人中的一个(或者一部分),但是无法确认到底是哪一个(或者哪一部分)。既然加害人具有不确定性,就应允许被告提出证据证明自己不是危险行为的实施者而免责。

三、共同侵权责任的具体表现形式

共同侵权责任以连带责任为基本的表现形式,但还存在着一个变格形式——不真正连带责任。应该注意的是,前已述及,补充责任不是共同侵权责任。

(一) 连带责任

如果复数加害人的行为构成共同侵权,那么复数加害人对受害人应当承担的侵权责任就属于连带责任。连带责任的基本内涵是:受害人有权向共同侵权人中的任何一人或者数人请求赔偿全部损失,而任何一个共同侵权人都有义务向受害人负全部的赔

① 张新宝:《侵权责任法原理》,中国人民大学出版社 2005 年版,第 86 页。
② 参见张新宝:《侵权责任法原理》,中国人民大学出版社 2005 年版,第 87—88 页。

偿责任。如果共同侵权中的一人或数人已全部赔偿了受害人的损失,则受害人不得再向其他共同侵权人请求赔偿。

连带责任的法律效果是:

第一,受害人有权请求部分或者全部连带责任人承担责任。《侵权责任法》第13条规定:“法律规定承担连带责任的,被侵权人有权请求部分或者全部连带责任人承担责任。”第86条就建设单位、施工单位的连带责任做出了规定:“建筑物、构筑物或者其他设施倒塌造成他人损害的,由建设单位与施工单位承担连带责任。”连带责任的法定性,排除了责任人内部的约定责任比例对受害人的外部效力。

第二,在连带责任人内部,一般根据其各自责任大小确定相应的赔偿数额;难以确定责任大小的,平均承担赔偿责任。这是《侵权责任法》第14条的规定。也就是说,对受害人而言,是连带责任;对加害人内部而言,依然是按份责任。需要作出明确区分的是:如果复数加害人没有意思联络,其分别实施的行为(即不具有共同性)相互结合造成同一损害,其对受害人所要承担的责任也是按份责任,但已经不是共同侵权责任了,而属于单独责任形态。如《侵权责任法》第12条:“二人以上分别实施侵权行为造成同一损害,能够确定责任大小的,各自承担相应的责任;难以确定责任大小的,平均承担赔偿责任。”因为,这种按份责任不是以对内的比例划分为基础,而是以对外的比例——对受害人所应分担的责任份额——为基础的,某一加害人只对其所应承担的份额负责,而不对其他加害人的责任份额承担连带性的清偿责任。

第三,支付超出自己赔偿数额的连带责任人,有权向其他连带责任人追偿。某一责任人对受害人承担连带责任后,就获得了对其他责任人的追偿权。

(二)不真正连带责任

如果复数加害人的行为相互构成不真正连带关系,则其承担的责任就是不真正连带责任。侵权法上的不真正连带责任,是指多数行为人对一个受害人实施加害行为,或者不同的行为人的基于不同的行为而致使受害人的权利受到损害,各个行为人对同一内容的侵权责任各负全部赔偿责任,并因行为人之一的履行而使全体责任人的责任归于消灭的侵权责任形态。①《最高人民法院关于审理人身损害赔偿案件适用法律若干问题的解释》第11条规定:“雇员在从事雇佣活动中遭受人身损害,雇主应当承担赔偿责任。雇佣关系以外的第三人造成雇员人身损害的,赔偿权利人可以请求第三人承担

① 参见杨立新:《侵权行为法专论》,高等教育出版社2005年第1版,第305页。

赔偿责任，也可以请求雇主承担赔偿责任。雇主承担赔偿责任后，可以向第三人追偿。”这就是典型的不真正连带责任的情况。

不真正连带责任的基本特征有以下几点：

第一，复数责任主体基于不同的行为（作为或不作为）对同一受害人造成同一损害后果。这不同于连带责任，连带责任往往是基于同一事实（同一个加害行为）而产生的，不真正连带责任则往往发生在数个不同的行为（多是作为和不作为）偶然地直接结合所致他人损害的情况下。

第二，数个行为可能产生数种不同类型的侵权责任，不同的责任在救济受害人的目的上发生重合，都指向同一损害。如雇员在从事雇佣活动中遭受第三人过错行为所致人身损害，就产生两个责任，一是雇主对雇员的无过错的工伤责任，二是第三人对受害人过错侵权责任。

第三，受害人享有多个损害赔偿请求权，产生请求权竞合，可以选择一个请求权，在其获得充分救济后，其他请求权随之消灭；在行使其中一个请求权后不能或未充分获得救济，则还可以行使其他请求权。如《侵权责任法》第 68 条规定：“因第三人的过错污染环境造成损害的，被侵权人可以向污染者请求赔偿，也可以向第三人请求赔偿。污染者赔偿后，有权向第三人追偿。”第 59 条规定：“因药品、消毒药剂、医疗器械的缺陷，或者输入不合格的血液造成患者损害的，患者可以向生产者或者血液提供机构请求赔偿，也可以向医疗机构请求赔偿。患者向医疗机构请求赔偿的，医疗机构赔偿后，有权向负有责任的生产者或者血液提供机构追偿。”

第四，不同的责任及其请求权的行使，没有顺位要求，可以由受害人任意选择责任人。这一点是与补充责任的一个重大区别。补充责任相对于直接加害人的最终责任来说，是第二顺位的责任。在能够确定直接加害人时，补充责任人不承担责任，只有在直接加害人或者对损害负有赔偿责任的人不能或不能完全承担全部责任时，才由负有补充责任的人承担补充责任。

第五，不真正连带责任中往往只有一个最终的责任人，对受害人的损害承担责任的人，如果不是最终的责任人，则可以向最终责任人追偿全部损失。如第 43 条规定：“因产品存在缺陷造成损害的，被侵权人可以向产品的生产者请求赔偿，也可以向产品的销售者请求赔偿。产品缺陷由生产者造成的，销售者赔偿后，有权向生产者追偿。因销售者的过错使产品存在缺陷的，生产者赔偿后，有权向销售者追偿。”第 44 条规定：“因运输者、仓储者等第三人的过错使产品存在缺陷，造成他人损害的，产品的生产者、销售者赔偿后，有权向第三人追偿。”第 83 条规定：“因第三人的过错致使动物造成他人损害的，被侵权人可以向动物饲养人或者管理人请求赔偿，也可以向第三人请求赔偿。动物饲养人或者管理人赔偿后,有权向第三人追偿。”

【案例分析】

马旭诉李颖、梁淦侵权损害赔偿纠纷案[①]

被告李颖在住宅楼下燃放烟花,被告梁淦前来帮忙,因为没有引线,梁淦向李倩要了一个小烟花插进去,引火后警告马旭马上离开,但马旭没有马上离开,而是侧头观看,烟花喷出击中马旭右眼。经鉴定,马旭的右眼为重伤。于是原告的法定代理人马深海、康素杰向法院起诉,要求赔偿损失。法院认为,被告李颖手持烟花由被告梁淦燃放,造成马旭右眼重伤,按照《民法通则》的规定,李颖、梁淦应当承担侵害他人身体造成损害的民事责任。两被告属共同侵权,应当承担连带责任。由于两被告是无民事行为能力或限制民事行为能力人,其应该承担的民事责任由其法定代理人承担。因为原告在被警告后仍然观看,其本身也有过错,由其法定代理人承担部分民事责任。一审法院判决两被告共赔偿 23 217 元,其余损失由原告的法定代理人承担。被告李颖不服,提起上诉,二审法院认为一审法院认定事实清楚,适用法律正确,但对一目失明赔偿费用过高,于是改为:被告李颖的法定代理人赔偿损失 10 600 元,梁淦的法定代理人赔偿损失 8 068 元,其余损失由原告的监护人自己承担。

分析共同侵权责任的承担规则。

【本章小结】

侵权责任形态是指侵权法律关系中的不同当事人按照侵权责任承担的基本规则承担责任的不同表现形式。侵权责任形态的体系主要由自己责任和转承责任、最终责任和补充责任、单方责任和双方责任、单独责任和共同责任等一系列范畴构成。共同侵权责任是指两人以上共同侵犯他人财产或人身造成损害而依法承担的连带赔偿责任。共同侵权行为可以分为共同加害行为和共同危险行为。共同侵权责任的共同性体现在责任的连带性,共同侵权责任的表现形式为连带责任和不真正连带责任。

① 案例来源:《最高人民法院公报》1996 年第 1 期。

本章思考题

1. 如何理解侵权责任形态及其范畴?
2. 如何理解转承责任的性质?
3. 试述最终责任和补充责任的区别。
4. 结合实例谈谈你对共同侵权责任的共同性的认识。
5. 以具体案例说明如何区分连带责任和不真正连带责任?

第六章　一般侵权责任

【本章学习目的】

通过本章的学习，了解一般侵权责任在法律中的一般规定；掌握人格侵权责任、身份侵权责任、财产侵权责任、知识产权侵权责任、股权侵权责任的构成要件和法律适用规则，掌握商业侵权责任、网络侵权责任中的具体类型和法律适用规则，掌握违反安全保障义务的侵权责任的构成要件和法律适用规则；理解一般侵权责任的一般理论，理解商业侵权责任、网络侵权责任、违反安全保障义务的侵权责任的过错责任性质。

第一节　一般侵权责任概述

一般侵权责任是与特殊侵权责任相对的概念。一般侵权责任主要是指一般的过错责任，对此法律往往只有一般的概括性条款，而没有做有针对性的特殊规定。特殊侵权责任则包括推定的过错责任和无过错责任（危险责任），因对加害人施加的责任的严格，法律往往针对不同的侵权责任类型而做出明确的具体规定。

我国《民法通则》第 106 条第 2 款规定："公民、法人由于过错侵害国家的、集体的财产，侵害他人财产、人身的，应当承担民事责任。"其中的"财产、人身"明确了一般侵权责任的侵害对象——财产（权）和人身（权）。《侵权责任法》第 2 条第 1 款规定："侵害民事权益，应当依照本法承担侵权责任。"这是包括了一般侵权责任与特殊侵权责任的最广的一般条款。第 2 条第 2 款列举了具体的侵害客体，"包括生命权、健康权、姓名权、名誉权、荣誉权、肖像权、隐私权、婚姻自主权、监护权、所有权、用益物权、担保物权、著作权、专利权、商标专用权、发现权、股权、继承权等人身、财产权益"。第 6 条第 1

款规定："行为人因过错侵害他人民事权益，应当承担侵权责任。"这是关于一般的过错责任的一般条款，是所有一般侵权责任的基本适用依据。第6条第2款是关于推定的过错责任的一般规定："根据法律规定推定行为人有过错，行为人不能证明自己没有过错的，应当承担侵权责任。"第7条是关于无过错责任的一般规定："行为人损害他人民事权益，不论行为人有无过错，法律规定应当承担侵权责任的，依照其规定。"仅仅依据这两条的规定是不能真正适用特殊侵权责任的，必须根据具体的法律规定才能确定是否成立某一特殊侵权责任。所谓"具体的法律规定"，主要是指《侵权责任法》第4章的大部分条文以及第5章至第11章的规定，其他法律如《食品安全法》、《产品质量法》、《环境保护法》等也有关于特殊侵权责任的具体规定。

结合学理上的认识，本节主要依据《侵权责任法》第2条列举的具体的侵害客体，分人格侵权责任、身份侵权责任、财产侵权责任、知识产权侵权责任、股权侵权责任五大类，对一般侵权责任的构成要件和法律适用规则进行阐述。当然，在特殊侵权责任中，人身、财产等权益同样也是侵害客体。另外，还需要指出的是，本节有关人格侵权责任、身份侵权责任的内容仅限对自然人的人身权益的侵害，对法人或者其他组织的人身权益的侵害主要在本章第二节关于商业侵权责任的部分进行阐述。

一、人格侵权责任

（一）概述

此处的人格侵权责任是指因过错侵害他人人格利益而承担的侵权责任。"民法以人为本位，以人之尊严为其伦理基础，人格的保护为民法的首要任务。"①因此，人格侵权责任是民法中最重要的一类侵权责任。

所谓"人格利益"，在法律上表现为人格权和一般人格利益。(1)人格权是指民事主体为维护自身独立人格所必备的、以具体人格利益（如姓名、肖像、隐私等）为客体的固有性权利。"人格权是民事权利中最基本、最重要的一种，因为人格权是直接与权利者（权利主体）的存在和发展相联系的。对人格权的侵害是对权利者自身的侵害。所以它在民事权利体系中应该居于首位。"②人格权表现为物质性和精神性两种形式。物质性人格权主要包括生命权、健康权和身体权，精神性人格权主要包括姓名权、名誉权、荣誉权、肖像权、隐私权、婚姻自主权等。(2)一般人格利益则是那些没有形成为法律上的具体权利而处于一般利益形态的人格利益，如尊严、独立、自由等，体现了人的

① 王泽鉴：《民法概要》，中国政法大学出版社2003年第1版，第53页。
② 谢怀栻：《论民事权利体系》，载《法学研究》1996年第2期。

存在的基本价值。一般人格利益有时被称为“一般人格权”,但“一般人格权”在本质上并非法律上的“权”,而是“利益”。一般人格权的概念来自德国,目前在德国已经得到普遍认可,主要指“受尊重的权利、直接言论(如口头和书面言论)不受侵犯的权利以及不容他人干预其私生活和隐私的权利。”①虽然一般人格权填补了人格权保护的法律漏洞,但它的主要问题在于保护范围的不确定性,因而有学者也将其称为一项“框架权利”②,意在说明这种权利的效力较弱。在我国,法律中并没有对一般人格权的明确规定,《民法通则》第98条至第103条通过列举的方式规定了几种具体的人格权,③并没有规定一般人格权或者一般人格利益的概念。《侵权责任法》第2条第2款也只是在对“民事权益”的解释中列举了几种具体的人格权利,也没有一般人格权或者一般人格利益的具体概念。在审判实践中对此概念也少有提及。《最高人民法院关于确定民事侵权精神损害赔偿责任若干问题的解释》(2001)在第1条规定:“自然人因下列人格权利遭受非法侵害,向人民法院起诉请求赔偿精神损害的,人民法院应当依法予以受理:(一)生命权、健康权、身体权;(二)姓名权、肖像权、名誉权、荣誉权;(三)人格尊严权、人身自由权。违反社会公共利益、社会公德侵害他人隐私或者其他人格利益,受害人以侵权为由向人民法院起诉请求赔偿精神损害的,人民法院应当依法予以受理。”其中,明确规定了“人格尊严权和人身自由权”以及“隐私或者其他人格利益”,虽然表述不一定妥当,但这些规定或可视为司法机关对一般人格利益的有权解释。

所谓“侵害他人人格利益”,主要是指侵害自然人的人格利益。不过,在特殊的情况下,为了解决一些侵权纠纷,还在这个类别下研究对胎儿和自然人尸体的侵权责任。学者认为,这种侵权行为所侵害的客体仍然是人身利益。胎儿是人出生之前的形态,虽然其还没有民事权利能力,没有人格,但是其已具备作为一个人的基本形态,产生民事权利能力和人格只是时间的问题。因此,胎儿的身体、健康利益受到损害的,应当受到侵权行为法的保护。人死亡之后,其身体利益也要受到保护,这就是对尸体的保护。这两种人身利益的保护,就是通常所说的人身权的延伸保护。④实际

---

① [德]卡尔·拉伦茨:《德国民法通论》(上册),王晓晔等译,法律出版社2003年版,第171页。

② [德]卡尔·拉伦茨:《德国民法通论》(上册),第807—808页。

③ 《民法通则》第98条规定:“公民享有生命健康权。”这是对物质性人格权的规定。第99条规定:“公民享有姓名权,有权决定、使用和依照规定改变自己的姓名,禁止他人干涉、盗用、假冒。法人、个体工商户、个人合伙享有名称权。企业法人、个体工商户、个人合伙有权使用、依法转让自己的名称。”第100条规定:“公民享有肖像权,未经本人同意,不得以营利为目的使用公民的肖像。”第101条规定:“公民、法人享有名誉权,公民的人格尊严受法律保护,禁止用侮辱、诽谤等方式损害公民、法人的名誉。”第102条规定:“公民、法人享有荣誉权,禁止非法剥夺公民、法人的荣誉称号。”第103条规定:“公民享有婚姻自主权,禁止买卖、包办婚姻和其他干涉婚姻自由的行为。”这些是对精神性人格权的规定。

④ 参见杨立新主编:《类型侵权行为法研究》,人民法院出版社2006年第1版,第40页。

上，在现有的采"总括保护主义"模式的法律框架内，对胎儿的"人格利益"侵害的救济通常"视为已出生"①，即把其作为一个潜在的人格而享有自然人在人格利益受到侵害的情况下的救济权利，但如果出生时是死胎的话，则可以视为对孕妇本人身体权或健康权的侵害而提供法律救济。在尸体受到侵害的情况②下，因为尸体已经由活着的自然人的身体变为没有生命活动能力的物，所以不存在对死者的"人格利益"的保护问题。在本质上，尸体的"所有权人"不是死者而是其继承人，尸体蕴含着死者近亲属的情感因素和精神利益，也蕴含了一定的具有社会伦理道德内容的荣誉与尊严，这种特殊的人格利益体现在其继承人（或近亲属）身上，所以在一般情况下只有继承人（或近亲属）才有权对尸体进行保护和管理。尸体一旦受到侵害，会对死者的继承人（或近亲属）产生巨大的精神损害，因而对尸体的保护不是对死者的"人格利益"的保护，而是对死者的继承人的一般人格利益（如祭奠哀悼、人格尊严、社会评价等）的保护。③

【案例分析】

余某某、张某某诉深圳市公安局罗湖分局等人身损害赔偿纠纷案④

1996年9月22日，原告余某某、张某某的长子余某涉嫌盗窃被某酒店的保安员打伤后，于中午11时许被送到罗湖公安分局螺岭派出所。下午2时，派出所发现余某伤势较重，令值班民警和酒店的保安员一同将余某阳送至市人民医院治疗。23日早上6时许，余某死亡，医院诊断其死亡原因是左额颞顶急性硬膜下血肿、脑疝。由于尸体腐臭，9月25日下午，市人民医院在未经法医鉴定的情况下，以"病故"死因通知殡葬所将余某的尸体运走，并指示立即火化。殡葬所凭市人民医院的通知和死亡通知书，于当天下午对余某的尸体进行火化。市人民医院支付了余某尸体火化费825元。当天下午，原告曾到螺岭派出所要求认尸，螺岭派出所以未经尸检为由拒绝。10月3日，螺岭派出所与法医和原告家人到殡葬所作尸检认尸时，才知尸体已被火化，无法进行尸检。1998年9月19日，原告以螺岭派出所明知余某非正常死亡，事后未能与市人民医院联系；市人民医院未履行通知螺岭派出所的义务而将尸体送至殡葬所；而殡葬所亦因工

① 如我国台湾地区民法第7条规定："胎儿以将来非死产者为限，关于其个人利益之保护，视为已出生。"

② 常见的行为有以下几种：(1)故意非法损害尸体，如为泄私愤或心理变态而污辱尸体或切割尸体生殖器等。(2)非法利用尸体，如死者无遗嘱或未经死者近亲属同意擅用尸体的器官或采集尸体脏器做标本等。(3)过失侵害尸体，如殡仪馆错误火化尸体，错发、遗失骨灰或由于失误火化尸体而导致无法尸检等。

③ 参见后文关于侵害一般人格利益的内容。

④ 案例来源：www. china. findlaw. cn/shpc/pcxm/2676. htm/

作失误而将非正常死亡之尸体当作正常死亡之尸体予以火化,致使尸体未经法医检验而火化,造成余某的死因无法确认,使其家人无法对余某进行悼念,给其精神造成不应有的侵害和为处理此事在深圳滞留数月为由,要求三被告赔偿精神抚慰金及其他经济损失人民币20万元。罗湖区人民法院经审理认为,人的尸体是自然人死亡后的自然状态,意味着自然人权利能力和行为能力终止,但从尸体上反映的一些社会关系并未终止。我国殡葬管理法规规定,死者的亲属或有关单位对遗体具有认领、处理的权利。处理权是一种基于血缘或某种特殊关系而形成的排他权利,任何妨碍处理权行使的行为必然侵害认领人的权益,应承担法律责任。被告市人民医院明知余某是非正常死亡,在没有与被告罗湖公安分局联系、协调好的情况下,擅自处理尸体,致使无法进行尸检,也使两原告无法对儿子余某进行悼念,给两原告造成不应有的精神损害,侵犯了两原告对儿子余某尸体固有的权利,市人民医院应负主要责任。被告罗湖公安分局下属的螺岭派出所已知余某属非正常死亡后,一直未对该尸体的处置进行过问并作出处理意见,导致余某的尸体已被火化亦不知情,对其工作上的过失也应承担一定的责任。被告殡葬所依照规定的程序对余某已经腐臭的尸体进行火化并无过错,不应承担民事责任。判决被告市人民医院、罗湖公安分局赔偿原告精神抚慰金人民币3万元(其中市人民医院承担2万元,罗湖公安分局承担1万元)。被告罗湖公安分局不服判决向深圳市中级人民法院提起上诉,深圳市中级人民法院审理后,驳回上诉,维持原判。

分析本案中的侵害客体。

(二)侵害物质性人格权

1. 侵害生命权

侵害生命权就是剥夺他人生命的侵权行为。《民法通则》第98条规定:"公民享有生命健康权。"从社会一般意义上说,生命是"生物体所具有的活动能力"①;从法学意义上说,生命是自然人的最高人格利益,是人享有在法律上的其他各种权利和利益的最基本前提。生命权是以自然人的生命安全、生命维持等利益为客体,以维护人的生命活动延续为内容的物质性人格权利。一般认为生命权的基本内容是生命安全(生命活动延续)利益,对此基本没有争议,但一个尚需讨论的问题是,生命的支配利益(如放弃或结束生命)是否也能够成为生命权的内容。

还有一个相关的问题是死亡的标准如何确定。医学上曾有"呼吸说"、"心肺说"、"脑死说"三种标准,"呼吸说"以呼吸停止为标准,"心肺说"以心脏停止跳动为标准,

① 中国社会科学院语言研究所词典编辑室编:《现代汉语词典》,商务印书馆1983年第2版,第1026页。

“脑死说”有大脑死、脑干死和全脑死三种，其中的全脑死是脑功能不可逆转的丧失，是法律可规定的脑死亡唯一的严格标准。现代医学表明脑死亡是科学的死亡标准，一些国家已经确认了脑死亡标准。①关于死亡标准，可由本人生前作出选择，即选择脑死亡或心脏加脑死亡的标准。现在，国外立法均采选择说，如美、日法律。②我国法律尚未对死亡标准做出明确规定。在实施器官移植手术的时候，对供体器官进行采摘的时间只能发生在死亡之后。如果以脑死亡为标准，则在采摘之时可能供体在人工辅助系统的支持下还会有呼吸和脉搏，而此时如果以“呼吸说”和“心肺说”为标准，则这种采摘器官的行为可能会被认定为侵害了供体的生命权、健康权或身体权。所以，死亡标准如何判断将决定是否侵害他人的生命权，法律有必要作出明确规定。

侵害生命权的责任构成的特征主要有：(1)侵害后果的严重性。侵害生命权的唯一的直接损害后果是死亡。不发生死亡的结果，就不能说是对生命权的侵害。在这个意义上，可以说侵害生命权是所有侵权行为中的最为严重的一种。(2)侵害行为的两重性。对生命权的侵害行为在客观形式上往往表现为两种，一是直接剥夺他人生命，二是对他人身体造成伤害并最终致人死亡。这两种不同形式的侵害行为所产生的损害赔偿项目可能会有所不同，比如前者就不存在医疗费、护理费等赔偿项目。(3)救济对象的特殊性。生命权受到侵害意味着生命被剥夺(死亡)，也同时意味着物质上的生命主体的消亡，更意味着法律上的民事主体资格的丧失，在其成为“受害人”的时候，“受害人”已经在法律上消失，在这种意义上可以说，死亡是一种无法救济的损害！所以，只能以“受害人”的近亲属(或继承人)——唯一在法律上真正可予救济的受害人——为救济对象(即损害赔偿请求权人)。(4)损害形式的多样性。就损害来说，除了死亡本身，通常还包括因死亡而可能导致的死者及其近亲属的财产损失、死者生前扶养人的扶养费用的丧失、死者近亲属的精神损害等。

侵害生命权的损害赔偿请求权的发生根据在理论上有不同看法，学者对此进行了概括：一是民事权利能力转化说，即民事权利能力由存在到不存在，在这个转化的过程中产生了该种损害赔偿请求权；二是加害人赔偿义务说，即加害人的赔偿义务不因被侵权人死亡而消灭，而是转而对被侵权人的继承人承担；三是同一人格代位说，即继承人与被继承人二者的人格在纵的方面相连结，而为同一人格，故受害人因生命侵害而生的赔偿请求权可以由其继承人继承；四是间隙取得请求权说，认为受害人从受致命

---

① 目前为止，世界上已有80余个国家和地区承认了脑死亡标准，台湾地区也于1987年通过了脑死亡法，我国的《脑死亡诊断标准》正在制定中。目前诊断脑死亡的标准不一，但一般认为以下标准较为合理：(1)自主呼吸停止。(2)不可逆性深昏迷，无自主性的肌肉活动，但脊髓反射仍可存在。(3)脑干神经反射消失。(4)瞳孔散大或固定。(5)脑电波消失，呈平直线。(6)脑血液循环完全停止。

② 参见刘士国：《脑死亡的立法问题》，载《烟台大学学报》(哲学社会科学版)，2004年第1期。

伤到其生命丧失，理论上总有一个或长或短的间隙，在这个间隙中受害人是有民事权利能力的，故可取得损害赔偿请求权。上述各种学说有一个共同点，就是都认为侵害生命权的损害赔偿请求权存在一个继承的问题，即侵害生命权的受害人应该享有的损害赔偿请求权，在其死亡之后由其继承人继承。“这些学说忽视了一个客观事实，就是在侵害生命权的法律关系中，实际上存在双重直接受害人。所谓双重直接受害人，是指侵害生命权的行为，既造成了生命权人生命丧失的损害事实，又造成了生命权人的近亲属的财产损失的损害事实。生命丧失的直接受害人是死者，而财产损失的受害人则是死者的近亲属。这两种受害人，均为侵害生命权的直接受害人。”①所以，在侵害生命权的损害赔偿请求权的发生根据在于加害人对双重受害人的赔偿义务，侵害生命权的损害赔偿请求权人只能是死者的继承人（或其近亲属）。

2. 侵害健康权

侵害健康权就是损害他人健康的侵权行为。《民法通则》第98条规定：“公民享有生命健康权”。健康是人体生理机能的正常运作和心理机能的完善状况。健康权是以自然人健全的生理和心理机能的正常运作为外在表现，以维持主体的生命活动为根本利益的物质性人格权。健康权的具体权利内容包括生理和心理健康的维持、健康利益的支配、劳动能力的保有②等，其核心是作为健康的物质基础的身体机能的完善性。“健康权指为保持身体机能为内容的权利，破坏身体机能，即构成对健康权的侵害，包括对肉体及精神的侵害。前者如便当不洁致学童中毒。后者如电话恐吓绑票，致被害人神经衰弱。健康的反面为疾病，有无侵害，应依医学判断之。”③

在侵害健康权的责任构成上，需要注意以下几点：(1)侵害行为方式可以是作为，也可以是不作为。前者如殴打、交通肇事、食物或药物中毒、环境污染等行为，后者如违反安全保障义务致人健康受损。(2)损害后果既包括生理健康的损害，也包括心理健康的损害。(3)侵害健康权往往也会导致对生命权的侵害，侵害生命权也往往会以侵害健康权为前提。二者的区别在于在一个相当的时间内所呈现出来的损害后果的严重程度，如果在侵害行为发生后的一个相当的时间内，受害人随即因侵害行为而致死亡，则属于侵害生命权；但如果受害人仅仅受有身体健康损害，但不至于在短期内因该侵害行为而失去生命，或者是因为其他原因而失去生命，则一般

① 参见杨立新主编：《类型侵权行为法研究》，人民法院出版社2006年第1版，第70—72页。

② 有争议的是健康权的内容是否包括劳动能力在内，一般认为劳动能力属于健康权的当然组成部分，但也有观点认为劳动能力是一项独立的人格权或者人格利益。参见史尚宽：《债法总论》，中国政法大学出版社2000年版，第217页；张俊浩主编：《民法学原理》，中国政法大学出版社1991年版，第145页；杨立新主编：《类型侵权行为法研究》，人民法院出版社2006年第1版，第61页。

③ 王泽鉴：《侵权行为法》（第一册），中国政法大学出版社2001年第1版，第106页。

不能认为侵害生命权,而仅能认定侵害健康权。当然,在环境污染、有毒有害物质致人损害等的公害侵权的情况下,对健康或生命安全的损害往往具有潜在性、累积性、缓慢性,此时如何认定是对健康权还是生命权的侵害是比较困难的,但只要出现死亡,并且根据因果关系的判断规则,能够认定死亡与侵害行为之间具有因果关系的,则不管从受到损害到死亡发生的时间有多长,也可以直接认定为是对生命权的侵害。

3. 侵害身体权

侵害身体权就是损害他人身体的侵权行为。法律上的身体,是指自然人生理组织的整体,即自然人的躯体,是生命和健康的物质载体。身体权是指以自然人对自己身体及其组成部分完整性的维护和支配为内容的物质性人格权。和健康权相比,身体权的核心内容在于身体及其组成部分的完整性。《民法通则》和《侵权责任法》均没有对身体权作为一项具体的人格权单独列举。不过,实践中一直是把身体权包含于对"生命健康权"或者"生命权、健康权"之中。《最高人民法院关于确定民事侵权精神损害赔偿责任若干问题的解释》(2001)第1条明确规定了自然人因身体权遭受非法侵害可以请求精神损害赔偿,当然也可以请求财产损害赔偿。

在侵害身体权的责任构成上,需要注意以下几点:(1)身体权的客体——身体具有特别的法律意义,不同于一般的社会用语。如果安装了假牙、假眼球或假肢等功能性或重要装饰性的人造器官,因为这些人造器官是内置于人体的,并且一般需要相应的技术才能拆卸和安装,所以一旦受到侵害,便视为对身体权的侵害;但如果自然人的假发、假睫毛被侵害,则一般不能视为对身体权的损害。此外,与人体分离的器官或组织(如肾脏、胎盘、受精卵等),一般不能成为身体权的客体,但在器官移植的情况下,对于已经与供体身体分离的待移植器官,即使处在尚未移植至受体身上的短暂时刻,也应被视为受体身体的当然组成部分,如果其受到侵害,那么就是对受体身体的侵害。(2)侵害身体权的表现往往和侵害健康权的表现相互重合。区分二者的关键在于:身体权关注身体的外部结构的完全性不受损害,而健康权则关注身体的内在机能的完善性不受损害。侵害身体权一般会同时侵害健康权,但此处所说的侵害身体权是狭义上的,即指仅仅侵害身体权的情况。在一些较复杂的情形中,如医生在外科手术中偷摘患者的"多余"器官(如偷摘两个肾脏中的一个),或者故意实施手术切除受害人的子宫,或者因美容手术事故而致受害人眉毛永久性缺损,等等,这些行为侵犯了受害人的身体权还是健康权?关键是看有没有对受害人的身体健康产生损害后果。如果是,则一般要认定为也同时侵害了健康权,此时可只以侵害健康权论;反之,则仅为侵害身体权。(3)侵害健康权往往以侵害身体权为前提,但也有时候不需要侵害身体权,如通过粉尘、毒气、辐射等毒害物质对他人的健康产生损害后果。侵害身体权也往往会同时导致对健康权的侵害,如因交通事故撞伤他人并致其截肢,就同时产生了对健康的损害;但也有时候不一定对健康造成任何影响,如偷偷把他人的头发、胡须、睫毛、指甲剪掉,或者强制抽取他人的血液等。(4)在没有影响到身体的完整性,而是以非法搜查或拘禁、故意触摸、碰撞或挤压等形式对他人身体进行侵犯的情况下,能否视为是对身体权的侵害?台湾学者认为:“身体权指以保持身体完全为内容的权利,破坏身体完全,即构成对身体权的侵害,如打人耳光、割须断发、面唾他人、强行接吻。”①大陆也有观点作出肯定的回答。②但因这些非法搜查或拘禁、故意触摸、碰撞或挤压等身体侵害行为的后果没有影响到身体的完整性,一般可以认定为其他性质的侵权行为(如侵犯人格尊严或者人身自由、性骚扰、猥亵等),而不能认定为对身体权的侵害。(5)损害尸体的行为不属于对身体权的侵害行为,因为尸体已经没有了身体权。

(三)侵害精神性人格权

1. 侵害姓名权

《民法通则》第99条第1款规定:“公民享有姓名权,有权决定、使用和依照规定改变自己的姓名,禁止他人干涉、盗用、假冒。”姓名由姓氏和名字组成,是自然人用于表明自己的社会存在的文字符号。虽然在法律意义上一个自然人一般只有一个正式的姓名(比如户籍登记上的姓名),并且姓名不同于别名、艺名、乳名等称谓,但在通常情况下,某一称谓(包括乳名、别名、艺名、笔名、曾用名、字号等)只要能够表明其所指的某一特定自然人的身份,也可以视为姓名。姓名权,是指自然人对自己姓名的支配、利用和维护的精神性人格权。姓名权的基本内容主要包括决定(包括变更)自己的姓名③、使用或者许可他人使用自己的姓名、排除他人干涉或非法使用自己的姓名等。

侵害姓名权的形式多样,主要表现为:(1)干涉他人自主决定自己姓名的权利。有的老师发现学生的姓名和自己一样(即重名或姓名平行现象)而强制学生改换姓名,或者离婚后抚养子女的女方未经与前夫协商,也未经子女同意,而将子女姓氏改换成后夫的姓氏,等等,这些行为就是对他人姓名决定权的粗暴侵犯。(2)对他人变更自己姓

① 王泽鉴:《侵权行为法》(第一册),中国政法大学出版社2001年第1版,第106页。

② 为了提供有说服力的论证,学者进一步解释:“侵害身体权,就是侵害身体组成部分的完整性,包括身体组成部分的实质性完整和形式上完整。擅自取得人体组成部分,破坏的是身体权的实质完整;对身体进行殴打、戏弄等但没有造成伤害的,侵害的是身体形式上的完整。这些行为都构成侵害身体权。”参见杨立新主编:《类型侵权行为法研究》,人民法院出版社2006年第1版,第53页。但所谓身体组成部分的“形式上完整”的理解令人颇费思量。

③ 当然,监护人对被监护人(特别是刚出生的婴儿)也有姓名决定权,但它属于亲权或监护权的内容,同时这种姓名决定权的效果不能对抗被监护人成年后的姓名自主决定权。

名的权利予以无理干预。我国曾发生过自然人申请变更姓名登记而公安机关不予变更①,或者在办理身份证时被公安机关要求变更姓名(如赵C姓名权案)的案件。(3)应该使用而不使用他人姓名。应当使用他人姓名而不使用,属于不作为形式的侵权行为。(4)恶意地对他人姓名进行不正确的称呼。较为常见的是应该正确称呼他人的姓名却代以不雅的谐音或者外号等的行为,一般具有对他人进行嘲讽或贬低其社会评价的恶意。(5)以盗用、假冒等手段非法使用他人姓名。盗用他人姓名表现为未经本人授权,擅自以该人的名义进行社会活动的行为。假冒他人姓名则是冒名顶替,即冒充他人参加社会活动的行为,如齐玉苓案、罗彩霞案②。盗用和假冒的区别在于:假冒他人姓名意在冒名顶替,造成"我"就是"他"的假象③;而盗用他人姓名并非有冒名顶替之意,而是呈现出"我"还是"我"、"他"还是"他"的外观,如未经导师同意而擅自在自己的文章上合署导师的姓名并予以发表的行为。(6)与他人的姓名故意混同。姓名故意混同,是指使用与姓名权人(受害人)的姓名相混同的姓名,以达到出现与使用受害人姓名的同样效果的行为,属于故意利用姓名平行(重名)而为的侵权行为。例如,使用重名或者使用与他人的姓名在发音上、字形上相同或者类似的姓名,冒充他人进行社会活动的行为,就属于侵害他人姓名权的姓名故意混同。在图书市场上,署名作者"全庸"、"金庸新"与著名作家"金庸"的姓名、"古尤"与著名作家"古龙"的姓名在字形上类似,属于姓名故意混同的侵权行为。

【案例分析】

赵C姓名权纠纷案④

江西省鹰潭市月湖区22岁的赵C,在户籍登记和第一代身份证中的名字均为赵

① 如闫才源案。案情是:闫才源(阜阳职业技术学院学生,后就读于阜阳师范学院英语本科专业)想将姓名改为"闫宇奥能",数次申请却屡被户籍地焦作市公安部门拒绝。2004年8月,闫才源再次提出变更申请,但焦作市公安局没有批准。2005年4月25日,闫才源对焦作市公安局提起行政诉讼,但最终败诉。

② 齐玉苓案具体案情参见《齐玉苓诉陈晓琪等以侵犯姓名权的手段侵犯宪法保护的公民受教育的基本权利纠纷案》,载《中华人民共和国最高人民法院公报》2001年第5期。罗彩霞案具体案情是:罗彩霞于2004年在湖南省邵东县参加高考,没有被任何高校录取,而冒名顶替她的王佳俊却被贵州师范大学录取并于2008年顺利毕业。罗彩霞复读一年后考取天津师范大学。2009年3月,即将毕业的罗彩霞因姓名、身份证号被王佳俊使用而面临无法申办教师资格证、学位证、银行卡等一系列问题。真相曝光之后,王佳俊被注销了她以罗彩霞的身份办理的毕业证、学位证、教师资格证、身份证等。2009年10月26日,湖南邵阳北塔区人民法院对公诉案作出判决,王佳俊的父亲王峥嵘因伪造国家机关证件罪被判处有期徒刑两年,与前罪数罪并罚,执行有期徒刑4年。

③ 如德国曾发生过一个案件:一位情妇在与某情夫旅游同宿旅馆时,在旅馆登记表中填写了情夫妻子的姓名。事后情夫的妻子以情妇侵害其姓名权而请求其停止该侵害,最高法院认定其请求正当。参见李健:《浅论侵害姓名权的方式及其民事救济》,载《中国特色社会主义研究》,2007年第4期。

④ 案例详情可参见《新京报》2008年6月7日的报道以及中央电视台2009年2月27日新闻频道的报道等。

C。但在2006年8月,他在办理二代身份证时被当地公安机关拒绝。月湖公安分局户政科称"赵C"进不了公安部户籍网络,建议改名,而赵C拒绝改名。2007年7月6日,赵C向鹰潭市公安局申请继续使用"赵C"。11月9日,鹰潭市公安局再次批复,要求他改名。2008年1月8日,赵C提起行政诉讼。6月6日,鹰潭市月湖区法院作出一审判决,责令鹰潭市公安局月湖分局允许以"赵C"为姓名换发第二代居民身份证。后被告提起上诉。2009年2月26日,争议双方达成庭上和解,赵C的父亲(委托代理人)同意采用规范汉字给儿子改名,而公安部门则承诺免费为赵C办理第二代个人身份证,并协助更改相关户口、档案等。鹰潭市中级人民法院准许上诉方鹰潭市公安局月湖分局撤回上诉,并撤销月湖区人民法院的一审判决。

分析本案中行政机关不予登记姓名的行为性质及其责任。

一般来说,侵害姓名权主要产生的是非财产性损害,而不一定产生财产性损害,但是在公众人物的场合则有所不同。公众人物的姓名具有高度的社会知名度,内涵着巨大的经济利益,因而一旦受到非法的利用,如被恶意利用作为商品的名称或被抢注为商标、域名等,加害人可以获取高额利益,对受害人除了造成精神损害外,还造成了财产性损害。

我国《民法通则》第120条规定:"公民的姓名权、肖像权、名誉权、荣誉权受到侵害的,有权要求停止侵害,消除影响,赔礼道歉,并可以要求赔偿损失。"这样,侵害姓名权的责任方式就包括了停止侵害、消除影响、赔礼道歉、赔偿损失几种。1996年发生的"北京某大学张某冒用薛某名义复信拒绝国外某大学为其提供奖学金侵权案"①,法院就判决被告就侵害姓名权而向原告承担赔礼道歉并赔偿精神损失的责任。

在实践中,侵害姓名权的损害赔偿责任的成立及损害赔偿数额的确定适用一般损害赔偿规则和标准。在不涉及财产利益损害的时候,受害人可以请求精神损害赔偿。不过,根据《侵权责任法》第22条,只有在侵害姓名权造成受害人严重精神损害的时候,被侵权人才可以请求精神损害赔偿。在涉及财产利益损害的时候,受害人可以同时请求财产损害赔偿。根据《侵权责任法》第20条,侵害姓名权造成财产损失的,按照受害人因此受到的损失赔偿;受害人的损失难以确定,侵权人因此获得利益的,按照其获得的利益赔偿;侵权人因此获得的利益难以确定,受害人和侵权人就赔偿数额又不能协商一致,可以由法院根据实际情况(如受害人是否公众人物、知名度的大小等因

① 参见曾宪义主编:《以案说法(民法篇)》,中国人民大学出版1998年版,第127页。

素）确定赔偿数额。另外，《最高人民法院关于贯彻执行〈中华人民共和国民法通则〉若干问题的意见（试行）》（1988）曾经在第150条规定："公民的姓名权、肖像权、名誉权、荣誉权和法人的名称权、名誉权、荣誉权受到侵害，公民或者法人要求赔偿损失的，人民法院可以根据侵权人的过错程度、侵权行为的具体情节、后果和影响确定其赔偿责任。"本条规定的考虑因素依然具有实践指导意义。

2. 侵害名誉权

《民法通则》第101条规定："公民、法人享有名誉权，公民的人格尊严受法律保护，禁止用侮辱、诽谤等方式损害公民、法人的名誉。"一般来说，名誉是指民事主体所享有的正当社会评价，社会评价"通常指其人格在社会生活上所受的尊重"，此外还包括"经济生活上的可信赖性或给付能力"①，即信用。名誉权即民事主体对自己名誉的享有、维护以及合理利用等的精神性人格权。

侵害名誉权，指以言语、文字、漫画或其他方法贬损他人在社会上的评价，使其受到他人的憎恶、蔑视、侮辱、嘲笑或不齿与其来往。侵害名誉权不以在社会上广为传播为必要，只需有第三人知悉其事，故如果在密室当面辱骂而无人知悉时，尚不足以认定侵害名誉权。对名誉权的侵害包括故意侵权与过失侵权两种形态，前者如诬指入学考试舞弊、收受红包回扣、诈欺取得票款等行为，后者如误指某妇女曾为娼妓、某名家贩售赝画等行为。是否构成侵害名誉，不以被害人主观感受为准，应就社会一般人的评价而进行客观判断。②这是因为名誉是社会对具体民事主体的特定的客观评价，只有侮辱、诽谤等行为严重影响到社会对受害人的客观评价而不是仅仅使受害人自觉受辱而精神痛苦时，才能认定为是对名誉权的侵害。

侵害名誉权的方式较多，根据《民法通则》第101条的规定，侵害名誉权的行为以侮辱、诽谤作为其主要形式。《最高人民法院关于贯彻执行〈中华人民共和国民法通则〉若干问题的意见（试行）》（1988）在第140条的规定对此予以细化："以书面、口头等形式宣扬他人的隐私，或者捏造事实公然丑化他人人格，以及用侮辱、诽谤等方式损害他人名誉，造成一定影响的，应当认定为侵害公民名誉权的行为。以书面、口头等形式诋毁、诽谤法人名誉，给法人造成损害的，应当认定为侵害法人名誉权的行为。"（1）侮辱。侮辱是指故意以暴力或非暴力的手段贬低他人的社会评价的行为。暴力手段主要是以暴力或以暴力相威胁的行为方式而使他人蒙受耻辱，名誉受损，如剥光他人衣服公开示众、强制他人从其裤裆下钻过等行为即是暴力侮辱方式。非暴力的手段主

① 王泽鉴：《侵权行为法》（第一册），中国政法大学出版社2001年第1版，第114页。不过，也有观点认为信用权应是一种独立的人格权。

② 王泽鉴：《侵权行为法》（第一册），中国政法大学出版社2001年第1版，第114页。

要是语言侮辱,即通过口头或书面(包括文字、图形等)的方式对他人进行嘲笑、辱骂,以败坏他人名誉。(2)诽谤。诽谤是指因故意捏造并散布虚假事实以损害他人名誉的行为。诽谤和侮辱主要的不同点在于其传播虚假事实,故其只能以语言、文字或图形的方式进行。诽谤的判断标准是,"某种言论如果经社会中具有正常思维能力的成员判断,认为有损于他人的名誉,该言论即为诽谤。诽谤的范围,无须较大范围的散布,以第三人知悉为最低限度。"①(3)影射行为。侵害名誉权也可以通过影射等非直接的方式进行。侵害他人名誉的行为不一定直接而具体地指名道姓,也可能通过采用特殊的形式(如文学作品、新闻报道等),通过特定的语言描述和内容表达。如果这些描述和表达能够使当地的一般人基本上都能基于某种载体所描绘的相貌和言行特征、生活或工作环境等信息,认定所指为何人,那么这种影射行为就应认定为是对他人名誉权的侵害。(4)以他人名义行骗。根据《最高人民法院关于贯彻执行〈中华人民共和国民法通则〉若干问题的意见(试行)》(1988)第149条的规定,盗用、假冒他人名义以函、电等方式进行欺骗或者愚弄他人,也可能致使他人名誉受到损害。(5)过失的传述。侵害名誉权的行为主要是故意,但也可能因过失行为而发生,这一点特别发生在传述行为上。除了恶意的侮辱、诽谤等行为会侵害他人的名誉权外,因过失传述而造成严重后果的,也应认定为侵害他人的名誉权。即使传述的是受害人真实的事实,但只要有损其名誉,同样可以基于自己的过失(疏忽或懈怠)而构成对他人名誉权的侵害。例如,媒体在新闻报道中没有尽到应尽的审慎审查义务而报道了他人提供的虚假信息,并致人名誉受损,这就属于过失侵害名誉权。

关于公众人物的名誉权保护问题。公众人物主要是指政府官员、影视文体明星、知名学者等社会知名度较高的人士。美国萨利文案提出了公众人物的名誉权保护的基本原则。《纽约时报》因1960年3月29日刊登了声援南方黑人民权运动的广告而受到阿拉巴马州主管警察、民政的长官萨利文(Sullivan)的诽谤指控,并且由于广告含有不实内容而在州法院两审败诉。纽约时报公司以贯彻宪法第一修正案为由上诉联邦最高法院,1964年最高法院以9票的一致意见撤销了州法院的判决。大法官布伦南(William Brennan)在判决书中提出了著名的"萨利文原则":宪法包含着这样一条联邦规则,即公众官员不得从有关其职务行为的诽谤诉讼中获得赔偿,除非他能够证明"实际恶意"的存在——明知事实虚假或者完全无视材料的真伪。公众人物的一举一动往往关涉社会利益,其名望和地位也往往给其带来经济上的利益,因而公众人物应当对媒体或者个人"在行使正当舆论监督的过程中"的一般"攻击"或者"窥视"所可能造成

① 杨立新:《侵权行为法专论》,高等教育出版社2005年第1版,第164页。

的“轻微损害”——正像法院在范志毅案的判决中所说的那样——予以“容忍和理解”。在范志毅案之后，我国司法实践中出现了一些类似的判决。①但是，也不能为了维护所谓的言论自由而一味牺牲对公众人物名誉权的保护。

【案例分析】

范志毅诉文汇新民联合报业集团名誉权纠纷案②

2002年6月4日，中国足球队在世界杯小组赛上输给了唯一有望战胜的哥斯达黎加队。之后，“某国脚涉嫌赌球”的传闻四起。6月16日，文汇新民联合报业集团在其出版发行的《东方体育日报》上刊出题名《中哥战传闻范志毅涉嫌赌球》的报道，随后于6月17日、19日又对该事件进行了连续报道，刊登了对范志毅父亲的采访及范志毅没有赌球的声明，最后于6月21日以《真相大白：范志毅没有涉嫌赌球》为题，为整个事件撰写了编后文章。7月4日，范志毅向上海静安区法院提起诉讼，要求被告上海文汇新民联合报业集团在《东方体育日报》上公开赔礼道歉，并赔偿精神损失费5万元及支付诉讼费。上海市静安区人民法院作出一审判决，对原告的诉讼请求不予支持。判决理由如下：2002年是中国国家足球队第一次打进世界杯，国足在世界杯上的表现是社会各界关注的焦点。原告系中国著名球星，自然是社会公众人物，此期间关于国足和原告的任何消息，都将引起社会公众和传媒的广泛兴趣和普遍关注……其消息来源并非主观臆造，从文章的结构和内容上看，旨在连续调查赌球传闻的真实性。即使原告认为有争议的报道点名道姓称其涉嫌赌球有损名誉，但作为公众人物的原告，对媒体在行使正当舆论监督的过程中，可能造成轻微损害应当予以容忍与理解。关于原告赌球的传言，从表面上看，是涉及原告个人的私事或名誉，但原告的这一私事或名誉与社

① 如张靓颖案。案情是：张靓颖以“超女”身份而成为国内的知名歌手。2006年7月8日，上海文汇新民联合报业集团所属的《东方早报》在第8版刊登署名文章《揭秘明星“耍大牌”××晃点慈善活动　张靓颖酒店耍客服》，副标题为“张靓颖：没有总统套房乱叫客房服务”，称到沪参加演出的张靓颖“某些行为颇让演出主办方头痛”，她说“我要一个总统套房，我的4个助理每人要一间标准间”，由于主办方满足不了她的要求，她“在自己入住的房间内无度地呼叫客房服务，其中大部分叫进房间的食物仅仅只是品尝了几口而已”。同年8月，张靓颖聘请律师起诉《东方早报》，后因该报不具有法人资格，变更被告为文汇新民联合报业集团。张靓颖在起诉中称，由记者李懿撰写的文章内容，完全属于捏造，而被告未经核实就刊登涉案报道，又被众多媒体转载、报道，严重损害了自己的名誉，给自己带来了极大的精神压力和痛苦，提出被告在《东方早报》、《解放日报》及网上以书面形式道歉及赔偿100万元的精神抚慰金等请求。被告未能举证内容的真实性，但提出虽然该报道会给张靓颖带来一定的负面影响，不过被告并无主观恶意，同时提出张靓颖“作为公众人物，应对媒体的监督采取宽容的态度”。法院认为，被告没有任何证据，应认定报导不妥，但无法认定存在侵权故意，“张靓颖作为演艺界人士，应对歌迷的热情和媒体的追逐，可能带来的轻微损害给予适度的理解和宽容。”遂判张靓颖败诉。参见《每日经济新闻》2007年2月9日报道。

② 案例来源：上海市静安区人民法院(2002)静民一(民)初字第1776号民事判决书。

会公众关注"世界杯"、关心中国足球相联系时，原告的这一私事或名誉就不是一般意义的个人之事，而属于社会公共利益的一部分，当然可以成为新闻报道的内容。新闻媒体对社会关注的焦点进行调查，行使报道与舆论监督的权利，以期给社会公众一个明确的说法，并无不当。

分析对公众人物的名誉权等私权保护的限制理由及程度。

侵害名誉权的民事责任类似于侵害姓名权的民事责任，此不赘述。

3. 侵害荣誉权

《民法通则》第102条规定："公民、法人享有荣誉权，禁止非法剥夺公民、法人的荣誉称号。"荣誉权，是指民事主体对其获得的荣誉及其利益所享有的保持、支配的基本身份权。荣誉权的客体是荣誉及其利益。荣誉是社会的褒奖，但奖励和光荣称号只是荣誉权的外在表现形式，而不是它的实质，它是具体的荣誉，而不是抽象的荣誉、概括的荣誉。将具体的荣誉抽象起来，就是社会给予特定民事主体的积极评价。因而，荣誉就是特定民事主体在社会生产、社会活动中有突出表现或突出贡献，政府、单位团体或其他组织所给予的积极的正式评价。它是社会组织给予的评价，因而不是一般的社会评价；是社会组织给予的积极评价，而不是消极的评价；是社会组织给予的正式评价，而不是随意性的评价；是民事主体依据自己的模范行为而取得的社会组织的评价，而不是自然产生的。荣誉权的内容包括荣誉保持权、精神利益支配权、物质利益（如奖金、奖品、奖杯、奖章等）获得权、物质利益支配权。侵害荣誉权的行为主要表现为非法剥夺他人荣誉、非法侵占他人荣誉、严重诋毁他人所获得的荣誉及侵害荣誉精神利益、侵害荣誉物质利益等行为。①

学者指出："荣誉权似乎是我国民法独有的制度。"②在我国，关于荣誉权的性质有人格权与身份权之争。③但从《侵权责任法》第2条在权利列举时的排列顺序——在名誉权之后，在肖像权之前——可以看出，立法者有意将其认定为是一种独立的具体的精神性人格权。

按照《民法通则》第120条第1款规定："公民的姓名权、肖像权、名誉权、荣誉权受

① 参见杨立新主编：《类型侵权行为法研究》，人民法院出版社2006年第1版，第143—147页。

② 徐国栋：《民法总论》，高等教育出版社2007年第1版，第336页。

③ 认为荣誉权是身份权的主要依据是：荣誉权的来源不是与生俱来的固有权，而是基于一定事实受到表彰奖励后取得的身份权，其基本作用不是维护民事主体人格所必须，而是维护身份上的利益。参见王利明、杨立新：《侵权行为法》，法律出版社1996年版，第184页。但此处所谓的"身份"似不同于亲权、配偶权意义上的"身份"。也有学者认为，荣誉权不是独立的人格权，可为名誉权所包括。参见尹田：《民事主体理论与立法研究》，法律出版社2003年版，第124页。其实，荣誉无法被名誉包含，荣誉是褒扬性的，而名誉则不一定；荣誉可以被授予或剥夺，而名誉则根本不可能如此，当然，荣誉的授予或剥夺也会影响到名誉。所以，荣誉权可以成为一种独立的人格权。

到侵害的，有权要求停止侵害，恢复名誉，消除影响，赔礼道歉，并可以要求赔偿损失。”侵害荣誉权的民事责任主要是：在没有具体的损害事实时，可以请求停止侵害、恢复荣誉（名誉）①；在造成物质利益损失或侵占荣誉物质利益时，可以请求赔偿损失或者返还财产（如奖金、奖品、奖杯、奖章等）；在造成严重精神损害时，可以请求赔偿精神抚慰金。此外，按照《最高人民法院关于贯彻执行〈中华人民共和国民法通则〉若干问题的意见（试行）》（1988）第151条规定，侵害他人荣誉权的，侵权人除了赔偿受害人损失外，其非法所得应当予以收缴。

4. 侵害肖像权

《民法通则》第100条规定：“公民享有肖像权，未经本人同意，不得以营利为目的使用公民的肖像。”在社会一般意义上，肖像是“以某一个人为主体的画像或相片”②；在法学意义上，肖像是指自然人的外貌形象通过绘画、照相、雕塑、录像、电影等物质载体而再现的视觉形象。肖像一般以人的“脸”为重点表现的部位，但不限于此。只要某一具有明显特征的身体部位的视觉形象（如手、脚、腿、背影等）会令人联想到被再现的特定主体，那么就充分表现了其特定的人格特征，就可以认定为“肖像”。基于其本质，肖像只能是自然人而不能是法人的再现其真实形象的视觉形象。肖像权③是公民对自己的肖像利益的享有、维护和支配的精神性人格权。当然，同姓名权一样，肖像权作为一种具体人格权，也可能体现一定的物质利益，特别是对于公众人物而言，在肖像的制作、使用等方面可能蕴含着巨大的商业利益。

在侵害肖像权的责任构成上，需要注意以下几点：（1）加害人必须具有故意或者过失。未经他人同意而使用他人肖像的行为本身就可以认定为具有故意，但如果基于第三人的行为而使用他人的肖像，则可能表现为过失，如张凯丽肖像权案中的被告就具有过失。（2）在《民法通则》中，侵害肖像权不以“私自制作”而是“以营利为目的使用”为核心构成要件。“以营利为目的使用”表现为未经肖像权人同意而使用或许可他人使用其肖像、超出约定范围使用他人肖像等。但未经肖像权人同意，同时也不具有营利目的，擅自制作、丑化、毁损他人肖像的行为，能否认定为侵害肖像权？鉴于此类行为对肖像权人所可能产生的精神痛苦，所以应该属于肖像权侵权行为，加害人应承担相应的侵权责任。实际上，《侵权责任法》对此也并没有明确要求必须具备“以营利为

① 杨立新主持起草的《中华人民共和国侵权责任法草案建议稿》第45条规定：“以诋毁、侵占或者非法剥夺他人荣誉称号等手段侵害他人荣誉权的，应当承担恢复荣誉、停止侵害等侵权责任。造成损失的，应当承担赔偿责任”。参见杨立新：《中华人民共和国侵权责任法草案建议稿及说明》，法律出版社2007年版，第13页。

② 中国社会科学院语言研究所词典编辑室编：《现代汉语词典》，商务印书馆1983年第2版，第1272页。

③ 美国法上有形象权（Right of Publicity 或称公开权）法律制度，形象权的客体除了包括肖像外，个人的名字与昵称、声音、可辨认为特定人的外在形象、现场表演等。

目的使用"要件。当然,发生此类行为致人精神损害,也可以通过其他途径获得救济,如认定为侵害名誉权、隐私权等。(3)肖像的合理使用行为不能认定为肖像侵权。比如,公安机关在公共场所或网上公告被通缉者的肖像、对劳动模范人物肖像的展览、在寻人启事上刊登被寻找者照片、公众集会照片的公布、新闻报道使用当事人肖像等,如果这些行为是基于司法、公共行政、新闻报道、社会利益等的目的而为的,并不具有违法性或过错,那么通常不能认为侵害肖像权。

【案例分析】

张凯丽诉健桥医院肖像权纠纷案①

2004年7月4日,电视剧《渴望》女主角张凯丽的经纪人北京艺百合文化传播有限公司与上海和平影视艺术中心签订一份《形象使用协议》,约定由张凯丽担任电视短片《上海健桥医院》中的形象人物,形象使用费等为20万元人民币,其他形式的广告发布均不得使用张凯丽形象。张凯丽如约完成了该电视短片的拍摄,得款12万元人民币。然而,同年八九月间,健桥医院在报刊和户外发布的大量广告中,甚至在自办的《健康桥》宣传资料上,都使用了张凯丽照片,并广泛用于男女生殖系统医疗广告。2004年9月,张凯丽将健桥医院告上法庭,要求健桥医院停止侵权,支付精神损害赔偿金30万元,并赔偿聘请律师费3万元。上海健桥医院称使用张凯丽肖像是有合法授权的,健桥医院与和平影视在2004年7月4日签订的承揽合同中有如下表示:有关张凯丽来沪拍摄健桥短片的一切事宜由和平影视全权协调处理,由和平影视出面与艺百合签约,约定为时两年电视播出、平面广告以及网络和户外宣传的肖像权使用,如有纠纷,与健桥医院无关。然而,在和平影视和艺百合之间的合同中,张凯丽肖像使用范围却大大不同:和平影视对张凯丽的肖像权的使用范围仅限于电视形象,其他任何形式的广告形象均不得使用张凯丽形象。法院认定被告医院的行为构成对原告肖像权的侵犯。2005年8月,闸北区法院对此案作出一审判决:健桥医院在原刊登广告的报刊上刊登声明,向张凯丽赔礼道歉,并赔偿原告张凯丽精神损害抚慰金5万元、律师代理费3万元。健桥医院后提起诉讼,要求和平影视返还肖像权使用费20万元,赔偿经济损失14.13万元,其中包括健桥医院赔付张凯丽的费用8万元。长宁区法院审理后认为,鉴于和平影视并无证据证明,他们与健桥医院签订的合同与艺百合签订的相一致。由此

① 案例来源于《青年报》2006年6月29日的报道。

造成的健桥医院在实际广告发布中对张凯丽肖像权构成侵权，应该由和平影视应负主要责任。法院据此于2006年6月作出判决：和平影视退还健桥医院“张凯丽肖像使用费”20万元，赔偿健桥医院经济损失9.98万元。

分析本案中侵害他人肖像权的责任构成要件。

关于集体肖像问题。肖像一般是单人的形象再现。但很多时候作为形象再现的不仅仅是单个人，而可能是几个人或更多的人，这被称为集体肖像。一般来说，法律对集体肖像的保护程度要低于个人肖像，即表现于集体肖像中的个人肖像权应受一定限制，当然，这种限制只能以全体合影者（集体肖像的权利主体）对这一集体肖像的合理使用为界限。在集体肖像中，其中的单个人只要其个性特征不为整体的画面所淹没，那么其就应该享有个人的肖像权，当然对其肖像享有独立的肖像利益。一般来说，在使用集体肖像时，如果未经同意而突出了其中某个成员的肖像，则可以认定侵犯了该成员的肖像权，应当依法承担侵权责任。但集体肖像的权利主体对这一集体肖像同时也应享有不可分割的肖像利益，有学者认为集体肖像所体现的是“肖像利益的准共有关系”①。依据准共有的内部和外部关系，确定对集体肖像的侵权责任可以采用以下规则处理：②第一，在集体照相的成员之间，属于肖像利益的共有人内部关系，每个成员都有权使用该集体照相，其他成员应当尊重这种使用权。成员之间使用该集体照相，不构成侵权。比如，1887年，法国巴黎一位著名的演员向法国巴黎法院起诉，认为某照相馆公开陈列包括他本人在内的合影照片侵犯了他个人的肖像权。经过审理，巴黎高等法院认为，在集体照相中，一人关于其肖像所具有的利益已为全体利益所掩盖。一人之个性已为全体所掩蔽，因此，在集体肖像中，独立的个人肖像权已失去了存在之基础，所以驳回了该演员的诉请。这一判决明确了这样一个规则，即在集体肖像中各独立的肖像权人不得主张肖像权。集体利益压倒个人利益，由于集体肖像为各人肖像之集合，因此个人肖像权益为全体肖像权人权益所涵盖，其个人特征难以在集体照相中体现，丧失了人格权存在的基础。第二，集体肖像的成员之一使用集体照相，应当合理使用，即依照成立集体肖像的宗旨使用。例如毕业照、订婚照、聚会照等都是纪念性质的，出于纪念目的或者相关的目的而使用的不构成侵权。但是，如果集体肖像的成员之一对该集体肖像进行商业化使用，如果未经其他成员一致同意而擅自使用，构成侵权行为。第三，集体肖像成员之外的第三人未经集体肖像的成员同意而使用的，应当

① 参见杨立新：《论人格利益准共有》，载《法学杂志》，2004年第6期。

② 参见杨立新：《新型侵权案例分析之九：侵害集体照相肖像利益的侵权行为》，载杨立新民商法网，http://www.yanglx.com/dispnews.asp? id=235。

承担侵权责任,不能以集体肖像而作为抗辩事由。第四,集体肖像的成员之一都有权向侵权人请求承担侵权责任,取得的利益都应当归属于集体肖像的全体成员。我国目前的法律对此尚未有明确规定,但实践中已经多次发生此类案件,如姚明肖像权案。

【案例分析】

姚明诉可口可乐公司肖像权纠纷案①

2003年上半年,作为中国男子篮球队签约赞助商的可口可乐公司,在饮料瓶上使用了巴特尔、姚明、郭仕强三名国家队队员形象,姚明站在两人中间,处于显著位置。姚明认为可口可乐公司的行为侵犯其肖像权,向上海市徐汇区法院起诉,诉称被告从未征得原告同意及授权许可,而将原告的姓名和肖像用在可口可乐饮料产品的外包装上,同时被告还对原告善意的提醒置之不理,宣称其是合法使用。诉状提出停止侵权、赔礼道歉、赔偿其人民币1元钱的精神损害费及经济损失费共三项诉讼请求。而可口可乐公司辩称,根据该公司和中国篮球协会及其商务代理机构中体经纪管理公司签订的合同,可口可乐公司有权使用中国男篮及三人以上的整体肖像于产品包装或广告上。因此其行为不构成侵权。国家体育总局1996年出台的505号文件,强调国家级运动员的肖像权等无形资产都属于国家所有。中国篮球管理中心对运动员肖像权的问题也有规定,中体公司拥有国家队的集体肖像权。根据这些文件,该公司在3年前代理中国男篮与可口可乐公司签约,授予可口可乐公司相关产品享有"中国男篮惟一专用饮料称号",同时还拥有中国男篮的整体肖像使用权。后于2003年10月17日,原、被告分别发表了和解声明,原告撤诉。

分析本案中"整体肖像权"有无法律依据及其侵权责任承担规则。

关于肖像权与著作权的冲突问题。这一问题主要反映在肖像摄影作品和"剧照"(角色形象)上。肖像摄影作品上都凝聚了肖像权和著作权两种不同的权利,除了自拍作品,这两种不同的权利分属于不同的人,前者属于被摄者,后者属于摄影者。不同的权利主体行使各自权利时,可能出现两种权利的冲突,如出现著作权人的发表权、展览权和肖像权人的肖像权(甚至隐私权)相互冲突的现象。对此冲突,如果没有约定,法律的调整规则一般是对肖像权优先保护,但不可能完全保护而应受到相应的克减。比

① 参见《每日新报》2003年6月26日第24版报道《姚明和可口可乐的一元钱官司》及其他新闻资料。

如，未经同意就不能以他人为对象而制作肖像，更不能使用或散布其肖像；如经同意，则只能在授权的范围内使用肖像，未经明确授权不得公开发表、展览、出版等；肖像权人不得禁止著作权人的合理使用，不得干涉其署名权。"剧照"（角色形象）中的肖像更加复杂，角色形象不同于演员自身的肖像，但是如果其个人特质明显，也可以认定为侵犯其肖像权，如张铁林肖像权案①。

侵害肖像权的民事责任类似于侵害姓名权的民事责任。对公众人物肖像权侵害的责任也类似于公众人物肖像权侵害的责任，即也可能受到相应的限制，如奥运冠军刘翔诉《精品购物指南》报社等三被告肖像权纠纷案的判决。《精品购物指南》未经刘翔同意，将其肖像用作2004年第80期封面的新闻图片，同时封面下方刊登了一家企业的广告，刘翔遂以该报擅自用其肖像为企业做广告，致使其肖像权受损为由提起诉讼。北京海淀区法院"刘翔作为公众人物，肖像权应当受到限制"判决刘翔败诉。

5. 侵害隐私权

隐私一般是指自然人不愿为他人知悉或者受他人干扰的、与社会公共生活无关的私人信息、事项或领域。在2005年8月28日之前，我国法律中并没有关于隐私权的明确规定，而是通过对名誉权的扩张解释而进行间接保护。《最高人民法院关于贯彻执行〈中华人民共和国民法通则〉若干问题的意见（试行）》（1988）第140条第1款规定："以书面、口头等形式宣布他人的隐私，或者捏造事实公然丑化他人人格，以及用侮辱、诽谤等方式损害他人名誉，造成一定影响的，应当认定为侵害公民名誉行为。"另外，《最高人民法院关于审理名誉权案件若干问题的解答》（1993）第7条规定："对未经他人同意，擅自公布他人隐私材料或者以书面、口头形式宣扬他人隐私，致他人名誉受到损害的，按照侵害他人名誉权处理"。但是，名誉权和隐私权是两种不同的人格权，名誉权不能包括隐私权；名誉属于权利人愿意他人知晓的事项，隐私则属于权利人不愿以他人知晓的信息；对名誉的侵害往往通过捏造虚假事实的方式进行，对隐私的侵害则往往通过揭露或宣扬真相的方式进行。所以，有必要对隐私权单独进行保护。2005年8月28日，立法机关修订了《妇女权益保障法》，在其第42条中第一次明确规定了隐私权的概念："妇女的名誉权、荣誉权、隐私权、肖像权等人格权受法律保护。"2009年

① 2003年初，演员张铁林发现金种子集团从2000年11月以来，在中国福利彩票发行中心发行的"安徽风采"福利彩票上刊登"金种子酒"、"种子酒"广告，广告中使用了他的剧照"皇阿玛"形象，可这种行为并未征得他的授权许可。此外，张铁林还发现金种子集团未经其授权许可，在全国许多地方做的白酒商业宣传广告中使用了这一形象。张铁林将安徽金种子集团有限公司告上法庭，请求法院判令被告停止侵权，公开赔礼道歉，赔偿经济损失150万元。北京市一中院审理后认为，被告广告中所使用的人物形象虽着清朝皇帝装，表现为原告饰演的某个艺术形象，但该艺术形象的形成必须以原告的肖像为基础，画面中针对相关角色所进行的艺术创作也不能脱离原告的肖像而存在。因此，即使广告中的人物形象表现为原告饰演的清朝皇帝的角色，仍然不能否认广告画面使用了原告个人肖像的事实。因此，被告的侵权行为给原告使用肖像的市场空间造成不利影响，也给原告的利益造成损失。判决被告对原告赔偿40万元。参见《北京娱乐信报》2006年4月12日报道。

底通过的《侵权责任法》第2条也明确列举了隐私权。

对隐私权性质的认识有不同观点,美国学者多把它与宪法中规定的自由联系在一起,并因而是一种宪法性权利。而按照我国的通常做法和现行立法,隐私权是一种以个人的隐私利益为客体的精神性人格权,这一隐私利益体现在对个人隐私的维护、利用和支配上。

侵害隐私权的行为主要分为以下几种:(1)非法获取他人的个人信息,如非法刺探、调查个人的身份、居住、财产、通讯、家庭与社会关系、病史等个人信息。学生考试成绩应视为其个人信息的一种,一旦被泄露,也属于侵害隐私权,但父母向老师查询此类信息属于行使亲权而不属于侵权行为。(2)非法监听、监视他人的私生活,如非法跟踪他人的活动,监视、窃听他人的隐秘行为等。实践中常见的偷拍偷录行为,如果行为人主观上具有加害他人的故意或者过失,即不具有正当的目的(如揭露社会阴暗面的新闻报道),则可能被认定为侵害他人隐私权。(3)侵入私人空间。私人空间分为具体空间和抽象空间。[①]具体空间为自然人独处的、不便他人介人或者他人不便介入的空间,例如卧室、居室、抽屉、手包等。抽象空间是思想空间,如日记或者加密的博客日志、网络相册等。父母偷看子女日记的行为是不当行使亲权,一般也可以认定为侵害子女的隐私权。(4)非法公布或利用他人的私生活信息。不管是因非法途径获得的还是因正当活动(如司法活动、医疗活动等)而掌握的他人的私生活信息,只要非法泄露、公布或提供给别有用心的其他人,就可能构成对隐私权的侵害,如以前曾经发生过的影视界"明星"的电话号码在网上被恶意泄露的案件。而非法利用他人隐私的情况,如医院将患者(或者产妇)的联系方式转卖给药械或者婴儿用品经销商、保险公司等,则属于较为严重的侵害隐私权的行为。

侵害隐私权的民事责任类似于侵害名誉权的民事责任。对公众人物隐私权侵害的责任也类似于对公众人物名誉权侵害的责任,即也可能受到相应的限制。

6. 侵害婚姻自主权

我国《民法通则》第103条规定:"公民享有婚姻自主权,禁止买卖、包办婚姻和其他干涉婚姻自由的行为。"婚姻自主权是自然人决定自己婚姻的缔结和解除而不受强迫或干涉的精神性人格权,包括结婚自主权和离婚自主权。关于婚姻自主权的性质,有人格权、身份权、自由权等不同主张。但按照现行《侵权责任法》的规定,应被认为是一种单独的精神性人格权。

侵害婚姻自主权的行为表现主要有:一是包办婚姻,通常是指父母或其他近亲属等

① 参见杨立新主编:《类型侵权行为法研究》,人民法院出版社2006年第1版,第159页。

采取各种手段使受害人在不情愿的情况下与他人结婚或离婚;二是买卖婚姻,通常是指父母或者其他人利用受害人的婚姻为自己谋利,使其在违背自己意愿的情况下与他人结婚;三是干涉婚姻自主权的其他手段,包括其他任何干涉受害人婚姻自主权的行为。以上这些手段或行为一般具有暴力、胁迫等特征,同时属于积极的作为方式,消极的不作为一般不能成为干涉他人婚姻自主权的行为。一个常见的情形是,父母以断绝父母子女关系甚或以死相逼来要挟子女接受包办婚姻,这种情形不能认定为对婚姻自主权的侵害,因为所谓"受害人"的自主权并未真正受到强制干涉,只是受到情感上的而非法律上的干涉。

虽然我国《民法通则》第 103 条①和《婚姻法》第 2 条、第 3 条等条款②分别规定了婚姻自由和禁止干涉他人婚姻自由以及受胁迫一方的婚姻撤销权,但是这两部法律并没有规定侵害婚姻自主权的侵权责任。根据《侵权责任法》的规定,如婚姻自主权受到侵犯,可以要求停止侵害、消除影响、赔礼道歉、赔偿损失(包括精神损害赔偿)等。以暴力干涉婚姻自主权的,还可能会构成暴力干涉婚姻自由罪而承担刑事责任。

(四) 侵害一般人格利益

如前所述,一般人格利益是那些没有形成为法律上的具体权利而处于一般利益形态的人格利益,如人格尊严、人格独立、人格自由等,体现了人的存在的基本价值。侵害一般人格利益具体表现为对人格尊严、人格独立、人格自由等的损害。

1. 侵害人格尊严

人格尊严是一般人格利益中的核心内容,也是一切人格权法的基本主旨。德国法院通过一系列判例,根据其基本法关于人的尊严和自由的第 1 条和第 2 条,确立了一般人格权(一般人格利益)的损害救济制度。在著名的"骑士案"中,某骑士以其照片被用作增强性能力的药物广告而提起侵害名誉的赔偿诉讼,德联邦法院类推适用民法典第 847 条关于侵犯自由权的规定判决原告胜诉。在"人参案"中,某国际法教授被一篇学术文章误称为研究人参的权威,一制造含有人参的增强性能力药物的药厂,在其广告中引述了该教授的学术,该教授为此诉至法院,德联邦法院直接引用其基本法第 1 条和第 2 条规定,认定药厂侵害了教授的人格权,应负赔偿责任。③另在"读者投书案"、"犯罪纪录片案"中,德国法院均依德国基本法第 1 条和第 2 条判决原告胜诉。法院在

① 《民法通则》第 103 条规定:"公民享有婚姻自主权,禁止买卖、包办婚姻和其他干涉婚姻自由的行为。"

② 《婚姻法》第 2 条第 1 款规定:"实行婚姻自由、一夫一妻、男女平等的婚姻制度。"第 3 条第 1 款规定:"禁止包办、买卖婚姻和其他干涉婚姻自由的行为。禁止借婚姻索取财物。"第 11 条规定:"因胁迫结婚的,受胁迫的一方可以向婚姻登记机关或人民法院请求撤销该婚姻。受胁迫的一方撤销婚姻的请求,应当自结婚登记之日起一年内提出。被非法限制人身自由的当事人请求撤销婚姻的,应当自恢复人身自由之日起一年内提出。"

③ 参见王泽鉴:《王泽鉴法学全集·第一卷:民法学说与判例研究①》,中国政法大学出版社 2003 年第 1 版,第 55—56 页。

判决中强调人格尊严应受尊重,人的尊严是宪法体系的核心,使人格尊严成为法律秩序的基本价值。[①]人格尊严受到侵害,意味着主体失去了其应该受到的正当的社会评价和自我认同,而处于人格的贬损状态。

【案例分析】

"人狗同餐"案[②]

1999年8月1日中午,王某与妻子到宝鸡市向阳餐饮有限公司所属的向阳阁饭店就餐,正在用餐中,有两名妇女带着京巴狗,在桌上用餐厅买来的饭菜喂狗,用的是餐厅的公用餐具。王某认为自己的人格尊严受到侵害,遂以《消费者权益保护法》的规定起诉,请求餐厅赔偿2.5万元。陕西省宝鸡市金台区法院认为餐厅不具有故意,不符合《消费者权益保护法》第25条的规定,驳回原告的起诉。

分析本案中的侵害客体及其侵权责任方式。

2. 侵害人格独立

人格独立是一般人格利益中的基础内容,也是一切人格权法的逻辑起点。一般认为,人格独立是一般人格利益的基本内容之一,并把平等作为其基本含义,"人格独立的实质内容,是民事主体对人格独立地享有,表现为民事主体在人格上一律平等,在法律面前,任何民事主体都享有平等的主体资格,独立享有人格,不受他人支配、干涉和控制。"[③]这种认识把独立与平等相联系,具有一定合理性,但是毕竟二者存在价值上的不同,不能混淆。人格独立还意味着主体人格的非依附性。特定人格只对应于特定主体,主体作为独立人格者对自身的整体人格要素及其内含的利益独立享有和支配,主体不是他人可以任意支配的对象。人格独立受到侵害,意味着主体不再与他人平等而独立地存在,而受到他人的非法控制。

3. 侵害人格自由

人格自由是一般人格利益中的重要内容,也是一切人格权法的最终归宿。人格自由作为法律上的一种抽象的自由,是指主体自身内涵的人格要素(身体和意思)不受非法的约束、限制的自由发展状态。它表现为外在的自由即身体自由以及内在的自由即

① 参见王泽鉴:《王泽鉴法学全集·第八卷:民法学说与判例研究⑧》,中国政法大学出版社2003年第1版,第116—118页。

② 参见《华商报》2000年6月23日报道《"人狗共餐案"一审昨判决消费者败诉》。

③ 杨立新:《人格权法专论》,高等教育出版社2005年版,第126页。

意思自由,人格的自由发展就是二者的综合体现。人格自由是主体在社会活动中行使权利、承担义务的基础要求,如果没有人格自由就没有私法自治的可能。人格自由受到侵害,意味着主体的人格要素不再由自己自由地支配,而受到他人的非法干涉。

4. 侵害基于死者或特定"人格物"的一般人格利益

基于死者的一般人格利益为死者的继承人(或近亲属)所享有。死者已经不是法律主体,也就谈不上死者的人格权及其损害救济的问题,但对死者的"人格"也是不能侵害的。侵害死者的"人格",在法律上可被视为侵害其继承人(或近亲属)基于特定身份而享有的一般人格利益——人格尊严。对于侵害死者的"人格"的行为,如侵害死者的尸体、遗骨、姓名、肖像、名誉、隐私等"人格"要素的行为,其继承人或近亲属(没有继承人或近亲属时可以由公益诉讼机构)有权请求侵权人承担侵权责任,以维护人格尊严,同时以维护善良风俗和社会公德。《最高人民法院关于审理名誉权案件若干问题的解答》(1993)第五问中规定:"死者名誉受到损害的,其近亲属有权向人民法院起诉。近亲属包括:配偶、父母、子女、兄弟姐妹、祖父母、外祖父母、孙子女、外孙子女。"《最高人民法院关于确定民事侵权精神损害赔偿责任若干问题的解释》(2001)第3条规定:"自然人死亡后,其近亲属因下列侵权行为遭受精神痛苦,向人民法院起诉请求赔偿精神损害的,人民法院应当依法予以受理:(1)以侮辱、诽谤、贬损、丑化或者违反社会公共利益、社会公德的其他方式,侵害死者姓名、肖像、名誉、荣誉;(2)非法披露、利用死者隐私,或者以违反社会公共利益、社会公德的其他方式侵害死者隐私;(3)非法利用、损害遗体、遗骨,或者以违反社会公共利益、社会公德的其他方式侵害遗体、遗骨。"这些规定均是把死者的继承人(或近亲属)作为直接的受害人而赋予了侵权责任的请求权。但需要明确的是:这些侵权行为所指向的客体并非死者的人格权或人格利益,实际上是其继承人(或近亲属)基于特定身份而享有的一般人格利益——如人格尊严或者对死者的"敬爱追慕之情"①。当然,这些侵权行为所产生的损害后果主要是死者继承人(或近亲属)的精神痛苦。

【案例分析】

李某诉安阳市殡仪馆案②

原告李某之父死后,李某将其父遗体送到安阳市殡仪馆,办完手续后,商定于1993

① 有关对死者的"敬爱追慕之情"的判例主要来自日本,如"落日燃烧"案、"密告"案等。参见[日]圆谷峻:《判例形成的日本新侵权行为法》,赵莉译,法律出版社2008年第1版,第90—92页。

② 案例来源:http://www.civi//aw.com.cn//qqf/meizhang.asp.

年12月20日举行遗体告别仪式后火化。但是被告安阳市殡仪馆因工作失误，提前将李父遗体火化。为怕原告方知道，殡仪馆遂用另一具遗体冒充。12月20日，李家在殡仪馆举行遗体告别仪式，有270余人参加。仪式进行过程中，有人发现玻璃棺内的遗体不是原告之父，死者子女上前辨认后，亦确认系他人。顿时，吊唁大厅内一片混乱。原告及其亲属精神上因此受到极大伤害。原告要求赔偿损失、在《安阳日报》上公开赔礼道歉、确认其父骨灰、退还工作人员所收的小费。法院经审理认为，安阳市殡仪馆由于工作失误，将原告李某父亲的遗体提前火化，致使原告等人向一个素不相识的人吊唁，造成精神上的创伤和经济上的损失。殡仪馆的行为已构成对原告名誉的侵害，应承担相应的民事责任；赔偿损失、赔礼道歉。安阳市铁西区人民法院依照《民法通则》第101条之规定，在分清责任的基础上，根据《民事诉讼法》第88条的规定，在原告和被告间进行调解，经双方自愿、平等协商，达成如下调解协议；(1)确认被告的行为已构成对原告名誉权的侵害，被告赔偿原告2 210元，退还小费50元；在调解书生效后立即执行。(2)被告出具证明并归还死者骨灰。(3)在《安阳日报》上刊登启事，向死者家属表示歉意。(4)案件受理费100元，由被告承担。

分析本案中的侵害客体。

此处所说的特定"人格物"主要是指人体分离物，如胎盘、精子、卵子、胚胎、人类基因、医疗废弃物等，在目前的法律上其地位——是人格还是财产——还有待进一步确定。这些"人格物"因为蕴含了人的尊严，所以不能被随便处置，更不能被侵害。国外曾经发生过侵害受精卵的案件，如德国精子灭失案①，法院认为对分离身体部分的侵害属于对身体的侵害而予以赔偿。国内也曾经发生过侵害胎盘的案件，因为缺少可操作性的法律依据而使得受害人往往得不到有效救济。②在没有更具体的法律规则出台前，在侵权责任法上也可以将此类侵权视为对人格尊严的侵害而提供相应的法律救济。

5. 侵害一般人格利益的责任承担

侵害一般人格利益的损害后果包括人格的贬损、不自由、不独立等的情形，也可能附带产生财产损害，但更严重的是产生精神损害。侵害一般人格利益的责任方式主要

---

① 案情是：原告预见到不能生育的可能性，便将其精子冷冻储存于被告医院，在其婚后欲取用精子时，才知因被告过失致其储存的精子灭失，于是请求25 000马克抚慰金。下级和原审法院均否认了原告的请求权，德国联邦法院则肯定被告系侵害原告的身体权，认为在法律规范上而言，此种分离身体部分在其与身体分离期间构成功能上的一体性，对分离身体部分的侵害应认为是对身体的侵害，遂对原告的抚慰金请求予以支持。参见王泽鉴：《侵权行为法》(第一册)，中国政法大学出版社2001年版，第108—109页。

② 2005年3月31日发布施行的《卫生部关于产妇分娩后胎盘处理问题的批复》曾明确规定："产妇分娩后胎盘应当归产妇所有。产妇放弃或者捐献胎盘的，可以由医疗机构进行处置。任何单位和个人不得买卖胎盘。如果胎盘可能造成传染病传播的，医疗机构应当及时告知产妇，按照《传染病防治法》、《医疗废物管理条例》的有关规定进行消毒处理，并按照医疗废物进行处置。"

包括停止侵害、恢复名誉、清除影响、赔礼道歉等，不过更常见的是精神损害赔偿。

因为一般人格利益又是一个高度抽象的存在，体现出主体的自身感受与社会的客观评价相互交织的特征，又由于一般人格利益内容的不确定性，所以往往以社会一般感受程度为评价的标准。这一标准往往要在具体的案件中，以利益权衡为基本原则，才能加以妥当把握。

二、身份侵权责任

此处的身份侵权责任是指因过错侵害他人身份利益而承担的侵权责任。身份利益以基于一定的婚姻和家庭关系而产生的身份权为核心。身份权是在特定人之间的权利和义务的集合概念，主要表现为配偶权、监护权（亲权）和亲属权等。

（一）侵害配偶权

配偶权是指配偶之间基于配偶的身份关系而互相享有的综合性的身份权。配偶权的内容主要包括同居权（特别包括性生活在内）、忠诚权（特别包括性忠诚在内）、抚养协助权、住所商定权、日常家事代理权、生育权等，其中比较容易发生侵权纠纷也比较有争议的是同居权和忠诚权。

侵害配偶权可以发生在夫妻之间，也可以发生在他人与配偶一方之间。前者如夫妻一方对丧失劳动能力的另一方不尽抚养协助义务、婚外与他人同居等的情形，《婚姻法》中规定了过错离婚损害赔偿制度。后者往往表现为“第三者”干涉他人婚姻关系的情形。狭义上的侵害配偶权仅指后者，即第三人侵害配偶权的情况，但此种情形尚未被我国婚姻法和侵权责任法认可。

狭义上侵害配偶权的行为可以分为直接侵害和间接侵害两种。在现实中，直接侵害配偶权的行为主要表现为第三人明知他人有配偶而与之通奸或者非法同居的侵权行为。但是我国法律对此类行为没有认定为侵权行为。间接侵害配偶权的侵权行为主要表现为第三人实施侵权行为造成配偶一方的健康损害，特别是致使其丧失性功能，间接造成了直接受害人配偶的性生活利益的丧失，从而构成间接侵害他人的配偶权。对于配偶一方因另一方的性功能受到他人的侵害而丧失，起诉要求侵权人赔偿损失的案件，在美国属于“间接干扰婚姻关系”，侵权人一般要对受害人的配偶承担侵权责任。类似案件在我国也有多起，但法院的判决却出现了截然不同的结果。这主要是由于法律对此没有具体的明确规定，在理论上也有不同认识造成的。

【案例分析】

李某诉成都市第二人民医院侵害配偶性权利案①

2003年2月11日，李某的丈夫姚某因腰部疼痛，入成都市第二人民医院（以下简称二医院）住院治疗。因医疗事故，术后姚某马尾及右肢神经病变，目前仍遗留有右足全肌瘫、轻度排尿障碍、性功能障碍，经司法鉴定为6、7、8级伤残。2004年12月1日，姚某与二医院达成赔偿协议，二医院赔偿姚某15万元。2005年5月31日，李某以二医院医疗过错导致姚某性功能丧失，侵害配偶性权利，诉请法院判决赔偿精神损害抚慰金7.2万元。二医院辩称，尽管其在治疗姚某时存在过错，但并没有对李某实施任何侵害，李某不是医疗事故的直接受害人，不能以其健康权受侵害为由主张精神抚慰赔偿，况且，李某未举证证明其遭受损害的程度，赔偿数额也不能计算，故请求法院驳回李某的诉讼请求。四川省成都市锦江区人民法院一审认为，法律赋予公民生命健康权。生命健康权是不为他人所妨害而就自己健康享受利益之权利。李某为已婚妇女，与丈夫正常的性行为是其应有的权利，且该权利属于生命健康权的范畴。李某以此权利受侵害为由提起损害赔偿之诉，应予受理。本案中，二医院的医疗行为造成李某的丈夫姚某性功能障碍，侵害了姚某身体机能健康权；同时，姚某性功能障碍导致李某失去了婚内正常性行为的权利，造成李某生命健康权缺损。因此，二医院的侵害行为不仅侵害了姚某的生命健康权，同时也侵害了李某的生命健康权；李某与姚某是基于不同内涵的生命健康权遭受侵害的受害人。因性权利为抽象概念，其损害后果无具体量化标准，但性行为权利对已婚妇女的重要性无需证明，李某此项权能的受损，应属《最高人民法院关于审理人身损害赔偿案件若干问题的解释》第8条规定的“严重后果”。依照《中华人民共和国民法通则》第98条第1款第3项之规定，判决被告支付给原告精神损害抚慰金2万元。判决后，被告提出上诉，成都市中院终审判决维持原判。

---

① 案例来源于《人民法院报》2009年4月14日第六版。该报于4月21日还刊发了判决结果相反的另一个案例，即“魏某诉购物中心侵害配偶性权利案”：魏某之夫张某系某购物中心家电广场柜台租赁户。某日，张某在其店铺应购物中心要求整理音响器材时，头顶上方通风管道处突然掉下一根铁棒，砸在张某头部，将张某打倒在地。倒地时，张某的胯部撞在音响的棱角，致其性功能丧失。之后，张某多次与购物中心协商赔偿，但购物中心仅支付了医疗费、检查费。为此，张某诉至法院要求购物中心赔偿精神损失费、误工费、残疾者生活补助费、交通费、营养费、残疾用具费共计30万多元等。后法院判决被告赔偿原告张某包括精神损害抚慰金2万元等各项损失共计人民币13.9万余元。嗣后，魏某又另行向法院提起诉讼，称因张某丧失性功能，其被剥夺了作为一个正常女人性生活的权利，该损害给原告夫妇带来了极大的精神痛苦，要求购物中心赔偿精神损失费30万元。法院认为，魏某受到的侵害属间接牵连的反射性受害人，其丈夫作为直接受害人也已通过诉讼向被告主张了赔偿，并且全额赔偿，因此，魏某无权再以其丈夫丧失性功能为由向被告主张损害赔偿。遂判决驳回原告的诉讼请求。

分析本案中判决理由是否合理、合法。

(二) 侵害监护权(亲权)

监护权是指监护人对被监护人在人身和财产方面的管教和保护的权利。根据《民法通则》的规定,监护权的主体包括作为监护人的亲属、其他公民和有关单位。但在此处,所谓的监护人主要限于亲属中的父母,而监护权作为一种基于父母子女这一特定亲属关系的身份权,也基本等同于亲权。我国法律中没有使用亲权的概念,但有亲权的实际内容。监护权(亲权)的主要内容有:对未成年子女进行管教、保护的权利;作为未成年子女的法定代理人,代理未成年子女的民事法律行为;管理未成年子女的财产等。当父母双方不能行使亲权时,则可以由其他监护人行使监护权。

侵害监护权的行为主要是指第三人侵害他人监护权(亲权)的身份侵权行为,主要表现为以下几种形式:①(1)离间父母与未成年子女关系。对父母与未成年子女之间的感情进行挑拨离间,损害了父母和未成年子女之间的关系的,应当承担侵权责任。(2)引诱未成年子女脱离监护人。(3)无正当理由拒绝探视。对离婚后不享有对未成年子女实际抚养权的一方,探视权是其法定权利,没有正当理由拒绝探视权人探视未成年子女的行为,是侵害监护权(亲权)的侵权行为。(4)非法剥夺监护权(亲权)。第三人非法剥夺他人的监护权(亲权),也构成侵害监护权(亲权)的侵权责任。(5)侵害监护人(亲权人)对子女的命名权。子女出生后夫妻经协商共同给子女确定的姓名,在离婚后任何一方不能未经对方同意就擅自更改子女姓名。(6)过失致使他人抚养错误。例如,由于医院过失发生产妇将婴儿错抱的情况,也是侵害监护权(亲权)的行为。②等等。

侵害他人监护权(亲权),在一般情况下,侵权人应当承担停止侵害、消除影响、赔礼道歉的侵权责任,造成物质损失和精神损害的,还应当赔偿损失。《最高人民法院关于确定民事侵权精神损害赔偿责任若干问题的解释》(2001)第2条规定:"非法使被监护人脱离监护,导致亲子关系或者近亲属间的亲属关系遭受严重损害,监护人向人民

① 参见杨立新主编:《类型侵权行为法研究》,人民法院出版社2006年第1版,第209—213页。

② 如"医院过失致婴儿被抱错案":原告白某夫妇于2005年3月19日在温州友好医院产下一子,出院回家后发现孩子外貌特征与其相异。2009年6月5日,亲子鉴定结果显示孩子与他们无血缘关系,这给原告带来很大的痛苦。经确认,由于医院工作人员的大意,原告之子与瑞安黄先生的儿子在医院工作人员替婴儿洗澡时换错。原告要求医院赔偿他们一家三口精神抚慰金共36万元,鉴定费、交通费等2万元。法院认定,医院工作人员为婴儿洗澡时将原告之子与他人之子换错。产妇在住院期间,医院应确保产妇所生子女处于产妇及亲属的监护之下,原告在被告医院产下儿子后,被告医护人员对原告儿子进行日常护理过程中发生重大失误,被告存在过错,应承担相应民事责任。按照被告的过错程度、侵权行为所造成的后果等因素,判决被告赔偿白某夫妇精神损害抚慰金8万元、鉴定费3 000元、交通费与误工费7 000元,合计9万元。因原告之子并非该案当事人,要求被告赔偿其子精神损害抚慰金不予支持。

法院起诉请求赔偿精神损害的，人民法院应当依法予以受理。”这是我国关于侵害监护权（亲权）的请求精神损害赔偿的依据。在特殊情况下，如引诱未成年子女脱离监护人的，还要归还被监护人，使其监护权（亲权）回复原状；侵害命名权的，可以责令侵权人将被监护人原有姓名恢复。

（三）侵害亲属权

亲属权是指因婚姻、血亲、收养等关系产生的特定身份而享有的身份权。因夫妻之间的权利为配偶权，父母与未成年子女之间的权利为亲权，所以此处的亲属权仅指除夫妻、父母与未成年子女之外的近亲属之间的权利，如父母与成年子女之间的权利、祖父母、外祖父母与孙子女、外孙子女之间的权利以及兄弟姐妹之间的权利。

根据《民法通则》和《婚姻法》的相关规定，亲属权的主要内容有：(1)在父母与成年子女之间，父母对无民事行为能力的成年子女有监护权和抚养权，成年子女对父母有赡养权等；(2)在祖父母与孙子女、外祖父母与外孙子女之间，祖父母、外祖父母对父母死亡的未成年孙子女、外孙子女有抚养权和监护权，成年孙子女、外孙子女对于子女已经死亡或无赡养能力的祖父母和外祖父母有赡养权等；(3)在兄弟姐妹之间，成年兄姐对父母死亡的未成年弟妹有扶养权和监护权，由兄姐扶养长大并有负担能力的弟妹对丧失劳动能力、没有生活来源的兄姐有扶养权。此外，在上述亲属之间还可能发生行为能力宣告申请权、失踪或死亡宣告申请权、失踪宣告后的财产代管权等。

侵害亲属权在狭义上仅指第三人对他人亲属权的侵害，在广义上还包括亲属权人之间的侵害行为。侵害亲属权的表现形式一般包括：侵害扶养、抚养、赡养关系；虐待、遗弃家庭成员；侵害对亲属财产的代管权；等等。侵害亲属权的民事责任包括停止侵害、赔礼道歉、赔偿经济损失和精神损失等。

三、财产侵权责任

此处的财产侵权责任是指因过错侵害他人财产利益而承担的侵权责任。财产利益以法律明确规定的财产权为核心，参照《侵权责任法》第2条的规定，主要表现为物权（所有权、用益物权、担保物权）、债权、继承权等财产权益。侵害财产权的类型有多种形式：(1)以被侵害财产的所属主体为标准，表现为侵害国有财产权、侵害集体财产权、侵害私人财产权。(2)以加害人的行为方式为标准，侵害财产权的侵权行为表现为非法侵入、妨害、侵占、毁损、无权处分等形式。(3)以侵害对象为标准，表现为侵害物权、侵害债权、侵害继承权等形式。

(一) 侵害物权

我国《物权法》第 4 条宣称："国家、集体、私人的物权和其他权利人的物权受法律保护,任何单位和个人不得侵犯。"根据《物权法》第 2 条第 3 款的规定,所谓物权,"是指权利人依法对特定的物享有直接支配和排他的权利,包括所有权、用益物权和担保物权。"按照《物权法》的规定,所有权是指所有权人对自己的不动产或者动产,依法享有占有、使用、收益和处分的权利;用益物权是指用益物权人对他人所有的不动产或者动产,依法享有的占有、使用或者收益的权利;担保物权是指担保物权人在债务人不履行到期债务或者发生当事人约定的实现担保物权的情形,依法享有的就担保财产优先受偿的权利。

对物权的典型的侵害行为主要是对财产所有权的侵害。财产所有权包括国家所有权、集体所有权和私人所有权。我国《物权法》对这三类所有权的法律保护作出了不同规定。第 56 条规定:"国家所有的财产受法律保护,禁止任何单位和个人侵占、哄抢、私分、截留、破坏。"第 63 条规定:"集体所有的财产受法律保护,禁止任何单位和个人侵占、哄抢、私分、破坏。"第 66 条规定:"私人的合法财产受法律保护,禁止任何单位和个人侵占、哄抢、破坏。"

侵害所有权所指向的对象是动产和不动产,对二者的侵害所产生的法律后果以及责任承担规则可能会有所不同。比如,动产因为以占有为公示方式,不动产以登记为公示方式,故而在非法处分如转让给第三人时,对动产的非法转让行为的效果可能会受到善意取得制度的影响,只能请求赔偿损失,而不能请求返还原物。但对不动产的非法转让行为的法律后果以及责任承担方式则不同,即使已经交付给第三人,但只要没有过户登记,就可能以法律上所有权人的名义而请求返还原物。另外,侵害不动产更多地与相邻关系中的妨害行为发生联系,非法侵入更主要指的是侵入他人不动产的行为。

在财产为非所有人合法占有(如基于用益物权和担保物权)时,占有人的占有权也有可能受到他人的侵害。《物权法》第 245 条规定:"占有的不动产或者动产被侵占的,占有人有权请求返还原物;对妨害占有的行为,占有人有权请求排除妨害或者消除危险;因侵占或者妨害造成损害的,占有人有权请求损害赔偿。"

此外,目前我国在征地、拆迁中等涉及侵害他人物权的行为多有发生,引发了很多社会问题。《物权法》第 42 条规定:"为了公共利益的需要,依照法律规定的权限和程序可以征收集体所有的土地和单位、个人的房屋及其他不动产。"这是征收他人不动产的基本法律依据。在侵权责任法上,此类侵权行为可能属于国家赔偿责任,也可能属于一般侵权责任。

侵害物权的民事责任主要包括返还原物、排除妨害、消除危险、修理、重作、更换、恢复原状、赔偿损失等。《物权法》第 34 条规定:“无权占有不动产或者动产的,权利人可以请求返还原物。”第 35 条规定:“妨害物权或者可能妨害物权的,权利人可以请求排除妨害或者消除危险。”第 36 条规定:“造成不动产或动产毁损的,权利人可以请求修理、重作、更换或者恢复原状。”第 37 条规定:“侵害物权,造成权利人损害的,权利人可以请求损害赔偿,也可以请求承担其他民事责任。”

(二) 侵害债权

此处所谓侵害债权,主要是指第三人故意侵害他人的债权。虽然违约在本质上也可以被解释为相对人之间的侵权,即债务人对债权人的债权的侵害,但侵权责任法上的侵权却不包括违约,所以侵害债权的行为只能表现为契约相对方之外的第三人对债权人的债权的侵害行为。债权成为第三人侵害的对象,意味着债权此时也具有了绝对权①的意义,债的关系以外的人对他人的合法债权负有和对人格权、物权一样的不干涉、不侵害的义务。英国学者阿狄亚曾经指出,“这种侵权行为成立的最重要的因素是,被告是在知晓该合同的情况下,引诱他人违背合同的。如果这一要件成立的话,除非被告能为其行为进行合理辩护,否则他就要对因合同一方违约而使另一方所受的损失承担责任。”②

英国 1853 年的 Lumley v. Gye 一案是第一次允许债权人起诉第三人侵害债权的案例。在该案中,原告戏院老板 Lumley 与女演员 Wagner 签订了演出合同,约定在该季节内 Wagner 只能在皇后戏院演出,未有原告的书面许可,不得在其他地方演出。被告 Gye 得知该约定,但以更高的出价引诱该女演员违约,到自己的剧院演出。原告 Lumley 除请求法院发布禁止 Wagner 在被告的戏院演出外,还要求被告承担损害赔偿责任。法院认定被告恶意引诱他人违约,应负赔偿责任。③美国第二次《侵权法重述》第 766 条明确界定了第三人侵害债权的含义。④法国、德国、日本等大陆法系国家也在判例、学说或立法中间接或直接地确立了自己的相应制度。

第三人侵害债权在我国没有明确的具体规定。最高人民法院曾经出台过相关的

---

① 所谓绝对权和相对权之分,实际上应该就权利的对内对外效力而作具体分析。债权的相对性主要体现在对内效力上,即权利实现的相对性;而对外效力依然具有绝对性,如债的保全和第三人侵害债权等制度,体现了债权作为权利的绝对不可侵性。与此相对应,物权则对内效力和对外效力均具有绝对性。

② [英]P. S. 阿狄亚:《合同法导论》,赵旭东、何帅领、邓晓霞译,法律出版社 2002 年第 1 版,第 416 页。

③ 案情的简要介绍及评论,也可以参见[英]丹宁勋爵:《法律的训诫》,杨百揆、刘庸安、丁健译,法律出版社 1999 年第 1 版,第 198 页。

④ [美]肯尼斯·S. 亚伯拉罕、阿尔伯特·C. 泰特选编:《侵权法重述——纲要》,许传玺、石宏等译,法律出版社 2006 年 8 月第 1 版,第 234 页。

司法解释，对第三人侵害债权责任有所涉及。最早是针对湖北省农牧工商联合公司与湖北省建始县某收购站纠纷①的《关于信用社违反规定手续退汇给他人造成损失应承担民事责任问题的批复》(1988 年 10 月 18 日)初步涉及这一问题，批复指出："花园乡信用社违反有关规定，给收款人造成了经济损失，依法应承担民事责任。"针对成都市某信用社在案件当事人的存款账户被冻结期间与被冻结存款的当事人串通，非法将资金转移，致使人民法院生效判决无法执行的情况，最高人民法院以《关于信用社非法转移人民法院冻结款项应如何承担法律责任的复函》(1995 年 5 月 5 日)进一步明确了第三人侵害债权的责任，复函明确指出："由于信用社的行为还侵犯了债权人的权益，对此信用社亦应在被转移的款项数额内承担连带赔偿责任。"这表明了司法机关的态度，即第三人与债务人恶意串通致使债务人不履行债务的，第三人的行为属于侵害他人债权，应在侵害限度内与债务人承担连带责任。在法律中，《民法通则》第 61 条第 2 款、《合同法》第 59 条、《消费者权益保护法》第 35 条第 2 款、《反不正当竞争法》第 8 条等也可以被认为是针对第三人侵害债权行为而做出的相关规定，当然这些规定的责任不一定属于侵权责任。2008 年 1 月 1 日起施行的《劳动合同法》也在第 91 条规定："用人单位招用与其他用人单位尚未解除或者终止劳动合同的劳动者，给其他用人单位造成损失的，应当承担连带赔偿责任。"这也是针对具体的情形而做出的第三人侵害债权责任的规定。在我国《侵权责任法》中，第三人侵害债权责任没有被明确规定，但根据第二条的规定，也可以将其中的"财产权益"解释为包含了"债权"在内，从而为第三人侵害债权责任找到法律适用的依据。

第三人侵害债权责任的特殊构成要件为：(1)加害人是债权人和债务人之外的第三人。第三人一定不能是债的关系的当事人，也不能是涉及第三人利益的合同中的第三人。(2)侵害行为既可能是直接侵害，有可能是间接侵害。前者是指第三人的侵害行为直接作用于他人的合法债权，致其消灭或不能有效实现，如无权处分他人的债权、债权准占有人接受履行等行为。后者是指第三人侵害债务人致其不能履行对他人的债务，而间接侵害了他人合法债权的实现，如诱使债务人违约等行为。(3)加害人具有故意的主观状态。不能证明故意的存在，就不能认定为侵害债权，否则将可能伤害交易的安全，影响市场的自由竞争秩序。(4)造成债务人不履行、不完全履行、迟延履行、加害履行等特殊的直接损害结果。因债务人违约而造成的损害还可能包含纯粹经济损失等可得利益的丧失，是否对此提供救济，需要在个案中针对责任范围的因果关系

① 案情是：1985 年 12 月，湖北省农牧工商联合公司电汇 9.2 万元贷款给湖北省建始县某收购站。后因该收购站无货可供，双方于 1986 年 1 月 3 日到花园乡信用社办理了汇款手续，将货款退给联合公司。1 月 4 日，收购站独自到信用社要求撤销汇款，信用社在未收到原汇款证明情况下，将该款支解，使联合公司蒙受经济损失。

作具体衡量。

第三人侵害债权的行为主要表现为:①(1)诱使违约。诱使违约是侵害债权的一种具体方式,与一般的侵害债权不同的是,第三人以诱惑的方式使债务人不履行对他人的债务,进而使债权人的债权受到损害。诱使违约分成两种形式:一种是加害人的行为构成侵权,债务人的行为不构成侵权。这种侵权行为是加害人的故意侵权,而债务人只是由于错误相信加害人的诱惑,自己并没有侵害债权人的故意。对此,受害人有权请求侵权人(第三人)承担侵权责任。另一种诱使违约,是债务人明知侵权人的侵权故意,而与加害人共同实施侵害债权行为的,构成侵害债权的共同侵权行为,债务人与第三人即加害人都是共同加害人,应当与加害人承担连带责任。(2)阻止债务履行。阻止债务履行也是一种具体的侵害债权行为,第三人以损害他人债权为目的,采取欺诈、胁迫等非法手段,以此来阻止或妨害债务人履行债务。例如,债务人决定向债权人交付的标的物,第三人故意毁损或消灭,致使债权无法实现。又如,第三人将作为债务人的演出者或者其他有特殊身份的人予以监禁或者限制人身自由,致使合同的债权人遭受损失。(3)干扰他人接受赠与。对已经成立的赠与合同,通过非法手段干扰受赠人接受赠与而造成损失,构成侵害债权的侵权行为,应当承担损害赔偿责任。(4)债权准占有人主张债权。债权准占有人接受清偿,如果清偿的债务人为善意无过失,则发生清偿效力,债权准占有人接受清偿的行为,为债权侵权行为,构成侵权损害赔偿责任,债权准占有人应承担侵害债权的侵权责任,赔偿债权人的财产损失;如果债务人清偿时有过失,则不发生清偿的效力,不构成债权侵权行为,是债权准占有人侵害债务人的财产权,对债务人的财产损失承担侵权责任。(5)代理人超越代理权限免除被代理人的债务人对被代理人的债务。(6)第三人与债务人通谋妨害债权实现。第三人与债务人恶意串通,隐匿财产、设置财产担保,或者故意出具虚假证明提供违约的便利②,致使债权不能实现等行为,构成第三人与债务人的共同侵权。

【案例分析】

太原市外企服务公司诉山西日报社赔偿案③

原告太原市外企服务公司定于2000年5月25日在太原举行"华夏之夜"大型演唱

① 关于这几类行为,主要参见杨立新:《侵权行为法专论》,高等教育出版社2005年第1版,第180—182页。

② 实际案件如:孙某是原告某学校图书馆的助理馆员,申请自费出国留学,但因服务期未满而未获原告批准,后由被告乙厂出具假证明得以出国。原告学校遂起诉被告乙厂,法院判决原告胜诉。

③ 案例来源:太原市中级人民法院(2001)并民初字第62号民事判决。

会,为扩大影响,公司邀请当红歌星毛阿敏出席。同年5月17日,《山西晚报》引用成都媒体关于毛阿敏在日本突患急性阑尾炎并取消了其他两场国内演出的消息,刊文称"毛阿敏八成不来太原"。5月22日,演唱会主办方证实毛阿敏能按时到太原,《山西晚报》又刊发了有关"毛阿敏如期来太原"的消息。5月25日,毛阿敏如约出现在"华夏之夜"演出现场。事隔3个月后,太原市外企服务公司一纸诉状将《山西晚报》所属的山西日报社推上被告席,称由于被告刊发的不实消息,致使演唱会退票款达89万元。因此,要求被告赔偿其退票费等损失共计145万元。法院判决认为被告恶意侵害债权,造成重大损失,应承担赔偿损失的责任。法院认为被告应承担本案的侵权责任,判令被告山西日报社赔偿原告退票及增加的广告费经济损失合计87万余元,原告不服又上诉到山西省高级人民法院。

分析本案中第三人侵害债权的侵权责任构成要件。

第三人侵害债权的责任形态有三种类型:一是第三人单独侵权时的单独责任;二是第三人和债务人共同侵权时的连带责任;三是第三人侵权与债务人违约竞合时的不真正连带责任。第三人侵害债权的不真正连带责任可以发生在诱使违约的情况下,此时侵权责任和违约责任发生竞合,债权人既享有对第三人的侵权损害赔偿请求权,又享有对债务人的违约赔偿请求权。对这两个相互独立的请求权,债权人可以选择行使,当其中任何一个请求权得以实现时,另一个随之消灭。

第三人侵害债权责任具有一些特殊的抗辩事由。一是正当竞争的抗辩。一般而言,如果第三人凭借自身所具有的交易条件(如相对较低的价格、较长保修期的许诺等),并以正当的方式诱使债务人违反同原来债权人的合同并与第三人订约,因为其行为属于正当竞争的范畴,所以不能发生侵害债权责任。二是履行职责或忠告的抗辩。美国第二次《侵权法重述》第770条指出,如果出于履行法律上或者道义上的职责,没有使用不正当的手段而是为保护他人的利益,劝诱他人违反合同的行为应可以免责;如果第三人侵害债权的行为是为了促进社会利益,同样应该受到保护。律师、会计师、税务师等专家基于对相关问题的客观评估而对客户提供违约的建议,并致债务人最终决定对债权人违约,这种履行职责的行为就应构成第三人侵害债权责任的抗辩事由。忠告不一定属于履行职责的行为,是指行为人并非使用不法手段教唆他人违反合同,而是仅仅出于关心爱护债务人的原因劝说不要履行债务。英美法特有引诱违约与忠告违约之分,引诱违约属于侵害债权的行为,而忠告违约则不属于侵害债权的行为。①

---

① 参见刘迎霜:《第三人侵害债权制度研究》,载《甘肃政法成人教育学院学报》,2002年第4期。

（三）侵害继承权

继承权是指特定自然人依照法律的规定或被继承人遗嘱的指定，而享有的继承被继承人财产的权利。继承权的发生以法律的直接规定或合法有效的遗嘱为根据，以特定的身份关系（婚姻、血缘或收养等）为前提，但它在本质上是一种财产权。现代民法废除了古代继承制度中的身份继承和祭祀继承，所以继承专指财产继承，是自然人取得合法财产权利的重要根据。不过，这一财产权因体现出一定的身份性，而具有不可转让的性质——虽然继承人可以放弃。继承权的主体只能是自然人，法人、其他组织或国家可以成为受遗赠的主体，但不能成为继承权的主体。

侵害继承权的行为主要表现为：(1)对继承人实施暴力、胁迫、欺诈等行为使其放弃或接受继承遗产；(2)非法取消继承人资格，如属于第二顺序的继承人非法排斥了第一继承顺序继承人的继承权利；(3)在遗产分割之前，继承人中的一人或数人不顾其他继承人的合法权益而隐匿、侵吞或抢占或侵吞被继承人的全部遗产；(4)未经特定继承人的允许而非法处分未分割的遗产，如监护人损害被监护人的继承权；(5)遗产分割时未保留胎儿应继承的份额；(6)继承人之外的人非法侵占被继承人的遗产等。

继承权受侵害后，受害人可以请求侵权人承担恢复继承权、返还遗产、赔偿损失等侵权责任。

四、知识产权侵权责任

知识产权侵权责任是指侵害他人的知识产权而承担的侵权责任。知识产权属于无形财产权，一般包括著作权、商标权、专利权、发现权、发明权、域名专用权、技术秘密等其他智力成果权等内容。作为一种重要的民事权利，知识产权也是侵权行为的一种客体。由于知识产权的专业性和复杂性，知识产权侵权责任主要由知识产权单行法予以具体规定，《侵权责任法》只是在第2条表明著作权、商标权、专利权、发现权等知识产权属于《侵权责任法》保护和救济对象的“民事权益”的内容，知识产权侵权责任适用侵权责任的一般规则。另外，由于知识产权同时具有人身权和财产权的双重属性，对知识产权的侵害后果就表现为人身性知识产权损害和财产性知识产权损害。以下主要根据我国《著作权法》、《专利法》、《商标法》及其实施细则等的规定，对主要几种知识产权侵权责任加以简要叙述。

（一）侵害著作权

著作权是指著作权人对其作品享有的人身权和财产权的总和。相应的，侵害著作权的行为分为侵害著作人身权的行为和侵害著作财产权的行为两种。

按照《著作权法》第10条的规定，著作人身权有：(1)发表权，即决定作品是否公之于众的权利；(2)署名权，即表明作者身份，在作品上署名的权利；(3)修改权，即修改或者授权他人修改作品的权利；(4)保护作品完整权，即保护作品不受歪曲、篡改的权利。著作财产权有：(1)复制权，即以印刷、复印、拓印、录音、录像、翻录、翻拍等方式将作品制作一份或者多份的权利；(2)发行权，即以出售或者赠与方式向公众提供作品的原件或者复制件的权利；(3)出租权，即有偿许可他人临时使用电影作品和以类似摄制电影的方法创作的作品、计算机软件的权利，计算机软件不是出租的主要标的的除外；(4)展览权，即公开陈列美术作品、摄影作品的原件或者复制件的权利；(5)表演权，即公开表演作品，以及用各种手段公开播送作品的表演的权利；(6)放映权，即通过放映机、幻灯机等技术设备公开再现美术、摄影、电影和以类似摄制电影的方法创作的作品等的权利；(7)广播权，即以无线方式公开广播或者传播作品，以有线传播或者转播的方式向公众传播广播的作品，以及通过扩音器或者其他传送符号、声音、图像的类似工具向公众传播广播的作品的权利；(8)信息网络传播权①，即以有线或者无线方式向公众提供作品，使公众可以在其个人选定的时间和地点获得作品的权利；(9)摄制权，即以摄制电影或者以类似摄制电影的方法将作品固定在载体上的权利；(10)改编权，即改变作品，创作出具有独创性的新作品的权利；(11)翻译权，即将作品从一种语言文字转换成另一种语言文字的权利；(12)汇编权，即将作品或者作品的片段通过选择或者编排，汇集成新作品的权利；(13)应当由著作权人享有的其他权利。对以上著作财产权，著作权人可以许可他人行使或者转让(全部或者部分)，并依照约定或者法律规定获得报酬。

此外，出版者、表演者、录音录像制作者、广播电台、电视台等基于对他人作品的使用，还享有相应的著作权邻接权，如专有出版权、表演者权、录音录像权、广播放映权等。邻接权主要表现为财产权，但在表演者等权利中也包含一定的人身权益，如表明表演者身份的权利、保护表演形象不受歪曲等权利。

按照《著作权法》第46条的规定，以下行为都是侵害著作权的侵权行为：(1)未经著作权人许可，发表其作品的；(2)未经合作作者许可，将与他人合作创作的作品当作自己单独创作的作品发表的；(3)没有参加创作，为谋取个人名利，在他人作品上署名的；(4)歪曲、篡改他人作品的；(5)剽窃他人作品的；(6)未经著作权人许可，以展览、

① 为保护著作权人、表演者、录音录像制作者等权利人的信息网络传播权，国务院于2006年制定了《信息网络传播权保护条例》，在第26条规定，信息网络传播权是指以有线或者无线方式向公众提供作品、表演或者录音录像制品，使公众可以在其个人选定的时间和地点获得作品、表演或者录音录像制品的权利。

摄制电影和以类似摄制电影的方法使用作品，或者以改编、翻译、注释等方式使用作品的（另有规定的除外）；(7)使用他人作品，应当支付报酬而未支付的；(8)未经电影作品和以类似摄制电影的方法创作的作品、计算机软件、录音录像制品的著作权人或者与著作权有关的权利人许可，出租其作品或者录音录像制品的（另有规定的除外）；(9)未经出版者许可，使用其出版的图书、期刊的版式设计的；(10)未经表演者许可，从现场直播或者公开传送其现场表演，或者录制其表演的；(11)其他侵犯著作权以及与著作权有关的权益的行为。有上述侵权行为的，应当承担停止侵害、消除影响、赔礼道歉、赔偿损失等民事责任。

根据《著作权法》第47条的规定，加害人实施下列行为，由于可能损害公共利益，因此除了应该承担停止侵害、消除影响、赔礼道歉、赔偿损失等侵权责任外，还可能承担行政责任或者刑事责任，可以由著作权行政管理部门责令停止侵权行为，没收违法所得，没收、销毁侵权复制品，并可处以罚款；情节严重的，著作权行政管理部门还可以没收主要用于制作侵权复制品的材料、工具、设备等；构成犯罪的，依法追究刑事责任。(1)未经著作权人许可，复制、发行、表演、放映、广播、汇编、通过信息网络向公众传播其作品的，本法另有规定的除外；(2)出版他人享有专有出版权的图书的；(3)未经表演者许可，复制、发行录有其表演的录音录像制品，或者通过信息网络向公众传播其表演的，本法另有规定的除外；(4)未经录音录像制作者许可，复制、发行、通过信息网络向公众传播其制作的录音录像制品的，本法另有规定的除外；(5)未经许可，播放或者复制广播、电视的，本法另有规定的除外；(6)未经著作权人或者与著作权有关的权利人许可，故意避开或者破坏权利人为其作品、录音录像制品等采取的保护著作权或者与著作权有关的权利的技术措施的，法律、行政法规另有规定的除外；(7)未经著作权人或者与著作权有关的权利人许可，故意删除或者改变作品、录音录像制品等的权利管理电子信息的，法律、行政法规另有规定的除外；(8)制作、出售假冒他人署名的作品的。

著作权侵权责任的特殊的抗辩事由主要有合理使用、法定许可等。

合理使用即使用作品，可以不经著作权人许可，不向其支付报酬，但应当指明作者姓名、作品名称，并且不得侵犯著作权人享有的其他权利的制度。合理使用的情形主要在《著作权法》第22条作了规定：(1)为个人学习、研究或者欣赏，使用他人已经发表的作品；(2)为介绍、评论某一作品或者说明某一问题，在作品中适当引用他人已经发表的作品；(3)为报道时事新闻，在报纸、期刊、广播电台、电视台等媒体中不可避免地再现或者引用已经发表的作品；(4)报纸、期刊、广播电台、电视台等媒体刊登或者播放其他报纸、期刊、广播电台、电视台等媒体已经发表的关于政治、经济、宗教问题的时事性文章,但作者声明不许刊登、播放的除外;(5)报纸、期刊、广播电台、电视台等媒体刊登或者播放在公众集会上发表的讲话,但作者声明不许刊登、播放的除外;(6)为学校课堂教学或者科学研究,翻译或者少量复制已经发表的作品,供教学或者科研人员使用,但不得出版发行;(7)国家机关为执行公务在合理范围内使用已经发表的作品;(8)图书馆、档案馆、纪念馆、博物馆、美术馆等为陈列或者保存版本的需要,复制本馆收藏的作品;(9)免费表演已经发表的作品,该表演未向公众收取费用,也未向表演者支付报酬;(10)对设置或者陈列在室外公共场所的艺术作品进行临摹、绘画、摄影、录像;(11)将中国公民、法人或者其他组织已经发表的以汉语言文字创作的作品翻译成少数民族语言文字作品在国内出版发行;(12)将已经发表的作品改成盲文出版。

法定许可即可以不经著作权人许可,但应当按照规定支付报酬,指明作者姓名、作品名称,并且不得侵犯著作权人的其他权利的制度。根据《著作权法》第23条的规定,为实施九年制义务教育和国家教育规划而编写出版教科书,除作者事先声明不许使用的外,可以不经著作权人许可,在教科书中汇编已经发表的作品片段或者短小的文字作品、音乐作品或者单幅的美术作品、摄影作品,但应当按照规定支付报酬,指明作者姓名、作品名称,并且不得侵犯著作权人依照本法享有的其他权利。这样的规定同样适用于对出版者、表演者、录音录像制作者、广播电台、电视台的权利的限制。

侵害著作权的损害赔偿数额的计算较为复杂。根据《著作权法》第48条的规定,侵犯著作权或者与著作权有关的权利的,侵权人应当按照权利人的实际损失给予赔偿;实际损失难以计算的,可以按照侵权人的违法所得给予赔偿。赔偿数额还应当包括权利人为制止侵权行为所支付的合理开支。权利人的实际损失或者侵权人的违法所得不能确定的,由人民法院根据侵权行为的情节,判决给予50万元以下的赔偿。

【案例分析】

上海优度诉深圳迅雷侵害著作权纠纷案①

2006年12月28日,原告上海优度宽带科技有限公司以60万元的高额版权费用取得《伤城》影片的网络传播权和收益权,为保证影片档期内的票房不受影响,优度公司在公映一个月后才有权将《伤城》在自己的网站上线。但在2007年1月,在被告深圳市迅雷网络技术有限公司的迅雷网上出现了《伤城》的搜索链接服务。2007年6月

① 参见《中国青年报》2008年2月18日,《迅雷因盗链被判赔15万 首例深度链接下载败诉》。

21日,原告提起诉讼,要求被告赔偿其经济损失15万元,并承担诉讼费。被告认为,提供《伤城》的视频文件供他人下载的是被链接的第三方网站,迅雷网只是提供了搜索和链接服务,本身并没有侵犯原告的网络传播权。即使迅雷删除了这些链接,公众仍然可以直接通过那些被链接的网站而获得该《伤城》的视频文件。所以,本案的影片传播行为只是发生在用户与第三方网站之间。原告认为迅雷的情况与一般搜索不同,它属于"深度链接",所有的服务都是围绕资源下载,网页上有"热门电影TOP50",还专门设置了评论栏,并链接了电影海报图片,对影片内容进行简介。法院经审理后认为,被告立足于为全球互联网提供最好的多媒体下载服务,其对链接下载影视作品合法性的注意义务应当高于一般搜索引擎。从涉案影片链接设置的内容上看,被告网站特别实施了相关编辑行为,在对第三方网站链接的过程中,被告实施了"嵌入式框架技术",使第三方网站的内容直接为被告所用。第三方网站的"本站声明"清楚表明该网站提供涉案影片的侵权性质,而其页面顶端、页面尾部显示了"迅雷电影下载网"等字样,由此说明,该网站与被告网站之间存在联系。2008年2月3日,上海市浦东新区人民法院作出一审判决,被告迅雷公司应于判决生效之日起7日内赔偿原告优度公司经济损失人民币15万元。

分析侵害信息网络传播权的责任的特点。

(二)侵害专利权

专利权是指发明创造人或者权利受让人对其发明创造(发明、实用新型、外观设计等)在一定期限内依法享有的专有权和独占权。专利权的具体内容主要包含专利权人享有的自己实施、禁止他人实施其专利技术以及对自己的专利进行有权处分、在产品或者包装上注明专利标记等的具体权利。目前,调整专利侵权责任的法律依据主要有2009年最新修正实施的《专利法》及其实施细则,同时,《最高人民法院关于审理侵犯专利权纠纷案件应用法律若干问题的解释》也自2010年1月1日起施行。

根据我国《专利法》及其实施细则的规定,侵害专利权的行为主要有:(1)未经许可实施他人专利的行为。对他人享有专利权的专利,没有得到专利权人的许可而实施他人专利,应当承担专利侵权责任。一般来说,这类专利侵权行为须满足未经权利人许可和以生产经营为目的两个条件。根据《专利法》第11条的规定,实施他人专利的行为包括三种:一是制造、使用、许诺销售、销售或进口他人发明和实用新型专利产品;二是使用他人发明专利方法以及使用、许诺销售、销售或进口依照该方法直接获得的产品;三是制造、销售或进口他人外观设计专利产品的行为。(2)假冒他人专利的行为。在自己的发明上假冒他人注册的专利,主要是侵害专利权人的标记权,应当承担专利侵权责任。根据《专利法实施细则》的规定,假冒他人专利的行为包括四种具体形式:一是未经许可,在其制造或者销售的产品、产品的包装上标注他人的专利号;二是未经许可,在广告或者其他宣传材料中使用他人的专利号,使人将所涉及的技术误认为是他人的专利技术;三是未经许可,在合同中使用他人的专利号,使人将合同涉及的技术误认为是他人的专利技术;四是伪造或者变造他人的专利证书、专利文件或者专利申请文件。(3)其他侵害专利权的行为。比如"反向假冒"行为,即将合法取得的他人专利产品标注为自己的专利予以出售,这种行为显然不构成"假冒他人专利",但因为侵害了专利权人的标记权,所以仍应向被侵权人承担侵权责任。

专利侵权责任的特殊抗辩事由同样包括合理使用和强制许可等情形。

《专利法》第69条规定了"不视为侵犯专利权"即合理使用的行为,包括:(1)专利产品或者依照专利方法直接获得的产品,由专利权人或者经其许可的单位、个人售出后,使用、许诺销售、销售、进口该产品的;(2)在专利申请日前已经制造相同产品、使用相同方法或者已经作好制造、使用的必要准备,并且仅在原有范围内继续制造、使用的;(3)临时通过中国领陆、领水、领空的外国运输工具,依照其所属国同中国签订的协议或者共同参加的国际条约,或者依照互惠原则,为运输工具自身需要而在其装置和设备中使用有关专利的;(4)专为科学研究和实验而使用有关专利的;(5)为提供行政审批所需要的信息,制造、使用、进口专利药品或者专利医疗器械的,以及专门为其制造、进口专利药品或者专利医疗器械的。另外,需要注意的是第70条的规定:"为生产经营目的使用、许诺销售或者销售不知道是未经专利权人许可而制造并售出的专利侵权产品,能证明该产品合法来源的,不承担赔偿责任。"本款规定的情形其实还属于侵犯专利权的行为,只是法律基于侵权人的主观善意而规定免于承担其中的赔偿责任,侵权人依然要承担停止侵害的责任,否则就可能转化为故意侵犯专利权的责任了。

根据《专利法》第48条至第51条的规定,强制许可的情形有:(1)专利权人自专利权被授予之日起满3年,且自提出专利申请之日起满四年,无正当理由未实施或者未充分实施其专利的,国务院专利行政部门根据具备实施条件的单位或者个人的申请。(2)专利权人行使专利权的行为被依法认定为垄断行为,为消除或者减少该行为对竞争产生的不利影响的,可以给予实施发明专利或者实用新型专利的强制许可。(3)在国家出现紧急状态或者非常情况时,或者为了公共利益的目的,国务院专利行政部门可以给予实施发明专利或者实用新型专利的强制许可。(4)为了公共健康目的,对取得专利权的药品,国务院专利行政部门可以给予制造并将其出口到符合中华人民共和国参加的有关国际条约规定的国家或者地区的强制许可。(5)一项取得专利权的发明或者实用新型比前已经取得专利权的发明或者实用新型具有显著经济意义的重大技术进步,其实施又有赖于前一发明或者实用新型的实施的,国务院专利行政部门根据后一专利权人的申请,可以给予实施前一发明或者实用新型的强制许可。在依照前述规定给予实施强制许可的情形下,国务院专利行政部门根据前一专利权人的申请,也可以给予实施后一发明或者实用新型的强制许可。另外,根据第 52 条,强制许可涉及的发明创造为半导体技术的,其实施限于公共利益的目的和上述第(2)项规定的情形。第 53 条规定,除依照上述第(2)项、第(4)项规定给予的强制许可外,强制许可的实施应当主要为了供应国内市场。当然,根据第 57 条和第 58 条,取得实施强制许可的单位或者个人应当付给专利权人合理的使用费,或者依照中华人民共和国参加的有关国际条约的规定处理使用费问题。付给使用费的,其数额由双方协商;双方不能达成协议的,由国务院专利行政部门裁决。专利权人对国务院专利行政部门关于实施强制许可的决定不服的,专利权人和取得实施强制许可的单位或者个人对国务院专利行政部门关于实施强制许可的使用费的裁决不服的,可以自收到通知之日起 3 个月内向人民法院起诉。

侵害专利权的损害包括直接损失和间接损失,分别表现为直接的经济损失以及为制止侵权行为所支出的直接的合理开支、权利人预期利益的减少等。专利侵权的损害赔偿,应当使专利权人因侵权行为受到的实际损失能够得到合理的赔偿。《专利法》第 65 条规定了侵犯专利权的赔偿数额的计算标准,即:一是按照权利人因被侵权所受到的损失确定。因侵权人的侵权产品的销售而使专利权人的专利产品的销售量下降,所丧失的总利润即为专利权人的实际经济损失。二是按照侵权人因侵权所获得的利益确定。侵权人从每件侵权产品中获得的利润乘以在市场上销售的总数所得之积,即为侵权人所得的全部利润。三是被侵权人的损失或者侵权人获得的利益难以确定的,参照该专利许可使用费的倍数合理确定。对于上述三种计算方法,法院可以根据案情的不同情况选择适用。权利人的损失、侵权人获得的利益和专利许可使用费均难以确定的,人民法院可以根据专利权的类型、侵权行为的性质和情节等因素,确定给予一万元以上一百万元以下的赔偿。当然,当事人双方商定用其他计算方法计算损失赔偿额的,只要公平合理也是可以的。

(三)侵害商标专用权

商标专用权是指注册商标的所有人在核准的商品或者服务项目上使用其注册商标的权利,以及禁止其他人未经许可擅自在与核准商品或者服务项目相同或者类似的商品或者服务项目上使用与其注册商标相同或者类似商标的权利。

侵害商标专用权的侵权行为表现较多,根据《商标法》、《商标法实施条例》以及

《最高人民法院关于审理商标民事纠纷案件适用法律若干问题的解释》等规定，主要有：(1)未经注册商标所有人的许可，在同一种商品或者类似商品上使用与其注册商标相同或者近似的商标的；(2)销售明知是假冒注册商标的商品的；(3)伪造、擅自制造他人注册商标标识或者销售伪造、擅自制造的注册商标标识的；(4)给他人的注册商标专用权造成其他损害的；(5)在同一种或者类似商品上，将与他人注册商标相同或者近似的标志作为商品名称或者商品装潢使用，足以误导公众的；(6)故意为侵犯他人注册商标专用权行为提供仓储、运输、邮寄、隐匿等便利条件的；(7)将与他人注册商标相同或者相近似的文字作为企业的字号在相同或者类似商品上突出使用，容易使相关公众产生误认的；(8)复制、摹仿、翻译他人注册商标或其主要部分在不相同或者不相类似商品作为商标使用，误导公众，致使该驰名商标注册人的利益可能受到损害的；(9)将与他人注册商标相同或相近似的文字注册为域名，并且通过该域名进行相亲商品交易的电子商务，容易使相关公众产生误认的。

商标侵权责任的特殊抗辩事由包括合理使用等情形。(1)合理使用。《商标法实施条例》规定："注册商标中含有的本商品的通用名称、图形、型号，或者直接表示商品的质量、主要原料、功能、用途、重量、数量及其他特点，或者含有地名，注册商标专用权人无权禁止他人正当使用。"因此，在注册商标中对商品的通用名称、图形、地名、商品特点的描述性词汇等的正常使用行为，不构成侵害商标权。当然，合理使用的前提要求出于正当的目的，并不得损及商标权人的正常使用。(2)权利用尽。权利用尽有两个条件：一是标明注册商标的商品经权利人的许可而被合法地投入市场。二是商品的种类、品质、规格等级等没发生变化。(3)先用权与在先权利。先用权是指在商标权人提出商标注册申请之前，他人已善意使用与其商标相同或近似的标志并已具有相当的声誉，在申请人获得商标权后，先使用人有继续在其商品上使用该标志的权利。在先权利泛指在特定商标上的先于商标权产生的他人的民事权利（著作权、外观设计专利权、肖像权、商号权、地理名称权、姓名权等）。根据《商标法》第9条、第31条、第41条的规定，申请商标注册不得与他人在先取得的合法权利相冲突，不得损害他人现有的在先权利，也不得以不正当手段抢先注册他人已经使用并有一定影响的商标，否则，自商标注册之日起5年内，商标所有人或者利害关系人可以请求商标评审委员会审定撤销该注册商标。

侵害商标专用权的侵权责任方式同其他知识产权侵权责任类似。根据《商标法》第39条，有第38条所列侵犯注册商标专用权行为之一的，被侵权人可以向县级以上工商行政管理部门要求处理，有关工商行政管理部门有权责令侵权人立即停止侵权行为，赔偿被侵权人的损失，赔偿额为侵权人在侵权期间因所获得的利润或者被侵权人在被侵权期间因侵权所受到的损失。

（四）侵害发现权

发现权是指集体或者个人在探索阐明自然现象、特性或者规律的科学研究中，取得前人未知的、对科技发展有重大意义的成果而依法享有的权利。侵害他人的发现权造成损害的，应当承担停止侵害、赔偿损失等侵权责任。

五、股权侵权责任

（一）股权侵权责任的含义

股权侵权责任就是侵犯他人合法享有的股东权利并造成损害而应承担的过错侵权责任。

股权是指投资者因投资于公司成为公司股东而享有的权利。股权不仅仅是财产权或者社员权，而是一种综合性权利。股权根据行使目的和方式的不同可分为自益权和共益权两部分。自益权指股东基于自身利益诉求而享有的权利，可以单独行使，包括资产收益权、剩余财产分配请求权、股份转让权、新股优先认购权等；共益权指股东基于全体股东或者公司团体的利益诉求而享有的权利，包括股东会表决权、股东会召集权、提案权、质询权、公司章程及账册的查阅权、股东会决议撤销请求权等。

（二）侵害股权的行为

侵害股权的行为往往表现为大股东对中小股东利益的侵害，如：虚假出资；操纵发行价格；操纵利润分配，不分配或很少分配现金股利，以年薪或奖金的方式发放给自己派出的高级管理人员；披露虚假信息；侵吞公司和其他股东的财产，其中又包括利用发起人对资金的代管地位直接截留募集资金、直接挪用从属公司的资金作为控制股东对公司的投资或者作其他用途、控制股东"借用"从属公司的资金，无偿的、不安全的交易最终使从属公司背上了沉重的债务负担、控制股东要从属公司为其债务担保，使从属公司陷入债务旋涡、利用公司机会、控制股东强制处理股东股票；通过控制权转让获取溢价收入；利用控制地位与其他自己所有的企业进行关联交易，攫取公司的巨额财产等。此外，侵害股权的行为还经常发生在股权转让中，如有限责任公司股权转让不尽通知义务，导致其他股东未行使优先购买权；违反法律或公司章程转让股权、强制股东转让其所有的股权。在侵害股权中的非财产性的权利方面，表现为侵害股东参加股东会的权利、股东的表决权、股东会召集权、提案权、质询权、公司章程及账册的查阅权、股东会决议撤销请求权等行为。

（三）股权侵权责任

《侵权责任法》对股权侵权责任仅仅做了一般性的规定，如在第 2 条关于民事权益的列举中明确了股权可以成为侵权行为的客体，因而其责任的承担规则和责任方式等可以适用该法其他部分关于过错责任的一般规定。当然，侵害股权的民事责任还要按照《公司法》的相关规定承担。

第二节　商业侵权责任

一、侵害名称权

《民法通则》第 99 条第 2 款规定："法人、个体工商户、个人合伙享有名称权。企业法人、个体工商户、个人合伙有权使用、依法转让自己的名称。"名称，如个体工商户、个人合伙的字号以及公司、企业等的商号，类似于自然人的姓名①，是法人及其他组织等在社会活动中用以指称自身、区别他人的语言文字符号。名称权就是指法人及其他组织等享有的决定、使用、改变、转让自己的名称并排除他人非法干涉的权利。

侵害名称权的行为主要包括以下几种：(1)对名称权的非法干涉行为，如强制受害人使用或不使用某一名称，甚至强行干涉他人对名称的转让、变更等处分行为。(2)以冒用和盗用等非法手段使用他人名称的行为。(3)名称的故意混同行为。(4)不使用或不正当使用他人名称的行为。

侵害名称权的民事责任方式为停止侵害，恢复名誉，消除影响，赔礼道歉，并可以要求赔偿损失(不含精神损害)。按照《最高人民法院关于贯彻执行〈中华人民共和国民法通则〉若干问题的意见(试行)》第 151 条的规定，侵害他人名称权的，侵权人除了赔偿受害人损失外，其非法所得应当予以收缴。

二、侵权商誉

商誉即商事主体(法人、其他经济组织和个人)的名誉。如同自然人的名誉一样，

① 不同于姓名和姓名权的是，名称可以转让，从而名称权具有更强的财产性属性。

商誉也是一种正当社会评价。在法学上,商誉是指"某企业拥有的一种利益,源于该企业的名誉和与顾客的联系以及使顾客的联系得以保持的条件。它与其所隶属的企业不可分离,尤其取决于企业所有人或经理的人格或个人素质,也取决于企业的地理位置,或者取决于二者。它是一种可以买卖,可以遗嘱形式给予或可抵押的属人财产,其所有人可以通过参加假冒商品之诉来维护其权利。当企业终止时,商誉构成其财产的一部分;当企业破产时,它随财产一起移转给破产受托人。一般来说,它包括未登记的商标和商号。"①商誉是企业在市场竞争中的一种重要的无形资本。商誉权是民事主体对其在工商业活动中所创造的商誉享有利益而不受他人非法侵害的权利。②有关商誉权法律属性的认识主要有人格权说、一般知识产权说、知识产权兼人格权说、特殊财产权说等几种。

根据我国《反不正当竞争法》的规定,侵害商誉的加害人一般属于商事主体(经营者),这是认定商誉侵权的重要要件。只有从事商品经营或服务的商事主体实施的损害竞争对手商誉的行为才属于侵害商誉的行为,非商事主体实施的侮辱、诽谤、贬低的行为只能认定为一般的名誉侵权。但将商誉侵权主体仅限定于存在竞争关系的经营者,明显不利于对商誉权的保护。

侵害商誉权的行为表现为捏造虚伪事实或对真实事件采用不正当说法,损害竞争对手商誉的行为。侵害商誉权的损害表现为权利主体的社会评价降低,并由此造成了可能的财产性的实际损害。我国《反不正当竞争法》第20条规定了侵害商誉权的损害赔偿数额的计算标准,即一般按照受害人的实际损失计算,如果受害人的损失难以计算的,赔偿额为侵权人在侵权期间因侵权所获得利润,同时承担受害人因调查侵害其合法权益的不正当行为所支付的合理费用。

对商誉权的民法保护,在我国目前主要是采取间接保护的方式,即对侵害商誉权的行为一般确认为侵害法人人格权或者视为不正当竞争的行为而课以相应的侵权责任。③在法律层面,《民法通则》第120条规定了侵犯公民或法人的名誉权、荣誉权、姓名或名称权的规则,《商标法》第38条规定按照假冒商标、损害商标权的有关规定来处理商誉侵权,《反不正当竞争法》第14条规定经营者不得捏造、散布虚伪事实,损害竞争对手的商业信誉、商品声誉。在司法解释层面,《最高人民法院关于审理名誉权案件若干问题的解释》(1998)明确指出:"消费者对生产者、经营者、销售者的产品质量或者服务质量进行批评、评论,不应当认定为侵害他人名誉权。但借机诽谤、诋毁,损害其名

① [英]戴维·M.沃克:《牛津法律大辞典》,李双元等译,法律出版社2003年第1版,第479页。

② 参见吴汉东:《论商誉权》,载《中国法学》,2001年第3期。

③ 《刑法》还在第221条专门规定了侵害商誉的犯罪:"捏造并散布虚伪事实,损害他人商业信誉、商品声誉,给他人造成重大损失或其他严重情节的,处两年以下有期徒刑或拘役,并处或单处罚金。"

誉的,应当认定为侵害名誉权。新闻单位对生产者、经营者、销售者的产品质量或者服务质量进行批评、评论,内容基本属实,没有侮辱内容的,不应当认定为侵害其名誉权;主要内容失实,损害其名誉的,应当认定为侵害名誉权。因名誉权受到侵害使生产、经营、销售遭受损失予以赔偿的范围和数额,可以按照确因侵权而造成客户退货、解除合同等损失程度来适当确定。”此种行为并没有被明确认定为是商誉侵权,不能适用《反不正当竞争法》的有关规定,只能通过间接保护途径来实现侵权责任。

三、侵害商业秘密

商业秘密,根据《反不正当竞争法》第10条,是指不为公众所知悉、能为权利人带来经济利益、具有实用性并经权利人采取保密措施的技术信息和经营信息。此处所说的技术信息主要是指非专利技术信息,表现为生产配方、工艺流程、技术诀窍、设计图纸等,经营信息表现为管理方法、产销策略、客户名单、货源情报等。所谓“不为公众所知悉”,根据《最高人民法院关于审理不正当竞争民事案件应用法律若干问题的解释》(2006年12月30日由最高人民法院审判委员会第1412次会议通过,2007年2月1日起施行)第9条,是指不为其所属领域的相关人员普遍知悉和容易获得的有关信息。下列情形不构成“不为公众所知悉”:(1)该信息为其所属技术或者经济领域的人的一般常识或者行业惯例;(2)该信息仅涉及产品的尺寸、结构、材料、部件的简单组合等内容,进入市场后相关公众通过观察产品即可直接获得;(3)该信息已经在公开出版物或者其他媒体上公开披露;(4)该信息已通过公开的报告会、展览等方式公开;(5)该信息从其他公开渠道可以获得;(6)该信息无需付出一定的代价而容易获得。所谓“能为权利人带来经济利益、具有实用性”,根据上述司法解释第十条,是指有关信息具有现实的或者潜在的商业价值,能为权利人带来竞争优势。所谓“保密措施”,根据上述司法解释第11条,是指权利人为防止信息泄漏所采取的与其商业价值等具体情况相适应的合理保护措施。应当根据所涉信息载体的特性、权利人保密的意愿、保密措施的可识别程度、他人通过正当方式获得的难易程度等因素,认定权利人是否采取了保密措施。具有下列情形之一,在正常情况下足以防止涉密信息泄漏的,应当认定权利人采取了保密措施:(1)限定涉密信息的知悉范围,只对必须知悉的相关人员告知其内容;(2)对于涉密信息载体采取加锁等防范措施;(3)在涉密信息的载体上标有保密标志;(4)对于涉密信息采用密码或者代码等;(5)签订保密协议;(6)对于涉密的机器、厂房、车间等场所限制来访者或者提出保密要求;(7)确保信息秘密的其他合理措施。

侵害商业秘密的行为表现较多,并经常在买卖、承揽、委托、雇佣等合同关系场合中。根据《反不正当竞争法》第10条的规定，主要有：(1)以盗窃、利诱、胁迫或其他不正当手段获取的权利人的商业秘密；(2)披露、使用或者允许他人使用以前项手段获取的权利人的商业秘密；(3)违反约定或者违反权利人保守商业秘密的要求，披露、使用或者允许他人使用其所掌握的权利人和商业秘密。第三人明知或者应知前款所列违法行为，获取、使用或者披露他人的商业秘密，视为侵犯商业秘密。此外，《合同法》对存在合同关系情形下侵害商业秘密的行为作了规范。《公司法》、《劳动合同法》主要对存在雇佣关系的侵害商业秘密的行为进行规范。《公司法》第148条规定，董事、监事、高级管理人员应当遵守法律、行政法规和公司章程，对公司负有忠实义务和勤勉义务。第149条规定，董事、高级管理人员不得有未经股东会或者股东大会同意，利用职务便利为自己或者他人谋取属于公司的商业机会，自营或者为他人经营与所任职公司同类的业务；擅自披露公司秘密；违反对公司忠实义务的其他行为。董事、高级管理人员违反前述规定所得的收入应当归公司所有。《劳动合同法》第23条规定，用人单位与劳动者可以在劳动合同中约定保守用人单位的商业秘密和与知识产权相关的保密事项。对负有保密义务的劳动者，用人单位可以在劳动合同或者保密协议中与劳动者约定竞业限制条款，并约定在解除或者终止劳动合同后，在竞业限制期限内按月给予劳动者经济补偿。劳动者违反竞业限制约定的，应当按照约定向用人单位支付违约金。

侵害商业秘密责任的抗辩事由主要是商业秘密的获得手段合法，包括自行开发研制、合法购买、从公开渠道观察获得、合法接受许可获得及通过反向工程获得等。所谓“反向工程”，是指通过技术手段对从公开渠道取得的产品进行拆卸、测绘、分析等而获得该产品的有关技术信息。

侵害商业秘密的民事责任方式主要是停止侵害、赔偿损失。《最高人民法院关于审理不正当竞争民事案件应用法律若干问题的解释》(2006)第16条，人民法院对于侵犯商业秘密行为判决停止侵害的民事责任时，停止侵害的时间一般持续到该项商业秘密已为公众知悉时为止。依据前款规定判决停止侵害的时间如果明显不合理的，可以在依法保护权利人该项商业秘密竞争优势的情况下，判决侵权人在一定期限或者范围内停止使用该项商业秘密。第17条规定了损害赔偿额的确定标准，即可以参照确定侵犯专利权或者注册商标专用权的损害赔偿额的方法进行；因侵权行为导致商业秘密已为公众所知悉的，应当根据该项商业秘密的商业价值确定损害赔偿额，商业秘密的商业价值根据研究开发成本、实施该项商业秘密的收益、可得利益、可保持竞争优势的时间等因素确定。

【案例分析】

深圳市科尔设计有限公司诉被告方A等侵犯商业秘密不正当竞争案①

原告科尔公司的经营范围为提供设计服务，对其客户名单（包括了两百多家客户的名称、地址、联系人及职务等信息）采取了配备监控软件、签订《保密协议》等保密措施。被告方A、刘B、王C分别于2007年8月13日、7月9日、4月9日入职到原告处人事技术工作，入职当日都签订了《保密协议》，约定：保密信息为公司内部ID、MD技术文档、重要决策、客户信息及资料，保密协议有效期限为自双方签订协议之日起至双方解除劳动合同关系时止。被告方A、刘B、王C分别于2008年6月30日、7月5日、5月20日从原告处离职。被告王C离职后筹建A3工业设计有限公司（未办理营业执照），为多家公司等提供设计服务，被告方A、刘B协助被告王C工作。被告许D于2007年8月1日到原告处工作，任职项目管理员，入职当日也与原告签订了《保密协议》。2008年8月20日，许D因违反原告的保密规定，泄露原告部分客户名单，原告与许D协商达成以下协议：1.原告立即辞退许D；2.从2008年8月20日至2010年8月20日，许D不得在手机设计公司里担任任何职位，并删除目前拥有的原告的相关资料及信息，不对任何人泄密。此前方A就此事代许D向原告书写道歉信，内容为："首先感谢科尔设计给予许D一个工作平台，……因许D在科尔设计公司工作期间利用职务权利，泄露部分客户资料，影响运作及对内对外形象。在这里，我代表许D向科尔的全体员工及科尔老板表示正式的道歉……"被告许D离职后到A3工业设计公司与被告方A、刘B、王C一起工作。深圳市南山区人民法院判决认为，原告主张被告王C、刘B侵犯其商业秘密证据不足，不予支持。原告关于被告方A、许D侵犯其商业秘密的主张成立，但没有举证证明其因被告方A、许D侵权所受的损失或者证明被告方A、许D的侵权获利，根据原告商业秘密的商业价值、实施该商业秘密的收益、被告侵权情节等情况酌定原告的损失为人民币10万元，含诉讼合理支出。原告未能证明被告方A、许D侵权导致其商誉受损，所以其要求被告方A、许D在专业报刊上公开向原告赔礼道歉缺乏依据，不予支持。

分析侵害商业秘密的责任构成要件。

---

① 案例来源：深圳市南山区人民法院(2008)知民初字第125号民事判决书。

四、妨害经营[①]

妨害经营行为，就是在商业领域中，以故意或者过失的违法行为方式妨害他人正常经营活动，造成经营者经营利益损害的商业侵权行为。一般认为，妨害经营行为的受害主体必须是商主体，所侵害的客体为商主体的经营利益。

妨害经营侵权责任的构成要件为：(1)加害行为违反了法定义务或者违背善良风俗。行为人实施了这种侵权行为，造成了受害人的经营权的损害和经营利益的损失，违反了自己作为经营权义务主体的不可侵的法定义务，构成形式违法；如果行为人故意违背善良风俗致商主体经营权的损害，则构成实质违法。(2)造成经营者经营利益的损害。妨害经营与一般的财产损害不同，妨害经营的侵权行为不是直接针对财产权或者财产，而是针对创造财产的经营活动，所以，妨害经营侵权行为的损害事实表现为受害人的经营活动受到损害并进一步使其合法的经营利益受到侵害。妨害经营行为实施前后的经营状况具有明显的不利益的客观事实，例如顾客的明显减少，营业利润的明显减少等，即可认定为存在损害事实。这种损害一般是间接损失(学说上称为纯粹经济损失)，也可能造成直接损害(如为了挽回损害而采取补救措施所支出的费用)。(3)妨害经营行为与经营利益的损害之间具有因果关系。(4)加害人具有故意或者重大过失。

妨害经营行为的最常见的方式为物理上妨害企业经营，如堆放物料于商店门口，阻止顾客的出入、阻塞交通、破坏经营环境等。行为类别表现为：(1)恶意妨害，即故意以违法的行为或者违背善良风俗的行为，对他人的经营活动进行妨害，使其经营权和经营利益受到损害的侵权行为。(2)恶意联合抵制，即在商业活动中，两个或两个以上的经营主体联合起来，为了某种经济利益而恶意拒绝从事某种经营活动、购买某种商品或接受某种服务，造成被抵制经营主体经营权损害的侵权行为。(3)非法罢工，如占领工厂、阻止所有雇员进厂、阻止雇主雇佣其他工人维持营业运转、用暴力行动阻碍或封锁企业的出入通道、阻止本企业商品的自由流通等行为。(4)损害性评论，如传播有关经营者的虚假事实，对经营者发表不当评论，对经营者发表侮辱性言辞。

妨害经营行为的受害人有权请求加害人承担停止侵害、赔偿损失的侵权责任。

五、证券侵权

证券侵权行为是指上市公司、证券公司、中介机构等证券市场主体实施的虚假陈述、

① 参见杨立新、蔡颖雯：《论妨害经营侵权行为及其责任》，载《法学论坛》2004年第2期。

操纵市场、欺诈客户、内幕交易等给他人(投资者)造成损失的加害行为。证券侵权责任是违反了《证券法》、《公司法》等相关法律规定的义务而产生的侵权损害赔偿责任。《侵权责任法》对证券侵权责任没有做出明确规定,但不是说其不适用于证券侵权责任。《侵权责任法》第6条规定:“行为人因过错侵害他人民事权益,应当承担侵权责任。”这里的“行为人”就包含证券公司以及上市公司等,“因过错侵害他人民事权益”的行为就包括一切可能发生的证券侵权行为。当然,具体的侵权责任的规定主要是在《证券法》中。

证券侵权行为的情形较多,但以虚假陈述、操纵市场、欺诈客户、内幕交易等为主要形式。(1)虚假陈述。《证券法》第63条规定,发行人、上市公司依法披露的信息,必须真实、准确、完整,不得有虚假记载、误导性陈述或者重大遗漏。第69条规定,发行人、上市公司公告的招股说明书、公司债券募集办法、财务会计报告、上市报告文件、年度报告、中期报告、临时报告以及其他信息披露资料,有虚假记载、误导性陈述或者重大遗漏,致使投资者在证券交易中遭受损失的,发行人、上市公司应当承担赔偿责任;发行人、上市公司的董事、监事、高级管理人员和其他直接责任人员以及保荐人、承销的证券公司,应当与发行人、上市公司承担连带赔偿责任,但是能够证明自己没有过错的除外;发行人、上市公司的控股股东、实际控制人有过错的,应当与发行人、上市公司承担连带赔偿责任。(2)内幕交易。内幕交易又称内线交易,是指已发行证券的公司的内部成员及其他市场相关人员直接或间接的利用其地位、职务之便或控制关系,获取发行人尚未公开的但将对其证券价格有重大影响的信息,自己或通过他人进行证券交易,从中牟利或避免损失的行为。《证券法》第73条至第75条的规定,证券交易内幕信息的知情人和非法获取内幕信息的人不得利用内幕信息从事证券交易活动。内幕信息是指在证券交易活动中,涉及公司的经营、财务或者对该公司证券的市场价格有重大影响的尚未公开的信息。证券交易内幕信息的知情人包括:发行人的董事、监事、高级管理人员;持有公司百分之五以上股份的股东及其董事、监事、高级管理人员,公司的实际控制人及其董事、监事、高级管理人员;发行人控股的公司及其董事、监事、高级管理人员;由于所任公司职务可以获取公司有关内幕信息的人员;证券监督管理机构工作人员以及由于法定职责对证券的发行、交易进行管理的其他人员;保荐人、承销的证券公司、证券交易所、证券登记结算机构、证券服务机构的有关人员;国务院证券监督管理机构规定的其他人。(3)操纵市场。操纵市场是指证券市场中一个或某一组织,有意识的利用资金、信息媒体等优势或行政权利或个人影响,背离自由竞争和供求关系而人为制造证券行情,制造市场假象,诱使一般投资者作出错误的证券投资判断、盲目跟从买卖,企图获利或避免损失,或虽未获利但因此使投资观众的利益受到损害的行为。《证券法》第77条规定了下列被禁止的行为:单独或者通过合谋,集中资金优势、持股优势或者利用信息优势联合或者连续买卖,操纵证券交易价格或者证券交易量;与他人串通,以事先约定的时间、价格和方式相互进行证券交易,影响证券交易价格或者证券交易量;在自己实际控制的账户之间进行证券交易,影响证券交易价格或者证券交易量;以其他手段操纵证券市场。(4)欺诈客户。欺诈客户是指行为人在证券发行、交易及相关活动中利用其特殊地位,违背委托人、被代理人真实意思从事有损其利益的证券交易,以及诱导客户委托其代理进行证券买卖而从中渔利的不法行为。《证券法》第79条规定了证券公司及其从业人员的一些损害客户利益的欺诈行为:违背客户的委托为其买卖证券;不在规定时间内向客户提供交易的书面确认文件;挪用客户所委托买卖的证券或者客户账户上的资金;未经客户的委托,擅自为客户买卖证券,或者假借客户的名义买卖证券;为牟取佣金收入,诱使客户进行不必要的证券买卖;利用传播媒介或者通过其他方式提供、传播虚假或者误导投资者的信息;其他违背客户真实意思表示,损害客户利益的行为。《禁止证券欺诈行为暂时办法》和《股票发行与交易管理暂行条例》也分别对欺诈客户的行为做了规定。

实施欺诈客户行为,给投资者造成损失的,应当依法承担侵权损害赔偿责任。不过,我国在此类侵权损害的救济方面进展缓慢,甚至举步维艰。2001年初最高人民法院在颁布的《民事案由的规定(试行)》中明确规定了20余种证券市场民事纠纷案件的案由。但在2001年9月21日最高人民法院却又对证券市场上发生的因内幕交易、虚假陈述、操纵市场等侵权行为而引起的民事赔偿纠纷案件下发了“暂不受理”的通知。2002年初,最高人民法院终于颁布《关于受理证券市场因虚假陈述引发的民事侵权纠纷案件有关问题的通知》,其中明确规定对因虚假陈述侵犯投资者合法权益而发生的民事侵权索赔案件应予受理。2003年初出台的《最高人民法院关于审理证券市场因虚假陈述引发的民事赔偿案件若干规定》是审理证券民事赔偿案件适用法律的第一个系统性的司法解释,对现有的原则性的法律规定进行了细化。

第三节　网络侵权责任

一、网络侵权责任的含义与特征

网络侵权责任是指加害人以网络为侵权手段或媒介,侵害他人人身或者财产权益的一类综合性的过错侵权责任。所谓"加害人",主要包括网络用户、网络服务提供者两种。网络用户泛指使用网络的人。网络服务提供者又称在线服务提供者(即OSP),是为各类开放型的网络(主要指互联网)提供信息传播或中介服务的服务商,是网络空间重要的信息提供者或传播媒介。根据其提供服务类别的不同,可以分为网络内容服务提供者和网络中介服务提供者。网络内容服务提供者是主动向网络用户提供内容的网络主体,其法律地位与传统的出版者类似,应当对所上传内容的真实性与合法性负责,如果捏造虚假事实诽谤他人、发布侵犯著作权的影视作品等,就应当承担侵权责任。网络中介服务提供者又可以大致划分为基础网络设施经营者、接入和缓存服务提供者、信息存储空间提供者、搜索或链接服务提供者等。

与传统的过错侵权责任相比,网络侵权具有很多特殊性:一是侵权方式特殊,主要是通过网络特别是国际互联网对他人的权利进行侵犯;二是侵害对象的特殊性。与传统侵权行为相比,网络侵权行为除了和传统侵权行为一样都可能指向银行账户中的资金、名誉权、著作权等之外,还针对网络领域新产生的权利和利益,如以网络账号、博客、空间等为代表的各种网络虚拟财产。三是侵权行为及其责任较为复杂,责任认定和举证较为困难;四是侵权损害传播速度快,影响范围广,后果较为严重;五是侵权人和受害人也可能人数较多,并可能分布在不同国家或者地区;等等。

二、网络侵权责任的法律规定

在《侵权责任法》之前,最高人民法院曾于2000年制定了《关于审理涉及计算机网络著作权纠纷案件适用法律若干问题的解释》(2003年、2006年作过两次修改),共8个条文,对网络服务提供者在网络上实施的著作权侵权责任进行了初步的规定。

为保护著作权人、表演者、录音录像制作者等权利人的信息网络传播权,国务院于2006年制定了《信息网络传播权保护条例》,对侵害信息网络传播权的责任做了详细规定,并根据网络服务提供者的不同类型分别规定了不同的免责事由。

《侵权责任法》第36条第3款规定:"网络用户、网络服务提供者利用网络侵害他人民事权益的,应当承担侵权责任。网络用户利用网络服务实施侵权行为的,被侵权人有权通知网络服务提供者采取删除、屏蔽、断开链接等必要措施。网络服务提供者接到通知后未及时采取必要措施的,对损害的扩大部分与该网络用户承担连带责任。网络服务提供者知道网络用户利用其网络服务侵害他人民事权益,未采取必要措施的,与该网络用户承担连带责任。"本条第1款只对网络用户、网络服务提供者侵犯他人民事权益应当承担侵权责任作出了一般规定,加害人的行为是否应当承担侵权责任,需要根据第6条以及《著作权法》等其他法律、法规的有关规定来判断。应该指出的是,后两款中的"网络服务提供者"主要指的是网络中介服务提供者。第2款规定首次从法律上对"通知规则"进行原则性规定,侵权通知的形式、内容以及程序可以适用国务院《信息网络传播权保护条例》中的有关规定。第3款规定网络服务提供者知道网络用户通过其网络服务实施侵权行为时的侵权责任。

当然,虽然网络侵权责任具有一定的特殊性,但在法律适用上,在绝大多数情况下,《侵权责任法》关于一般侵权责任的相关规则是可以适用于网络侵权责任的,第36条只是针对网络侵权责任做了进一步的明确化规定而已。

三、网络侵权责任的性质与构成要件

网络侵权责任的性质是基于过错责任基础上的一般侵权责任。其构成要件需符合一般侵权责任的要求:(1)加害行为主要表现为网络用户利用网络侵害他人的民事权益的行为,以及网络服务提供者利用网络自己实施侵害他人民事权益的行为和对他人借助其提供的服务而实施的侵权行为不及时采取必要措施的行为。(2)受害人受到不同程度的人格或财产损害。(3)网络用户与网络服务提供者的加害行为与受害人的损害之间具有因果关系。(4)加害人主观上具有过错,包括故意和过失两种形态。

四、网络用户与网络服务提供者作为的侵权责任

网络用户与网络服务提供者作为的侵权责任是指网络用户与网络服务提供者分别或者共同利用网络侵害他人的民事权益的行为所产生的民事责任。此类行为主要表现为:传统上的侵害姓名权、肖像权、名誉权、隐私权等一般侵权行为;在网络的特殊情况下,又突出地表现为非法侵入他人电脑、非法截取他人传输的信息、擅自披露他人个人信息(如"人肉搜索")、大量发送垃圾邮件等人格侵权行为,以及窃取他人网络银行账户中的资金或者侵害网络虚拟财产(如窃取他人网络游戏装备、虚拟货币、即时通讯号码)等财产侵权行为;还表现为侵犯他人著作权、商标权等知识产权侵权行为,如擅自将他人作品进行数字化传输、规避技术措施、侵犯数据库、在网站上使用他人商标、恶意抢注与他人商标相同或相类似的域名等行为。

此类行为的侵权责任是加害人自己实施的积极侵权行为的一般责任。当然,如果二者共同实施了积极侵权行为,例如,《最高人民法院关于审理涉及计算机网络著作权纠纷案件适用法律若干问题的解释》第三条规定的"网络服务提供者通过网络参与他

人侵犯著作权行为，或者通过网络教唆、帮助他人实施侵犯著作权”的行为，就与其他行为人或者直接实施侵权行为人承担共同侵权责任。

五、网络服务提供者不作为的连带责任

（一）网络服务提供者连带责任的基础

网络服务提供者不作为的连带责任是指网络服务提供者（主要是中介服务提供者）对他人借助其提供的服务而实施的侵权行为疏于采取必要措施所应承担的民事责任。网络中介服务者的侵权行为主要表现为一种不作为，即知道他人借助其提供的中介服务而实施侵权行为后违反了对他人合法权益的保护协助义务并致人损害发生或者扩大的行为。网络服务提供者违反了法定的作为义务，并与他人的积极侵权行为相结合而致人产生或扩大了损害，就应与实际侵权人一起承担相应范围内的连带责任。对这一连带责任，《侵权责任法》第36条规定了以下两种可以适用的规则。

（二）通知与取下规则

《侵权责任法》第36条第2款规定：“网络用户利用网络服务实施侵权行为的，被侵权人有权通知网络服务提供者采取删除、屏蔽、断开链接等必要措施。网络服务提供者接到通知后未及时采取必要措施的，对损害的扩大部分与该网络用户承担连带责任。”被侵权人在知道自己被侵权后，有权通知网络服务提供者其网站上的内容侵权，要求其及时采取删除、屏蔽、断开链接等必要措施。所谓“及时”，应该理解为网络服务提供者在接到被侵权人通知后的合理时间内。所谓“必要措施”，根据所提供的技术服务的类型不同，不同类型的网络服务提供者在接到侵权通知后所应采取的“必要措施”也应有所区别。对于提供信息存储空间、搜索、链接服务的网络服务提供者，其在接到侵权通知后，应当对侵权信息采取删除、屏蔽、断开链接等必要措施；对于提供接入、缓存服务的网络服务提供者，其在接到侵权通知后，应当在技术可能做到的范围内采取必要措施，如果采取这些措施会使其违反普遍服务义务，在技术和经济上增加不合理的负担，该网络服务提供者可以将侵权通知转送相应网站。由于所有网络信息都须经由接入服务进行传输，很多权利人都会要求接入服务提供者删除侵权信息，如果不对此类服务提供者采取必要措施的义务进行必要的限制，可能会妨碍网络产业的正常发展。①如果网络服务提供者未及时采取这样的必要措施，属于对网络用户侵权行为的放

---

① 参见全国人大法工委民法室：《〈中华人民共和国侵权责任法〉条文解释与立法背景》，人民法院出版社2010年1月第1版，第153页。

任,以自己的不作为而与侵权人的作为相结合构成共同侵权行为,对因此而扩大的损害部分,必须与侵权网络用户承担连带责任。

当然,如果被采取必要措施的网络用户认为其发布的信息没有侵犯他人合法权益,则可以采取“反通知”程序,即要求网络服务提供者恢复信息,并且在其证明不存在侵权行为的情况下,发出通知的人应当对其由此而造成的损失承担赔偿责任。①

通知与取下规则最早规定于美国1998年的《千禧年数据版权法案》(DMCA),我国最高人民法院在《关于审理涉及计算机网络著作权纠纷案件适用法律若干问题的解释》(2006)第4条中也曾作出过这样的规定:“提供内容服务的网络服务提供者,或者经著作权人提出确有证据的警告,但仍不采取移除侵权内容等措施以消除侵权后果的,人民法院应当根据民法通则第130条的规定,追究其与该网络用户的共同侵权责任。”国务院《信息网络传播权保护条例》(2006)第14条对这一规则及其程序作出了详细的规定:“对提供信息存储空间或者提供搜索、链接服务的网络服务提供者,权利人认为其服务所涉及的作品、表演、录音录像制品,侵犯自己的信息网络传播权或者被删除、改变了自己的权利管理电子信息的,可以向该网络服务提供者提交书面通知,要求网络服务提供者删除该作品、表演、录音录像制品,或者断开与该作品、表演、录音录像制品的链接。通知书应当包含下列内容:(一)权利人的姓名(名称)、联系方式和地址;(二)要求删除或者断开链接的侵权作品、表演、录音录像制品的名称和网络地址;(三)构成侵权的初步证明材料。权利人应当对通知书的真实性负责。”第15条规定:“网络服务提供者接到权利人的通知书后,应当立即删除涉嫌侵权的作品、表演、录音录像制品,或者断开与涉嫌侵权的作品、表演、录音录像制品的链接,并同时将通知书转送提供作品、表演、录音录像制品的服务对象;服务对象网络地址不明、无法转送的,应当将通知书的内容同时在信息网络上公告。”

(三) 知道规则

《侵权责任法》第36条第3款规定:“网络服务提供者知道网络用户利用其网络服务侵害他人民事权益,未采取必要措施的,与该网络用户承担连带责任。”与第2款不同的是,网络服务提供者对网络用户利用其网络实施侵权行为已经“知道”,所以不需要被侵权人的“通知”,当然,被侵权人必须举证证明其已经“知道”。如果证明不了其“知道”,则可以采取第二款规定的措施,“通知”网络服务提供者,让其“知道”侵权行

① 《信息网络传播权保护条例》第24条规定:“因权利人的通知导致网络服务提供者错误删除作品、表演、录音录像制品,或者错误断开与作品、表演、录音录像制品的链接,给服务对象造成损失的,权利人应当承担赔偿责任。”《最高人民法院关于审理涉及计算机网络著作权纠纷案件适用法律若干问题的解释》第8条第2款规定:“著作权人指控侵权不实,被控侵权人因网络服务提供者采取措施遭受损失而请求赔偿的,人民法院应当判令由提出警告的人承担赔偿责任。”

为正在发生，要求其采取删除、屏蔽、断开链接等必要措施。

“知道”的标准如何判断？法律难以规定一个普遍适用的标准，应当在具体案件中综合各种因素，以一个合理标准去判断，在促进网络行业健康发展与保护权利人合法权益之间寻找合适的平衡点。在掌握判断标准时应当遵循以下要求：①

一是根据提供技术服务的网络服务提供者的类型不同，判断标准应当有所不同。相比提供其他服务的此类网络服务提供者，认定提供接入、缓存服务的网络服务提供者“知道”的标准应当更加严格。接入服务连接着网站和网络用户，所有网络信息包括侵权信息都需要通过接入服务才能得以传输，但这种传输是即时的，信息量十分庞大，该类型网络服务提供者无法一一核实，如果认定标准过于宽泛，可能会使得接入服务提供者承担过重的责任，影响普遍接入服务。

二是根据保护对象的不同，判断标准也应当有所不同。对于著作权而言，除非侵权信息十分明显，只要网络服务提供者没有对网络用户上传的信息进行人工编排等，一般不应认定构成侵权行为。涉嫌诋毁他人名誉、不当使用他人肖像、违法公布他人个人信息等行为，不经法院审理，有时难以准确判断是否是侵权行为，网络服务提供者不是司法机关，不应当要求其具有专业的法律素养，更不能要求其一一核实用户发布的信息，通常认为不应属于侵权信息即可免除责任。

三是提供技术服务的网络服务提供者没有普遍审查义务。在审判实践中，应当谨慎认定此类网络服务提供者“知道”网络用户利用其网络服务实施侵权行为。如果判断标准过宽，可能会使网络服务提供者实际上承担了普遍审查的义务。事实上，由于网络具有开放性，网络信息十分庞杂，要求此类网络服务提供者逐一审查，可能大量增加网络服务提供者的运营成本，阻碍网络产业的发展，美国 DMCA 以及欧盟电子商务指令也都规定，网络服务提供者不具有监视其传输或储存信息的义务，也不应赋予其寻找不法活动的事实或情况的义务。

（四）连带责任的承担规则

网络服务提供者与网络用户所承担的连带责任，适用侵权责任法中关于连带责任的相关规则。在实践中，被侵权人因找不到直接侵权的网络用户②而可能只起诉网络

① 参见全国人大法工委民法室：《〈中华人民共和国侵权责任法〉条文解释与立法背景》，人民法院出版社2010年1月第1版，第155页。

② 此时，网络服务提供者有义务协助查找侵权人。《最高人民法院关于审理涉及计算机网络著作权纠纷案件适用法律若干问题的解释》第5条规定：“提供内容服务的网络服务提供者，对著作权人要求其提供侵权行为人在其网络的注册资料以追究行为人的侵权责任，无正当理由拒绝提供的，人民法院应当根据民法通则第106条的规定，追究其相应的侵权责任。”

服务提供者，这符合《侵权责任法》第13条和第14条规定的连带责任的规则。连带责任的范围，一是第二款规定的“损害的扩大部分”，二是第3款规定的全部损害。承担连带赔偿责任后，连带责任人内部存在着责任份额的问题，应当依照《侵权责任法》第14条第1款规定，根据责任大小即根据网络服务提供者的行为的原因力和过错程度，确定其适当的赔偿份额。网络服务提供者在承担了超出自己责任范围的赔偿责任之后，有权向利用网络实施侵权行为的网络用户追偿。

【案例分析】

王菲诉大旗网等“人肉搜索”第一案①

2007年12月，北京发生姜某跳楼自杀事件，自杀前她在博客“死亡日记”中称丈夫王菲的婚外情令其痛不欲生。网民对王菲发起“人肉搜索”。王菲因此将传播博客、公布其信息的三家网站起诉至法庭。2008年12月18日，北京市朝阳区人民法院一审判定，大旗网与“北飞的候鸟”创办人张某侵权成立，赔偿王菲精神损失等9 367元并在网站公开道歉，而天涯网因在合理期限及时删除了相关内容，被判免责。

分析“人肉搜索”等网络侵权责任的特殊性，理解《侵权责任法》第36条规定的两种规则的适用。

六、责任限制

为了不至于因保护权利人的权益而致网络行业发展受到不应有的阻碍，立法中一般都会对网络服务提供者的责任加以限制。②1998年美国国会通过的《千禧年数据版权法案》（简称DMCA）第二部分“网络版权侵权责任限制”增订了《美国著作权法》第512条，明文规定了四种类型网络服务提供者承担著作权侵权责任的限制事由。网络服务提供者要想适用DMCA规定的责任限制，首先需要符合该法第（I）款的规定：（1）采取适当措施并通知用户，对反复侵权人采取停止服务的措施；（2）采用而且不干涉标准技术性措施。还分别对提供临时性数字网络传输服务的网络服务提供者、提供系统缓存服务的网络服务提供者、提供信息存储服务的网络服务提供者、提供信息定

① 案例来源于《法制日报》2008年12月24日报道《中国“人肉搜索”第一案宣判 原告胜诉获精神损害抚慰金》。

② 关于美国、欧盟和台湾地区立法的介绍，参见全国人大法工委民法室：《〈中华人民共和国侵权责任法〉条文解释与立法背景》，人民法院出版社2010年1月第1版，第143—148页。

位工具服务的网络服务提供者规定了不同的免责条件。欧盟于2000年6月8日通过《电子商务指令》(2000/31/EC),并于同年7月15日公布施行。指令分三种类型规定了免责条件:一是提供单纯通道服务的网络服务提供者的免责条件:(1)未发起该传输;(2)未选择传输接收人;(3)未选择或修改传输信息。二是提供系统快速存取服务的网络服务提供者的免责条件:(1)未修改信息;(2)遵守接收信息的条件;(3)遵守工业广泛承认并使用的信息更新规则;(4)没有干涉合法使用被工业广泛承认并采用的技术去获取信息使用的资料;(5)实际知悉信息的最初来源已被删除或屏蔽,或者法院、行政机关命令删除或屏蔽时,应立即删除或屏蔽该信息。三是提供主机服务的网络服务提供者的免责条件:(1)未实际知悉违法信息或活动,并且在有关损害赔偿的请求上,未察觉该违法信息或活动具有显而易见的事实或情况;(2)在实际知悉或意识到之后,立即删除或屏蔽该信息。我国台湾地区于2009年5月13日对著作权法进行了修改,此次修改在参考各国做法的基础上,在网络环境中赋予网络服务提供者"责任避风港",一方面使著作权人或制版权人得以依法要求网络服务提供者移除网络流通之侵权数据,而另一方面网络服务提供者亦可依法针对使用者涉有侵害著作权及制版权之行为,主张不负损害赔偿责任。根据该法规定,网络服务提供者援引"责任避风港"免除赔偿责任需要首先符合下列条件:(1)以契约、电子传输、自动侦测系统或其他方式,告知使用者其著作权或制版权保护措施,并确实履行该保护措施。(2)以契约、电子传输、自动侦测系统或其他方式,告知使用者若有三次涉有侵权情事,应终止全部或部分服务。(3)公告接收通知文件之联系窗口信息。(4)执行第三项之通用辨识或保护技术措施。同时,也分类规定了具体的免责条件。

我国《信息网络传播权保护条例》分四种类型而规定了不同的免责条件。一是提供网络接入服务的网络服务提供者的免责条件:(1)未选择并且未改变所传输的作品、表演、录音录像制品;(2)向指定的服务对象提供该作品、表演、录音录像制品,并防止指定的服务对象以外的其他人获得。二是提供缓存服务的网络服务提供者的免责条件:(1)未改变自动存储的作品、表演、录音录像制品;(2)不影响提供作品、表演、录音录像制品的原网络服务提供者掌握服务对象获取该作品、表演、录音录像制品的情况;(3)在原网络服务提供者修改、删除或者屏蔽该作品、表演、录音录像制品时,根据技术安排自动予以修改、删除或者屏蔽。三是提供信息存储空间服务的网络服务提供者的免责条件:(1)明确标示该信息存储空间是为服务对象所提供,并公开网络服务提供者的名称、联系人、网络地址;(2)未改变服务对象所提供的内容;(3)不知道也没有合理的理由应当知道服务对象提供的内容侵权;(4)未从服务对象提供的内容中直接获得经济利益;(5)在接到权利人的通知书后,删除权利人认为侵权的内容。四是提供搜索和链接服务的网络服务提供者的免责条件:在接到权利人的通知书后,断开与侵权的作品、表演、录音录像制品的链接的,不承担赔偿责任;但是,明知或者应知所链接的作品、表演、录音录像制品侵权的,应当承担共同侵权责任。

第四节 违反安全保障义务的侵权责任

一、违反安全保障义务的侵权责任的含义与特征

违反安全保障义务的侵权责任是指行为人违反了对他人应尽的法定或约定的安全保障义务,造成他人人身或者财产权益的损害,而应当承担的侵权责任。

所谓"安全保障义务",其基本含义可以表述为:开创或持续某一危险源之人负有的依情形采取必要且具期待可能性的防范措施以保护他人免遭此种危险的义务。①安全保障义务又被称为(译为)安全注意义务②、安全关照义务③、交易(或交往)安全义务④等,属于侵权责任法理论上的"注意义务"的范畴。注意义务就是,在社会交往中,一个理性人应该合理行为,以避免损害或者危险发生的谨慎义务,对这种义务的违反被视为过失。这种注意义务来自法律的明确规定、行为人的约定以及一个理性的人应当保有的一般关注义务。⑤安全保障义务的内容主要是针对他人的人身和财产安全的保护,可以根据所在行业、所在地区以及所组织活动的具体情况,如行业惯例、活动规模、是否付费、安保能力、防范可能性、救助措施等各种因素,进行综合判断。

所谓"行为人",即作为侵权人的特定的安全保障义务主体。在我国目前,按照《侵权责任法》第37条的规定,主要指的是:(1)宾馆、商场、银行、车站、娱乐场所等公共场所的管理人;(2)群众性活动的组织者。公共场所包括以公众为对象进行商业性经营的场所,也包括对公众提供服务的场所,如宾馆、商场、银行、车站、机场、码头、公园、公共餐厅、娱乐场所等。二是群众性活动的组织者。群众性活动是指法人、其他组织或

① 参见林美惠:《侵权行为法上交易安全义务之研究》,台湾大学法律学研究所2000年博士论文,第37页。
② 参见王泽鉴:《侵权行为法》(第一册),中国政法大学出版社2001年第1版,第94页。
③ 参见刘士国:《安全关照义务论》,载《法学研究》,1999年第5期。
④ 参见李昊:《交易安全义务论:德国侵权行为法机构变迁的一种解读》,北京大学出版社2008年第1版,第1—3页。
⑤ 有关注意义务的详细分析,参见本书第三章第五节的内容。

者个人面向社会公众举办的参加人数较多的活动，如集会、体育运动会、演唱会等文艺演出活动、展会、游园、灯会、庙会、焰火晚会、公开招聘会等活动。安全保障义务主体以经营者为主体，但不限于经营者，在一定的情况下，学校、医院等教育、医疗机构也应被视为安全保障义务主体（公共场所的管理人）。

所谓"他人"，即作为受害人的不特定的人（或第三者），属于安全保障权利主体。安全保障义务对应的权利主体与安全保障义务主体之间应存在某种特定的法律关系，即某种特定的法定或约定的安全保障权利义务关系。在《侵权责任法》起草过程中，是否要在法律中作出明确规定曾有不同意见。有的建议规定为"顾客或参与活动者"或者"进入公共场所或者参与活动的人"，有的建议规定为"合法进人公共场所或者参加活动的人"，有的建议不作明确规定。司法实践中的情况较为复杂，如仅仅进人商场上洗手间、问路或者躲雨的人能不能界定为顾客、上错了公交车又准备下车的人是否属于保护对象、特别是对于非法进入者如到宾馆里打算偷窃的人是否给予保护等问题，争议就很大。在法律中明确哪些人属于保护对象较为困难，因此，《侵权责任法》对安全保障义务的保护对象仅仅规定为"他人"，没有明确具体的范围，实践中哪些人属于保护对象应根据具体情况判断。①

违反安全保障义务的侵权责任的特征有：（1）属于基于过错的一般侵权责任。（2）属于典型的不作为侵权责任。（3）在责任的具体表现形式上分为基于自己行为的最终责任和基于他人行为的补充责任。（4）属于具有高度的概括性和包容性的责任类型，在一定的情况下法律可能对其中的部分情形做出具体的特别规定（如学校等教育机构的责任）。

二、违反安全保障义务的侵权责任的法律规定

大陆法系的立法中对违反安全保障义务的侵权责任基本上没有做出一般性规定。德国的"交易安全义务"制度主要是通过法院的判例而形成的，法国的"保安义务"、日本的"安全关照义务"制度同样如此。在英美侵权法中，类似的概念是作为过失的判断前提的"注意义务"，相关判例较多。

在我国，《最高人民法院关于审理人身损害赔偿案件适用法律若干问题的解释》（2003）第6条规定："从事住宿、餐饮、娱乐等经营活动或者其他社会活动的自然人、法人、其他组织，未尽合理限度范围内的安全保障义务致使他人遭受人身损害，赔偿权利

---

① 参见全国人大法工委民法室：《〈中华人民共和国侵权责任法〉条文解释与立法背景》，人民法院出版社2010年1月第1版，第158页。

人请求其承担相应赔偿责任的,人民法院应与支持。因第三人侵权导致损害结果发生的,由实施侵权行为的第三人承担赔偿责任。安全保障义务人有过错的,应当在能够防止或者制止损害的范围内承担相应的补充赔偿责任。安全保障义务人承担责任后,可以向第三人追偿。赔偿权利人起诉安全保障义务人的,应当将第三人作为共同被告,但第三人不能确定的除外。"这是我国最早涉及违反安全保障义务的侵权责任的司法依据,不过它规定的内容主要限于人身安全保障义务方面。

《侵权责任法》第37条第1款规定:"宾馆、商场、银行、车站、娱乐场所等公共场所的管理人或者群众性活动的组织者,未尽到安全保障义务,造成他人损害的,应当承担侵权责任。"第2款规定:"因第三人的行为造成他人损害的,由第三人承担侵权责任;管理人或者组织者未尽到安全保障义务的,承担相应的补充责任。"这是最新的完整的违反安全保障义务的侵权责任的法律依据。

三、违反安全保障义务的侵权责任的构成要件

构成违反安全保障义务的侵权责任,必须具备以下一般侵权责任的要件:

(一)加害行为

加害行为的方式只能是违反了特定的作为义务的不作为。安全保障义务的目的是以作为的形式来保护他人的人身和财产安全,义务人必须采取一定的行为而使相关的他人免受侵害。此种特定的作为义务,表现为法律规定的义务、合同义务,以及基于诚实信用原则或先行行为等引发的义务。《消费者权益保护法》第18条规定:"经营者应当保证其提供的商品或者服务符合保障人身、财产安全的要求。对可能危及人身、财产安全的商品和服务,应当向消费者作出真实的说明和明确的警示,并说明和标明正确使用商品或者接受服务的方法以及防止危害发生的方法。经营者发现其提供的商品或者服务存在严重缺陷,即使正确使用商品或者接受服务,仍然可能对人身、财产安全造成危害的,应当立即向有关行政部门报告和告知消费者,并采取防止危害发生的措施。"《物业管理条理》第36条规定:"物业管理企业应当按照物业服务合同的约定,提供相应的服务。物业管理企业未能履行物业服务合同的约定,导致业主人身、财产安全受到损害的,应当依法承担相应的法律责任。"这些都是法律规定的义务,如果没有法律规定的义务和合同明确约定的义务,则安全保障义务的内容的判断就是一个难题了。实际上,安全保障义务主体的范围很广,对不同保护对象所负有的安全保障义务的内容也是不完全相同的,因此在法律中也无法明确、统一的规定其具体内容。

安全保障义务的具体内容要根据行为人所提供的特定场合或活动的具体情况，根据行为时应该达到的合理注意的程度而做具体判断。

违反安全保障义务的加害行为包括但不限于以下几种类型：(1)服务或者活动场所的设施没有达到安全保障的要求而造成他人损害的行为，如商场因楼梯断裂致人损害。(2)管理人或者组织者在服务或者活动中未尽安全提示等义务而造成他人损害的行为，如因玻璃门窗没有提示标识而致人撞伤，或者公共浴池的经营者对醉酒的人没有尽到劝阻就浴的义务而致人死亡等情形。(3)未尽防范、制止第三人侵害的安全保障义务而造成他人损害的行为，如储户在银行营业大厅内取款时遭遇抢劫，银行保安人员未尽保安义务而致客户财产或者人身损害。(4)未尽因先行行为所产生的救助义务而造成他人损害的行为，如酒店对在其店内大量饮酒的顾客未尽善意救助义务而致人损害。

(二) 损害事实

违反安全保障义务的行为所造成的损害事实包括受害人的人身损害和财产损害。

(三) 因果关系

加害行为与损害事实之间具有相当的因果关系。违反安全保障义务的侵权责任的因果关系较为复杂，一是表现为不作为的加害行为是引起损害的唯一原因，这种因果关系没有被介入因素打断，是单一的因果关系；二是在义务人未尽安全保障义务的情况下，由于第三人实施侵权行为造成他人的损害时，不作为只是损害结果产生或扩大的原因之一，第三人行为成为介入因素，属于复合因果关系(多因一果)。针对后一情形，要运用责任范围的因果关系原理，根据原因力(行为对损害的发生所起的作用)比例或者过错大小而做出安全保障义务人的侵权责任的大小，即确定法律规定的“承担相应的补充责任”范围。

(四) 过错

行为人具有过失。违反安全保障义务的行为人的过错主要是过失，即对自己注意义务的违反，但也可能是故意。对过错的认定存在客观化的趋势，《人身损害赔偿案件若干问题的解释》第 6 条的规定的就是客观判断标准，即根据经营者或者组织者、管理者“未尽合理限度范围内的安全保障义务”的事实本身就可以认定为过错(主要是过失)。但“合理限度”是一个抽象的概念，只能在个案中根据具体情况来确定。

四、违反安全保障义务的侵权责任的类型

根据《侵权责任法》第37条的规定，违反安全保障义务的侵权责任的类型有两种，即本条第1款所指的最终责任和第2款所指的补充责任。①如果损害结果的发生没有第三人行为的介入，安全保障义务人应当自己承担全部侵权责任；如果有第三人行为的介入，首先也应由该第三人——直接侵权人——承担民事责任，只是在无法确定加害人以及加害人不能或不足以承担全部赔偿责任的情况下，安全保障义务人才在"能够防止或者制止损害的范围内"承担相应的补充赔偿责任。

对这一规定的理解，应当注意的是：(1)第三人的侵权责任和安全保障义务人的补充责任有先后顺序。在第三人作为侵权和安全保障义务人不作为共同构成他人的损害的原因力时，首先应由第三人承担侵权责任，如果第三人已经全部承担侵权责任，则安全保障义务人不再承担侵权责任。(2)安全保障义务人承担的补充责任是有限的连带赔偿责任。对于第三人不能承担的全部或部分侵权责任，安全保障义务人不是全部连带地承担下来，而只是在其"未尽到安全保障义务的范围内"承担相应的份额。

五、违反安全保障义务的侵权责任的抗辩事由

违反安全保障义务的侵权责任的抗辩事由可以适用侵权责任法上的一般抗辩事由，但是因违反安全保障义务的事实本身即可视为过错，很难根据正当理由的抗辩而阻却其不作为行为的违法性，所以可能只有外来原因的抗辩才具有实际意义。外来原因主要表现为损害的发生不是被告的行为而是外在于被告的原因所致，侵权责任构成中的因果关系被切断，如不可抗力、受害人过错等。但是，第三人行为(过错)不能成为违反安全保障义务的侵权责任的抗辩事由，充其量只能成为确定"相应的补充责任"的范围的考量因素。

【案例分析】

王利毅、张丽霞诉上海银河宾馆赔偿纠纷案②

原告王利毅、张丽霞之女王翰入住上海银河宾馆。当日下午一犯罪分子进入宾馆

① 参见本书第五章第一节相关内容。

② 案例来源：《最高人民法院公报》2001年第2期。

伺机作案，按门铃待王翰开门后，即强行入室将其杀害并抢劫财物。银河宾馆未对犯罪人作访客登记，对其行踪也未能引起注意。双方就赔偿问题发生纠纷，诉至法院。法院认为，王翰之死及财物被劫是犯罪分子的犯罪行为所致，银河宾馆并非共同加害人。银河宾馆在管理工作中的过失同王翰的死亡与财物被劫没有法律上的因果关系，故银河宾馆不应承担侵权赔偿责任。根据住宿合同的性质、目的和行业习惯，避免旅客人身、财产受到侵害，是此类合同的附随义务。按照收费标准的不同，各宾馆履行附随义务的方式也会不同，但必须切实履行最谨慎之注意义务。本案中，银河宾馆在其张贴与宾馆内的质量承诺细则中承诺“24 小时的保安巡视，确保您的人身安全”，是自愿将合同的附随义务上升为合同的主义务，更应当恪尽职守履行这一义务。由于刑事犯罪的突发性、不可预测性和犯罪手段的多样化，作为宾馆来说，尽管认真履行保护义务，也不可能完全避免此类刑事案件在宾馆内的发生，因此，一旦发生，对犯罪造成的危害后果，根据罪责自负的原则，必须有犯罪分子承担刑事的和民事的法律责任。宾馆能证明自己确实认真履行了保护义务后，可不承担责任。本案中，虽然银河宾馆装备探视器、自动闭门器和安全链条等设施，并配有告示提醒，但并未认真负责地教会旅客在何种情形下使用以及如何使用。银河宾馆未合理履行义务，应当承担违约责任。但银河宾馆只对其订立合同时预见到或应当预见到的因违反合同可能造成的损失承担赔偿责任。法院判决被告银河宾馆赔偿两原告人民币 8 万元。双方均不服，提出上诉。二审驳回上诉，维持原判。

分析本案是否属于违反安全保障义务的侵权责任。

【本章小结】

一般侵权责任主要是指一般的过错责任，特殊侵权责任则包括推定的过错责任和无过错责任（危险责任）。一般侵权责任以侵害客体为依据，分为人格侵权责任、身份侵权责任、财产侵权责任、知识产权侵权责任、股权侵权责任等。此外，在特殊领域发生的商业侵权责任、网络侵权责任、违反安全保障义务的侵权责任等也属于一般侵权责任。

本章思考题

1. 侵害一般人格利益的责任有哪些具体表现？其责任承担规则如何？

2. 第三人侵害债权责任的构成要件及其抗辩事由有哪些?
3. 试述网络服务提供者的侵权责任的具体规则。
4. 结合《侵权责任法》第37条,谈谈你对违反安全保障义务的侵权责任形态的认识。
5. 根据本章第二节的内容,从构成要件角度概括商业侵权责任的特征。

第七章　特殊侵权责任

【本章学习目的】

通过本章的学习，了解使用人责任的含义、特征与分类；掌握国家赔偿责任、用人单位侵权责任、雇主责任、监护人责任、学校责任、产品责任、机动车交通事故责任、医疗损害责任、环境污染责任、高度危险责任、饲养动物损害责任、物件损害责任的构成要件及其承担规则；理解使用人责任的外形理论、国家机关侵权责任的两种情形、国家赔偿责任的性质与基础，理解机动车交通事故责任的形态及社会化救济机制。

第一节　使用人责任

一、使用人责任概述

(一) 使用人责任的含义

在我国法律中并不存在“使用人责任”的概念。从理论上分析，使用人责任是使用人对被用人因执行工作任务或其他事务活动给他人造成损害而承担的侵权责任。“依据日本民法第715条的规定，所谓使用人责任，就是指被他人使用者(被用人)，就执行该使用人的事业，违法地给他人造成损害时，由使用人或代替他的代理监督者负担赔偿责任。”①不过，这只是狭义的使用人责任的含义，广义的使用人责任还包括使用人对被用人在受到工伤损害时的赔偿责任。一般所说的使用人责任，仅指狭义的使用人责

① 于敏：《日本侵权行为法》，法律出版社2006年第2版，第220页。

任。以下主要分析狭义的使用人责任,并在本节最后顺便提及使用人对被用人的工伤损害赔偿责任。

使用人包括国家机关、用人单位(企事业法人或其他组织)和个人雇主,被用人主要是个人,表现为国家公务人员、事业单位工作人员、企业职员以及家庭保姆、个人保镖等提供个体劳务的雇员。

(二)使用人责任的构成要件

和其他类型的责任相比,使用人责任在构成要件上有以下特征:

第一,使用人为自己的事务、业务或公务活动而使用他人。所谓“自己的事务、业务或公务活动”,又可以概括地称为“执行工作任务”,主要是指执行国家机关的公务、用人单位的经营业务或者个人雇主的特别事务活动。被用人因执行工作任务而造成他人损害,由使用人承担侵权责任。被用人非因执行工作任务而造成他人损害,应当由被用人自己承担侵权责任,而使用人不承担责任。

在实践中,应当如何把握“执行工作任务”与“非执行工作任务”的界限?日本民法和我国台湾地区民法在判断是否属于执行工作任务(职务行为)上主要采用行为外观或外形理论。“造成他人损害,与执行业务有内在的关联性,在外形上表现为执行业务活动。如无内在联系,外形上非为执行业务活动,纯为被用人的个人行为致人损害,则为被用人的个人责任,与执行业务无关,使用人对此不负责任。”①这就指出了执行工作任务中的“表现形式”与“内在联系”是这一理论的关键之处。对它的理解,要把握好以下两点:一是对交易性的侵权行为,主要适用表现形式标准;二是对事实性的侵权行为,主要适用内在联系标准。②所谓交易性的侵权行为,“是指被用人在从事交易活动中致使对方受到损害的行为,使用人应对此承担赔偿责任。”③按照这一理论,使用人通过被用人而扩展活动范围并享受利益,而第三人往往对被用人执行职务的范围不能分辨,为保护交易的安全,在被用人行为客观上具备执行职务的行为外观并造成第三人损害时,使用人即应承担赔偿责任。所谓事实性的侵权行为,是指被用人从事与执行职务有微妙关系的暴力行为或造成交通事故等情况。对此,有时适用外形理论较易判断,有时却不易判断。应考量被用人施行行为是否为使用人的利益,或是否以执行职务为契机而存在内在的关联性,或是否处于使用人的指挥监督之下所为。如在售货时售货员因服务态度欠佳与顾客争吵并打伤顾客,显系处于使用人使用关系期间即客观

① 刘士国等:《侵权责任法重大疑难问题研究》,中国法制出版社2009年版,第171页。
② 刘士国等:《侵权责任法重大疑难问题研究》,中国法制出版社2009年版,第188页。
③ 刘士国等:《侵权责任法重大疑难问题研究》,中国法制出版社2009年版,第177页。

上指挥监督之下所为，使用人应负赔偿责任。[①]总的来说，“被用人超出授权范围实施交易性侵权行为的，其表现形式是履行职务即在外观上足使受害人信其为执行职务的，使用人应承担民事责任”；“被用人超出授权范围实施事实性侵权行为的，其行为与执行职务有内在联系性，即行为是为使用人利益而实施且处于使用人客观上控制范围之内，使用人应承担民事责任。”[②]也就是说，不仅被用人真正的执行使用人命令或者委托事务的行为是执行职务的行为，哪怕被用人滥用职权或利用职务上的机会为自己谋取利益的行为，只要与执行职务存在时间或处所上的密切关系，并且在客观上足以使他人相信被用人是在执行职务，均应认定为执行职务行为。但是，如果造成他人损害的纯粹是被用人基于个人动机的行为，既在外表上看不出是执行职务的行为，其行为又超出职务活动的范围而与执行职务活动没有任何内在联系，那么就不能认定使用人责任，只能由被用人自己负责。

第二，被用人行为时没有独立性，而是为使用人的利益而执行公务、业务或事务活动，并受使用人的命令和监督。这使其区别于承揽关系中的定作人责任。《最高人民法院关于审理人身损害赔偿案件适用法律若干问题的解释》(2003)第10条规定：“承揽人在完成工作过程中对第三人造成损害或者造成自身损害的，定作人不承担赔偿责任。但定作人对定作、指示或者选任有过失的，应当承担相应的赔偿责任。”在承揽关系中，承揽人的工作具有独立性，故而在一般情况下，承揽人在完成工作过程中对第三人或者自身造成损害，定作人不承担赔偿责任。

第三，被用人在执行工作任务活动中给他人造成损害。执行工作任务的行为既可能对他人的人身造成损害，也可能对他人的财产造成损害。他人的损害既包括财产损害，也包括非财产损害。如果被用人在执行工作任务中对自己的人身造成损害，则属于劳动法上的工伤事故赔偿责任。

第四，被用人在执行工作任务活动与他人损害之间具有因果关系。使用他人的行为可能产生一定程度的危险性，故而成为其承担责任的正当性的道德基础。当这种危险性变成了现实时，即被用人的执行工作任务的行为与他人所受损害之间具有因果关系，那么使用人责任就具有了正当性的法律基础。

符合上述构成要件，使用人即对他人承担无过错的赔偿责任。这里所说的无过错责任，意味着使用人不得以其对被用人的选任、指示和监督无过错而主张对受害人免责。当然可以想象，使用人可能会在事实上存在过错，也可能没有过错。

---

① 参见刘士国等：《侵权责任法重大疑难问题研究》，中国法制出版社2009年版，第178页。详细的论述也可以参见[日]圆谷峻：《判例形成的日本新侵权行为法》，赵莉译，法律出版社2008年第1版，第287—299页；于敏：《日本侵权行为法》，法律出版社2006年第2版，第232—241页。

② 刘士国等：《侵权责任法重大疑难问题研究》，中国法制出版社2009年版，第188页。

（三）使用人责任的基础和性质

使用人责任的理论基础主要有以下几种观点：(1)“报偿”理论。使用人通过使用他人而获得了为自己获取更高利润或取得更大利益的机会，那么他也就应当承担更大范围的风险，“享受利益者负担风险”是符合民法公平原则的。(2)“手臂延长”理论。使用人使用被用人帮助自己处理事务，被用人就像是使用人的另一自我，是其手臂的延长，被用人在执行事务过程中所致他人的损害理应在法律上归于使用人。①(3)“风险吸收”理论。在使用人、被用人和受害人中，使用人是最佳的“风险吸收者”，最有能力通过责任保险机制将风险分散给社会，自己并不因此而真正受有损害。不过，从归责基础来看，使用人责任的基础在于危险，使用物的行为会产生危险，使用他人的行为也会对社会或相对人带来危险，一旦此种危险实现即造成他人的损害，使用人当然应该对此承担侵权责任。

在比较法上，使用人责任在法律上有两种模式：一是德国的过错责任模式。按照《德国民法典》第831条的规定，被用人因执行事务造成他人损害时，原则上应由使用人承担赔偿责任；但使用人如能证明自己对于被用人之选任、监督“已尽相当的注意义务”，即可不承担赔偿责任。使用人不承担责任时，受害人仅可请求被用人承担赔偿责任。日本民法、瑞士债务法采用德国模式。因为使用人承担责任的根据是有“选任、监督过失”，属于过错推定责任，因而对于受害人是极为不利的。二是法国法以及英美法中的无过错责任模式。被用人因执行事务造成他人损害时，应由使用人“替代”被用人对受害人承担责任，属于无过错责任。法理根据是“享受利益者负担风险”的“报偿理论”，以及保障受害人能够获得充分赔偿的“大钱袋”理论。不过，即使德国、日本等国采用过错责任模式，在司法实践中，雇主也往往很难证明自己尽到了相关的注意义务而免责，实际上已经趋同于无过错责任。

在我国，一般认为使用人责任是一种替代性质的责任，即对他人的行为承担的责任。但这只是从形式来分析的。使用人责任在表面上表现为一种对他人的行为承担的责任，但实质上仍然是使用人对自己使用他人并致人损害的行为而承担的责任。所以，就对受害人承担无过错责任而言，使用人责任实为自己责任。②但是，在使用人对于受害人承担赔偿责任之后，在一定情况下又可能对造成损害的被用人行使追偿权，③所

---

① 参见张新宝：《侵权责任法原理》，中国人民大学出版社2005年第1版，第296页。

② 参见本书第五章第一节。

③ 《最高人民法院关于审理人身损害赔偿案件适用法律若干问题的解释》(2003)第9条规定：“雇员在从事雇佣活动中致人损害的，雇主应当承担赔偿责任；雇员因故意或者重大过失致人损害的，应当与雇主承担连带赔偿责任。雇主承担连带赔偿责任的，可以向雇员追偿。”不过，《侵权责任法》对用人单位对员工、雇主对雇员有无追偿权的问题，没有做出明确规定。

以它又不同于完全意义上的自己责任。“就使用人责任内部而言,如使用人承担责任而向被用人追偿,其追偿的基础是已代位或替其承担了相应的责任;就使用人与被害人的关系而言,使用人必须首先承担,则表现为自己使用他人的危险责任或报偿责任,为自己应承担之责任。……从总体上看,着眼于加害者一方与受害者一方的关系,加害者一方对受害人首先由使用人负责,然后才可向被用人追偿,总体上是使用人自己的责任,是对其业务活动承担的责任,因此就其根本而言是自己责任。”①所以,从不同关系层面而言,使用人责任可能表现为自己责任与替代责任兼而有之的外观,但从总体上和根本上应为自己责任。

(四) 使用人责任在现行法上的表现形式

使用人责任作为侵权责任的一个重要类型,在实质上也可以统称为广义的雇主责任,因为不管是国家机关、用人单位(法人或其他组织)或个人,只要使用他人,实际上就是雇主。但在我国特定的政治和社会体制下,由于长期的定式认识,使用人和被用人之间的关系相当复杂。②使用人责任也从责任主体的角度被割裂了,具体而言,它包括国家赔偿责任、用人单位责任、个人雇主因使用他人而承担的责任(即通常所说的雇主责任)三种。

在我国的《民法通则》中未明确规定“使用人责任”,只在第 43 条规定:“企业法人对它的法定代表人和其他工作人员的经营活动,承担民事责任。”在第 121 条规定:“国家机关或者国家机关工作人员在执行职务中,侵犯公民、法人的合法权益造成损害的,应当承担民事责任。”

为了解决实践中的问题,《最高人民法院关于审理人身损害赔偿案件适用法律若干问题的解释》(2003)第 8 条规定:“法人或者其他组织的法定代表人、负责人以及工作人员,在执行职务中致人损害的,依照民法通则第 121 条的规定,由该法人或者其他组织承担民事责任。上述人员实施与职务无关的行为致人损害的,应当由行为人承担赔偿责任。属于《国家赔偿法》赔偿事由的,依照《国家赔偿法》的规定处理。”第 9 条规定:“雇员在从事雇佣活动中致人损害的,雇主应当承担赔偿责任;雇员因故意或者重

---

① 刘士国等:《侵权责任法重大疑难问题研究》,中国法制出版社 2009 年版,第 177 页。

② 在我国,使用人和被用人之间的关系表现为四个基本类型:雇佣关系、劳动关系、公务员关系和人事关系。在主体上,劳动关系中的用工主体按照《中华人民共和国劳动法》第 2 条的规定,主要指中华人民共和国境内的企业、个体经济组织,同时包括与劳动者建立劳动合同关系的国家机关、事业组织、社会团体。同时依照《工伤保险条例》第 2 条和第 63 条的规定,非法用工单位和劳动者发生的劳动关系也按照劳动关系处理,即违反法律规定没有办理获得合法主体资格的手续,但已经具备了“用人单位”的其他形式要件,也可以将其认定为劳动中的“用人单位”。在法律适用上,雇佣关系适用民法,而劳动关系适用劳动法。公务员关系发生在国家机关和公务员之间,人事关系发生在国有单位(以事业单位为主但不限于事业单位)和具有人事管理关系的员工之间,公务员关系适用以《公务员法》为主的行政法,人事关系适用人事法规(但目前我国除了一系列的文件之外,并没有基本的人事法规)。

大过失致人损害的,应当与雇主承担连带赔偿责任。雇主承担连带赔偿责任的,可以向雇员追偿。前款所称'从事雇佣活动',是指从事雇主授权或者指示范围内的生产经营活动或者其他劳务活动。雇员的行为超出授权范围,但其表现形式是履行职务或者与履行职务有内在联系的,应当认定为'从事雇佣活动'。"

《侵权责任法》在总结司法裁判实践经验的基础上,将"使用人责任"区分为用人单位与工作人员之间的使用关系和个人之间的劳务关系,即在第34条第1款规定用人单位与工作人员之间的使用关系中的责任:"用人单位的工作人员因执行工作任务造成他人损害的,由用人单位承担侵权责任。"在第35条规定个人之间的劳务关系中的责任:"个人之间形成劳务关系,提供劳务一方因劳务造成他人损害的,由接受劳务一方承担侵权责任。提供劳务一方因劳务自己受到损害的,根据双方各自的过错承担相应的责任。"另外,考虑到"劳务派遣"的特殊性,《侵权责任法》在第34条第2款规定了被派遣的工作人员致人损害的责任:"劳务派遣期间,被派遣的工作人员因执行工作任务造成他人损害的,由接受劳务派遣的用工单位承担侵权责任;劳务派遣单位有过错的,承担相应的补充责任。"

这样,按照《侵权责任法》的规定,我国目前的使用人责任主要包括两大类:一是用人单位的责任,二是个人雇主的责任。其中,第34条第1款所谓"用人单位",应解释为包含所有企业组织、国家机关和事业单位在内。

二、国家赔偿责任

(一)国家机关侵权责任的两种情形

《侵权责任法》对于国家赔偿责任未作明确的规定,根据第5条,"其他法律对侵权责任另有特别规定的,依照其规定",可以认为国家赔偿责任不适用本法,而适用《国家赔偿法》①的特别规定。但无疑,国家或其机关要对其工作人员执行公务活动中违法致人损害的行为承担赔偿责任,本质上仍然属于侵权责任的范畴。

《民法通则》第121条规定:"国家机关或者国家机关工作人员在执行职务中,侵犯公民、法人的合法权益造成损害的,应当承担民事责任。"这是有关国家机关或者国家机关工作人员侵权责任承担的基本民事法律依据。国家机关及其工作人员因自身的行为而造成他人损害的有两种表现,一是在真正履行公共职权的行为过程中发生侵

① 我国第十一届全国人大常委会第十四次会议于2010年4月29日下午表决通过了《国家赔偿法》修正案,自2010年12月1日起施行。该修正案在赔偿范围、赔偿标准上有较大的变化,完善了赔偿程序,并对精神损害抚慰金作了明确规定。

权,二是在为了维持本机关的正常运转所进行的民事行为过程中致人损害。第一类履行公共职权的行为致人损害,应承担国家赔偿责任,属于《国家赔偿法》的范畴;第二类则是在民事活动中侵害他人利益,应承担民事侵权责任,属于《侵权责任法》的范畴。

由于《侵权责任法》没有用专条规定"公务员的侵权行为"或"国家机关工作人员的侵权行为",《侵权责任法》第34条第1款将在《民法通则》第121条之后,共同成为国家机关工作人员侵权责任的基本依据,各种"国家机关工作人员的侵权行为"所产生的赔偿责任,均应以此条款为基础,但有特别法的则必须优先适用特别法。所以,《侵权责任法》第34条第1款的规定,只能适用于上述第二类侵权责任,而第一类侵权责任则只能适用侵权责任的特别法——《国家赔偿法》。第二类意义上的侵权责任上属于用人单位(法人和其他社会组织)的责任范畴,参见下文。这里所说的国家赔偿责任的含义是在第一类的意义上使用的。

(二)国家赔偿责任的责任基础

国家赔偿责任应该是一种"最严格责任"。这一责任的基础在于危险,即国家机关的行为对于私权利来说往往是一种无以抵抗的力量,其危险程度较之私人之间的侵权可能更大。所以,只要国家机关和国家机关工作人员行使职权对公民等的合法权益造成了损害,就要承担赔偿责任,甚至不要求违法性或过错的构成要件。

这种严格责任还体现在部分举证责任的倒置上。《国家赔偿法》第15条规定,人民法院审理行政赔偿案件,赔偿请求人和赔偿义务机关对自己提出的主张,应当提供证据。赔偿义务机关采取行政拘留或者限制人身自由的强制措施期间,被限制人身自由的人死亡或者丧失行为能力的,赔偿义务机关的行为与被限制人身自由的人的死亡或者丧失行为能力是否存在因果关系,赔偿义务机关应当提供证据。第26条规定,人民法院赔偿委员会处理赔偿请求,赔偿请求人和赔偿义务机关对自己提出的主张,应当提供证据。被羁押人在羁押期间死亡或者丧失行为能力的,赔偿义务机关的行为与被羁押人的死亡或者丧失行为能力是否存在因果关系,赔偿义务机关应当提供证据。

(三)国家赔偿责任的构成要件

国家赔偿责任的构成要件主要有:

第一,侵权行为主体是国家机关或者其工作人员以及法律、法规授权的组织。国家机关又包括两类,即行政机关和司法机关,不包括立法机关。法律、法规授权的组织视同国家机关的地位。国家机关或法律、法规授权的组织的工作人员属于接受国家的委托执行职务的人员,其行为的效果归属于国家。此外,受国家机关委托的组织或个人(如治安联防队员)在行使受委托的职权时,违法侵害相对人合法权益并造成损害的,国家机关必须以国家的名义承担赔偿责任。如果治安联防队员在维护治安的过程中违法使用暴力,造成了相对人的人身伤害,此时就产生国家赔偿责任。

第二,侵权行为是执行职务的行为。首先,执行职务的行为不要求一定具有违法性。2010年4月29日修订的《国家赔偿法》第2条规定:"国家机关和国家机关工作人员行使职权,有本法规定的侵犯公民、法人和其他组织合法权益的情形,造成损害的,受害人有依照本法取得国家赔偿的权利。"本条规定删去了原《国家赔偿法》条文中的"违法"二字,在归责原则上由基于职务行为不法性的"违法归责"转向了基于受害人损害结果的"结果归责",基本认可了国家机关和国家机关工作人员的不当行为侵犯公民、法人和其他组织的合法权益时的损害赔偿责任。其次,国家只对工作人员的职务行为或与执行职务有关的事实行为所造成的损害承担赔偿责任。国家机关工作人员与行使职权无关的个人行为只能对行为人产生相应的责任,而不能引起国家赔偿责任。

第三,国家机关及其工作人员行使职权侵犯了公民、法人或者其他组织的合法权益并造成损害。首先,行使职权侵犯了公民、法人或者其他组织的合法权益,违法的利益不受法律保护,不引起国家赔偿。应当指出的是,对各种财产权益的损害均列入国家赔偿范围内,但并非所有的合法的人身权益受到损害,国家都承担赔偿责任。根据《国家赔偿法》规定,只有人身自由权、生命权、健康权、名誉权和荣誉权五种人身权利的损害,国家才负赔偿责任。其次,受害人的损害是确定的、现实发生的,而不是主观臆想的。最后,在国家赔偿范围上,财产权损害限于直接损失,人身权损害限于直接损失和现实的间接损失,也包括一定情况下的精神损害赔偿。也就是说,就目前规定来看,国家赔偿与一般民事侵权损害赔偿相比,是一种有限赔偿。

第四,侵权行为与受害人的损害之间具有因果关系。只有职务行为与受害人的损害之间具有内在的联系,国家才负赔偿责任。

(四)国家赔偿责任的范围

目前,根据《行政诉讼法》和《国家赔偿法》的有关规定,我国国家赔偿分为行政赔偿和司法赔偿。

1. 行政赔偿范围 《国家赔偿法》第3条、第4条规定了行政赔偿的范围。第3条规定了行政机关及其工作人员行使行政职权侵犯他人人身权而应予赔偿的情形:(1)违法拘留或者违法采取限制公民人身自由的行政强制措施的;(2)非法拘禁或者以其他方法非法剥夺公民人身自由的;(3)以殴打、虐待等行为或者唆使、放纵他人以殴打、虐待等行为造成公民身体伤害或者死亡的；(4)违法使用武器、警械造成公民身体伤害或者死亡的；(5)造成公民身体伤害或者死亡的其他违法行为。第4条规定了行政机关及其工作人员行使行政职权侵犯他人财产权而应予赔偿的情形：(1)违法实施罚款、吊销许可证和执照、责令停产停业、没收财物等行政处罚的；(2)违法对财产采取查封、扣押、冻结等行政强制措施的；(3)违法征收、征用财产的；(4)造成财产损害的其他违法行为。上述条文中的最后都有一个兜底性的条款，这样，对于没有明确列举的职务侵权行为如行政不作为、公共设施致人损害、行政确认、证明或登记行为等产生的侵权赔偿责任，也可能在司法实践中得到合理的解释。

2. 司法赔偿范围　《国家赔偿法》第14条、第18条、第38条规定了司法赔偿的范围。根据第17条规定，行使侦查、检察、审判职权的机关以及看守所、监狱管理机关及其工作人员在行使职权时有下列侵犯人身权情形之一的，受害人有取得赔偿的权利：(1)违反刑事诉讼法的规定对公民采取拘留措施的，或者依照刑事诉讼法规定的条件和程序对公民采取拘留措施，但是拘留时间超过刑事诉讼法规定的时限，其后决定撤销案件、不起诉或者判决宣告无罪终止追究刑事责任的；(2)对公民采取逮捕措施后，决定撤销案件、不起诉或者判决宣告无罪终止追究刑事责任的；(3)依照审判监督程序再审改判无罪，原判刑罚已经执行的；(4)刑讯逼供或者以殴打、虐待等行为或者唆使、放纵他人以殴打、虐待等行为造成公民身体伤害或者死亡的；(5)违法使用武器、警械造成公民身体伤害或者死亡的。根据第18条，上述主体在行使职权时有下列侵犯财产权情形之一的，受害人有取得赔偿的权利：(1)违法对财产采取查封、扣押、冻结、追缴等措施的；(2)依照审判监督程序再审改判无罪，原判罚金、没收财产已经执行的。此外，根据第38条，人民法院在民事诉讼、行政诉讼过程中，违法采取对妨害诉讼的强制措施、保全措施或者对判决、裁定及其他生效法律文书执行错误，造成损害的，赔偿请求人要求赔偿的程序，适用有关刑事赔偿程序的规定。

3. 国家不承担赔偿责任的情形　《国家赔偿法》第5条规定了行政赔偿中国家不承担赔偿责任的情形，主要是：(1)行政机关工作人员与行使职权无关的个人行为；(2)因公民、法人和其他组织自己的行为致使损害发生的；(3)法律规定的其他情形。第19条规定了刑事赔偿中国家不承担赔偿责任的情形，主要是：(1)因公民自己故意作虚伪供述，或者伪造其他有罪证据被羁押或者被判处刑罚的；(2)依照《刑法》第17条、第18条规定不负刑事责任的人被羁押的；(3)依照《刑事诉讼法》第15条、第142条第2款规定不追究刑事责任的人被羁押的；(4)行使侦查、检察、审判职权的机关以及看守所、监狱管理机关的工作人员与行使职权无关的个人行为；(5)因公民自伤、自残等故意行为致使损害发生的；(6)法律规定的其他情形。此外，一般认为，除了因国家机关工作人员与行使职权无关的个人行为、因公民、法人和其他组织自己的行为致使损害发生的以外,以下行为也被排除出国家赔偿责任的范围:(1)立法行为和抽象行政行为;(2)国家行为,如最高权力机关及行政机关行使的某些国防、外交行为等。

(五) 国家赔偿责任主体与赔偿义务机关

国家赔偿责任主体是作为使用人的国家。但在我国,国家赔偿责任由具体的赔偿义务机关承担,赔偿费用列入各级财政预算。

我国的国家赔偿仅仅包括行政赔偿和司法赔偿,这也表明我国国家赔偿责任的具体赔偿义务机关只有两类:行政机关和司法机关。

根据《国家赔偿法》第7条、第8条的规定,行政赔偿中的义务机关为:(1)行政机关及其工作人员行使行政职权侵犯公民、法人和其他组织的合法权益造成损害的,该行政机关为赔偿义务机关。(2)两个以上行政机关共同行使行政职权时侵犯公民、法人和其他组织的合法权益造成损害的,共同行使行政职权的行政机关为共同赔偿义务机关。(3)法律、法规授权的组织在行使授予的行政权力时侵犯公民、法人和其他组织的合法权益造成损害的,被授权的组织为赔偿义务机关。(4)受行政机关委托的组织或者个人在行使受委托的行政权力时侵犯公民、法人和其他组织的合法权益造成损害的,委托的行政机关为赔偿义务机关。(5)赔偿义务机关被撤销的,继续行使其职权的行政机关为赔偿义务机关;没有继续行使其职权的行政机关的,撤销该赔偿义务机关的行政机关为赔偿义务机关。(6)经复议机关复议的,最初造成侵权行为的行政机关为赔偿义务机关,但复议机关的复议决定加重损害的,复议机关对加重的部分履行赔偿义务。

根据《国家赔偿法》第21条的规定,司法赔偿中的义务机关为:(1)行使侦查、检察、审判职权的机关以及看守所、监狱管理机关及其工作人员在行使职权时侵犯公民、法人和其他组织的合法权益造成损害的,该机关为赔偿义务机关。(2)对公民采取拘留措施,依照本法的规定应当给予国家赔偿的,作出拘留决定的机关为赔偿义务机关。(3)对公民采取逮捕措施后决定撤销案件、不起诉或者判决宣告无罪的,作出逮捕决定的机关为赔偿义务机关。(4)再审改判无罪的,作出原生效判决的人民法院为赔偿义务机关。二审改判无罪,以及二审发回重审后作无罪处理的,作出一审有罪判决的人民法院为赔偿义务机关。

赔偿义务机关赔偿损失之后,应当向具有较大过错的责任人追偿。《国家赔偿法》第16条的追偿权的对象是“有故意或者重大过失的工作人员或者受委托的组织或者个人”,可以对其追偿“部分或者全部赔偿费用”。对有故意或者重大过失的责任人员,有关机关应当依法给予处分;构成犯罪的,应当依法追究刑事责任。第 31 条规定,刑事赔偿中的赔偿义务机关赔偿后,应当向有下列情形之一的工作人员追偿部分或者全部赔偿费用:(1)有本法第 17 条第 4 项、第 5 项规定情形的;(2)在处理案件中有贪污受贿,徇私舞弊,枉法裁判行为的。对有前款规定情形的责任人员,有关机关应当依法给予处分;构成犯罪的,应当依法追究刑事责任。

(六) 国家赔偿责任的方式和标准

《国家赔偿法》第 4 章是关于赔偿方式和计算标准的规定。第 32 条规定了国家赔偿以支付赔偿金为主要方式,同时能够返还财产或者恢复原状的,予以返还财产或者恢复原状。

第 33 条规定了侵犯公民人身自由的计算标准,即每日赔偿金按照国家上年度职工日平均工资计算。

第 34 条规定了侵犯公民生命健康权的计算标准:(1)造成身体伤害的,应当支付医疗费、护理费,以及赔偿因误工减少的收入。减少的收入每日的赔偿金按照国家上年度职工日平均工资计算,最高额为国家上年度职工年平均工资的 5 倍;(2)造成部分或者全部丧失劳动能力的,应当支付医疗费、护理费、残疾生活辅助具费、康复费等因残疾而增加的必要支出和继续治疗所必需的费用,以及残疾赔偿金。残疾赔偿金根据丧失劳动能力的程度,按照国家规定的伤残等级确定,最高不超过国家上年度职工年平均工资的 20 倍。造成全部丧失劳动能力的,对其扶养的无劳动能力的人,还应当支付生活费;(3)造成死亡的,应当支付死亡赔偿金、丧葬费,总额为国家上年度职工年平均工资的 20 倍。对死者生前扶养的无劳动能力的人,还应当支付生活费。前款第 2 项、第 3 项规定的生活费的发放标准,参照当地最低生活保障标准执行。被扶养的人是未成年人的,生活费给付至 18 周岁止;其他无劳动能力的人,生活费给付至死亡时止。

第 35 条规定了国家赔偿责任的精神损害赔偿制度。有《国家赔偿法》第 3 条或者第 17 条规定情形之一,致人精神损害的,应当在侵权行为影响的范围内,为受害人消除影响,恢复名誉,赔礼道歉;造成严重后果的,应当支付相应的精神损害抚慰金。

第 36 条规定了侵犯公民、法人和其他组织的财产权造成损害的计算标准:(1)处罚款、罚金、追缴、没收财产或者违法征收、征用财产的,返还财产;(2)查封、扣押、冻结财产的,解除对财产的查封、扣押、冻结,造成财产损坏或者灭失的,依照本条第 3 项、第 4 项的规定赔偿;(3)应当返还的财产损坏的,能够恢复原状的恢复原状,不能恢复原状的,按照损害程度给付相应的赔偿金;(4)应当返还的财产灭失的,给付相应的赔偿金;(5)财产已经拍卖或者变卖的,给付拍卖或者变卖所得的价款;变卖的价款明显低于财产价值的,应当支付相应的赔偿金;(6)吊销许可证和执照、责令停产停业的,赔偿停产停业期间必要的经常性费用开支;(7)返还执行的罚款或者罚金、追缴或者没收的金钱,解除冻结的存款或者汇款的,应当支付银行同期存款利息;(8)对财产权造成其他损害的,按照直接损失给予赔偿。

三、用人单位责任

(一)用人单位责任的含义

用人单位责任是指作为使用人的法人或者其他组织对其工作人员在执行工作任务的过程中致人损害时所承担的侵权责任。

所谓"作为使用人的法人或者其他组织",即指《侵权责任法》第34条规定的用人单位。这里的用人单位包括法律上所有的法人(如公司、学校、医院、社会团体法人等)或者其他社会组织(如合伙企业、个体经济组织等)。国家机关在一定的情况下也是这里的用人单位。"一定的情况"是指国家机关为了维持本机关的正常运转而进行相应的民事行为如购买办公用品等的情况,该行为属于事务性而非职权性的行为。在这种事务性民事活动的过程中,国家机关工作人员致人损害所产生的责任就是典型的民事侵权责任,而不是国家赔偿责任。所谓"工作人员"既包括用人单位的正式员工,也应当包括临时在单位工作的员工。

(二)用人单位责任的构成要件

用人单位侵权责任的构成要件为:(1)加害行为的实施主体是法人或者其他组织的工作人员。该工作人员主要指法人的法定代表人、组织的负责人或者其他工作人员,可以概括称为工作人员。用人单位从使用他人的行为中获取利益,根据社会正义原则,当然要承担由此而可能产生的损害后果。这是用人单位对其损害后果承担侵权责任的前提条件,是用人单位责任的基础所在。(2)加害行为必须是执行工作任务的行为。用人单位作为一个法人或其他社会组织,它的活动只能通过工作人员去实施而与相对人发生各种社会关系。在工作人员执行工作任务的过程中致人损害而对外产生的赔偿责任,要由用人单位而不是由该实施加害行为的工作人员承担。但是,对执行工作任务之外的行为造成他人损害的侵权责任,用人单位当然不用承担。(3)执行工作任务的行为对他人造成了损害后果。该损害包括受害人遭受的人身损害和财产损害。(4)执行工作任务的行为和该损害后果具有因果关系。没有因果关系,就满足不了侵权责任的构成要件，用人单位的责任承担就没有法律依据。

(三) 我国关于用人单位责任的规定

我国《民法通则》第 43 条对用人单位责任做了一个原则性的规定，第 121 条又规定了国家机关或者国家机关工作人员在执行职务中侵犯公民、法人的合法权益造成损害的民事责任。

在《民法通则》实施之后，最高人民法院的司法解释对上述原则性规定进行细化。在 1988 年的《关于贯彻执行民法通则若干问题的意见(试行)》第 58 条规定："企业法人的法定代表人和其他工作人员，以法人名义从事的经营活动，给他人造成经济损失的，企业法人应当承担民事责任。"《最高人民法院关于审理人身损害赔偿案件适用法律若干问题的解释》(2003)在第 8 条①对国家机关作为用人单位时的民事侵权责任做了规定，同时强调工作人员实施的致人损害的行为，如果是与职务无关的则由该工作人员承担赔偿责任，如果属于国家赔偿责任的则依照《国家赔偿法》的规定处理。

《侵权责任法》第 34 条第 1 款规定："用人单位的工作人员因执行工作任务造成他人损害的，由用人单位承担侵权责任。"另外，考虑到劳务派遣用工②的特殊性，第 2 款接着规定了被派遣的工作人员致人损害的责任："劳务派遣期间，被派遣的工作人员因执行工作任务造成他人损害的，由接受劳务派遣的用工单位承担侵权责任；劳务派遣单位有过错的，承担相应的补充责任。"因为在劳务派遣中，劳动者不属于用工单位的员工，所以其权利很容易被侵犯。为了充分保障劳务派遣中的劳动者的权利，《劳动合同法》规定因工作原因被派遣劳动者受到损害时，劳务派遣单位与用工单位承担连带赔偿责任。但它没有规定"被派遣的工作人员因执行工作任务造成他人损害的"责任承担规则，而《侵权责任法》对此做出了明确规定。

四、雇主责任

(一) 雇主责任的含义

雇主责任，是指雇主对雇员在从事雇佣活动中致人损害的行为承担的侵权责任。

① 具体条文参见本章第一节。

② 劳务派遣，又称劳务租赁，是指劳动者与劳务派遣单位(用人单位)签订劳动合同建立劳动关系，再由劳务派遣单位将劳动者派遣到用工单位工作的一种特殊用工形式。根据《劳动合同法》的规定，劳务派遣一般在临时性、辅助性或者替代性的工作岗位上实施。用人单位不得设立劳务派遣单位向本单位或者所属单位派遣劳动者。用工单位应当根据工作岗位的实际需要与劳务派遣单位确定派遣期限，不得将连续用工期限分割订立数个短期劳务派遣协议。劳务派遣中存在三方关系：劳务派遣单位与劳动者之间是劳动关系，用工单位与劳动者之间形成的是劳动力的使用关系，在劳务派遣单位与用工单位之间是民事合同关系。

这里所谓“雇主”，主要是指在个人之间形成劳务关系的情形中接受劳务的一方；相应的，“雇员”是指提供劳务的一方。在目前，我国《侵权责任法》中的雇主责任主要适用于个人之间的劳务关系中，不同于其他国家的广义的雇主责任的概念。

（二）雇主责任的构成要件

雇主责任的构成要件主要有：

第一，雇主责任构成的基本前提是加害人一方存在雇佣关系。雇佣关系是指受雇人（雇员）向雇用人（雇主）提供劳务并自后者获取相应报酬的法律关系。雇佣关系是在雇主和雇员之间的契约基础上成立的，雇佣合同可以是口头也可以是书面的。

第二，雇主责任构成的关键因素是雇员在雇佣活动中的行为给他人造成损害。确定雇佣活动的范围因此就非常必要。根据《最高人民法院关于审理人身损害赔偿案件适用法律若干问题的解释》第9条第2款的规定，所谓“从事雇佣活动”，是指从事雇主授权或者指示范围内的生产经营活动或者其他劳务活动。雇员的行为超出授权范围，但其表现形式是履行职务或者与履行职务有内在联系的，应当认定为“从事雇佣活动”。雇员的行为是否为从事雇佣活动的行为，应当从行为人的主观意思和行为的客观性质两个方面加以判断。一般来说，雇员主观上认为是从事雇佣活动的行为，而且在客观上又不悖于情理，就可认定该行为是从事雇佣活动的行为。“从事雇佣活动”通常包括雇员依据雇主的指示在自己职权范围内行为、为了完成职权范围内的事务所为的辅助行为以及为了雇主利益的合理行为（也可能是超越职权的行为）。将第三种行为纳入雇员从事雇佣活动的行为，主要是为了保护受害人的利益，使其较为容易得到补偿。[①]做出这种判断的依据，也主要是前述“表现形式”与“内在联系”的一般原理。

第三，雇员的行为必须是侵权行为并与受害人的损害具有因果关系。如果雇员在从事雇佣活动中的致人损害的行为不构成侵权行为，那么即使造成了他人的损害并具有因果关系，雇主也无须承担赔偿责任。

（三）我国关于雇主责任的规定

最早关于雇主责任的规定是1992年的《最高人民法院关于适用〈中华人民共和国民事诉讼法〉若干问题的意见》第45条，规定：“个体工商户、农村承包经营户、合伙组织雇佣的人员在进行雇佣合同规定的生产经营活动中造成他人损害的，其雇主是当事人。”不过，在实践中经常适用的是《最高人民法院关于审理人身损害赔偿案件适用法

① 参见张新宝：《中国侵权行为法》，中国社会科学出版社1998年第2版，第161页。

律若干问题的解释》(2003)第9条第1款的规定:"雇员在从事雇佣活动中致人损害的,雇主应当承担赔偿责任;雇员因故意或者重大过失致人损害的,应当与雇主承担连带赔偿责任。雇主承担连带赔偿责任的,可以向雇员追偿。"本条规定采取雇主的无过错责任以及在特殊情况下雇主与雇员的连带责任并存的规则,不同于该解释第八条规定的法人或其他组织的责任,这就进一步明确了雇主责任与法人或其他组织的责任的分野。

《侵权责任法》继续坚持用人单位(法人或其他组织)责任(第34条)与雇主责任的二元化,同时不再使用雇主责任的概念,而是采用了另外一种表述,在第35条中规定:"个人之间形成劳务关系,提供劳务一方因劳务造成他人损害的,由接受劳务一方承担侵权责任。提供劳务一方因劳务自己受到损害的,根据双方各自的过错承担相应的责任。"

本条所说的"劳务关系",是指提供劳务一方为接受劳务一方提供劳务服务,由接受劳务一方按照约定支付报酬而建立的一种民事权利义务关系。和前述用人单位与其劳动者的关系相比,这种劳务关系具有以下最明显的特征:(1)劳务关系的主体双方(雇主和雇员)都不是用人单位,而是个人一自然人,一方按约提供劳务,另一方按约支付报酬,双方不存在隶属关系,明显不同于劳动关系中的强烈的管理与被管理、支配与被支配关系。(2)在劳动关系中,用人单位向劳动者支付的工资应遵循国家规定的按劳分配、同工同酬的原则,必须遵守当地有关最低工资标准的规定,向劳动者支付工资、奖金和其他福利待遇以及办理各种社会保险;而劳务关系的雇主向雇员支付的报酬则完全由双方协商确定,甚至也可以是无偿的,国家对此没有强行性规定。鉴于此,我国《侵权责任法》对"用人单位责任"与"雇主责任"做了二元化区别。

对于接受劳务一方承担责任后,能否向提供劳务一方追偿的问题,本条没有做出明确规定。但是,这不意味着接受劳务的一方没有追偿权。与用人单位相比,接受劳务的一方经济实力有限,所以接受劳务一方对外承担责任后,原则上是可以向有过错的提供劳务一方追偿的。不过,总体而言,接受劳务一方行使追偿权的条件可以比用人单位行使追偿权的条件略宽。①

(四) 被帮工人对帮工致人损害的责任

在现实中还存在一种类似于雇主责任的特殊情形,即被帮工人对帮工致人损害的责任。《最高人民法院关于审理人身损害赔偿案件适用法律若干问题的解释》(2003)

① 参见全国人大法工委民法室:《〈中华人民共和国侵权责任法〉条文解释与立法背景》,人民法院出版社2010年1月第1版,第141页。

第13条规定:“为他人无偿提供劳务的帮工人,在从事帮工活动中致人损害的,被帮工人应当承担赔偿责任。被帮工人明确拒绝帮工的,不承担赔偿责任。帮工人存在故意或者重大过失,赔偿权利人请求帮工人和被帮工人承担连带责任的,人民法院应予支持。”被帮工人的这种责任和雇主责任类似,但严格程度有所区别,对于被帮工人明确拒绝帮工的,不承担赔偿责任。只是出于充分保护受害人的利益的目的,在帮工人存在故意或者重大过失时,被帮工人可能与帮工人承担连带责任,不过此时被帮工人享有追偿权。

五、使用人对被用人的工伤事故责任

在广义上,使用人责任包括使用人对被用人因执行工作任务而自己受到损害所承担的赔偿责任,主要是工伤事故责任。

在使用人是用人单位的情况下,《最高人民法院关于审理人身损害赔偿案件适用法律若干问题的解释》(2003)第12条规定:“依法应当参加工伤保险统筹的用人单位的劳动者,因工伤事故遭受人身损害,劳动者或者其近亲属向人民法院起诉请求用人单位承担民事赔偿责任的,告知其按《工伤保险条例》的规定处理。因用人单位以外的第三人侵权造成劳动者人身损害,赔偿权利人请求第三人承担民事赔偿责任的,人民法院应予支持。”即在这种情况下的工伤损害,要按照其他法律、法规处理,而不适用民法和侵权责任法。但是,如果在执行工作任务的过程中,在因用人单位以外的第三人侵权造成劳动者人身损害时,赔偿权利人(即被用人或其近亲属)有权请求第三人承担民事赔偿责任,也有权请求使用人承担工伤赔偿责任。使用人承担赔偿责任后,可以向该第三人即加害人追偿。

在使用人是个人的情况下,《最高人民法院关于审理人身损害赔偿案件适用法律若干问题的解释》(2003)第11条规定:“雇员在从事雇佣活动中遭受人身损害,雇主应当承担赔偿责任。雇佣关系以外的第三人造成雇员人身损害的,赔偿权利人可以请求第三人承担赔偿责任,也可以请求雇主承担赔偿责任。雇主承担赔偿责任后,可以向第三人追偿。雇员在从事雇佣活动中因安全生产事故遭受人身损害,发包人、分包人知道或者应当知道接受发包或者分包业务的雇主没有相应资质或者安全生产条件的,应当与雇主承担连带赔偿责任。属于《工伤保险条例》调整的劳动关系和工伤保险范围的,不适用本条规定。”本条规定的规则和上一条基本一致。另外,又特别针对发包和分包的情况,而要求知道或者应当知道接受发包或者分包业务的雇主没有相应资质或者安全生产条件的发包人、分包人与雇主一起承担连带赔偿责任。

在存在帮工关系的情况下,上述解释第14条规定:“帮工人因帮工活动遭受人身损害的,被帮工人应当承担赔偿责任。被帮工人明确拒绝帮工的,不承担赔偿责任;但可以在受益范围内予以适当补偿。帮工人因第三人侵权遭受人身损害的,由第三人承担赔偿责任。第三人不能确定或者没有赔偿能力的,可以由被帮工人予以适当补偿。”和用人单位与雇主的责任相比,被帮工人的责任相对较轻。

【案例分析】

张某诉张某某等人身损害赔偿纠纷案①

原告张某是个体窑厂主被告张某某的雇工。2005年4月2日早晨,另一雇工被告王某驾驶的四轮车运载砖坯上坡时,因刹车失灵而向后退滑。王某即叫正在窑厂干活的原告张某上前用木棍垫挡,但四轮车继续后滑,将原告挤撞在一间房屋的墙角,致使原告受重伤。原告以张某某、王某为被告诉至安徽省阜阳市某基层法院要求赔偿。

分析本案法律关系的性质及责任承担。

第二节 监护人责任与学校责任

一、监护人责任

(一)监护人责任的含义

监护人责任是指监护人对被监护人的加害行为致人损害所承担的侵权责任。按照《民法通则》等的规定,所谓“被监护人”是指无民事行为能力人和限制民事行为能力人。根据我国《民法通则》第12条、第13条的规定,无民事行为能力人包括十周岁以下的未成年人和不能辨认自己行为的精神病人,限制民事行为能力人有十周岁以上的未成年人和不能完全辨认自己行为的精神病人。“监护人”则可能是自然人(如未成年人的父母、精神病人的配偶、父母、成年子女及其他近亲属等),在特殊情况下也包括单

① 案例来源于安徽省淮都律师事务所案件卷宗档案。

位(如精神病人的所在单位或者住所地的居民委员会、村民委员会或者民政部门)。

从广义上理解,监护人责任还包括监护人自己对被监护人不履行监护职责而致其损害的侵权责任。但这种责任实际上属于一般侵权行为产生的侵权责任,不属于这里讨论的特殊侵权责任的范畴。故而这里的监护人责任仅仅在狭义上使用。

监护人责任是对他人的侵权行为承担的责任,还是基于自己的过错即违反监护义务而承担的责任?我国《民法通则》对此未作具体规定。理论上一般认为它是一种替代责任,①但在本质意义上,监护人责任是监护人行使监护权不当而应该承担的自己责任。②

(二)监护人责任的性质

监护人责任是过错责任、过错推定责任还是无过错责任,也有不同的看法。一些国家和地区对于监护人责任的规定主要有三种模式:第一类是规定加害人对被监护人的行为承担无过错责任,比如法国。第二类是规定加害人承担过错推定责任,如德国。第三类是根据被监护人的年龄区分监护人的责任,如荷兰。荷兰民法规定,对于未满14周岁的儿童造成他人损害的,父母或者其他监护人承担无过错责任;已满14周岁的但未满16周岁的被监护人造成他人损害的,父母或者其他监护人承担过错推定责任。③就我国《民法通则》和《侵权责任法》的规定看,监护人不能因自己无过错而免责,所以应该被认为是一种无过错责任。

(三)监护人责任的特点

监护人责任具有以下特点:(1)被监护人直接实施了加害行为,同时这一加害行为并非监护人教唆、帮助或利用的行为。如果监护人教唆、帮助或利用被监护人对他人实施加害行为,则不能构成监护人责任,而是监护人基于自己的加害行为而非基于他人的加害行为而应该承担的侵权责任。(2)被监护人的加害行为致使他人而非被监护人或自己遭受损害。(3)监护人责任的构成并不要求监护人具有过错,即使监护人没有过错即尽到监护责任,也不能作为免责事由,而只能减轻侵权责任。在这种情况下,监护人并没有过错,但基于公平原则而对受害人进行适当补偿。(4)被监护人有无财

① 参见张新宝:《侵权责任法原理》,中国人民大学出版社2005年第1版,第306页;杨立新:《侵权行为法专论》,高等教育出版社2005年第1版,第204页。

② 参见第五章第一节。

③ 参见全国人大法工委民法室:《〈中华人民共和国侵权责任法〉条文解释与立法背景》,人民法院出版社2010年1月第1版,第141页。也可参见张新宝:《侵权责任法原理》,中国人民大学出版社2005年第1版,第307—308页。

产和财产的多少可以决定监护人责任的范围或大小。

(四) 监护人责任的法律规定

我国《民法通则》第133条规定:"无民事行为能力人、限制民事行为能力人造成他人损害的,由监护人承担民事责任。监护人尽了监护责任的,可以适当减轻他的民事责任。有财产的无民事行为能力人、限制民事行为能力人造成他人损害的,从本人财产中支付赔偿费用。不足部分,由监护人适当赔偿,但单位担任监护人的除外。"

关于《民法通则》第133条第2款"但单位担任监护人的除外"如何理解,最高人民法院民事审判庭《关于单位担任监护人是否承担赔偿责任的电话答复》(1989法民字第23号)中明确指出:"经研究并与人大法工委民法室联系了解,其立法原意是单位不承担赔偿责任。"该答复针对《江苏省高级人民法院对于单位担任监护人是否承担赔偿责任的请示》(苏法研〔1989〕35号),在请示中,该法院提出两种意见:一种意见认为,单位担任监护人的,不是适当赔偿,而是全部赔偿;另一种意见认为,单位担任监护人的不承担赔偿责任。最高人民法院民事审判庭的答复就此将单位监护人的责任大大减轻。

《最高人民法院关于贯彻执行〈中华人民共和国民法通则〉若干问题的意见(试行)》(1988)第161条规定:"侵权行为发生时行为人不满十八周岁,在诉讼时已满十八周岁,并有经济能力的,应当承担民事责任;行为人没有经济能力的,应当由原监护人承担民事责任。行为人致人损害时年满十八周岁的,应当由本人承担民事责任;没有经济收入的,由抚养人垫付,垫付有困难的,也可以判决或者调解延期给付。"这种垫付的规定并非监护人责任,而是出于公平考量而由与加害人有密切关系的人(原监护人)代为承担责任,但应解释为有权追偿。

《侵权责任法》第32条规定:"无民事行为能力人、限制民事行为能力人造成他人损害的,由监护人承担侵权责任。监护人尽到监护责任的,可以减轻其侵权责任。有财产的无民事行为能力人、限制民事行为能力人造成他人损害的,从本人财产中支付赔偿费用。不足部分,由监护人赔偿。"因为《侵权责任法》以前的法律或者司法解释的规定,有一些已经不再适应时代的需要,为了充分救济被侵权人权益所受到的损害,《侵权责任法》对其做了一些修改,主要体现在:(1)加重了监护人责任的程度。在有财产的被监护人造成他人损害的情况下,对用其财产赔偿不足的部分,监护人必须给予全部赔偿,而非《民法通则》规定的"适当赔偿"。(2)在单位监护人的情况下,为了促使其尽职履行监护责任,对《民法通则》的"但单位担任监护人的除外"予以废除,明确了单位监护人要和自然人监护人承担同样的责任。

以上是我国目前有关监护人责任的法律规定和司法解释。综合而言,可以明确的是:(1)监护人责任是一种无过错责任,只要无民事行为能力人、限制民事行为能力人造成他人损害,就要由监护人承担侵权责任。(2)监护人尽了监护责任的,只是“可以减轻”而不是“免除”其侵权责任。(3)如果造成他人损害的无民事行为能力人、限制民事行为能力人本人拥有一定的财产,那么就先从其本人财产中支付赔偿费用,对不足的部分才由监护人赔偿。但值得反思的是,这种规定多少包含一些不合理的因素。其中最明显的是,在监护人未尽监护责任而具重大有过错的情形时,没有认知能力的被监护人致人损害,如果被监护人有财产,如果全部赔偿费用均能够从被监护人的财产中支付,那么这就在实质上让有过错的监护人免除了自己的责任,而支付这种赔偿的被监护人则真正属于承担了“替代责任”。原本属于监护人的责任得到免除,这种情况违背了自己责任和公平责任的原则。

(五)特殊情况下的监护人责任

一是委托监护时的监护人责任。最高人民法院在《关于贯彻执行〈中华人民共和国民法通则〉若干问题的意见(试行)》(1988)第22条中规定:“监护人可以将监护职责部分或者全部委托给他人。因被监护人的侵权行为需要承担民事责任的,应当由监护人承担,但另有约定的除外;被委托人确有过错的,负连带责任。”所谓“另有约定的除外”,是指监护委托人与受托人之间对于监护人应当承担的民事责任的分担问题,作为监护人不能以其与受托监护人之间有关于责任承担的约定为抗辩事由而主张免除责任或拒不承担责任。委托监护也可能发生在一些较为特殊的情况下。比如,如果某个成年人被宣告丧失或部分丧失行为能力,并被寄托在疗养院休养,那么根据委托监护的规定,则在该被监护人造成他人损害时,并且其本人没有财产或者财产不足以承担赔偿责任,该机构就应当作为受托监护人就可能要承担监护人责任。另外,根据上述司法解释第160条,在精神病院治疗的精神病人给他人造成损害,单位有过错的,可以责令这些单位适当给予赔偿。精神病人在精神病医院住院治疗是否属于监护,在理论上有不同看法。就本条规定来看,应没有认定属于监护人责任。但不排除通过约定的形式产生受托监护人责任的可能。

二是夫妻离婚后的监护人责任。根据上述司法解释第158条规定,夫妻离婚后,未成年子女侵害他人权益的,同该子女共同生活的一方应当承担民事责任;如果独立承担民事责任确有困难的,可以责令未与该子女共同生活的一方共同承担民事责任。

三是监护人不明时的监护人责任。根据上述司法解释第159条规定,被监护人造成他人损害的,有明确的监护人时,由监护人承担民事责任;监护人不明确的,由顺序在前的有监护能力的人承担民事责任。

四是老年监护时的监护人责任。我国已经进入了老龄化社会,建立和完善老年监护制度是一个必然趋势。德国、日本等国都曾设立这样的制度,对一定程度的心智丧失的老年人提供监护帮助。但我国尚未明确设立这样的制度,因而也不存在老年监护时的监护人责任问题。

二、学校责任

(一) 学校责任的含义

学校责任,又称为校园事故责任,是指学校、幼儿园或者其他教育机构对学生在学校期间受到人身损害或者致人人身损害时承担的责任。

所谓"学校",从教育机构的序列看,包括高等学校、高级中学、义务教育学校等教育机构;从教育目标定位看,分为职业教育学校、非职业教育(通识教育)学校;从学生是否寄宿看,分为寄宿制学校与非寄宿制学校;从举办主体看,分为公办教育机构和社会力量举办学校。"其他教育机构"是指少年宫以及电化教育机构等。所谓"学生",是指那些在各类学校中学习的无民事行为能力人和限制民事行为能力人。

(二) 学校责任的性质

对于学校与学生之间的法律关系,学界一度在监护关系和管理关系上争执不下。一种意见认为,学生在学校生活、学习,脱离了父母,父母已无法监护,只能由学校监护,学校应该承担无过错责任。另一种意见认为,学校承担的是管理的过错责任。因为监护是个别监护,学生是群体生活,学校对这样的群体只是管理。监护源自亲权,学校与学生不存在这种身份关系。学校是从事教育活动的场所,是一种教育管理活动,具有公共性,如让学校承担无过错责任,必使学校责任过重,使此种公共性活动难以进行。学者起草的《中国民法典草案建议稿·侵权行为法编》第1590条就采取后一种理由而做了相应的条文设计。①在立法上,《学生伤害事故处理办法》(2002)第7条第2款规定:"学校对未成年学生不承担监护职责,但法律有规定的或者学校依法接受委托承担相应监护职责的情形除外。"现在一般认为,除法律有规定的或者学校依法接受委托承担相应监护职责的情形以外,学校责任应该是一种发生在教育、管理过程中的过错责任,但根据不同情况可以采取推定过错的形式。

---

① 参见梁慧星等:《中国民法典草案建议稿附理由:侵权行为编·继承编》,法律出版社2004年12月第1版,第71页。

(三) 学校责任的构成要件

学校责任的构成要件主要有:(1)发生学生受到人身损害或者致人人身损害的事故。(2)该损害发生在在校学习和生活期间。从场所来看,既包括学生在校园里学习期间发生的事故,也包括在校外由学校组织的活动(如外出春游、体育比赛、游泳、写生、参观等活动)时发生的人身损害事故。从时间来看,既包括在学校正常的学习和生活期间,也包括其适当或相应的延伸,但这样的延伸必须与教育、教学活动有关。因此,在上学、放学回家的路上发生的事故就不属于学校的责任。(3)学校、幼儿园等教育机构违反了教育、管理、保护未成年学生的义务,该义务的判断标准主要依据法律、法规或规章的规定,如《学生伤害事故处理办法》(2002)第9条的规定。①(4)学校未尽职责范围内的义务与该事故存在因果关系。

基于上述认识,对学校责任成立和责任范围的判断就应该基于学校的教育、教学活动的时间或场所而综合进行。只有在学校的教育、教学活动中或者基于学校负责管理的校舍、教育、教学、生活场所与设施等而发生的侵权行为,才能由学校负责。当然,教育、教学活动的时间和场所不限于正常的时间或者场所,超出这个范围,只要损害发生在与学校教育、教学活动密切联系的时空,或者与学校的教育、管理职责相关的,都可以认定属于学校责任的范围。

(四) 学校对学生致人损害的责任

到目前为止,我国有关学校对学生致人损害的责任的法律依据主要有:

《最高人民法院关于贯彻执行〈中华人民共和国民法通则〉若干问题的意见(试行)》(1988)第160条规定:"在幼儿园、学校生活、学习的无民事行为能力人或者在精神病院治疗的精神病人,受到伤害或者给他人造成损害,单位有过错的,可以责令这些

① 该条规定:因下列情形之一造成的学生伤害事故,学校应当依法承担相应的责任:(一)学校的校舍、场地、其他公共设施,以及学校提供给学生使用的学具、教育教学和生活设施、设备不符合国家规定的标准,或者有明显不安全因素的;(二)学校的安全保卫、消防、设施设备管理等安全管理制度有明显疏漏,或者管理混乱,存在重大安全隐患,而未及时采取措施的;(三)学校向学生提供的药品、食品、饮用水等不符合国家或者行业的有关标准、要求的;(四)学校组织学生参加教育教学活动或者校外活动,未对学生进行相应的安全教育,并未在可预见的范围内采取必要的安全措施的;(五)学校知道教师或者其他工作人员患有不适宜担任教育教学工作的疾病,但未采取必要措施的;(六)学校违反有关规定,组织或者安排未成年学生从事不宜未成年人参加的劳动、体育运动或者其他活动的;(七)学生有特异体质或者特定疾病,不宜参加某种教育教学活动,学校知道或者应当知道,但未予以必要的注意的;(八)学生在校期间突发疾病或者受到伤害,学校发现,但未根据实际情况及时采取相应措施,导致不良后果加重的;(九)学校教师或者其他工作人员体罚或者变相体罚学生,或者在履行职责过程中违反工作要求、操作规程、职业道德或者其他有关规定的;(十)学校教师或者其他工作人员在负有组织、管理未成年学生的职责期间,发现学生行为具有危险性,但未进行必要的管理、告诫或者制止的;(十一)对未成年学生擅自离校等与学生人身安全直接相关的信息,学校发现或者知道,但未及时告知未成年学生的监护人,导致未成年学生因脱离监护人的保护而发生伤害的;(十二)学校有未依法履行职责的其他情形的。

单位适当给予赔偿。"这里的规定是一种过错责任,受害人必须证明学校有过错,才能获得学校的"适当"赔偿。"给他人造成损害"中的"他人"应被理解为包括本校其他学生以及学生以外的其他人。

与此类似的是《最高人民法院关于审理人身损害赔偿案件适用法律若干问题的解释》(2003)第7条第1款:"对未成年人依法负有教育、管理、保护义务的学校、幼儿园或者其他教育机构,未尽职责范围内的相关义务致使未成年人遭受人身损害,或者未成年人致他人人身损害的,应当承担与其过错相应的赔偿责任。"本条规定的也是学校的过错责任,只不过将学校的过错的认定加以具体化,限于"未尽职责范围内的相关义务"而"承担与其过错相应的赔偿责任"。本条中的"他人"也应被理解为包括本校其他学生以及学生以外的其他人。这是我国司法实践中处理这类侵权案件的最主要依据。

《学生伤害事故处理办法》(2002)第28条规定:"未成年学生对学生伤害事故负有责任的,由其监护人依法承担相应的赔偿责任。学生的行为侵害学校教师及其他工作人员以及其他组织、个人的合法权益,造成损失的,成年学生或者未成年学生的监护人应当依法予以赔偿。"不过,由于它只是部门规章,故在司法实践中可能只是被参照适用。

《侵权责任法》仅就学生受到人身损害的情况作了规定(第38条至第40条),对学校在学生致本校学生以外的其他人损害时的责任没有明确规定,不过也不能说没有提供可以适用的规则。此时应该适用该法第32条规定的监护人责任,由学生(直接加害人)的监护人承担侵权责任,当然在监护人尽到监护责任的,可以减轻其侵权责任。不过,在学校也有过错时,学校也应该承担相应的责任。比如,如果受害人是一个来访者,被一个学生所踢的足球砸伤,学校在体育活动的管理方面具有过错,那么责任如何承担?可以肯定的是,学生(直接加害人)的监护人要承担侵权责任,不过,学校有没有责任的可能?如果受害人没有将学校作为被告,则监护人可以根据第28条关于第三人过错的抗辩事由的规定,要求学校作为第三人承担相应比例的责任。当然,也可以适用《最高人民法院关于审理人身损害赔偿案件适用法律若干问题的解释》(2003)第7条,由学校承担"与其过错相应的赔偿责任"。

(五)学校对学生受到人身损害的责任

因为校园事故的受害人往往以学生为主,所以我国有关学校对学生在学校受到人身损害的责任的法律依据较多。这种责任又可以分成两类:

一是学校基于自己过错的最终责任。

前述《最高人民法院关于贯彻执行〈中华人民共和国民法通则〉若干问题的意见(试行)》(1988)第160条、《最高人民法院关于审理人身损害赔偿案件适用法律若干问题的解释》(2003)第7条第1款关于“未尽职责范围内的相关义务致使未成年人遭受人身损害”的规定,都是学校基于自己的过错而应承担的直接和最终的责任。

另外,教育部的规章《学生伤害事故处理办法》(2002)在第9条根据不同情形的学生伤害事故规定了学校应当依法承担的相应责任,在第12条规定了“学校已履行了相应职责,行为并无不当”时的一些免责规定。

随着《侵权责任法》的实施,学校对学生受到人身损害的责任出现了较大的变化,该法将根据不同对象而将学校的责任分成两类。第一类是在无民事行为能力人受到人身损害情况下采用推定的过错责任形式,基本规定是第38条:“无民事行为能力人在幼儿园、学校或者其他教育机构学习、生活期间受到人身损害的,幼儿园、学校或者其他教育机构应当承担责任,但能够证明尽到教育、管理职责的,不承担责任。”第二类是在限制民事行为能力人受到人身损害的情况下采用一般的过错责任形式,基本规定是第39条:“限制民事行为能力人在学校或者其他教育机构学习、生活期间受到人身损害,学校或者其他教育机构未尽到教育、管理职责的,应当承担责任。”这种区别对待的原因主要基于学生的年龄和智力发育的程度不同,对事物的认知和判断能力有较大差异,同时,无行为能力人在校学习、生活期间,超越了监护人的控制范围,如果受到人身损害,基本上无法对事故发生的情形准确地加以描述,此时要让无行为能力人或其监护人来证明学校的过错,几乎是不可能的。另外,学校也可以通过保险方式(如学校责任险)将自己的风险转移至社会。所以,为对无行为能力人提供更加充分的保护,法律采用推定过错的形式。

二是学校基于他人行为的补充责任。

《最高人民法院关于审理人身损害赔偿案件适用法律若干问题的解释》(2003)第7条第2款规定:“第三人侵权致未成年人遭受人身损害的,应当承担赔偿责任。学校、幼儿园等教育机构有过错的,应当承担相应的补充赔偿责任。”

《侵权责任法》第40条规定:“无民事行为能力人或者限制民事行为能力人在幼儿园、学校或者其他教育机构学习、生活期间,受到幼儿园、学校或者其他教育机构以外的人员人身损害的,由侵权人承担侵权责任;幼儿园、学校或者其他教育机构未尽到管理职责的,承担相应的补充责任。”

这两个条款是关于学校基于他人行为的补充责任的基本规定。

第三节　产 品 责 任

一、产品责任概述

（一）产品与产品责任

产品责任，是指因产品有缺陷造成他人财产、人身损害，产品制造者、销售者所应承担的民事责任。《中华人民共和国侵权责任法》第41条规定“因产品存在缺陷造成他人损害的，生产者应当承担侵权责任。”第42条第1款规定“因销售者的过错使产品存在缺陷，造成他人损害的，销售者应当承担侵权责任。”①

对于产品，我国《侵权责任法》没有明确限定。《美国侵权法重述》中规定，“产品是经过商业性销售以供使用或消费的有形动产。其他项目如不动产和电，当它们的销售及使用与有形动产的销售及使用足够类似时，也是产品。”《欧共体1985年产品责任指令》（85/374号）第2条规定，“本指令所称产品是指一切动产，包括添附到其他动产或不动产的动产，但初级农产品和狩猎产品除外。初级农产品是指种植业、畜牧业和水产业的产品，但经过加工的产品除外。产品包括电力。”而1999年的指令将该条修正为“本指令所称产品是指一切动产，包括添附到其他动产或不动产的动产。产品包括电力。”取消了对初级农产品和狩猎产品的排除性规定。我国《产品质量法》第2条规定，“本法所称产品是指经过加工、制作，用于销售的产品。”从各国规定来看，产品是指用于商业性销售或者分销的动产。用于商业性销售的不动产，考虑到建设工程的特殊性，我国规定由专门法律调整。但建设工程使用的建筑材料、建筑构配件和设备可视为产品。导线传输中的电，视为产品。

产品责任这一概念存在广义与狭义两种理解，广义的理解既包括产品有缺陷致人损害所应承担的侵权责任，也包括产品质量不合格所引起的不适当履行合同的违约责任；狭义的理解仅指侵权责任。如无特别指出，产品责任指产品侵权责任，而不是合同责任。作为侵权责任的产品责任不以加害人与受害人之间存在合同关系为前提，无论受害人与生产者、销售者有无合同关系，均可基于缺陷产品致害这一事实而请求赔偿。

---

① 我国《民法通则》第122条也规定了这一制度，“因产品质量不合格造成他人财产、人身损害的，产品制造者、销售者应当依法承担民事责任。运输者、仓储者对此负有责任的，产品制造者、销售者有权要求赔偿损失。”《产品质量法》第41、42、43条将这一规定进一步具体化。

由此可见产品责任是对法定义务的违反而产生的责任。产品责任还是一种特殊的侵权责任,实行特殊的归责原则。

(二)产品责任的责任主体与请求权人

1. 责任主体

(1)直接责任主体与间接责任主体

《侵权责任法》将产品制造者、销售者共同列为直接承担责任的主体,而将有责任的运输者、仓储者列为间接承担责任的主体。根据这一规定,受害人可以向产品的制造者或者销售者或者制造者与销售者共同请求赔偿,而不得向有责任的运输者、仓储者请求赔偿,运输者、仓储者不是产品责任的直接责任主体;制造者、销售者向有责任的运输者或仓储者请求赔偿损失,属于合同法(运输合同、仓储合同)的调整范围,而不属于产品责任。

(2)产品的生产者和销售者内部的责任划分

产品的生产者和销售者同为直接责任主体,二者之间的责任如何分配呢?根据《侵权责任法》的规定,(1)生产者和销售者均为直接责任主体,受害人可以向产品的生产者、销售者要求赔偿;(2)销售者承担了非因自己过错使产品存在缺陷造成他人人身或财产损害的赔偿责任后,可以向产品的生产者、供货者追偿;(3)属于产品销售者的责任,产品生产者赔偿的,产品的生产者有权向产品的销售者追偿;(4)如果销售者不能指明缺陷产品的生产者也不能指明缺陷产品的供货者的,销售者应当承担赔偿责任。①

《侵权责任法》对产品责任的责任主体的规定,有利于受害人实现赔偿请求权。当受害人找不到产品的生产厂家的时候,可以起诉产品的销售者。因缺陷产品的生产者、销售者均为承担产品责任的主体,受害人可选择其中之一或者二者作为被告请求赔偿。至于销售者、生产者之间的内部责任划分及追偿,不影响受害人选择被告。

2. 请求权人

产品责任的请求权人,是指当缺陷产品造成其人身或财产损害时,有权请求赔偿的主体。《侵权责任法》并未对此做出具体规定,但最高人民法院的司法解释明确地说明了产品责任赔偿请求人的基本范围:(1)消费者;(2)用户;(3)第三人。②此处的消费者一般指购买、消费生活用品的个人、法人和其他社会组织,尤其指公民个人。用户一般指购买、使用生产设备、办公用品等其他非生活用品的个人、法人和其他社会组织,尤其指法人和其他社会组织。换言之,因产品存在缺陷造成人身、他人财产损害的,受

---

① 张新宝:《侵权责任法》,中国人民大学出版社2006年版,第285页。

② 参见《最高人民法院关于贯彻执行〈中华人民共和国民法通则〉若干问题的意见(试行)》第153条第1款。

害人均有权请求赔偿,不以与销售者存在合同关系为限。受害人既可能为与销售者存在买卖合同关系的用户、消费者,也可能是与销售者不存在合同关系的第三人。受害的用户、消费者和第三人均为产品责任赔偿请求权人。这样才符合产品责任为侵权责任而不是合同责任的法律性质。

二、产品责任的构成要件

(一) 产品存在缺陷

产品存在缺陷,是产品责任构成的重要要件。《侵权责任法》并未对缺陷进行明确定义。我国《产品质量法》第34条规定:"本法所称缺陷,是指产品存在危及人身、他人财产安全的不合理的危险;产品有保障人体健康,人身、财产安全的国家标准、行业标准的,是指不符合该标准。"根据这一规定,我们可以对"缺陷"的具体含义进行进一步的分析:(1)缺陷是一种不合理的危险,合理的危险不是缺陷,只能叫瑕疵;(2)这种危险危及人身和他人财产安全,其他危险不认为是缺陷的内容;(3)判断危险之合理与否或者判断某一产品是否存在缺陷的标准分为一般标准和法定标准。一般标准是人们有权期望的安全性,即一个善良之人在正常情况下对一件产品所应具备的安全性的期望。除一般标准外,国家和行业对某些产品(尤其是食品和药品)制定了保障人体健康,人身和财产安全的专门标准,我们将这种标准称为"法定标准"。如果产品达不到或不符合这一法定标准,即可认定该产品存在不合理的危险,属于缺陷产品。在具体运用中,有法定标准的适用法定标准;无法定标准的,适用一般标准。

依据国外相关立法可以把缺陷分成三类:(1)设计缺陷。设计缺陷是指制造者在设计产品时,其产品的结构、配方等方面存在不合理的危险性。比如药品配方中含有高出国家规定的副作用成分。(2)制造缺陷。制造缺陷是指因产品原材料或配件存在缺陷或者在装配成最终产品的过程中出现某种错误,而导致产品具有不合理的危险性。设计缺陷产品的问题出于设计本身,而制造缺陷产品的问题则在于制造该产品的原材料以及配件的质量和总装工艺的质量。在我国商业实践中,大部分缺陷产品属于制造缺陷产品。企业严把质量关,提高工艺水平是我国工业部门目前面临的重要课题之一。①(3)警示缺陷。警示缺陷是指生产者没有提供适当的警示与说明,致使其产品在使用、储运等情形具有不合理的危险。我国产品质量法有两条规定涉及营销缺陷。第15条规定:"产品或者其包装上的标识应当符合下列要求:……使用不当,容易造成产品本身损坏或者可能危及人

① 张新宝:《侵权责任法》,中国人民大学出版社2006年版,第290页。

身、财产安全的产品,有警示标志或者中文警示说明。"第16条规定:"剧毒、危险、易碎、储运中不能倒置以及有其他特殊要求的产品,其包装必须符合相应要求,有警示标志或者中文警示说明标明储运注意事项。"如果消费者、使用者无视警示与说明,不按说明的用途、用法使用产品,即使受到损害也不认为产品为缺陷产品。

(二)须有人身、财产的损害事实

侵权责任的构成须有损害后果的发生,产品责任也不例外。但产品责任中的损害事实与一般侵权责任中的损害事实相比,往往:(1)受害人多、损害严重;(2)产品致人损害,有些损害后果在受害当时或受害后较短时间即可发现,而另一些损害后果往往要经过较长时间才能发现,有些损害要等到直接受害者的后代身上显现出来;(3)缺陷产品致人损害,既包括人身方面的损害,也包括财产方面的损害,财产损害是指缺陷产品(即购买缺陷产品本身的价金)以外的其他财产损害,而不包括缺陷产品本身的价金损害,因为缺陷产品本身的价金损害,属于合同责任方面的问题。

1. 人身损害

缺陷产品导致人身损害包括致人死亡和致人伤害两种情况,致人伤害又包括一般伤害和致人残疾。根据产品质量法第32条的规定,人身损害的赔偿责任包括:(1)造成受害人一般伤害的,侵害人应当赔偿医疗费、因误工减少的收入;(2)造成受害人残疾的,除赔偿医疗费、因误工减少的收入外,还应赔偿残疾生活补助费;(3)造成受害人死亡的,还应支付丧葬费、抚恤费;(4)造成受害人死亡或残疾的,应支付受害人生前或受害前抚养的人必要的生活费用。各种赔偿的数额及残疾生活补助费的计算方式也参照一般侵权行为的赔偿办理。

2. 财产损失

我国产品质量法第32条第2款规定:"因产品存在缺陷造成受害人财产损失的,侵害人应当恢复原状或者折价赔偿。受害人因此遭受其他重大损失的,侵害人应当赔偿损失。"这款规定所指的财产损失,既应包括直接损失,也应包括间接损失,但财产损失不是缺陷产品本身价金的损失,而是价金之外的损失。财产损失应当是缺陷产品所造成的实际损失,其范围不得任意扩大或缩小。受害人应对损失之存在及其范围负举证责任。对于财产损失,可恢复原状或折价赔偿。

3. 精神损失

上述条款中所谓的其他重大损失即指精神损失。当缺陷产品损害受害人之人格或造成精神损害其后果严重者属于"其他重大损失",侵害人应当赔偿损失。赔偿的数额可根据侵害的具体情节、受害人的精神损害程度等情况确定。

(三) 因果关系

在产品责任案件中,因果关系是指产品之缺陷与受害人之损害之间的相互关系,前者为原因,后者为结果。因果关系是产品责任案件中侵权行为的构成要件之一。在产品责任案件中,原告所要证明的内容包括:(1)被告为缺陷产品的生产者或销售者;(2)产品存在缺陷;(3)受害者受到损害;(4)损害是由于使用或消费有缺陷的产品所致。在上述四个方面中,“损害是由于使用或消费有缺陷的产品所致”为产品责任案中因果关系的证明对象。

符合以上三个要件,产品责任成立。

三、产品责任的归责原则与抗辩事由

(一) 归责原则

我国《侵权责任法》中的产品责任,采取了二元归责原则,即既适用无过错责任原则,也适用过错责任原则,但以无过错责任原则为主导的归责原则。对于不同的责任主体承担不同种类的赔偿责任,则采用了多种归责方法。

在我国产品责任法中,无过错责任原则适用于下列情形:(1)生产者和销售者的直接责任。无论是缺陷产品的生产者还是销售者,对直接责任之承担均适用严格责任原则。换言之,只要因使用、消费缺陷产品而受到损害的受害人向该产品的生产者、销售者主张赔偿,生产者与销售者不得以无过错主张免责,受害人也无须证明被告的过错。即使是无过错的销售者,也应首先承担直接责任。(2)生产者的最终责任。无过错的销售者向受害者承担直接责任之后,得向生产者追偿,由生产者承担最终责任。销售者只需证明缺陷、损害以及二者之间的因果关系,而无须证明生产者的过错。因此,生产者的最终责任属于无过错责任。①

在我国产品责任法中,过错责任原则适用于:销售者的最终责任。由于销售者的过错使产品存在缺陷,销售者应承担最终责任。于此情形,如果销售者承担了直接责任,则不得再向生产者追偿;如果生产者承担了直接责任,生产者则可通过证明缺陷是由于销售者的过错所致,而向销售者追偿。但是,销售者不能指明缺陷产品的生产者也不能指明缺陷产品的供货者的,销售者即被视为生产者,其对最终责任之承担由适用过错责任原则转化为适用无过错责任原则。

---

① 张新宝:《侵权责任法》,中国人民大学出版社2006年版,第294页。

(二) 免责条件

1. 概述

一般说来,产品责任法均规定免责条件,但各国就免责条件的范围与种类之规定并不尽相同。我国产品质量法规定:“生产者能证明下列情形之一的,不承担赔偿责任:(一)未将产品投入流通的;(二)产品投入流通时,引起损害的缺陷尚不存在的;(三)将产品投入流通时的科学技术水平尚不能发现缺陷的存在的”(第29条第2款)。欧共体产品责任指示规定的免责条件似更为宽泛,包括:(1)未将产品投入流通;(2)将产品投入流通时引起损害的缺陷尚不存在或缺陷是在投入流通之后产生的;(3)(被告)既不是产品的生产者也不是产品的销售者及为了营利目的的经营者,也没有在其经营中生产或销售该产品;(4)产品之缺陷是由于执行政府法令所致;(5)将产品投入流通时的科学和技术水平尚不能发现缺陷的存在;(6)零部件制造者按照产品制造者所给予的指示进行生产,缺陷是由于设计方面的原因所致。美国产品责任法是从另一角度来对待这一问题的,一般列举“明显的危险”、“错误使用”、“变质”以及“不可避免的危险和‘工艺水平’”作为对缺陷的限制性界定,同时也有一些基于原告行为(如共同与相对过失,对风险的假定、错误使用)的抗辩。这些对缺陷的限制性界定及有关抗辩,有一部分是属于免责条件的。①

2. 几种免责条件

(1) 未将产品投入流通

制造者虽然生产了某种产品(包括成品和零部件),但未将其投入流通,即使该产品存在缺陷致人损害,制造者也不因此而承担产品责任法上的责任。未将产品投入流通是各国产品责任法公认的免责条件。“投入流通”的含义是:任何形式的出售、出租、租赁、租卖以及抵押、质、典当。如果产品仍处于生产阶段或紧接着生产完毕后的仓储阶段则不认为已投入流通。

(2) 产品投入流通时引起损害的缺陷尚不存在

如果产品投入流通时引起损害的缺陷尚不存在,生产者应免责。但此处所免除的是直接责任(表面责任)还是最终责任(实质责任)抑或二者全部呢?我国产品责任法未对此作出明确规定,但从该法第31条及最高人民法院《关于贯彻执行民法通则若干问题的意见(试行)》第153条第2款的精神来看,免除的应当是实质责任而不是表面责任。质言之,如果产品的缺陷是由于运输者、仓储者或销售者的过错所致,该缺陷产品致人损害,受害人向产品制造者主张赔偿,制造者也应先行赔偿,然后向有过错的运

① 张新宝:《侵权责任法》,中国人民大学出版社2006年版,第295页。

输者、仓储者或销售者追偿。

(3) 科技发展水平

科技发展水平是许多产品责任案被告的一个重要抗辩,也是各国产品责任法公认的法定免责条件。其基本含义是:如果将产品投入流通时的科学技术水平不能发现缺陷的存在,即使其后由于科学技术的进一步发展而认识到产品存在缺陷,制造者也不对该已投入流通的产品致人损害承担产品责任法上的赔偿责任。

(4) 其他免责条件

除我国产品质量法规定的上述三个免责条件外,还有一些其他免责条件,包括:被告未从事此产品的生产、销售或其他经营活动;受害人的过错,包括误用、滥用、过度使用、不听警示进行改装、拆卸等。

四、产品责任的责任形式与诉讼时效

(一) 责任形式

《侵权责任法》第45条、46条、47条规定了三种特殊情形下产品责任的形式。除了损害赔偿等一般的侵权责任形式之外,产品责任的侵权人还可能承担:

1. 承担预防性责任。即第45条的规定:因产品缺陷危及他人人身、财产安全的,被侵权人有权请求生产者、销售者承担排除妨碍、消除危险等侵权责任。无论是对生产者、销售者,还是被侵权人,抑或是社会整体而言能防患于未然,都是解决问题的最佳途径。所以当产品缺陷危及他人人身、财产安全时,生产者、销售者理应采取措施予以化解。这里的“危及”从立法本意来看应既包括已实际产生威胁,也包括可能产生威胁,且对可能产生威胁的情形认定不宜过于苛刻。

2. 承担采取警示、召回等措施责任。生产者、销售者承担该责任的起始时间为产品“投入流通后”,应指产品离开生产者的成品仓库时起算。生产者、销售者不得怠于采取警示、召回等补救措施避免损害发生,且采取的补救措施应合理、有效。若生产者、销售者采取了补救措施且补救措施合理、有效,但产品缺陷仍造成他人损害的,除非生产者、销售者有合法的免责事由,被侵权人可以根据本法第43条的规定获得赔偿。

3. 承担惩罚性赔偿责任。针对当前一些企业恶意牟取暴利的行为在当前社会上造成的恶劣影响,为了惩罚生产者、销售者故意生产、销售存在缺陷的产品,立法者在本法中唯独就产品责任制定了惩罚性赔偿条款。就条文的措辞看,惩罚性赔偿是要谨慎适用的。这里的“明知”是否包括应当知道,尚不明确。生产者、销售者的恶意行为所造成的后果必须严重,且只能是人身伤亡方可适用。惩罚性赔偿的金额应与恶意程度相适应。

(二) 诉讼时效

《侵权责任法》没有规定产品责任的诉讼时效。根据《产品质量法》第45条的规定,因产品存在缺陷造成损害要求赔偿的诉讼时效期间为2年,自当事人知道或者应当知道其权益受到损害时起计算。因产品存在缺陷造成损害要求赔偿的请求权,在造成损害的缺陷产品交付最初消费者满10年丧失;但是,尚未超过明示的安全使用期的除外。

【案例分析】

何荣诉上海联合水暖卫生洁具公司等人身损害赔偿案

1990年3月1日,原告何荣在被告上海联合水暖卫生洁具公司购买了一台被告浙江省温州市新华日用电器厂生产的山峰牌DL-20型不锈钢淋浴器,价格341.33元。同月3日,原告何荣又购买了一台被告上海无线电三十三厂生产的双三牌GCB-1型多功能漏电保护器,价格34.10元。该月中旬,原告在家中安装了这两件电器。4月1日晚9月30分左右,原告之妻李志华用该淋浴器洗澡时被电击死亡。为此,原告何荣向上海市长宁区人民法院提起诉讼称:因三被告生产、销售的淋浴器及漏电保护器质量有问题,致使其妻在使用中被电击死亡,被告应当赔偿经济损失25 800元,两台电器退回,被告按退货处理。

被告上海联合水暖卫生洁具公司辩称:淋浴器是本公司代销的,赔偿责任应由产品制造者承担,本公司没有责任。被告浙江省温州市新华日用电器厂辩称:其生产的淋浴器部分产品确有质量问题,但上海无线电三十三厂生产的漏电保护器失灵,以及原告安装不当,亦是李志华触电死亡的原因,上海无线电三十三厂和原告应承担相应责任。被告上海无线电三十三厂辩称:淋浴器质量不合格,是原告之妻触电死亡的主要原因,浙江省温州市新华日用电器厂对此应负主要责任;原告违反有关规定,擅自安装大功率电热淋浴器,致本厂生产的漏电保护器失效酿成事故,亦应负担一定责任;本厂生产的漏电保护器无质量问题,不应负赔偿责任,可酌情予以补偿。

上海市长宁区人民法院受理此案后,请上海市技术监督局对原告所购淋浴器、漏电保护器进行质量鉴定。鉴定结论认定:事发现场的山峰牌DL-20型不锈钢淋浴器接地线路接触不良,电热管绝缘不好,电源进线一个接线端与保护盖之间有电击穿,使外壳带电,该产品安全性能不符合要求。双三牌GCB-1型多功能漏电保护器接线正确,脱扣线圈已严重烧坏,线圈回路中可控硅及三只二极管击穿,导致该漏电保护器失效,该保护器质量有问题。同时查明:原告安装淋浴器时,未按产品说明要求装好接地线;

按照供电部门的规定,安装耗电严重的电热淋浴器,应向供电部门申请批准后派人安装,原告并未申请而自行安装。该院在庭审过程中,经过调解,由于原告、被告之间对本案责任及赔偿数额意见不一,调解未成,判决结案。判决认定,被告浙江省温州市新华日用电器厂生产的山峰牌 DL-20 型不锈钢淋浴器的质量不符合安全要求,使用时漏电致人死亡,该厂应负主要责任。被告上海联合水暖卫生洁具公司销售不合格商品应承担连带责任,并负责接受退货。被告上海无线电三十三厂在双三牌 GCB-1 型多功能漏电保护器的说明书中,虽然标明了工作电压范围,但在上海电网供电不稳定的情况下,没有注明在低于工作电压时不能发挥漏电保护的作用,应在今后的产品设计和销售中予以改进,其自愿对原告进行补偿,可予准许。原告何荣在安装 DL-20 型不锈钢淋浴器时,未按说明书要求切实装好接地线;并且未向供电部门申请批准派人安装,以致使用时局部电压严重下降,漏电保护器不能正常工作而被烧毁,对事故发生负有一定责任。据此,于 1990 年 8 月 18 日,根据《民法通则》第 122 条之规定,判决如下:一、被告浙江省温州市新华日用电器厂应赔偿受害人李志华家属经济损失计人民币 12 600 元,于判决生效后十天内一次付给原告何荣。二、被告浙江省温州市新华日用电器厂不能履行第一项时,由被告上海联合水暖卫生洁具公司代为履行。三、准许被告上海无线电三十三厂补偿受害人李志华家属人民币 4 000 元,于判决生效后 10 天内一次付给原告何荣。四、被告上海联合水暖卫生洁具公司应接受原告何荣退还的山峰牌 DL-20 型不锈钢淋浴器一台,并当即退还原告何荣货款人民币 341.33 元,在判决生效后十天内履行完毕。五、原告其余诉讼请求不予支持。上述各项判决,在判决生效后 10 日内履行完毕。

分析本案中的侵权责任构成要件及责任形态。

第四节 机动车交通事故责任

一、机动车交通事故责任概述

(一) 含义

自 19 世纪末汽车诞生以来,机动车产生的交通事故已经成为今天社会最大的问题之一。交通事故作为"文明世界的第一大公害",被称为"马路上的战争",几乎每时每刻都在重复上演着一幕幕人间悲剧。机动车交通事故有时又被称为道路交通事故,甚至往往简称为交通事故。我国《道路交通安全法》第 119 条对道路交通事故的概念作了不同于以往的界定:它“是指车辆在道路上因过错或者意外造成的人身伤亡或者财产损失的事件。”这一定义意味着交通事故的外延是很广的:既包括机动车造成的事故,也包括非机动车造成的事故;既包括车辆在道路上因过错造成的责任事故(即“一般交通事故”),也包括车辆在道路上因意外造成的无过错事故(可以称为“交通无过错事故”)。

机动车交通事故责任仅指机动车在道路上因过错或者意外而发生的交通事故所产生的侵权责任,在侵权责任法的意义上,它特指机动车的保有人或其他责任人对受害人承担的损害赔偿责任。

(二)我国的立法概况

在 1987 年《民法通则》制定时,因为交通事故尚未成为一个严重的社会问题,所以《民法通则》对它没有具体规定,只在第 123 条规定:“从事高空、高压、易燃、易爆、剧毒、放射性、高速运输工具等对周围环境有高度危险的作业造成他人损害的,应当承担民事责任;如果能够证明损害是由受害人故意造成的,不承担民事责任。”本条可以涵盖机动车交通事故这一高速运输工具致他人损害的情形,在责任承担上属于无过错责任。

在我国的现行立法中,2003 年 10 月通过、2007 年 12 月修改的《道路交通安全法》是有关机动车交通事故责任的最基本的法律依据。该法第 76 条规定了具体的法律适用规则,是目前处理机动车交通事故损害赔偿责任的核心条款。与此相配套的法规,主要有《道路交通安全法实施条例》、《机动车交通事故责任强制保险条例》以及地方权力机关针对《道路交通安全法》制定的一系列地方性法规等。

当然,2010 年 7 月 1 日施行的《侵权责任法》也用了专章(第 6 章)6 个条文(第 49 条至第 53 条),对《道路交通安全法》做了优先适用的充分肯定,[①]并针对一些特殊情况进行了补充性的规制,如因租赁、借用等使机动车所有人与使用人不是同一人(第 49 条)、以买卖等方式转让并交付机动车但未办理所有权转移登记(第 50 条)、以买卖等方式转让拼装或者已达到报废标准的机动车(第 51 条)、盗窃、抢劫或者抢夺的机动车(第 52 条)发生交通事故造成损害的情形,以及机动车驾驶人发生交通事故后逃逸、机动车不明或者该机动车未参加强制保险(第 53 条)等的情形,这就在基本法律的层面

① 第 48 条规定:“机动车发生交通事故造成损害的,依照道路交通安全法的有关规定承担赔偿责任。”

上,对特殊情形下的机动车交通事故责任的承担提供了明确的处理规则。

二、机动车交通事故责任的基础和性质

(一) 机动车交通事故责任的基础

交通事故侵权责任的基础在于危险,理论上有危险来源说、危险控制说、优者危险负担说、报偿主义说和损害分散说几种认识。没有机动车的使用,就不会有机动车交通事故的发生。当加害人制造了某种危险来源并进行利用时,就应对相应的损害承担责任。同时,危险的制造者,即从事危险活动的人、危险物的所有人或持有人最有能力和条件控制危险,由其承担损害是合理的,也可以有效地预防损害的发生。使用机动车而制造了潜在的危险的人,就应当承担由此危险对他人造成任何损害的赔偿责任,即获得利益者负担损失,如果他对此危险带来的损害不承担责任,将是对社会正义的违反。《道路交通安全法》第 76 条确定的道路交通事故损害赔偿规则正体现了上述理论:基于各行为人在道路通行关系中对交通注意义务的程度、危险控制和回避能力的大小以及机动车辆危险性的高低,对交通事故的损害后果进行了有倾向性的分配。

(二) 机动车交通事故责任的性质

这种对交通事故损害后果的有倾向性分配体现了危险责任(无过错责任)的性质。危险责任(无过错责任)旨在从社会整体利益出发,对基于危险活动而产生的利益和伴生的损害予以衡平考量,重新进行责任分配,强调的是分配正义。比如在我国现行法中,在机动车与行人发生的交通事故时的责任承担上,如果行人没有过错就不承担责任,但是机动车一方无过错却不能免责,而是要承担不超过 10% 的责任。这是因为,无论如何,机动车给社会带来的危险在目前以及可以预见的很长一段时间内都是无法消除的,所以让责任人承担严格的无过错的赔偿责任,是一个在现实中相对合理的法律选择。

三、机动车交通事故责任的构成要件

机动车交通事故责任作为一种特殊侵权责任,其构成要件除了损害事实、加害行为以及二者之间的因果关系这些共同要素外,还有自己更加特殊的构成条件:

(一) 行为人属于特定的交通参与者

只有进行与道路交通有关活动的人员在实施道路交通行为时才可能发生交通意

外事故。按照《道路交通安全法》第2条的规定，交通参与者是车辆驾驶人、行人、乘车人以及与道路交通活动有关的单位和个人。在具体交通意外事故的行为人中，至少一方是车辆方。在机动车交通事故责任的主体中，至少一方必须是机动车的保有人。

（二）发生交通事故的车辆是机动车而不是非机动车

《道路交通安全法》中的“车辆”包括机动车和非机动车。“机动车”是指以动力装置驱动或者牵引，上道路行驶的供人员乘用或者用于运送物品以及进行工程专项作业的轮式车辆。但在道路交通安全法意义上，机动车不包括在地面上借助铁轨运行的机动车辆如有轨电车、火车等。[①]根据《道路交通安全法》第119条规定，“非机动车”是指以人力或者畜力驱动，上道路行驶的交通工具，以及虽有动力装置驱动但设计最高时速、空车质量、外形尺寸符合有关国家标准的残疾人机动轮椅车、电动自行车等交通工具。这些非机动车发生的交通事故不属于此处所说的机动车交通事故，其所产生的责任不能适用《道路交通安全法》第76条。

（三）机动车处于运行状态

机动车还必须处于运行状态意味着至少机动车要处于启动、行驶、刹车、减速、加速、转弯等运动过程中。如果机动车处于适当、正确的停放状态，而行人处于某种运动状态所发生的事故，不属于机动车交通事故，不能产生机动车交通事故责任。

（四）机动车是在“道路”上发生事故

所谓“道路”，根据《道路交通安全法》第119条的规定，是指公路、城市道路和虽在单位管辖范围但允许社会机动车通行的地方，包括广场、公共停车场等用于公众通行的场所。所以，在通常情况下，单位院内的道路不属于《道路交通安全法》上的“道路”，小村的小路亦然。如果在这样的路上发生事故如何处理？《道路交通安全法》在第77条规定：“车辆在道路以外通行时发生的事故，公安机关交通管理部门接到报案的，参照本法有关规定办理。”

四、机动车交通事故责任与社会化救济机制

鉴于机动车交通事故的严重危害性，各国一般都对此制定了相应的社会化救济机

① 《道路交通安全法实施条例》第97条规定：“车辆、行人与火车发生的交通事故以及在渡口发生的交通事故，依照国家有关规定处理。”

制，一是法律规定了强制责任保险制度，二是设立道路交通事故社会救助基金。

（一）道路交通事故责任强制保险

机动车交通事故责任强制保险（即“交强险”）即是一种通过责任保险等机制将可能的危险责任的风险予以社会化分散的手段。所谓“机动车交通事故责任强制保险”，根据《机动车交通事故责任强制保险条例》的规定，是指由保险公司对被保险机动车发生道路交通事故造成本车人员、被保险人以外的受害人的人身伤亡、财产损失，在责任限额内予以赔偿的强制性责任保险。在道路上行驶的机动车的所有人或者管理人，应当依照《中华人民共和国道路交通安全法》的规定投保机动车交通事故责任强制保险。

机动车交通事故责任强制保险的基础在于“法定契约”，宗旨和理念在于损害赔偿的社会化救济，即关注受害人的损害弥补，具有社会底线伦理的道德意义。《机动车交通事故责任强制保险条例》在第1条中也明确了“保障机动车道路交通事故受害人依法得到赔偿”的以人为本的首要目标。

作为这一责任保险精神的直接体现，法律明确规定，受害第三者对保险公司在所承保的责任保险范围内享有直接请求权；同时实行无过错原则，一旦发生交通事故致他人损害，保险公司就应当首先在机动车第三者责任强制保险责任限额范围内承担责任对受害人予以直接赔偿，而不论交通事故当事人各方是否承担事故责任及责任大小。从性质上看，机动车交通事故责任强制保险责任是与事故责任脱离后的单纯赔偿责任。机动车通过保险将一定限额内的赔偿责任转移给了保险公司，所以保险公司的赔偿责任并不是建立的事故责任之上。事故责任只能在一点程度上影响保险公司赔偿责任的大小，如果保险车辆驾驶人在交通事故中无责任，那么受其“无责任的赔偿限额”的限制，保险公司的赔偿额是不会太高的。

（二）道路交通事故责任救助基金

道路交通事故社会救助基金是对符合法定条件的道路交通事故中的受害人人身伤亡的抢救费、丧葬费进行垫付的社会专项基金。它的法律起源可以追溯到1959年的《关于有关机动车民事责任之强制保险的欧洲公约》，后来德国、法国、英国、瑞士等欧洲各国都建立了机动车损害赔偿保险基金。在责任人没有购买强制保险或无法找到肇事人的情况下，受害人可以从该基金得到人身损害赔偿。①新西兰在1972年通过了《意外事故补偿法》，对汽车事故受害人实行全面保护，规定无论事故的原因，也不管当

① 参见张新宝：《侵权责任法原理》，中国人民大学出版社2005年版，第368—369页。

事人的过错,不论是发生在何时何地,只要出现事故,受害人均可按照法定程序向意外事故补偿委员会请求支付一定金额。我国台湾地区也设立了汽车交通事故特别补偿基金。在中国民法典起草过程中,梁慧星主持起草的《中国民法典草案建议稿》第1615条出现了这样的规定:“机动车在运行中造成损害后逃逸致受害人无法行使损害赔偿请求权的,受害人得向道路交通事故社会救助基金请求赔偿。道路交通事故救助基金向受害人赔偿后获得代位追偿权。”

我国《道路交通安全法》第17条规定“国家……设立道路交通事故社会救助基金”,第75条对基金的作用作了一个写实性的描述,但并未对基金的具体运作提供规则。在《机动车交通事故责任强制保险条例》第24条也有大同小异的规定:“有下列情形之一时,道路交通事故中受害人人身伤亡的丧葬费用、部分或者全部抢救费用,由救助基金先行垫付,救助基金管理机构有权向道路交通事故责任人追偿:(一)抢救费用超过机动车交通事故责任强制保险责任限额的;(二)肇事机动车未参加机动车交通事故责任强制保险的;(三)机动车肇事后逃逸的。”《侵权责任法》第53条对此作出了一些修正:“机动车驾驶人发生交通事故后逃逸,该机动车参加强制保险的,由保险公司在机动车强制保险责任限额范围内予以赔偿;机动车不明或者该机动车未参加强制保险,需要支付被侵权人人身伤亡的抢救、丧葬等费用的,由道路交通事故社会救助基金垫付。道路交通事故社会救助基金垫付后,其管理机构有权向交通事故责任人追偿。”所以,目前,由救助基金先行垫付的情况主要有:(1)抢救费用超过机动车交通事故责任强制保险责任限额的;(2)肇事机动车未参加机动车交通事故责任强制保险的;(3)机动车(所有或管理权属)不明的。

根据《机动车交通事故责任强制保险条例》第25条,救助基金的来源包括:(1)按照机动车交通事故责任强制保险的保险费的一定比例提取的资金;(2)对未按照规定投保机动车交通事故责任强制保险的机动车的所有人、管理人的罚款;(3)救助基金管理机构依法向道路交通事故责任人追偿的资金;(4)救助基金孳息;(5)其他资金。

结合现实的情况,我国的救助基金有以下表现:从内容上看,它仅用于有限的特定事项(即道路交通事故中受害人人身伤亡的丧葬费用、部分或者全部抢救费用),范围太窄,没有包括其他可能的人身损害比如护理费、营养费等必然发生的项目,如果救助基金不将这部分损害纳入保障范围内,而仅仅垫付所规定的费用,那么受害人的损害赔偿还是没有任何保障的。从条件上看,它有一定的程序和数额的限制,但所列举的只有十分有限的三种垫付情形,并没有规定交通无过错事故的情况。从实质上看,它是一种道路交通事故损害的社会化救助模式,具有公益性质,尽管法律有明确规定,但作为实际操作的关键部分,相应的配套立法却一直缺失,使得救助基金至今“徒有虚名”。①从实际操作来看,它没有对救助基金与受害人可能获得的损害弥补的其他途径之间的关系进行协调,在受害人存在医疗、工伤保险等社会保险时,还有没有必要予以基金的垫付和救助?救助基金缺少相关规定很可能在实践中引起混乱。

当然,道路交通事故社会救助基金的目的在于对受害人的救济,是对机动车交通事故责任强制保险的进一步补充。

五、机动车交通事故责任中的主体

在机动车道路交通事故责任里,有事故责任和赔偿责任的两个层次的区分。一般情况下,二者是一致的,即事故责任是赔偿责任的基础。特殊情况下,二者发生分野,承担事故责任的不一定承担赔偿责任,承担赔偿责任的不一定有事故责任。事故责任小的不一定承担较小的赔偿责任,甚至无事故责任也要承担赔偿责任。

(一)事故责任主体

事故责任主体即实际造成交通事故的责任人,一般是驾驶人,但也可能是非机动车驾驶人、行人乃至其他人如乘客等。这里主要以驾驶人作为机动车道路交通事故的事故责任主体,如果驾驶人就是车主或机动车的实际使用人、管理人,那么他也同时是机动车道路交通事故的赔偿责任主体。但是,在特殊情况下,如驾驶人仅仅是一个雇员,那么他可能就无法承担赔偿责任,而真正要承担赔偿责任的如车辆的保有人又可能不是事故责任主体。

(二)赔偿责任主体

机动车道路交通事故责任的第一个赔偿责任主体是交强险的保险人(保险公司)。

在其他特殊情况下,赔偿责任的主体有多种表现。根据《侵权责任法》第49条至第51条,主要有以下几种:(1)因租赁、借用等情形机动车所有人与使用人不是同一人时,发生交通事故后属于该机动车一方责任的,对保险公司在机动车强制保险责任限额范围内予以赔偿后不足的部分,由机动车使用人承担赔偿责任;机动车所有人对损害的发生有过错的,承担相应的赔偿责任。(2)当事人之间已经以买卖等方式转让并

---

① 只有个别地方政府进行了不同的尝试,如《浙江省实施〈道路交通安全法〉办法》第60条规定:“县级以上人民政府应当设立道路交通事故社会救助基金,基金来源包括:按照机动车第三者责任强制保险费的一定比例提取的资金;对按照规定未投保第三者责任强制保险机动车所有人、管理人的罚款;救助基金管理机构依法向交通事故责任人追偿的资金;救助基金利息;小型客车号牌号码公开竞价所得价款;其他合法来源。”上海市和湖南、广东、海南等省以及惠州、深圳等城市也出台了相应的措施。

交付机动车但未办理所有权转移登记,发生交通事故后属于该机动车一方责任的,由保险公司在机动车强制保险责任限额范围内予以赔偿。不足部分,由受让人承担赔偿责任。(3)以买卖等方式转让拼装或者已达到报废标准的机动车,发生交通事故造成损害的,由转让人和受让人承担连带责任。

六、机动车交通事故责任的一般承担规则

已如上述,在事故责任和赔偿责任的同一或分离的基础上,机动车交通事故责任表现出一种综合性的混合责任形态,过错责任和无过错责任交杂在一起。

(一)机动车交通事故责任承担的核心规则

机动车交通事故责任承担的核心规则是《道路交通安全法》第76条第1款规定:"机动车发生交通事故造成人身伤亡、财产损失的,由保险公司在机动车第三者责任强制保险责任限额范围内予以赔偿;不足的部分,按照下列规定承担赔偿责任:1. 机动车之间发生交通事故的,由有过错的一方承担赔偿责任;双方都有过错的,按照各自过错的比例分担责任。2. 机动车与非机动车驾驶人、行人之间发生交通事故,非机动车驾驶人、行人没有过错的,由机动车一方承担赔偿责任;有证据证明非机动车驾驶人、行人有过错的,根据过错程度适当减轻机动车一方的赔偿责任;机动车一方没有过错的,承担不超过百分之十的赔偿责任。"第2款规定:"交通事故的损失是由非机动车驾驶人、行人故意碰撞机动车造成的,机动车一方不承担赔偿责任。"本条的基本含义在以下部分予以展开。

(二)"交强险"赔偿责任的适用规则

1. 受害人对保险公司的直接请求权

《道路交通安全法》第76条赋予受害人以直接请求权,保险公司在其承保的保险责任限额内对受害人负有直接支付义务。另外,《保险法》第50条规定"保险人对责任保险的被保险人给第三者造成的损害,可以依照法律的规定或者合同的约定,直接向该第三者赔偿保险金……。"所以,"交强险"赔偿责任直接体现了责任保险规则的精神,受害第三者对保险公司在所承保的责任保险范围内享有直接请求权。同时,一旦发生交通事故致他人损害,保险公司就应当首先在机动车第三者责任强制保险责任限额范围内承担责任对受害人予以直接赔偿,而不论交通事故当事人各方是否承担事故责任以及责任大小。《机动车交通事故责任强制保险条例》第21条第1款也规定:"被保险机动车发生道路交通事故造成本车人员、被保险人以外的受害人人身伤亡、财产

损失的，由保险公司依法在机动车交通事故责任强制保险责任限额范围内予以赔偿。”当然，如果受害人的损害超出了责任保险的责任限额，其超出部分保险公司不予赔偿，而是由当事人按照相应的归责原则（机动车之间按过错责任、机动车与非机动车行人间按无过错责任）进行分担。

2.“交强险”赔偿责任的范围

从赔偿权利人角度看，保险公司只对“本车人员、被保险人以外的受害人人身伤亡、财产损失”承担赔偿责任。本车人员是指车上所乘坐的人员。被保险人是指投保人及其允许的合法驾驶人。保人是指与保险公司订立机动车交通事故责任强制保险合同，并按照合同负有支付保险费义务的机动车的所有人、管理人。这些人员如果受到伤害，可以直接向承运人请求赔偿，或者根据其他商业车险而提出赔偿请求。“交强险”只是针对这些人之外的第三者受害人予以赔付。如果两辆机动车相撞，互相致使对方的车上人员受有损害，那么，对方车上人员对于本车来讲，属于第三者，反之依然。

从责任限额角度看，保险公司在不同的损失赔偿限额内承担责任。“机动车交通事故责任强制保险在全国范围内实行统一的责任限额。责任限额分为死亡伤残赔偿限额、医疗费用赔偿限额、财产损失赔偿限额以及被保险人在道路交通事故中无责任的赔偿限额。”①如果交通事故所造成的损害超出了责任保险的责任限额，其超出部分保险公司不予赔偿，而是由当事人按照相应的归责原则（机动车之间按过错责任、机动车与非机动车行人间按无过错责任）进行分担。

从抗辩事由角度看，保险公司在一定的情况下免除赔偿责任。根据《道路交通安全法》第76条第2款规定：“交通事故的损失是由非机动车驾驶人、行人故意碰撞机动车造成的，机动车一方不承担赔偿责任。”《机动车交通事故责任强制保险条例》第21条第2款规定：“道路交通事故的损失是由受害人故意造成的，保险公司不予赔偿。”另外，根据《机动车交通事故责任强制保险条例》第22条，在驾驶人未取得驾驶资格或者醉酒、被保险机动车被盗抢期间肇事、被保险人故意制造道路交通事故的情形下，发生道路交通事故所造成的受害人的财产损失，保险公司也不承担赔偿责任。

3. 机动车交通事故共同侵权时“交强险”责任的承担规则②

一个值得思考的问题是，在机动车交通事故共同侵权损害赔偿中，“交强险”赔偿

① 参见《机动车交通事故责任强制保险条例》第23条。根据2008年1月11日中国保监会关于调整交强险责任限额的公告，最新的责任限额方案如下：被保险机动车在道路交通事故中有责任的赔偿限额为：死亡伤残赔偿限额11万元人民币；医疗费用赔偿限额1万元人民币；财产损失赔偿限额2 000元人民币。被保险机动车在道路交通事故中无责任的赔偿限额为：死亡伤残赔偿限额11 000元人民币；医疗费用赔偿限额1 000元人民币；财产损失赔偿限额100元人民币。

② 参见王康：《机动车交通事故共同侵权损害赔偿中的保险责任研究》，载《保险研究》2010年第4期。

责任如何确定。比如，甲、乙作为责任人的两辆投保机动车发生交通事故共同致受害人丙人身损害，两家保险公司（甲方保险公司和乙方保险公司）在机动车交通事故责任强制保险的责任限额内如何承担赔偿责任？是要各打五十大板平均承担吗？还是要考虑各自保险车辆之间的事故责任比例呢？是要承担共同侵权时的连带责任还是承担按份责任？法律对此没有明确规定。从学理上分析，可以将机动车的事故责任作为赔偿责任的基础予以考虑，在事故责任即按照双方机动车驾驶人的过错程度和原因力大小来划分的"比例责任"的基础上，在共同侵权责任人的保险公司内部合理分担；同时，为了最大化受害人的损害救济之利益，还要实行"有限连带"的规则，即两家保险公司在基于双方事故责任比例承担赔偿责任之后，承担责任不超过责任限额的一方在剩余责任限额内对另一方超过责任限额的部分承担连带责任。将这一特殊的连带责任建立在共同侵权责任人之间的内部事故责任的基础上（"比例责任"），并对外受到其强制保险责任最高限额的限制（"有限连带"），可以保持各方利益的平衡。

在机动车交通事故共同侵权的情况下，为了有利于受害人的保护，两家保险公司必须在各自的责任限额内不考虑投保车辆驾驶人的过错而互负连带责任，以实现交强险以人为本、关爱生命的基本精神。

（三）机动车之间的过错责任

依据《道路交通安全法》第76条第1款，机动车发生交通事故造成人身伤亡、财产损失的，由保险公司在机动车第三者责任强制保险责任限额范围内予以赔偿；对于不足的部分的赔偿责任，如果是机动车之间发生交通事故，那么由有过错的一方承担赔偿责任，没有过错的不承担赔偿责任；双方都有过错的，按照各自过错的比例分担责任。这是由于机动车之间基本上没有强弱之分，驾驶人都有基本的驾驶技能，应当适用过错责任才是公平的。

（四）机动车与行人、非机动车之间的无过错责任

依据《道路交通安全法》第76条第1款，对于"交强险"赔偿不足的部分的责任承担，如果是机动车与非机动车驾驶人、行人之间发生交通事故，赔偿责任适用无过错责任：（1）非机动车驾驶人、行人没有过错的，不管机动车一方有无过错，都由机动车一方承担全部的赔偿责任；（2）有证据证明非机动车驾驶人、行人有过错的，可以根据过错程度适当减轻机动车一方的赔偿责任；（3）在非机动车驾驶人、行人有过错，而机动车一方没有任何过错的情况下，机动车一方承担不超过百分之十的赔偿责任。

本条明确了机动车交通事故责任的无过错责任的性质及其规则。同时，对机动车

一方规定了举证责任，即机动车要想减轻（不能免除）自己一方的赔偿责任，就必须证明"非机动车驾驶人、行人有过错"。而非机动车驾驶人、行人则不需要证明机动车一方有无过错，证明损害是由机动车所造成的以及损害的大小，就是其主要的举证责任。

本条还明确了过错相抵规则在这种无过错责任中的适用。受害人过错作为一种抗辩事由成为加害人即机动车一方的减轻责任的依据。但仅仅是减轻，而不是免除。只有在受害人故意的情况下，机动车一方及其保险公司才能够免责。

七、机动车发生交通无过错事故时的损害救济[①]

交通无过错事故是指机动车在道路上因意外造成他人人身伤亡或者财产损失的事件。判断某一事故是否属于交通无过错事故，除了需要考查损害事实、加害行为以及二者之间的因果关系外，应当考虑其特殊构成条件——行为人没有违反道路交通管理的有关规定，即没有过错，事故的发生纯属意外。在法律上对"意外"的确定主要考虑事故是否具备可预见性、事故因素是否存在于行为人自身以外、同时是否具有偶然性并排除第三人介入等情况。交通无过错事故并不以行为人违章或有过错为要件，这是它不同于一般交通事故的主要特点。

按照2009年1月1日起施行的《道路交通事故处理程序规定》第46条第3款规定："各方均无导致道路交通事故的过错，属于交通意外事故的，各方均无责任。"这就意味着对交通无过错事故的发生，各方都没有事故责任，但是这并不意味着受害人（特别是车辆以外的其他受害人）的损害得不到任何救济。

《道路交通安全法》已经明确把意外作为交通事故的一种原因加以规定，既然交通无过错事故也是交通事故，那么是否应该按照一般交通事故的处理规则进行处理，即适用《道路交通安全法》第76条规定？实际上，本条不能完全适用于双方都没有过错的交通事故的情形。本条第一款的规定对于交通无过错事故也是一个基本的损害救济原则，即：保险公司在机动车交通事故责任强制保险的责任限额内对交通无过错事故的损害承担责任，但不足部分的损害承担不能适用本条的规定。如果让无过错（即无事故责任）的机动车一方承担全部赔偿，与事故责任认定结论不符，并且显失公平；如果让受害人只能得到不超过10%的赔偿也同样不能有效解决损害弥补的实质问题。那么，可否由保险公司在机动车交通事故责任强制保险的责任限额内承担责任，超出部分由双方分担？已如前述，目前，保险公司在"交强险"的责任限额内承担责任是符

① 参见王康：《交通无过错事故的损害救济问题研究》，载《行政与法》2010年第4期。

合法律法规的。不过，由于目前我国的“交强险”的无责任赔付的标准较低，人身损害的最高责任限额目前只有1.2万元，依靠“交强险”是不能充分地对交通无过错事故受害人的损害进行救济的。

一种较为合理的思路是：对交通无过错事故中的受害人的损害，首先应该在机动车交通事故责任强制保险的无责任限额内予以赔偿，不足部分的人身损害（不含财产损害）可以由道路交通事故社会救助基金支付，仍然未获救济的损害（含财产损害）根据公平原则在可救济的范围内按照人身损害优先的顺序由各方合理分担。

八、特殊情形的机动车交通事故责任

（一）盗窃、抢劫或者抢夺情况下的机动车交通事故责任

根据《侵权责任法》第52条，盗窃、抢劫或者抢夺的机动车发生交通事故造成损害的，由盗窃人、抢劫人或者抢夺人承担赔偿责任。保险公司在机动车强制保险责任限额范围内垫付抢救费用的，有权向交通事故责任人追偿。《机动车交通事故责任强制保险条例》第22条的规定与此一致。此前，针对河南省高级人民法院的《最高人民法院关于被盗机动车辆肇事后由谁承担损害赔偿责任问题的批复》（法释〔1999〕13号）曾明确指出：“使用盗窃的机动车辆肇事，造成被害人物质损失的，肇事人应当依法承担损害赔偿责任，被盗机动车辆的所有人不承担损害赔偿责任。”这是因为，机动车被盗窃、抢劫或者抢夺后，实际保有人已经对机动车没有了控制力，既失去了运行的支配力，又丧失了运行的利益，所以不应当承担责任。即使机动车保有人对于机动车被盗具有过错，如既没有关门又没有拔下钥匙，这种过错行为与交通事故的发生也不具有法律上的因果关系。所以，这些情况下的交通事故责任应该由盗抢者承担，而不应该由机动车保有人承担。保险公司要在机动车强制保险责任限额范围内垫付抢救费用①，并有权向交通事故责任人追偿。

（二）机动车驾驶人发生交通事故后逃逸的责任

根据《侵权责任法》第53条，机动车驾驶人发生交通事故后逃逸，该机动车参加强

① 根据《机动车交通事故责任强制保险条例》第42条，抢救费用是指机动车发生道路交通事故导致人员受伤时，医疗机构参照国务院卫生主管部门组织制定的有关临床诊疗指南，对生命体征不平稳和虽然生命体征平稳但如果不采取处理措施会产生生命危险，或者导致残疾、器官功能障碍，或者导致病程明显延长的受伤人员，采取必要的处理措施所发生的医疗费用。该条例第31条还规定了其他情形下抢救费用的垫付：因抢救受伤人员需要保险公司支付或者垫付抢救费用的，保险公司在接到公安机关交通管理部门通知后，经核对应当及时向医疗机构支付或者垫付抢救费用。因抢救受伤人员需要救助基金管理机构垫付抢救费用的，救助基金管理机构在接到公安机关交通管理部门通知后，经核对应当及时向医疗机构垫付抢救费用。

制保险的，由保险公司在机动车强制保险责任限额范围内予以赔偿。机动车驾驶人在交通事故发生后逃逸，多表现为其驾驶肇事车辆或者遗弃该车辆而逃离现场的行为，同时可能会引发刑事责任。如果能够确定机动车参加了强制险及其保险公司，则要由保险公司在机动车强制保险责任限额范围内予以赔偿。

（三）肇事机动车不明或未参加强制保险时的交通事故责任

根据《侵权责任法》第 53 条，机动车不明或者该机动车未参加强制保险，需要支付被侵权人人身伤亡的抢救、丧葬等费用的，由道路交通事故社会救助基金垫付。道路交通事故社会救助基金垫付后，其管理机构有权向交通事故责任人追偿。“机动车不明”是指机动车所有或管理权属不明，或者因机动车驾驶人驾车逃逸而无法查明是哪一辆机动车肇事。

（四）以买卖等方式转让机动车情况下的交通事故责任

一是已经转让并交付、但未办理所有权转移登记的机动车发生交通事故的情况。根据《侵权责任法》第 50 条，当事人之间已经以买卖等方式转让并交付机动车但未办理所有权转移登记，发生交通事故后属于该机动车一方责任的，由保险公司在机动车强制保险责任限额范围内予以赔偿。不足部分，由受让人承担赔偿责任。《物权法》第 23 条、第 24 条规定了动产物权的转让效力问题，机动车所有权的转移在交付时发生效力，未经登记，只是不具有公示的公信力并在交易过程中不能对抗善意第三人而已。因此，当事人之间已经以买卖等方式转让并交付机动车但未办理所有权转移登记，原所有人已经不拥有对机动车的支配和控制力，也不再有运行的利益。因此，应该由实际的保有人来承担相应的责任。

二是分期付款购买车辆的情况。《最高人民法院关于购买人使用分期付款购买的车辆从事运输因交通事故造成他人财产损失保留车辆所有权的出卖方不应承担民事责任的批复》（法释〔2000〕38 号）明确指出：“采取分期付款方式购车，出卖方在购买方付清全部车款前保留车辆所有权的，购买方以自己名义与他人订立货物运输合同并使用该车运输时，因交通事故造成他人财产损失的，出卖方不承担民事责任。”

三是以买卖等方式转让拼装或者已达到报废标准的机动车的情况。按照《国务院报废汽车回收管理办法》（2001）的规定，所谓“拼装”车，是指使用报废汽车发动机、方向机、变速器、前后桥、车架（即“五大总成”）以及其他零配件组装的机动车；所谓“已达到报废标准的机动车”是指达到国家报废标准，或者虽未达到国家报废标准，但发动机或者底盘严重损坏，经检验不符合国家机动车运行安全技术条件或者国家机动车污染物排放标准的机动车(包括摩托车、农用运输车)。这种情况下的机动车如果发生交通事故,按照《侵权责任法》第51条规定,由转让人和受让人承担连带责任。

(五) 租赁、借用情况下的机动车交通事故责任

根据《侵权责任法》第49条规定,因租赁、借用等情形机动车所有人与使用人不是同一人时,发生交通事故后属于该机动车一方责任的,由保险公司在机动车强制保险责任限额范围内予以赔偿。不足部分,由机动车使用人承担赔偿责任;机动车所有人对损害的发生有过错的,承担相应的赔偿责任。所谓机动车所有人对损害的发生有过错,主要表现为违反了相应的关注义务。机动车所有人在将机动车出租、出借时应当对相对人是否具有驾驶资格等情况进行审查,同时要保证机动车本身性能的安全性,如果其竟然没有尽到这样应有的注意,即是违反了注意义务,即具有过失。那么,令其承担过错责任就具有合理性。

(六) 好意同乘情况下的机动车交通事故责任

所谓好意同乘,主要是指让他人免费搭车的行为,或者收取他人的部分费用一起"拼车"(即分摊出行成本)的行为。因搭车人属于本车的车上人员,所以本车的保险公司不会对其承担"交强险"赔偿责任(当然,商业责任险可能会做出赔偿)。一般来说,在这种基本上属于无偿搭乘或分摊出行成本的情况下,如果基于机动车驾驶人的过失发生交通事故并造成搭车人损害的,机动车驾驶人应该负有相应的事故责任,但令其承担全部赔偿责任也是不公平的。如果没有其他责任人(如其他机动车保有人及其保险公司)承担相应的赔偿责任,那么可以由机动车一方的责任人对受害人的损害给予适当的补偿。

第五节 医疗损害责任

一、医疗损害责任概述

(一) 医疗事故、医疗差错与医疗损害

1987年6月29日国务院发布的《医疗事故处理办法》第2条规定,医疗事故"是指

在诊疗护理工作中,因医务人员诊疗护理过失,直接造成病员死亡、残废、组织器官损伤导致功能障碍的。”如果医务人员的过失未造成上述后果,却造成病人健康的“其他不良后果”时,依《医疗事故处理办法》不认为是医疗事故,不能适用《医疗事故处理办法》。

而由于医务人员的责任或者技术因素发生错误而给病员造成一定的痛苦,经及时正确救治、功能基本恢复,未造成严重不良后果者,为医疗差错。医疗差错虽不属于《医疗事故处理办法》所规定的医疗事故,但属于造成“其他不良后果”的侵权行为。患者不能依《医疗事故处理办法》请求赔偿,在《侵权责任法》施行以前只能依《民法通则》的相关规定请求赔偿。

《侵权责任法》用“医疗损害”这一概念取代了“医疗事故”与“医疗差错”,取消了长期存在于医疗侵权领域内的双轨制,统一了赔偿标准。根据该法第 54 条的规定,因医方过错使患者在诊疗活动中受到的损害为医疗损害,医方须对此承担医疗损害责任。即无论患者受到的损害是死亡、残废、组织器官损伤导致功能障碍的,还是其他不良后果,患者均可依《侵权责任法》向医方索赔。

(二)医疗损害责任的性质

1. 医疗损害责任是侵权责任

关于医疗损害的法律责任之性质,有三种不同的看法,一种观点认为由于病员与医生(医疗单位)之间存在诊疗合同关系,因此医疗损害责任应为合同责任。另一种观点认为医疗损害责任应为一种侵权责任,虽然医生与病人之间存在某种协议,但“医生与病人的关系,以及由这种关系所产生的相应义务并不完全取决于合同原理……医疗过失行为是一种侵权行为。”此外,还有人在这两种观点之间进行折衷,即允许受害人在两种请求权(违反合同与侵权行为)之间进行选择。在我国,由于现行的合同法律法规并无调整医疗单位与病人之间诊疗关系的规定,理论界也通常不将医疗损害责任归为违约责任。为了较好地保护受害人的合法权益,我们认为我国的医疗损害责任原则上应定位为侵权责任,只有当未来的合同法就医疗合同作出专门规定时,方可兼采折衷观点,赋予受害人或者其家属选择权,适用责任竞合的理论。

2. 医疗损害责任是专家责任

专家责任是指具有特别知识和技能的专业人员在履行专业职能的过程中给他人造成损害所应承担的民事责任。一般说来,专家的执业活动,都是为顾客或者当事人服务,从事的是与顾客或当事人的人身、生命健康或者财产利益关系重大的事务。例如,医护人员的执业活动,直接关系到病人的生命健康,律师的执业活动直接关系到当事人的诉讼之胜败或者项目之成功与否,注册会计师的执业活动直接关系到顾客的重大经济利益。专家的疏忽大意,势必给顾客或者当事人造成严重的损失。专家在执业活动中必须恪守职业义务,否则可能导致侵权责任。专家责任是一种特殊的侵权责任。

(三) 医疗损害责任的分类

《侵权责任法》不再区分医疗事故与医疗差错,而是根据损害的内容,可以将医疗损害责任分为以下三种类型:①

1. 医疗技术损害责任　由于过失,医务人员违反当时的医疗水平和技术规范,造成患者损害的,是医疗技术损害责任。《侵权责任法》第57条规定:“医务人员在诊疗活动中未尽到与当时的医疗水平相应的诊疗义务,造成患者损害的,医疗机构应当承担赔偿责任”。医生作为专业人士,应当在诊疗活动中展示合理的专业水平和技术,否则可能产生医疗技术损害责任。

2. 医疗伦理损害责任　由于违反告知义务、保密义务等医疗伦理和良知,侵害患者精神性人格权等损害的,是医疗伦理损害责任。《侵权责任法》第55条规定了医生的说明告知义务,第61条规定了医护人员妥善保管病历等相关资料的义务,第62条规定了医护人员严守患者隐私的义务。违反上述义务,可能导致医疗伦理损害责任。

3. 医疗产品损害责任　在医疗过程中,使用医疗器械、消毒制剂、药品、血液以及血液制品等医疗产品,造成患者损害的,是医疗产品侵权责任。《侵权责任法》第59条规定:“因药品、消毒药剂、医疗器械的缺陷,或者输入不合格的血液造成患者损害的,患者可以向生产者或者血液提供机构请求赔偿,也可以向医疗机构请求赔偿。患者向医疗机构请求赔偿的,医疗机构赔偿后,有权向负有责任的生产者或者血液提供机构追偿。”这条规定在医疗产品致害时医方负有连带赔偿责任,加强了对患者的保护。

二、医疗损害责任的构成要件

医疗损害责任作为一种侵权责任,应当具备侵权责任的四个构成要件,即行为的违法性、损害、因果关系和加害人的过错。

(一) 行为的违法性

行为的违法性也称为侵害行为,在医疗损害领域我们称之为“医疗侵权行为”。医

① 杨立新:《医疗损害责任研究》,法律出版社2009年版,第120页。

疗侵权行为的违法性表现在以下几个方面:(1)违反《侵权责任法》;(2)违反《医疗事故处理办法》;(3)违反医疗行政管理部门发布的有关规章、办法等;(4)违反医院的有关管理制度、技术操作规则等;(5)违反作为医护人员的职业道德标准。只要医护人员的行为符合上述五种情形之一,即可认为行为具有违法性。

医护人员具有上述违法性的医疗侵权行为,通常具体表现为以下情况:(1)误诊。根据病人的实际情况和有关的操作规定或一个合格医护人员的应有注意,本来应当诊断出来病人存在某种疾病或伤害,但是没有诊断出来,或者根本就没有进行诊断;(2)延误治疗。虽然进行了正确的诊断,但是未进行及时有效的治疗;(3)不当处方。对于已经确诊的病人,给予错误的处方;(4)不当手术和处置。不当手术和处置包括对不需要和不应当手术和处置的病人进行手术、错误切除不应当切除的器官或者组织、在手术和处置中将器具药棉等遗留在病人的胸腔或腹腔内、由于消毒不严格导致病人感染等;(5)手术或者处置导致病人不应有的伤害;(6)使用不合格的材料,导致病人的伤害或其他损失;等等。①这些只是不完全列举,在这些列举之外还有其他非典型的医疗侵权行为。医疗侵权行为多表现为积极的行为,但是在病人(或者其家属、监护人)与医疗单位建立诊疗合同关系后,医护人员的不作为行为(拒绝治疗、拒绝执行处方等)也可能构成医疗侵权行为。

除了上述几种典型的医疗技术方面的侵权行为,还有几种典型的医疗伦理方面的侵权行为值得一提,包括:(1)违反告知义务。为尊重患者的自主决定,法律规定患者享有知情同意权,即患者有权了解自己的疾病和并在数个治疗方案中做出选择。而由于医疗活动高度的专业性,如果没有医生的充分说明,病人很难实现自己的自主权。由此法律规定了医生的说明与告知义务。告知的内容包括有关的病情、治疗措施、治疗费用、手术成功率、并发症、医疗风险的存在等相关信息。需要实施手术、特殊检查、特殊治疗的,医务人员应当及时向患者说明医疗风险、替代医疗方案等情况,并取得其书面同意;不宜向患者说明的,应当向患者的近亲属说明,并取得其书面同意。当然,告知义务也存在例外。如紧急情况下,不能取得患者或者其近亲属意见的,经医疗机构负责人或者授权的负责人批准,可以立即实施相应的医疗措施。(2)未妥善保管病历资料。由医务人员填写、制作的病历、住院志、检验报告、手术及麻醉记录、病理资料、护理资料等病历资料,在发生纠纷时,成为医疗侵权纠纷中极为关键的证据。这类资料作为证据,往往直接决定了医疗诉讼的成败。因此规定医务人员按规定填写并妥善保管病历资料实有必要。同时,考虑到这类资料的制作、保管均由医疗机构一方完

① 张新宝:《侵权责任法》,中国人民大学出版社2006年版,第151页。

成，应赋予患者查阅和复制这类资料的权利。(3)违反保密义务。医护人员在其执业活动中，很容易接近和了解患者的隐私，医护人员对从执业活动中获得的有关患者的隐私负有保密义务。这不仅是法律的规定，医疗伦理的要求，也是行业惯例。泄露患者隐私或者未经患者同意公开其病历资料，构成侵权行为。

(二) 损害及因果关系

损害是指医疗侵权行为所造成的后果，既包括对受害人生命健康的损害（死亡、健康受到伤害），也包括对受害人及其家属的财产的损害，还包括对患者的知情权、隐私权等人格权的损害。我国一些学者主张医疗事故所造成的损害也应包括精神损害。笔者认为这种观点是可取的，对于受害人的重大精神损害或者因加害人的故意、严重疏忽所引起的精神损害，应当列入损害后果，并给予民法上的救济。这既有利于保护受害人，也有利于促进医疗单位及其工作人员谨慎行医。

因果关系是指违法行为与损害后果之间的因果联系。大多数情况下，医疗损害的因果联系比较明确，容易查找和证明。但在有一些案件中，因果关系则要经过专门的医疗科学技术方面的鉴定方能证明。证明的责任，适用一般侵权行为中"谁主张、谁举证"的规则。过去《最高人民法院关于民事诉讼证据的若干规定》第4条中规定"因医疗行为引起的侵权诉讼，由医疗机构就医疗行为与损害结果之间不存在因果关系及不存在医疗过错承担举证责任"，即医疗损害实行举证责任倒置。为避免对医务人员课以过重的负担，新的《侵权责任法》没有沿用最高人民法院的规定，采取的是"谁主张，谁举证"的一般举证规则。根据上位法优于下位法、新法优于旧法的原理，应当适用《侵权责任法》的规定。

(三) 过错

我国医疗侵权采取过错责任的归责原则。医学是一门探索性、经验性的学科，未知性和不确定性较强，如果实行严格责任的归责原则，医疗机构和医护人员的负担过重，将助长保守医疗，不利于医学的进步，也不利于病人。因此我国《侵权责任法》第54条规定：患者在诊疗活动中受到损害，医疗机构及其医务人员有过错的，由医疗机构承担赔偿责任。

如何判断某一医护人员主观上有过错，这是一个比较复杂的问题，提供医疗护理服务并不能保证一定能治好患者的疾病，也不能保证患者接受治疗护理后就不再发生病情恶化。因此，不能用病情后果来判断医护人员有无过失。一般说来，一个合格的医护人员所应尽的注意义务是判断加害人主观上是否有过错的标准。这一标准可客观外化:(1)凡违反有关法律法规进行医疗护理操作的,属于未尽到应有之注意义务;(2)违反行业和医院的各种管理规章进行医疗护理操作的,属于未尽到应有之注意义务;(3)违反各种操作规程进行医疗护理操作的,属于未尽应有之注意义务;(4)违反医护人员职业道德规范的,属于未尽应有之注意义务。凡有未尽到上述注意义务者,可认为该医护人员有过错。

在医疗侵权案件中,直接加害人往往是医护人员,而承担赔偿责任的主体则是雇用该直接加害人的"医疗单位",只是个体开业的医务人员才对自己的侵害行为所造成的损害承担赔偿责任。因此,医疗单位对其雇用的医护人员所造成的医疗事故所应承担的赔偿责任是一种雇主责任或替代责任。医疗单位不得以"无选任不当之过错"或"已尽监督职责"为由而推卸医疗损害责任。

三、免责事由

《侵权责任法》第60条规定了医护人员的三种免责事由:患者或者其近亲属不配合医疗机构进行符合诊疗规范的诊疗;医务人员在抢救生命垂危的患者等紧急情况下已经尽到合理诊疗义务;限于当时的医疗水平难以诊疗。之前的《医疗事故处理条例》规定了六种免责事由,即:紧急情况下为抢救垂危患者生命;患者病情异常或者患者体质特殊;现有医学科学技术条件下无法预料或者不能防范;无过错输血感染;因患方原因延误诊疗及不可抗力。两相比较,《侵权责任法》并没有对医护人员更严格,二者实际适用的情形是差不多的,《侵权责任法》的规定更具有弹性和一般性。

【案例分析】

青霉素过敏死亡案

新疆某农垦医院在给一患者注射青霉素注射液时,医护人员先对其过敏史进行了询问,之后进行了皮试,直到过了规定的时间没有发现过敏症状后,才给病员注射,接着又在注射室观察了10分钟。但是病员回家之后3小时,发生过敏,因抢救不及时死亡。死者家属要求追究医院的医疗损害责任。这种青霉素的延缓过敏现象是极为罕见的,是病员体质特殊造成的。

分析本案是否存在医疗损害责任的免责事由。

第六节 环境污染责任

一、环境污染责任的含义

环境污染责任是指由于环境污染行为致使环境发生不良变化并造成他人损害的侵权责任。根据《环境保护法》第2条的规定："环境是指影响人类生存和发展的各种天然和经过人工改造的自然因素的总体，包括大气、水、海洋、土地、矿藏、森林、草原、野生生物、自然遗迹、人文遗迹、自然保护区、风景名胜区、城市和乡村等。"环境污染却破坏了生活或生态环境的质量，并对他人的人身或财产造成了损害。环境污染主要是现代大工业生产所导致的，污染过程一般具有复杂性、缓慢性和累积性的特点，污染后果往往极为严重，给自然人的人身健康、生活和生产环境、生态系统造成重大损害，往往造成受害地域广阔、受害人数众多、赔偿数额巨大的严重社会灾难。

环境污染责任属于环境侵权责任之一种。实际上，环境污染行为只是环境侵权行为的一种表现，它和环境破坏（生态损害）行为在一起，共同构成了环境侵权责任的基本事实基础。"所谓环境污染是指人的活动向环境排入了超过环境自净能力的物质或能量，从而使自然环境的物理、化学、生物学性质发生变化，产生了不利于人类及其他生物的正常生存和发展的影响的一种现象。而生态破坏是指人类不合理地开发利用环境的一个或数个要素，过量地向环境索取物质和能量，使它们的数量减少、质量降低，以致破坏或降低其环境效能、生态失衡、资源枯竭而危及人类和其他生物生存与发展的一种现象。"①但我国《侵权责任法》仅规定了环境污染责任。环境破坏行为如滥垦、滥伐等，对自然环境的破坏以及对受害人可能产生的损害程度之严重往往不亚于环境污染行为，这种生态损害是基于环境破坏（有时也会基于环境污染）而产生的最严重的环境侵权损害。

环境污染责任的基础在于环境污染行为对他人带来的危险，所以必须施以严格的责任。《侵权责任法》第65条规定："因污染环境造成损害的，污染者应当承担侵权责任。"不难发现，它是对《民法通则》第124条的突破，后者的规定是："违反国家保护环境防止污染的规定，污染环境造成他人损害的，应当依法承担民事责任。"《侵权责任

① 吕忠梅：《论环境法上的环境侵权——兼论〈侵权责任法（草案）〉的完善》，载《清华法治论衡》2009年卷。

法》将“违反国家保护环境防止污染的规定”的限制语去除,明确了环境污染责任基于危险而成立的无过错责任性质。《环境保护法》第41条规定,“造成环境污染危害的,有责任排除危害,并对直接受到损害的单位或者个人赔偿损失。”其中并没有把过错作为必备的要素。这样,在环境污染造成损害时,污染者就不能以自己没有过错(违法)作为否定侵权责任构成的抗辩事由。如果污染者也不能证明自己有法律明确规定的免责理由,就应当承担侵权责任。

二、环境污染责任的构成要件

作为一种特殊侵权责任,环境污染责任的基本构成要件只有三个,即污染行为、损害事实以及二者之间的因果关系。

(一)污染行为

环境污染的手段包括将废气、废水、废渣、粉尘、放射性等毒害物质以及其他生活或生产垃圾等有形污染物质任意排放,或者将所制造的噪声、辐射、强光等令人难以忍受的无形污染物质传播到周围环境中,等等。环境污染的形式包括以毒害物质造成的水污染、大气污染、固体废弃物污染、海洋污染、噪音污染等传统的形式,还包括光污染、热能污染、电磁等辐射污染以及基因污染等新的形式。从广义上看,环境侵权行为包括环境污染行为和生态破坏行为:前者主要是排放污染物进入环境系统的各种活动,后者则是人们超出环境生态平衡的限度而开发和利用自然资源的各种活动。当然,二者往往是交错在一起的。

(二)损害事实

在环境侵权责任的意义上,何谓损害?可以参照《德国环境责任法》第3条的规定来理解:“一项损害系因材料、振动、噪声、压力、射线、气体、蒸汽、热量或者其他现象引起的,以这些现象是在土地、空气或者水中传播为限,此项损害系因环境侵害而产生。”①从损害对象上看,环境损害包括两种——对“人”的损害和对“环境”的损害。无论是环境污染行为还是生态破坏行为,行为人所从事的活动都不是直接针对他人的财产或者人身,而是指向自然环境的,如向水体、大气、土壤排放污染物,砍伐森林、猎杀野生动物、围湖造田等等,这些行为造成的后果既有他人人身、财产、精神损害,如污染引起人体健康受害以及精神损害、生态破坏引起他人财产损失等等,又有自然环境本

① 杜景林译:《德国环境责任法》,载沈四宝主编:《国际商法论丛》(第七卷),法律出版社2005年版,第64—65页。

身的受害，如水污染、大气污染、土壤污染、水土流失、野生动物灭绝、湖泊死亡等等。有些时候，可能会是对“人”的损害与对“环境”的损害并存；而在某些情况下，可能只有对“环境”的损害，而没有对“人”的损害。从损害形式上看，环境污染和生态破坏两种形式可以相互转化。环境污染和生态破坏都是人类不合理开发利用环境的结果，过量地掠夺自然环境造成生态破坏，将过量索取的物质和能量不加以充分利用而使其成为废物进入环境又会造成环境污染，因而，环境污染和生态破坏不能截然分开。两者互为因果，严重的环境污染可以导致生物死亡从而破坏生态平衡，使生态环境遭受破坏；生态环境破坏又降低了环境的自净能力，加剧污染的程度。①环境损害事实系因环境侵害行为而产生，环境侵害不仅可能因污染而对他人的人身、财产造成损害，还可能对生态环境本身造成严重破坏（损害）。但在我国目前，如果在生态损害（比如土地沙漠化）产生的同时没有针对具体的主体产生具体的人身或财产损害，②对此虽然可依据《刑法》、《环境保护法》、《自然保护区条例》等法律、法规追究行为人的刑事或行政责任，但这种生态损害很难得到有效填补。

（三）因果关系

由于环境污染损害可能是多种因素复合作用的结果，排污者的污染行为与受害人的损害事实之间的因果关系也是相当复杂的。在司法实践中，认定因果关系往往要依赖相关鉴定机构的鉴定结论，但是，在一定情况下，法官也可以根据疫学因果关系等理论作出相当因果关系存在与否的判断。例如，炼油厂排放的物质中存在着一些对人体可能造成伤害的有毒物质（如苯），而在白血病发病的环境因素上，苯是导致白血病的一个重要病因。这已经被实验所证明，长期从事苯作业的工人发生白血病的几率比正常人高2至3倍。如果在排污的炼油厂附近长期生活的背景下患有白血病，则因果关系是可能被推定成立的。

【案例分析】

李某诉某炼油厂人身损害赔偿纠纷案③

江苏省南京市一中学生李某从出生到1989年10月间居住在南京某炼油厂西生活

① 参见吕忠梅：《论环境法上的环境侵权——兼论〈侵权责任法（草案）〉的完善》，载《清华法治论衡》2009年卷。

② 是否应该把环境损害作为人身损害、财产损害、精神损害之外的一种独立的损害来对待还有争论。在我国的现行正式规定中，只有《国务院关于核事故损害赔偿责任问题的批复》（国函〔2007〕64号）对此有所体现：（核电站或者核设施的）营运者应当对核事故造成的人身伤亡、财产损失或者环境受到的损害承担赔偿责任。该复函明确将“环境损害”与人身损害、财产损害并列。

③ 案例来源：http://www.vshi010.com。

区。居住地南边是液化气罐装站,该站经常漏气;东边是制造压力容器的工程队,该队主要是就地进行射线探伤,对容器喷漆;北边是炼油厂的生产装置;西北边是炼油厂火炬,排放出的火炬气含有害物质。1989年11月至1997年7月,李某一家住在炼油厂东生活区。住处的东边是炼油厂排污未封闭地带,北边是焦化装置。2004年除夕夜,李某被诊断患了急性混合型白血病,其家人认为是环境污染造成的。但被告炼油厂认为:该厂一直进行密闭生产,环保部门还对排污进行了非常严格的监控,排放完全达标;生活区居住了很多人,与李某同龄的人中只有她一个不幸患病,具体致病原因可能有多种。

分析本案中因果关系的判断。

三、我国关于环境污染责任的主要法律依据

我国关于环境污染责任的主要法律规定,分散于《民法通则》、《环境保护法》与《水污染防治法》等环境基本法和单行法以及民事责任单行法《侵权责任法》之中。《民法通则》第124条是环境污染责任的一般规定,《环境保护法》、《水污染防治法》等环境基本法和单行法的相关规定是针对环境污染行为及其各种责任的综合性规制依据,而《侵权责任法》则是关于环境污染民事侵权责任的最核心规范。此外,最高人民法院和国务院环保部门还有一些相关的解释或规定。

《环境保护法》第41条规定:"造成环境污染危害的,有责任排除危害,并对直接受到损害的单位或者个人赔偿损失。赔偿责任和赔偿金额的纠纷,可以根据当事人的请求,由环境保护行政主管部门或者其他依照法律规定行使环境监督管理权的部门处理;当事人对处理决定不服的,可以向人民法院起诉。当事人也可以直接向人民法院起诉。完全由于不可抗拒的自然灾害,并经及时采取合理措施,仍然不能避免造成环境污染损害的,免于承担责任。"《海洋环境保护法》、《水污染防治法》、《大气污染防治法》、《固体废物污染环境防治法》和《环境噪声污染防治法》、《放射性污染防治法》等也基本上作了与《环境保护法》相似的规定。

《侵权责任法》在第8章(第65条至第68条)专门规定了环境污染责任,除了一般原则的规定外,还对举证责任倒置、共同侵权、第三人过错等情况作了补充性或强调性的规定。

四、环境污染责任的一般承担规则

(一)污染者承担无过错损害赔偿责任

污染者的无过错责任意味着,不论污染者有无过错,只要符合上述三个构成要件,就

要承担相应的侵权责任。污染者不能以符合国家排放标准的主张而免责,排放标准只是环保部门实施行政监管的基本依据,并非污染者是否承担侵权责任的界线。如果污染者超标排污造成污染损害,当然应当承担侵权责任;即使排污不超标,但污染物在环境中经过缓慢累积,也可能造成损害;特别是多家企业同时排放的情况下,即使各个污染者的排污都不超标,但由于共同排放的污染物之间的互相作用,可能所造成的环境污染损害更严重。因此,环境污染责任不考虑污染物排放是否符合国家标准。1991 年,湖北省环保局和武汉市中级人民法院在处理东湖水污染案件的过程中,就环境污染民事责任的法定条件问题致函原国家环保局。原国家环保局根据对《环境保护法》的第 41 条规定,在《关于确定环境污染损害赔偿责任问题的复函》中明确指出:现有法律法规并未将污染物的排放是否超过标准,作为确定排污单位是否承担赔偿责任的条件。承担污染赔偿责任的法定条件,就是排污单位造成环境污染危害,并使其他单位或者个人遭受损失。

(二)举证责任

环境污染责任一般实行特殊的举证责任倒置规则。《侵权责任法》第 66 条规定:"因污染环境发生纠纷,污染者应当就法律规定的不承担责任或者减轻责任的情形及其行为与损害之间不存在因果关系承担举证责任。"此前,最高人民法院在 1992 年《关于适用〈民事诉讼法〉若干问题的意见》和 2001 年《关于民事诉讼证据的若干规定》中明确规定,因环境污染引起的损害赔偿诉讼,由加害人就法律规定的免责事由及其行为与损害结果之间不存在因果关系,承担举证责任。《侵权责任法》第 66 条是将最高人民法院的司法解释法律化的结果。不过,在环境污染侵权案件中,受害者不是不承担任何举证责任,其仍要就其诉讼主体是否适格、损害后果的大小承担证明责任。污染者如果不能证明免责事由或者排除因果关系,就应承担举证不能的不利后果,即承担侵权赔偿责任。

(三)诉讼时效

因环境污染对人体和环境产生损害过程的缓慢性、潜在性和累积性,《环境保护法》第 42 条明确规定,因环境污染损害赔偿提起诉讼的时效期间为 3 年,比一般诉讼时效长了一年。不过,基于环境污染损害的特点,有必要规定在一定情况下的更长的诉讼时效期间。

(四)抗辩事由

和其他类型的侵权责任相比,环境污染责任的抗辩事由具有特殊性。

第一,不可抗力因素不能绝对免责。一般来说,只要出现不可抗力如地震等自然灾害的情形,就可以免除污染者的责任。如《水污染防治法》第85条第2款规定:“由于不可抗力造成水污染损害的,排污方不承担赔偿责任;法律另有规定的除外。”不过,《环境保护法》第41条规定:“完全由于不可抗拒的自然灾害,并经及时采取合理措施仍然不能避免造成环境污染损害的,免予承担责任。”《大气污染防治法》第63条作出同样的规定,《海洋环境保护法》第92条还特别补充了“战争”一项。由此可知,即使发生地震等极端自然灾害或者战争等不可抗力行为,如果污染者不能“及时采取合理措施”避免造成污染损害,那么就要承担相应责任。

第二,受害人故意或者重大过失。如果环境污染损害是由受害人故意造成的,污染者不承担赔偿责任。如果污染损害是由受害人重大过失造成的,可以减轻其赔偿责任。在《水污染防治法》等法律中有这样的规定,其第85条第3款规定:“水污染损害是由受害人故意造成的,排污方不承担赔偿责任。水污染损害是由受害人重大过失造成的,可以减轻排污方的赔偿责任。”

第三,第三人过错的抗辩不能达到真正有效的免责效果。第三人的过错造成损害,一般应由第三人承担责任。如《海洋环境保护法》第90条第1款的规定:“完全由于第三者的故意或者过失,造成海洋环境污染损害的,由第三者排除危害,并承担赔偿责任。”但是,为了对受害人提供充分的救济,《水污染防治法》第85条第4款规定:“水污染损害是由第三人造成的,排污方承担赔偿责任后,有权向第三人追偿。”《侵权责任法》第68条对此予以肯定:“因第三人的过错污染环境造成损害的,被侵权人可以向污染者请求赔偿,也可以向第三人请求赔偿。污染者赔偿后,有权向第三人追偿。”这样规定的主要考虑因素是,在环境污染事件中,污染者本身就是最重要的危险源,虽然第三人的过错造成损害,但相对受害者而言,污染者处于相当强势的地位,又从污染行为中获取利益,尤其首先对受害人承担责任也是公平的。当然,责任的最终承担者是有过错的第三人,污染者赔偿后可以向第三人追偿。本条在理解上,应允许受害人同时向第三人和污染者请求赔偿,在此情况下,赔偿责任当然首先应由第三人承担,对于不足部分才由污染者承担。如果受害人只是起诉污染者,则污染者必须承担责任,而不能以第三人过错作为抗辩理由。

(五)责任方式

《侵权责任法》规定了民事侵权的八种主要责任方式。在环境污染责任中,最常适用的责任形式有赔偿损失,此外还有停止侵害、排除妨碍、消除危险等侵权责任。《水污染防治法》第85条第1款规定:“因水污染受到损害的当事人,有权要求排污方排除危害和赔偿损失。"《海洋环境保护法》第90条第1款规定:"造成海洋环境污染损害的责任者,应当排除危害,并赔偿损失;完全由于第三者的故意或者过失,造成海洋环境污染损害的,由第三者排除危害,并承担赔偿责任。"

在正在发生损害时,污染人应立即采取合理措施,治理污染,排除妨碍,以使损害不再进行。在有污染环境并损害他人的可能时,污染者应采取措施消除这种可能的危险。以上方式可以单独适用,也可以合并适用。另外,可以令污染者对环境污染加以治理,以修复自然生态功能,这也属于一种"恢复原状"的责任方式。

根据《侵权责任法》规定,污染者因同一行为应承担行政或刑事责任的,不影响其承担侵权责任;因同一行为应同时承担民事赔偿责任和行政罚款责任、刑事罚金责任,如果污染者的财产不足以同时支付的,要优先承担民事侵权损害赔偿责任。

五、环境污染共同侵权责任的承担规则

根据《侵权责任法》第67条规定,两个以上污染者污染环境,污染者承担责任的大小,根据污染物的种类、排放量等因素确定。环境污染的原因是复杂的,特别是在同一个流域,排放污水的污染者主体往往有许许多多。那么如何确定两个以上污染者的责任?从《侵权责任法》第二章关于共同侵权责任的规定来看,两个以上侵权者共同侵权造成损害的,应当承担连带赔偿责任。在环境污染的情况下,如果属于"二人以上实施危及他人人身、财产安全的污染行为,其中一人或者数人的行为造成他人损害",能够确定具体污染者的,那么由具体的污染者承担责任;不能确定具体污染者的,各个污染者要承担连带责任。如果属于"两人以上分别实施侵权行为造成同一损害,每个人的侵权行为都足以造成全部损害的",则可以视为共同危险行为,各个污染者要承担连带责任,在内部则承担按份责任。如果属于"两人以上分别实施侵权行为造成同一损害",能够确定责任大小的,则各自根据污染物的种类、排放量等因素确定相应的责任;难以确定责任大小的,则平均承担赔偿责任。

六、环境损害的社会化救济机制

《侵权责任法》第8章关于环境污染责任的规定只有四条,对环境责任保险、环境损害救助基金、环境公益诉讼等环境损害的社会化救济机制问题没有涉及。

环境污染侵权往往具有社会性,其受害地域广阔、受害人数众多、赔偿数额巨大,为确保受害人得到充分的赔偿,发达国家基本上都对从事有高度风险的企业进

行强制性责任保险。环境责任保险又叫环境污染责任保险,是以企业发生污染事故对第三者造成的损害依法应承担的赔偿责任为标的的保险。《海洋环境保护法》就曾经规定,国家实施船舶油污损害民事赔偿责任制度,并建立船舶油污保险制度。利用保险工具来参与环境污染事故处理,有利于分散企业经营风险,促使其快速恢复正常生产;有利于发挥保险机制的社会管理功能,利用费率杠杆机制促使企业加强环境风险管理,提升环境管理水平;有利于使受害人及时获得经济补偿,稳定社会经济秩序,减轻政府负担,促进政府职能转变。实施环境污染责任保险是维护污染受害者合法权益、提高防范环境风险的有效手段。①目前,我国已经开展了环境污染责任保险的工作。

环境损害救助基金是对污染者赔偿金额不足以弥补受害人的损失进行补偿的基金。基金来源一般由从事污染危险行为中获取收益者缴纳,救助金额大小一般按受害人实际损失计算,同时受到一定的限额的限制。

目前,我国环境公益诉讼正在兴起之中。根据《环境保护法》的规定,一切单位和个人都有权对污染和破坏环境的单位和个人进行检举和控告。《海洋环境保护法》第90条更是明确规定:"对破坏海洋生态、海洋水产资源、海洋保护区,给国家造成重大损失的,由依照本法规定行使海洋环境监督管理权的部门代表国家对责任者提出损害赔偿要求。"

第七节 高度危险责任

一、高度危险责任的含义

高度危险责任是指行为人实施高度危险活动造成他人损害而承担的侵权责任。这里所说的"高度危险活动"包括高度危险作业行为,也包括管理高度危险物;包括积极的作为形式,也包括消极的不作为。

在大陆法系中,高度危险责任多被称为"危险责任"。英美法中曾有"极度危险活动责任"、"异常危险活动责任"等概念,美国的第一部《侵权法重述》使用了"高度危险

① 参见国家环境保护总局《关于环境污染责任保险工作的指导意见》(环发〔2007〕189号)。

活动”(ultra hazardous activity)的概念,第二部和第三部中则用了“异常危险活动”(abnormal dangerous activity)的用语,并在第二次重述第21章第520节①和第三次重述中规定了异常危险性的判断标准,如:存在对人、土地或他人动产造成损害的高度危险;造成损害的巨大可能性;合理的注意不能消除这种危险;该活动在多大程度上属于非通常的习惯;该活动进行地点的不合适性。

我国一般采用“高度危险责任”的表述。构成高度危险责任的活动往往被称为“高度危险作业”,按照我国《民法通则》第123条的规定,是指“从事高空、高压、易燃、易爆、剧毒、放射性、高速运输工具等对周围环境有高度危险的作业”。要在具体情况下确定“高度危险”的判断标准。比如,认定“高空”②、“高压”③和“易燃、易爆、剧毒、放射性”等高度危险物质④的可以依据相应的国家标准,根据通常认识,高速运输工具主要包括汽车等高速机动车、高速轨道运输工具(包括铁路、地铁、轻轨、磁悬浮、有轨电车)、高空飞行工具(如飞机、热气球、飞艇等航空器)等。“高度危险”意味着:(1)某一活动或者物品对周围环境具有高度的危险性,例如高空、高压、易燃、易爆、剧毒、放射性、高速运输等作业活动,一旦危险实现则所产生的损害极其严重。(2)这种危险性超过了一般人通常的防范意识,造成现实损害的可能性非常大,行为人即使采取安全措施并尽到相当的注意义务也无法避免损害的发生。(3)这种高度危险活动具有合法性,但法律对此要求行为人必须采取特别的安全技术措施。

二、高度危险责任的性质与构成要件

随着科学技术的不断进步和社会化工业生产的无限拓展,高空、高压、易燃、易爆、剧毒、放射性、高速运输等高度危险作业活动大量出现,这些高度危险活动极大的危险

---

① 参见[美]肯尼斯·S.亚伯拉罕、阿尔伯特·C.泰特选编:《侵权法重述——纲要》,许传玺、石宏等译,法律出版社2006年8月第1版,第143页。

② 高空作业又称为高处作业,根据国家标准《高处作业分级》(GB3608—83)规定,凡距坠落高度基准面2米及其以上,有可能坠落的在高处进行的作业,称为高处作业。坠落基准面是指从作业位置到最低坠落着落点的水平面,坠落高度(又称作业高度)是指从作业位置到坠落基准面的垂直距离。高处作业分为一级、二级、三级和特级高处作业。作业高度在2米以上低于5米时,为一级高处作业;作业高度在5米以上低于15米时,为二级高处作业;作业高度在15米以上低于30米时,为三级高处作业;作业高度在30米以上时,为特级高处作业。

③ “高压”在工业生产意义上包括高压电、高压容器等,在不同行业里认定高压的标准不同:在压力容器中,高压容器的设计压力为10 MPa以上低于100 MPa, 100 MPa以上为超高压容器;在电力行业,《最高人民法院关于审理触电人身损害赔偿案件若干问题的解释》(法释〔2001〕3号)第1条作出过明确的规定:“民法通则第123条所规定的‘高压’包括1千伏(kV)及其以上电压等级的高压电;1千伏(kV)以下电压等级为非高压电。”

④ 对易燃、易爆、剧毒、放射性等高度危险物质的认定,一般根据国家颁布的三个标准:《危险货物分类和品名编号》(GB6944—2005)、《危险货物品名表》(GB12268—90)和《常用危险化学品分类及标志》(GB13690—92)。根据《危险货物分类和品名编号》的规定,危险货物是指具有爆炸、易燃、毒害、感染、腐蚀、放射性等危险特性,在运输、储存、生产、经营、使用和处置中,容易造成人身伤亡、财产损毁或环境污染而需要特别防护的物质和物品。

性一旦现实化,损害后果往往非常严重。为了整体上的经济效益和物质生活的满足,社会在一定程度上容忍了这些高度危险活动的侵害危险,但危险活动行为人必须承担严格的责任。在法律上,受害人往往很难证明行为人有过错,所以各国法律基本上都规定高度危险责任为无过错责任,即使行为人没有任何故意或过失,也必须承担侵权责任。按照我国《民法通则》第123条的规定,从事高空、高压、易燃、易爆、剧毒、放射性、高速运输工具等对周围环境有高度危险的作业造成他人损害的,应当承担民事责任;《侵权责任法》第69条也明确规定:"从事高度危险作业造成他人损害的,应当承担侵权责任。"这都表明高度危险责任的无过错责任的性质。

作为一种特殊侵权责任,高度危险责任的基本构成要件有三个:(1)高度危险活动的存在。《侵权责任法》第69条是关于高度危险行为及其责任的一般规定,包括一切对周围环境产生高度危险的行为(作业形式)。不过,根据《侵权责任法》的特别规定,这些高度危险行为主要表现为:民用核设施①发生核事故造成他人损害的行为;民用航空器造成他人损害的行为;占有或者使用剧毒、放射性等高度危险物造成他人损害的行为;从事高空、高压、地下挖掘活动或者使用高速轨道运输工具造成他人损害的行为;遗失、抛弃高度危险物造成他人损害的行为;非法占有高度危险物造成他人损害的行为;等等。(2)受害人的损害事实。(3)二者之间的因果关系。

三、我国关于高度危险责任的法律依据

《民法通则》第123条关于高度危险作业致人损害责任的规定是最早的基本法律依据。除了规定"从事高空、高压、易燃、易爆、剧毒、放射性、高速运输工具等对周围环境有高度危险的作业造成他人损害的,应当承担民事责任"的无过错责任之外,还规定了一个免责理由:如果能够证明损害是由受害人故意造成的,不承担民事责任。

其他相关法规也有大量的规定。《电力法》第60条针对电力运行事故的责任、《民用航空法》第157条针对民用航空器事故责任、《铁路法》第58条针对铁路行车事故及铁路运营事故的责任、《道路交通安全法》第76条针对机动车与行人或非机动车驾驶人之间发生交通事故的赔偿责任等做出了相应的不同规定。

《侵权责任法》用专章(第9章)对上述高度危险责任的规定进行了总结和补充,共有9个条文(第69条至第77条),分别对高度危险责任的一般规定、具体情形的责任

① 按照《放射性污染防治法》的规定,核设施是指核动力厂(核电厂、核热电厂、核供汽供热厂等)和其他反应堆(研究堆、实验堆、临界装置等);核燃料生产、加工、贮存和后处理设施;放射性废物的处理和处置设施等。核设施包括民用核设施和军用核设施,《侵权责任法》规定的是民用核设施。

承担、免责事由以及赔偿限额等做了规定。

此外,在司法解释层面,《最高人民法院关于贯彻执行〈中华人民共和国民法通则〉若干问题的意见(试行)》(1988)第154条肯定了消除危险的责任方式。《最高人民法院关于审理触电人身损害赔偿案件若干问题的解释》(法释〔2001〕3号)还对高压电造成损害的责任承担提供了具体规则。《最高人民法院关于民事诉讼证据的若干规定》(法释〔2001〕33号)对高度危险作业致人损害的侵权诉讼中的举证责任予以明确。

四、高度危险责任的承担方式

根据《民法通则》、《侵权责任法》等相关法律以及司法解释的规定,从事高度危险作业造成他人损害的,应当承担侵权责任。不过,这里的侵权责任不仅仅是损害赔偿的责任方式,还包括排除妨碍、消除危险、停止侵害等其他侵权责任方式。

(一)排除妨碍、消除危险

这种方式的应用体现了《侵权责任法》的预防功能。《最高人民法院关于贯彻执行〈中华人民共和国民法通则〉若干问题的意见(试行)》(1988)第154条也曾规定:"从事高度危险作业,没有按有关规定采取必要的安全防护措施,严重威胁他人人身、财产安全的,人民法院应当根据他人的要求,责令作业人消除危险。"在损害尚未发生,但有紧迫的危险威胁之虞时,行为人必须采取措施以排除妨碍、消除危险,目的是避免严重损害的发生。

(二)停止侵害

由于高度危险作业危险实现的几率相当大,并且一旦造成损害也将是难以弥补的,所以行为人不仅要承担事后的损害赔偿责任,更重要的是要在危险刚刚发生就应当积极采取措施而停止侵害,并开展对受害人的救助工作。

(三)赔偿损失

这里的赔偿损失原则、方式等和其他特殊侵权责任基本一样。所不同的是在高度危险责任的情况下,法律不一定都实行全部赔偿原则,而是可能真的具体情况规定了最高赔偿限额。这主要是一种对不同利益的平衡的结果,严格责任是高度危险活动的一种限制,而法律通过设定相应的责任限额又在另一方面是对高度危险活动的一种保护。这种最高赔偿限额的规定也是其他许多国家在高度危险责任立法上的态度。

我国《侵权责任法》第77条规定:“承担高度危险责任,法律规定赔偿限额的,依照其规定。”这就第一次在侵权责任的基本立法中,明确了高度危险责任的限额赔偿规则。目前,我国“法律规定赔偿限额的”具体情况主要有以下几个:

一是关于民用航空器致人损害的赔偿限额。《民用航空法》第128条规定:“国内航空运输承运人的赔偿责任限额由国务院民用航空主管部门制定,报国务院批准后公布执行。旅客或者托运人在交运托运行李或者货物时,特别声明在目的地点交付时的利益,并在必要时支付附加费的,除承运人证明旅客或者托运人声明的金额高于托运行李或者货物在目的地点交付时的实际利益外,承运人应当在声明金额范围内承担责任;本法第129条的其他规定,除赔偿责任限额外,适用于国内航空运输。”而根据该法第129条规定,如果没有特别约定,国际航空运输承运人的赔偿责任限额为:对每名旅客的赔偿责任限额为16 600计算单位;对托运行李或者货物的赔偿责任限额,每公斤为17计算单位;对每名旅客随身携带的物品的赔偿责任限额为332计算单位。相关的规范性文件还有《国内航空运输承运人赔偿责任限额规定》(2006),第3条明确国内航空运输承运人应当在下列规定的赔偿责任限额内按照实际损害承担赔偿责任,但是《民用航空法》另有规定的除外:(1)对每名旅客的赔偿责任限额为人民币40万元;(2)对每名旅客随身携带物品的赔偿责任限额为人民币3 000元;(3)对旅客托运的行李和对运输的货物的赔偿责任限额,为每公斤人民币100元。该规定第五条规定,旅客自行向保险公司投保航空旅客人身意外保险的,此项保险金额的给付,不免除或者减少承运人应当承担的赔偿责任。

二是关于火车等高速运输工具致人损害的赔偿限额。国务院《铁路交通事故应急救援和调查处理条例》(2007)第33条规定:“事故造成铁路旅客人身伤亡和自带行李损失的,铁路运输企业对每名铁路旅客人身伤亡的赔偿责任限额为人民币15万元,对每名铁路旅客自带行李损失的赔偿责任限额为人民币2 000元。铁路运输企业与铁路旅客可以书面约定高于前款规定的赔偿责任限额。”当然,这只是对旅客的人身损害、财产损失的赔偿限额的规定。

三是关于民用核设施发生核事故致人损害的赔偿限额。《国务院关于核事故损害赔偿责任问题的批复》(国函〔2007〕64号)第7项规定,核电站的营运者和乏燃料贮存、运输、后处理的营运者,对一次核事故所造成的核事故损害的最高赔偿额为3亿元人民币;其他营运者对一次核事故所造成的核事故损害的最高赔偿额为1亿元人民币。核事故损害的应赔总额超过规定的最高赔偿额的,国家提供最高限额为8亿元人民币的财政补偿。对非常核事故造成的核事故损害赔偿,需要国家增加财政补偿金额的由国务院评估后决定。按照这一规定,一次核事故造成损害的最高赔偿额为11亿元人民币，受害人只能在这个限额中按比例受偿。

四是关于海上运输事故致人损害的赔偿限额。国务院批准、交通部发布的《港口间海上旅客运输赔偿责任限额规定》(1993)第3条规定："承运人在每次海上旅客运输中的赔偿责任限额，按照下列规定执行：(一)旅客人身伤亡的，每名旅客不超过40 000元人民币；(二)旅客自带行李灭失或者损坏的，每名旅客不超过800元人民币；(三)旅客车辆包括该车辆所载行李灭失或者损坏的，每一车辆不超过3 200元人民币；(四)本款第(二)项、第(三)项以外的旅客其他行李灭失或者损坏的，每千克不超过20元人民币。承运人和旅客可以书面约定高于本条第一款规定的赔偿责任限额。"第4条规定："海上旅客运输的旅客人身伤亡赔偿责任限制，按照4万元人民币乘以船舶证书规定的载客定额计算赔偿限额，但是最高不超过2 100万元人民币。"

五、高度危险责任中的连带责任

《侵权责任法》对高度危险责任的规定比较复杂，除了第69条的一般条款以及具体的高度危险责任(核损害；航空器损害；易燃、易爆、剧毒、放射性损害；高空、高压、地下挖掘和高速轨道运输工具)的规定外，还规定了两个连带责任，即遗失、抛弃高度危险物的责任和非法占有高度危险物的责任。《侵权责任法》第74条规定："遗失、抛弃高度危险物造成他人损害的，由所有人承担侵权责任。所有人将高度危险物交由他人管理的，由管理人承担侵权责任；所有人有过错的，与管理人承担连带责任。"第75条规定："非法占有高度危险物造成他人损害的，由非法占有人承担侵权责任。所有人、管理人不能证明对防止他人非法占有尽到高度注意义务的，与非法占有人承担连带责任。"《民用航空法》第159条也规定了连带责任："未经对民用航空器有航行控制权的人同意而使用民用航空器，对地面第三人造成损害的，有航行控制权的人除证明本人已经适当注意防止此种使用外，应当与该非法使用人承担连带责任。"

六、高度危险责任的免责事由与举证责任

高度危险责任的免责事由主要包括不可抗力、受害人故意或重大过失等情形。

根据《民法通则》第123条还规定，从事高空、高压、易燃、易爆、剧毒、放射性、高速运输工具等对周围环境有高度危险的作业造成他人损害的，如果能够证明损害是由受害人故意造成的，不承担民事责任。但在《民法通则》之后我国颁布的其他法律，如《电力法》、《铁路法》、《民用航空法》、《海商法》等把"不可抗力"、"用户自身过错"、"受害

人或者其受雇人、代理人的过错”、“受害人自身原因”等也规定为免责事由,在一定程度上扩大了法定免责事由。比如:(1)《铁路法》第58条规定:“如果人身伤亡是因不可抗力或者由于受害人自身的原因造成的,铁路运输企业不承担赔偿责任。违章通过平交道口或者人行过道,或者在铁路线路上行走、坐卧造成的人身伤亡,属于受害人自身的原因造成的人身伤亡。”(2)《民用航空法》第160条规定:“损害是武装冲突或者骚乱的直接后果,依照本章规定应当承担责任的人不承担责任。”第161条接着规定:“依照本章规定应当承担责任的人证明损害是完全由于受害人或者其受雇人、代理人的过错造成的,免除其赔偿责任;应当承担责任的人证明损害是部分由于受害人或者其受雇人、代理人的过错造成的,相应减轻其赔偿责任。”(3)《电力法》第60条规定:“电力运行事故由下列原因之一造成的,电力企业不承担赔偿责任:①不可抗力;②用户自身的过错。因用户或者第三人的过错给电力企业或者其他用户造成损害的,该用户或者第三人应当依法承担赔偿责任。

对此,如何适用这些法律层面上不同的免责事由?最高人民法院在《对黑龙江省高级人民法院关于从事高空高压等对周边环境有高度危险作业造成他人损害的应适用民法通则还是电力法的请示的复函》(〔2000〕法民字第5号)中明确指出:“电力法是民法通则颁布实施后对民事责任规范所作的特别规定,根据特别法优于普通法,后法优于前法的原则,你院所请示的案件应适用电力法。”

但是,对于其他行政法规或规章、司法解释层面的不同免责规定,则还要区别对待。例如,《民用爆炸物品安全管理条例》在民用爆炸物品的生产、销售购买、运输、存储、爆破作业等方面、《危险化学品安全管理条例》危险化学品的生产、经营、存储、运输、使用和废弃等方面、《放射性同位素与射线装置安全和防护条例》在放射性同位素与射线装置的生产、销售、使用,以及转让、进出口放射性同位素等方面对免责事由也做了进一步的细化规定。《最高人民法院关于审理触电人身损害赔偿案件若干问题的解释》(法释〔2001〕3号)第三条规定:“因高压电造成他人人身损害有下列情形之一的,电力设施产权人不承担民事责任:(一)不可抗力;(二)受害人以触电方式自杀、自伤;(三)受害人盗窃电能,盗窃、破坏电力设施或者因其他犯罪行为而引起触电事故;(四)受害人在电力设施保护区从事法律、行政法规所禁止的行为。”这些规定如果与《民法通则》、《侵权责任法》冲突的话,将不能适用。

具体而言,必须根据法律适用的原则,在法律层面针对具体的侵权责任而适用相应的免责事由。最新的基本法律《侵权责任法》针对不同的情况,分别规定了具体的“不承担”、“减轻”、“减轻或者不承担”责任的事由。(1)第70条规定:民用核设施发生核事故造成他人损害的,民用核设施的经营者应当承担侵权责任,但能够证明损害是因战争等情形或者受害人故意造成的,不承担责任。(2)第71条规定:民用航空器造成他人损害的,民用航空器的经营者应当承担侵权责任,但能够证明损害是因受害人故意造成的,不承担责任。(3)第72条规定:占有或者使用易燃、易爆、剧毒、放射性等高度危险物造成他人损害的,占有人或者使用人应当承担侵权责任,但能够证明损害是因受害人故意或者不可抗力造成的,不承担责任。被侵权人对损害的发生有重大过失的,可以减轻占有人或者使用人的责任。(4)第73条规定:从事高空、高压、地下挖掘活动或者使用高速轨道运输工具造成他人损害的,经营者应当承担侵权责任,但能够证明损害是因受害人故意或者不可抗力造成的,不承担责任。被侵权人对损害的发生有过失的,可以减轻经营者的责任。(5)第76条规定:未经许可进入高度危险活动区域或者高度危险物存放区域受到损害,管理人已经采取安全措施并尽到警示义务的,可以减轻或者不承担责任。

根据《最高人民法院关于民事诉讼证据的若干规定》,高度危险责任实行举证责任倒置,即由加害人就受害人故意造成损害等的免责事由承担举证责任。

【案例分析】

张某诉温岭县电力公司等人身损害赔偿纠纷案[①]

原告张某(女,14岁)系王某的外甥女。1977年3月,王某经政府批准,在温岭县松门镇宝春路边建造了两间平顶房屋。1983年5月,温岭县电力公司经批准在宝春路自西向东架设了10千伏高压电线路,高压电线路与王某平顶房屋之间垂直距离大于4米。1989年4月,王某未经当地有关部门批准,将平顶房屋加层为三层半楼房,东边间三楼阳台扶手与高压电线之间最近距离约40厘米,当地电力部门对王某的翻建行为未加阻止。1989年7月18日,张某到王某家度暑假,于当晚8时许,在东边间三楼阳台乘凉靠近扶手时,被高压电线所吸而触电受伤,被送到医院住院治疗。经法医鉴定,其伤情属重伤范围。同年9月,张某向温岭县人民法院提起诉讼,要求电力公司承担赔偿责任。电力公司辩称:公司于1983年5月架设的高压电线与王某平顶房屋之间的垂直距离大于4米,符合水电部关于10千伏高压电线建筑物的垂直不小于3米的规定,而王某在1989年4月未经批准,又未与电力部门协商,擅自翻建三层半楼房,使东边间三楼阳台扶手离高压电线只有40厘米,致使张某触电受伤,故应由王某承担赔偿

① 案例来源于《人民法院案例选·民事卷(1992—1999年合订本)》(下),中国法制出版社2001年版。

责任。宣判后,张某、王某不服,向台州地区中级人民法院提出上诉,诉称:本案不应适用《中华人民共和国民法通则》第119条过错责任的规定,而应适用第123条无过错责任的规定,由电力公司承担责任。台州地区中级人民法院判决驳回上诉,维持原判。张某、王某不服终审判决,向浙江省高级人民法院申请再审。浙江省高级人民法院审理认为:电力公司作为特殊侵权责任主体,未能举证证明损害是由张某本人故意造成,对王某房屋与高压电线距离过近的状况又未能按国务院《电力设施保护条例》采取有力措施消除危险,故对张某的损害负有主要责任。王某违反国务院《电力设施保护条例》的规定,违章翻建房屋,对造成张某的损害负有一定责任。张某的监护人不存在未尽监护职责的事实,不应承担责任。原一、二审判决认定张某所受损害系由王某及张某监护人的过错造成,判决王某承担主要责任,张某监护人负一定责任,属认定事实不清,适用法律不当。张某、王某申请再审的请求有理,应予支持。依照《中华人民共和国民法通则》第123条、第119条、第134条第1款第(七)项和《中华人民共和国民事诉讼法》第184条第1款、第153条第1款第(二)、(三)项的规定,判决:一、撤销台州地区中级人民法院民事判决和温岭县人民法院民事判决;二、电力公司赔偿给张某人民币18 286.98元,王某赔偿给张某人民币4 571.75元。

分析不同法院对本案适用的归责规则,是否具有免责理由以及赔偿责任承担是否合理。

第八节 饲养动物损害责任

一、饲养动物损害责任的含义

饲养动物损害责任是指行为人未尽对饲养动物的适当监管义务致使其对他人造成损害而承担的侵权责任。

所谓"饲养动物"应同时具备以下条件:为特定的人所有或者占有;饲养人或者管理人对动物具有适当程度的控制力;依动物自身的特性,有可能对他人或者财产造成损害;该动物为家畜、家禽、宠物或者驯养的野兽、爬行类动物等。因此,饲养的动物必须是能够为人所占有或者控制的动物。德国的一个饲养人所饲养的信鸽在飞行中,被一架喷气式飞机吸入到引擎中,导致该飞机引擎出现了损害。该信鸽就属于"饲养动物”,德国法院判该动物饲养人承担该飞机的部分损害赔偿责任。[①]在《侵权责任法》中,饲养动物的类别分为饲养的一般动物、违反管理规定的动物、禁止饲养的动物以及动物园的动物。其他动物如自然保护区或者野生动物保护区的野生动物,不适用《侵权责任法》的规定。保护区的野生动物虽然可能在一定程度上被饲养(如定期投放食物)或者管理(如为其创造适宜的生存环境),但人们对它的控制力依然较低,因此,一般不把这些野生动物列入本法所说“饲养动物”。

所谓“行为人”是指动物的饲养人或者管理人,有时也可称为动物的占有人或者保有人,他们都是饲养动物损害责任的承担主体。行为人在这里的“行为”是一种不作为。

所谓“未尽对饲养动物的适当监管义务”,是指动物的饲养人或者管理人违反了自己对动物所负有的管束义务,这一管束或监管义务实际上就是对他人的安全关注义务。

二、饲养动物损害责任的性质与构成要件

从比较法上看,饲养动物损害责任一般都认为是危险责任(无过错责任)。法国民法规定,动物的所有人或者使用人在使用期间,对动物所造成的损害,不问该动物是否在其管束下,或者在走失或者逃脱时所造成的损害,均应负赔偿责任。德国民法稍有不同,在民法典第833条中,第一句规定的是危险责任,适用于所谓奢侈类动物,第二句规定的是过错(推定)责任,适用于使用类动物。[②]在英美法国家,法律将动物致害责任作为无过错责任对待,即无论动物的占有人有无过失,只要其产生了损害后果,那么,动物的占有人或者管理人必须要承担责任。在美国第二次《侵权法重述》第20章中,按照危险的程度,将动物分为家畜、野生动物、异常危险驯养动物和非异常危险驯养动物,分别规定了责任承担的规则,但都属于严格责任。[③]这种基于动物危险的实现的侵权责任依然在本质上是一种自己责任。

在我国,饲养动物损害责任的性质经历了一个从过错责任到无过错责任的过程。《民法通则》实施以前,司法实践中是按照过错责任原则处理的。例如,1982年1月22日的《最高人民法院关于李桂英诉孙桂清鸡啄眼赔偿一案的函复》(针对内蒙古自治区高级人民法院的请示)指出:“李桂英带领自己3岁男孩外出,应认识到对小孩负有看

① 参见全国人大法工委民法室:《〈中华人民共和国侵权责任法〉条文解释与立法背景》,人民法院出版社2010年1月第1版,第304页、第310页。

② 使用类动物主要是用于职业行为、营业或者生计的动物。参见[德]马克西米利安·福克斯:《侵权行为法》,齐晓琨译,法律出版社2006年第1版,第182页、第262页。

③ 参见[美]肯尼斯·S.亚伯拉罕、阿尔伯特·C.泰特选编:《侵权法重述——纲要》,许传玺、石宏等译,法律出版社2006年8月第1版,第137—140页。

护之责。李桂英抛开孩子,自己与他人在路上闲聊,造成孩子被鸡啄伤右眼,这是李桂英做母亲的过失,与养鸡者无直接关系。因此,判决孙桂清负担医药费是没有法律根据的。但如经过工作孙桂清出于睦邻友好,同情孩子的遭遇,自愿补给李桂英家一部分医药费是可以的。"这一司法解释肯定了饲养动物损害责任是一种过错责任。1984年8月30日的《最高人民法院关于贯彻执行民事政策法律若干问题的意见》第74条又明确了这一过错责任的性质:"动物因饲养人或管理人管理不善,而致他人人身或财物损害的,应由饲养人或管理人承担赔偿责任。"

改变从1987年1月1日实施的《民法通则》第127条的规定开始:"饲养的动物造成他人损害的,动物饲养人或者管理人应当承担民事责任;由于受害人的过错造成损害的,动物饲养人或者管理人不承担民事责任;由于第三人的过错造成损害的,第三人应当承担民事责任。"这就在基本法律层面上将饲养动物损害责任认定为无过错责任。《侵权责任法》第78条对此予以接受,规定:"饲养的动物造成他人损害的,动物饲养人或者管理人应当承担侵权责任,但能够证明损害是因被侵权人故意或者重大过失造成的,可以不承担或者减轻责任。"本条的目的就是促使动物饲养人或者管理人能够担负起相当的注意义务,防范动物对社会的侵袭危险,以保护公众安全。不过,这个规定适用于一般情况,在特殊的情况下可能会适用过错推定的责任形式。

一般认为,饲养动物损害责任的基本构成要件是:(1)动物有致人损害的危险举动;(2)对受害人产生了损害;(3)动物的危险举动与受害人的损害之间存在因果关系;(4)致人损害的动物为饲养动物。如果是野生动物,则根据《野生动物保护法》第14条规定,因保护国家和地方重点保护野生动物,造成农作物或其他损失的,由当地政府给予补偿。(5)动物的饲养人或者管理人未尽对饲养动物的适当监管义务。因为大部分饲养的动物都不同程度地存在着致人损害的危险,动物的饲养人或者管理人必须保证其动物不至于造成他人损害,必须对动物所具有的危险性承担严格的责任,即若不具有法定的抗辩事由就不能免责。

三、饲养动物损害责任的一般规则

(一)动物的饲养人或者管理人承担无过错赔偿责任

根据《侵权责任法》第84条规定,饲养动物应当遵守法律,尊重社会公德,不得妨害他人生活。这实际上表明了动物饲养人或者管理人的一般注意义务。对于一般饲养动物致人损害,如果没有法定的免责事由,应当视为对自己注意义务的违反,动物饲养人或者管理人应当对自己的不作为承担无过错的侵权损害赔偿责任。这是一般的责任形式。

(二)饲养动物损害责任的特殊类型

《侵权责任法》第10章专门对饲养动物损害责任的特殊情况做了详细规定。

一是违反管理规定的动物致人损害。在一般情况下,对普通动物(如猫、鹅、鸡等)没有特别的管理规定,对危险性较大的特殊的动物(如犬等)才有管理规定①。《侵权责任法》第79条规定:"违反管理规定,未对动物采取安全措施造成他人损害的,动物饲养人或者管理人应当承担侵权责任。"此时的免责或减轻责任的事由是"未违反管理规定,已经采取安全措施"。例如,在带狗乘电梯时没有给狗戴嘴套,受害人无意踩中狗脚而被其咬伤的情况下,全部责任应由狗的主人承担,因为狗的主人违反管理规定,没有采取安全措施。

二是禁止饲养的动物致人损害。《侵权责任法》第80条特别针对禁止饲养的烈性犬等危险动物造成他人损害的情况作了明确规定,动物饲养人或者管理人应当承担无过错的侵权责任,此时没有规定任何免责事由。"禁止饲养的烈性犬"不包括同样属于大型犬的导盲犬,导盲犬一般性格温顺,不会对其他人的安全产生威胁。2007年8月24日,北京市出台了《关于北京奥运会残奥会期间导盲犬使用和管理的通告》,规定在此期间"参加北京奥运会、残奥会的盲人运动员、盲人官员和观摩北京奥运会、残奥会的盲人携导盲犬可以在本市出行"。北京公交集团和地铁运营公司也出台了新规定,允许盲人携带导盲犬乘坐公交车和地铁。

三是动物园的动物。《侵权责任法》第81条规定:"动物园的动物造成他人损害的,动物园应当承担侵权责任,但能够证明尽到管理职责的,不承担责任。"此时的免责事由是尽到管理职责,即属于过错推定。

四是逃逸和被遗弃的动物。《侵权责任法》第82条规定:"遗弃、逃逸的动物在遗弃、逃逸期间造成他人损害的,由原动物饲养人或者管理人承担侵权责任。"这样规定是为了社会安全和充分保护被侵权人的利益,这些"流浪动物"的原饲养人或者管理人应当对自己遗弃动物的行为,以及疏于管理没有尽到管理义务而致使动物逃逸的行为承担责任。但是,本条没有明确在"原动物饲养人或者管理人"不明的情况下受害人的损害如何救济的问题。

---

① 全国已有北京、上海、山东、辽宁等20多个省、自治区、直辖市及几十个城市颁布了地方性法规或规章,对养犬行为进行了规范。具体内容有:携犬出户时,应当束犬链,由成年人牵领,并应当避让老年人、残疾人、孕妇和儿童;携犬乘坐电梯的,应当避开乘坐电梯的高峰时间,并为犬戴嘴套,或者将犬装入犬袋、犬笼;不得携犬乘坐除小型出租汽车以外的公共交通工具;不得携犬进入市场、商店、商业街区、饭店、公园、学校、医院、展览馆、影剧院、体育场馆、候车室等公共场所;在重点管理区内,禁止饲养烈性犬及成年体高超过35—48厘米的大型犬种等等。

（三）抗辩事由与举证责任

动物饲养人或者管理人的抗辩事由主要就是受害人过错。根据《侵权责任法》第78条的规定，饲养的动物造成他人损害的，动物饲养人或者管理人能够证明损害是因被侵权人故意或者重大过失造成的，可以不承担或者减轻责任。当然，被侵权人只有一般过失的，不能免责或实行过错相抵。

此外，还有不可抗力。《侵权责任法》第29条规定："因不可抗力造成他人损害的，不承担责任。法律另有规定的，依照其规定。"在饲养动物损害责任的规定中并没有"另有规定"，所以不可抗力也是免责事由。当然，对于禁止饲养的动物不能免责。

第三人过错不能成为动物饲养人或者管理人的抗辩事由。比如，周某与王某（均为无民事行为能力人）在一起玩耍时见到邻居陈某带着家犬散步，陈某见两小孩走近就赶紧将狗牵至别处。但周某却缠着陈某要牵狗玩，陈某始终未答应。后两小孩假装离开。陈某见无他人遂将狗拴在树上，周某见状跑去解开拴狗绳并叫王某一道玩。王某因害怕未过去，周某遂指使狗追咬王某，将其咬伤。王某起诉到法院要求陈某赔偿医药费。此案被告能否免责？《侵权责任法》第83条规定："因第三人的过错致使动物造成他人损害的，被侵权人可以向动物饲养人或者管理人请求赔偿，也可以向第三人请求赔偿。动物饲养人或者管理人赔偿后，有权向第三人追偿。"可以看出，受害人对被告具有选择权，动物饲养人或者管理人不能免责。如果能够找到第三人并且其有足够的赔偿能力，那么动物饲养人或者管理人还可以追偿；如果第三人找不到，那就应由饲养人或者管理人承担全部责任。在这种侵权情况下，动物饲养人或者管理人不能免责，而是承担了不真正连带责任。

根据《最高人民法院关于民事诉讼证据的若干规定》第4条第（五）项规定，饲养动物致人损害的侵权诉讼，由动物饲养人或者管理人就受害人有过错或者第三人有过错承担举证责任。

【案例分析】

小偷被饲养的狼狗咬死案[①]

2009年11月26日凌晨2点左右，两名小偷潜进四川省双流县电信花园居民楼行窃，被发现后逃跑，慌不择路翻墙跳进隔壁的独栋别墅，遭别墅内喂养的两只狼狗一阵

① 参见《成都晚报》2009年11月27日报道《小偷翻进别墅被狼狗咬死 狗主人是否有责引争议》以及11月29日报道《成都咬死小偷狼狗被枪决》。

狂咬，其中一小偷因伤势过重，在试图爬树逃生时死于树上。经调查，两只狼狗的犬只登记证已过期。因这两只狼狗存在很强的攻击性，警方对其作出处死决定。

分析本案的侵权责任如何承担。

第九节 物件损害责任

一、物件损害责任的含义

物件损害责任是指行为人对自己管领下的物件致人损害而承担的侵权责任。

所谓“行为人”，是指物件的所有人、管理人或者使用人以及其他责任人，也可称为管领人、保有人等。“所有人”是指对建筑物等物件拥有所有权的人。一般来讲，不动产的所有人是指不动产登记机构依法登记确定的人。我国《物权法》第9条规定，不动产物权的设立、变更、转让和消灭，经依法登记，发生效力；未经登记，不发生效力，但法律另有规定的除外。《物权法》第16条规定，不动产登记簿是物权归属和内容的根据。但对于那些虽然没有登记，也可以依法确定不动产的所有人。根据《物权法》第30条规定：“因合法建造、拆除房屋等事实行为设立或者消灭物权的，自事实行为成就时发生效力。”“管理人”是指对建筑物等设施及其搁置物、悬挂物负有管理、维护义务的人。比如，《物权法》第54条规定：“国家举办的事业单位对其直接支配的不动产和动产，享有占有、使用以及依照法律和国务院的有关规定收益、处分的权利。”《教育法》第28条规定，学校及其他教育机构管理、使用本单位的设施和经费。因此，公立学校是国家所有的教育设施的管理人。《侵权责任法》和《民法通则》规定的责任主体的不同之处在于增加了“使用人”以及“其他责任人”。“使用人”是指因租赁、借用或者其他情形使用建筑物等设施的人。“其他责任人”主要是指因勘查、设计、监理、建筑、装修等环节的原因造成建筑物致人损害时的责任人，即勘查、设计、监理、建筑、施工单位或者非法装修的业主等。

所谓“物件”，根据《侵权责任法》的规定，主要包括：(1)建筑物、构筑物或者其他设施及其搁置物、悬挂物。其中，建筑物是指在地面或水面上建设的供人们居住、生产或者进行其他活动的场所，如住宅、写字楼、车间、仓库、城墙、纪念碑、电视塔以及其他类似场所；构筑物通常是指不供人们直接在内进行生产和生活活动的场所，如道路、桥梁、隧道、水井等不具备居住功能的人工建筑物;悬挂物、搁置物是指放置或者悬挂在建筑物、构筑物等设施之上并非其组成部分的各种物件,例如阳台上的花盆、天花板上的吊扇、脚手架上的建筑工具等。(2)堆放物。此处的堆放物,是指非固定在其他物体上、堆放在土地上或者其他地方的物品,不同于在公共道路上妨碍通行的堆放物。(3)堆放、倾倒、遗撒在公共道路上妨碍通行的物品。这些物品致人损害的场合仅仅是在公共道路上。(4)林木等。另外,动物在本质上也应该属于物,但《侵权责任法》已经把动物损害责任作为单独的一类侵权责任,所以此处的"物件"一般不包括动物。但是,当动物非基于其通常和自然举动[①]而致人损害时,可能被视为"物件"。此外,对于行为人不当处置的废弃物、抛弃物也应属于物件的范围,但如果该废弃物、抛弃物因处置不当造成他人损害,不符合法律的特别规定的要件时,就不属于作为特殊侵权责任的物件损害责任,而是一般侵权责任。

所谓"自己管领下的物件致人损害",本质是因行为人的不作为而产生的损害。物件如同其管领人手臂的延长。"物件致人损害"本质上是物件管领人的加害行为致人损害。这种加害行为体现为物件管领人消极的不作为形式。物件管领人具有一项积极的作为义务,即对自己管领下的物件存在的可能致害风险的控制与防范的积极义务。而管领人竟疏于管理,使自己管领下的物件处于某种危险状态之下,并最终致使损害的发生,就在法律上违反了对他人应该尽到的相应的安全关注义务。

二、物件损害责任的性质与构成要件

在本质上,物件损害责任并非真正的替代物而承担的责任,而是自己过错行为的责任。物件致害只是一种现象事实,物件管领人的不作为侵权才是法律真相。所以,物件损害责任是一种行为人自己基于物的危险实现的侵权责任。[②]由于物件损害的此种特殊性,在总体上,可以认为它属于特殊侵权责任的范畴。物件一旦致人损害,《侵权责任法》针对不同情况作出相应的规定:在一般情况下,责任人应该承担过错(或者过错推定)责任;在特殊情况下,如物件的危险性较大时,责任人可能应该承担无过错责任。

物件致人损害责任的构成要件主要有:(1)管领人的加害行为。物件的管领人未尽适当注意义务,致使物件的危险性现实地发生并造成他人损害,如建筑物及其他地

① 例子如:把一只羊四脚捆住放在车上,行驶中掉下砸在路人身上;在高层楼房阳台上饲养的乌龟爬出阳台,不慎"失足"从高空落下,致楼下的汽车被砸坏或者行人受有伤害。

② 参见本书第五章第一节。

上物等物件发生倒塌、脱落、坠落等,以及构筑物、林木等因维护、管理瑕疵致人损害。(2)受害人的损害事实。损害事实包括人身损害、财产损害以及精神损害后果。(3)受害人的损害事实与物件管领人的加害行为之间有因果关系。(4)物件的管领人往往具有过错,并且一般不能证明自己没有过错,在特殊情况下甚至也不要求其具有过错。

三、物件损害责任的法律规定

《民法通则》第125条[①]和第126条[②]规定了部分物件致害行为及其责任,《最高人民法院关于审理人身损害赔偿案件适用法律若干问题的解释》(2003)第16条[③]规定了人工构筑物、堆放物和树木折断、倾倒和果实坠落的侵权行为及其责任。《最高人民法院关于民事诉讼证据的若干规定》(2003)第4条规定,建筑物或者其他设施以及建筑物上的搁置物、悬挂物发生倒塌、脱落、坠落致人损害的侵权诉讼,由所有人或者管理人对其无过错承担举证责任。

《侵权责任法》在第11章规定了物件损害责任,共7个条文(第85条至第91条)。物件损害责任的类型较多,除了一部分适用过错(包括过错推定)责任之外,还有部分类型属于无过错责任。

四、物件损害责任的特殊类型

下面主要根据《侵权责任法》,并结合《民法通则》及司法解释的规定,对各种物件损害责任的类型做一简要分析。

(一)建筑物等设施及其搁置物、悬挂物脱落、坠落损害责任

《侵权责任法》第85条规定:"建筑物、构筑物或者其他设施及其搁置物、悬挂物发生脱落、坠落造成他人损害,所有人、管理人或者使用人不能证明自己没有过错的,应当承担侵权责任。所有人、管理人或者使用人赔偿后,有其他责任人的,有权向其他责

---

① 该条规定:"在公共场所、道旁或者通道上挖坑、修缮安装地下设施等,没有设置明显标志和采取安全措施造成他人损害的,施工人应当承担民事责任。"

② 该条规定:"建筑物或者其他设施以及建筑物上的搁置物、悬挂物发生倒塌、脱落、坠落造成他人损害的,它的所有人或者管理人应当承担民事责任,但能够证明自己没有过错的除外。"

③ 该条规定:"下列情形,适用民法通则第126条的规定,由所有人或者管理人承担赔偿责任,但能够证明自己没有过错的除外:(一)道路、桥梁、隧道等人工建造的构筑物因维护、管理瑕疵致人损害的;(二)堆放物品滚落、滑落或者堆放物倒塌致人损害的;(三)树木倾倒、折断或者果实坠落致人损害的。前款第(一)项情形,因设计、施工缺陷造成损害的,由所有人、管理人与设计、施工者承担连带责任。"

任人追偿。"本条基本继承《民法通则》第126条规定,但是增加了一类责任主体,即"使用人",同时将建筑物、构筑物或者其他设施的倒塌时的责任规定在第86条中。

建筑物、构筑物或者其他设施的所有人、管理人或者使用人应当对建筑物、构筑物或者其他设施及其搁置物、悬挂物尽到管理、维护义务,保证建筑物等设施及其搁置物、悬挂物的稳固,及时采取相应的安全措施等,以确保不会给他人造成损害。

本条规定的是过错推定的责任,行为人不能证明自己没有过错,就应当对受害人承担相应的侵权责任。在有其他责任人的情况下,行为人赔偿之后获得追偿权,属于不真正连带责任形态。

(二)建筑物等设施倒塌损害责任

《侵权责任法》第86条规定:"建筑物、构筑物或者其他设施倒塌造成他人损害的,由建设单位与施工单位承担连带责任。建设单位、施工单位赔偿后,有其他责任人的,有权向其他责任人追偿。因其他责任人的原因,建筑物、构筑物或者其他设施倒塌造成他人损害的,由其他责任人承担侵权责任。"本来,根据《民法通则》第126条的规定,建筑物或其他设施发生倒塌等,造成他人损害的,责任人应当是其所有人或者管理人,他们应当对损害承担民事责任。由于这种侵权责任是过错推定责任,因此规定,所有人或者管理人能够证明自己没有过错的,不承担责任。但《侵权责任法》对此作出了修正。本条的制定,主要是针对我国在一段时期内发生的一系列恶性的建筑工程事故。

本条第一款规定的是典型的危险责任(无过错责任),只要建筑物、构筑物或者其他设施倒塌造成他人损害,那么建设单位与施工单位必须对受害人承担连带赔偿责任;在有其他责任人的情况下,建设单位与施工单位在赔偿后有追偿权,又属于不真正连带责任形态。第二款中所谓"其他责任人"的原因造成倒塌,主要是指因为勘查、设计、监理、验收、装修等环节的原因造成建筑物倒塌的情况。因为这些与建筑单位和施工单位无关的原因而致建筑物、构筑物或者其他设施倒塌,受害人不能向建筑单位和施工单位提出承担责任的请求。

(三)不明抛掷物、坠落物损害责任

《侵权责任法》第87条规定:"从建筑物中抛掷物品或者从建筑物上坠落的物品造成他人损害,难以确定具体侵权人的,除能够证明自己不是侵权人的外,由可能加害的建筑物使用人给予补偿。"其内涵表现为:(1)本条规定的责任主体是"建筑物使用人"的适当补偿责任,但没有明确建筑物使用人应当对受害人承担连带责任,所以应认定为是按份补偿责任。(2)本条规定的侵权责行为实际上有两种:一是从建筑物中抛掷

物品造成他人损害的情况,二是从建筑物上坠落的物品造成他人损害的情况。(3)从建筑物中抛掷物品或者从建筑物上坠落的物品致人损害,应由抛掷人或者所有人承担侵权责任;如果不能确定谁是抛掷人或者坠落物的所有人,由建筑物使用人承担补偿(而非赔偿)责任;建筑物使用人能够证明自己不是侵权人的,不承担补偿责任。所以,本条规定的责任主体是"可能加害的建筑物使用人"。(4)实行过错推定①,只有能够证明自己不是侵权人的,才可以被排除出"可能加害的建筑物使用人"范围。

本条规定的从建筑物中抛掷物品造成他人损害的规则一直以来有着较大的争议。支持者认为由相关的业主承担责任较为合理。全国人大法工委起草的民法草案侵权责任法编第56条规定:"从建筑物中抛掷的物品或者从建筑物上脱落、坠落的物品致人损害,不能确定具体的侵权人的,由该建筑物的全体使用人承担侵权责任,但使用人能够证明自己不是具体侵权人的除外。"王利明主持起草的中国民法典草案(学者建议稿)第1974条规定:"从建筑物中抛掷物品致人损害,抛掷人承担民事责任。不能确定谁为抛掷人的,由建筑物的所有人或者全体使用人承担民事责任。但能够证明没有抛掷该物品的人不承担责任。"支持者的理由主要在于:一是从公平角度考虑。如果让一个不幸的受害人的损失不能得到补偿,是极不公平的,没有体现法律的人道主义精神。二是从损失分担角度考虑。应当承担责任的业主是一个集体,更具有分担损失的能力。三是从损害预防角度考虑。侵权法在很多情况下实际上是一种风险的分配,合理的风险分配政策也有助于损害的预防,将风险分配给最有机会避免损害发生的人,是符合效率原则的。四是从公共安全角度考虑。在楼下行走的每一个人都有一种合理的期待:楼上居民不会随便抛下东西砸伤自己。这种正常的期待就是公共安全的组成部分。为了维护社会的共同利益,保护公共安全,适当地牺牲某些人的利益在价值的衡量上是合理的。②当然,责任人仅需承担"补偿"责任,不是全部赔偿责任。

而反对者认为,侵权责任的承担需要以可归责性为前提,缺乏这一前提,让所有可能加害的建筑物使用人承担责任是不公平的,所谓公平原则的适用结果是让无辜的人承担责任,这有违道义和法理。同时,由可能加害的建筑物使用人给予补偿,会使真正的加害人免除自己的责任,甚至幸灾乐祸,而无辜者则可能因其承担不能预见的风险和株连式的责任而产生不满的消极情绪。侵权责任法不能解决所有的问题,不可能保证所有被侵权人的损失都能够得到充分的填补。对于建筑物不明抛掷

① 不过也有观点认为,建筑物抛掷物致人损害责任的基础并不是推定过错,而是将实施行为的可能性推定为确定性,继而确定承担连带的侵权责任。参见王利明主持:《中国民法典学者建议稿及立法理由·侵权行为编》,法律出版社2005年版,第250页。该条立法理由由杨立新撰写。

② 参见王利明:《我国民法典重大疑难问题之研究》,法律出版社2006年第1版,第651—653页。

物、坠落物致人损害这类涉及公众安全的问题，可以考虑通过社会保险、国家救助基金制度等解决。梁慧星主持的中国民法典草案建议稿对此没有规定，可以认为属于反对者的立场。

在此前的司法实践中，对从建筑物中抛掷物品造成他人损害的责任承担规则有不同的判决，一种是判决由可能抛物的所有住户分担赔偿责任，另一种是驳回原告起诉，比较典型的有"重庆烟灰缸案"①、"济南菜板案"②和"深圳玻璃案"③。

本书认为：(1)本条规定将从建筑物中抛掷物品致人损害和从建筑物上坠落的物品致人损害的情况混淆在一起是不合理的。二者应受谴责性的程度不同，前者无疑属于故意或者重大过失的侵权行为，而后者则属于过失，不可能是故意；二者表现的行为样态不同，前者属于积极的作为侵权，而后者则属于消极的不作为侵权。(2)从建筑物中抛掷物品致人损害只是高空抛物侵权行为的一种情况，此外还有从高架桥、火车、飞机、高空缆车上抛物的情况。(3)高空抛物侵权行为不同于共同危险行为。共同危险行为表现为二人以上共同实施危及他人人身安全的行为并造成损害后果，不能确定实际侵害行为人，应当依照《民法通则》第130条的规定承担连带赔偿责任。在共同危险行为中，无法辨别究竟是谁的行为造成了受害人的损失，但每一个人都实施了具体行为，因此它属于因果关系存在的推定。而在高空抛物侵权行为中，一般只有一个人实施了侵权行为，但不知道究竟是谁实施了侵权行为，因此是对加害行为存在的推定。同时，抛掷物损害责任应当是按份补偿责任，而非连带赔偿责任。(4)从建筑物中抛掷

---

① 案情：2000年5月11日凌晨，重庆市民郝某在重庆市某区学田湾正街的马路上和朋友李某聊天，而他们所处的位置，正在临街的仅一墙之隔而彼此相连的65号楼6号房与67号楼3号房的窗下。此时本应是夜深人静的时候，却偏偏从窗户里飞出一只硕大的玻璃烟灰缸，致使郝某头部受伤。郝某住院治疗112天，用去医药费8万多元。公安机关经过现场侦查，排除了有人故意伤害的可能性，但难以确定该烟灰缸的所有人。2001年3月，郝某将位于出事居民楼第二层以上的24户居民告上法庭，要求他们共同赔偿自己的医药费、精神损失费等各种费用。法院经审理认为，对于开发商，因为其不是房屋的使用人，不可能有从窗户里往外扔烟灰缸的行为，故不应承担赔偿责任；对于22户人家，则适用过错推定原则，将举证责任倒置，只要其不能举证排除自己有扔烟灰缸的可能性，就要承担赔偿责任。因此，除了将郝某请求赔偿的精神损害赔偿金从10万元降为3万元外，对郝某的医药费、住院期间生活补助费、护理费、伤残补助费、误工费、鉴定费、精神抚慰金共计178 233元，渝中区法院判决由22户房屋的实际使用人共同承担赔偿责任，即每户赔偿8 101.5元。2002年6月，重庆市第一中级人民法院维持了一审判决。

② 案情：2001年6月20日，家住济南市的孟某被从楼上抛下的一块菜板砸倒在地，其子女发现后立即送医院抢救，但仍不治身亡，致害菜板也不翼而飞。由于找不到扔菜板的人，孟某的子女将该楼二层以上的15户居民作为被告诉至法院，要求承担损害赔偿责任。济南市市中区法院裁定认为，原告在起诉中无法确认谁是致其母亲死亡的加害人，缺乏明确具体的被告，而且菜板坠落前的位置也不能明确，无法确定所有人或者管理人。对此问题，尚无明确的法律规定和司法解释，据此，法院驳回了原告起诉。此后，济南市中级人民法院又驳回了原告的上诉，维持了原判。

③ 案情：2006年5月31日傍晚，深圳市的一名小学生在经过一幢居民楼时，被该楼上掉下的一块玻璃砸中头部，当场死亡。公安机关侦查后，无法查明具体的加害人。该生父母起诉该居民楼二层以上73家居民和管理该居民楼的物业公司，要求他们共同赔偿20万元。一审法院认为原告没有证据证明该楼的73家居民对损害的发生有过错，因此这些居民不承担侵权责任。但物业公司在管理上存在疏漏，判决物业公司承担30%的赔偿责任。判决后，原告认为该楼的居民应当承担侵权责任，而物业公司认为自己不应当承担侵权责任，双方均提起上诉。

物品致人损害的行为应属于一般侵权行为，除了应由实际的加害人承担民事赔偿责任外，并可能引发刑事、行政责任①。但是，在无法确定加害人的情况下，“由可能加害的建筑物使用人给予补偿”只是一个暂时的替代办法，最终应通过适当的责任保险机制②或者国家救济机制，在无法确定加害人或加害人无力承担赔偿责任的情况下，对受害人予以救济。(5)在现行法律的规定面前，如何“证明自己不是侵权人”？一般来说，如果能够证明在损害发生时不在建筑物之中、所处位置无法实施该抛物行为或者即使实施抛物行为也无法发生此种损害、不可能拥有该致人损害的抛掷物等情况，那么就可以使自己排除出“可能加害的建筑物使用人”范围。

(四)堆放物倒塌损害责任

《侵权责任法》第88条规定：“堆放物倒塌造成他人损害，堆放人不能证明自己没有过错的，应当承担侵权责任。”本条所说的“倒塌”，包括堆放物整体的倒塌和部分的脱落、坠落、滑落、滚落等，如码头堆放的集装箱倒塌、建筑工地上堆放的建筑材料倒塌、伐木场堆放的圆木滚落等。本条仅仅强调了堆放物“倒塌”致人损害的情形，但在解释上应包括《最高人民法院关于审理人身损害赔偿案件适用法律若干问题的解释》第16条第1款第2项中所说的“滚落、滑落”等情形。

本条属于推定过错责任。如果堆放人能够证明自己没有过错的，则应免除其赔偿责任。此外，堆放物的倒塌是因不可抗力、第三人的故意造成的，堆放人不承担侵权责任。《最高人民法院关于处理涉及汶川地震相关案件适用法律问题的意见(二)》第9条规定，因地震灾害致使堆放物品倒塌、滚落、滑落的，所有人或者管理人不承担赔偿责任。不过，在这些情形下，仍然需要堆放人举证证明自己对堆放物倒塌致人损害没有过错，堆放人不能证明自己没有过错的，仍然要承担侵权责任。另外，根据《最高人民法院关于贯彻执行〈中华人民共和国民法通则〉若干问题的意见(试行)》(1988)第155条，因堆放物品倒塌造成他人损害的，如果当事人均无过错，应当根据公平原则酌情处理。也就是说，此时也可以由被告对受害人的损害予以合理分担。

(五)妨碍通行物损害责任

《侵权责任法》第89条规定：“在公共道路上堆放、倾倒、遗撒妨碍通行的物品造成

① 2007年11月，上海市首次对高空抛物者实施了行政拘留。黄浦警方以扰乱社会秩序的名义，对先后两次在傍晚从19楼的自家阳台向附近小区抛掷杂物的王先生处以10天的行政拘留。参见《新闻晨报》2009年11月13日报道。

② 不过，目前尚无此类保险。如果设立此类保险，保险费可以从物业公共基金中支付，物业公司也有义务投保相应的责任保险。

他人损害的，有关单位或者个人应当承担侵权责任。”本条所说的“公共道路”包括但不局限于《公路法》、《公路管理条例》中的“公路”以及《道路交通安全法》中的“道路”，既包括通行机动车的道路，也包括人行道路，以及广场、停车场等可供公共通行的场地、建筑区划内属于业主共有但允许不特定的公众通行的道路等。在公共道路上堆放、倾倒、遗撒妨碍通行物，既可以是固体物（如晾晒粮食、倾倒垃圾等），也可以是液体、气体（如将石油泄漏到公路上、向道路排水、释放毒气等）。这些行为均违反了法律规定。《公路法》第46条规定，任何单位和个人不得在公路上及公路用地范围内摆摊设点、堆放物品、倾倒垃圾、设置障碍、挖沟引水、利用公路边沟排放污物或者进行其他损坏、污染公路和影响公路畅通的活动。《道路交通安全法》第48条规定，机动车载物的长、宽、高不得违反装载要求，不得遗撒、飘散载运物。

本条属于无过错责任。在公共道路上堆放、倾倒、遗撒妨碍通行的障碍物，造成他人损害的，有关单位或者个人应当承担侵权责任。责任的方式可能是排除妨碍、消除危险或者赔偿损失。

（六）林木折断损害责任

《侵权责任法》第90条规定：“因林木折断造成他人损害，林木的所有人或者管理人不能证明自己没有过错的，应当承担侵权责任。”本条虽然只提及“折断”的情形，但应理解为包括《最高人民法院关于审理人身损害赔偿案件适用法律若干问题的解释》第16条第1款第3项中所说的“倾倒”、“果实坠落”等情形。所谓“林木”，既包括自然生长的林木，也包括人工种植的林木，既包括公共场所、公共道路旁的林木，也包括城镇规划区、居民小区和村庄、院落里生长的林木，以及林地规划范围和非人类居住区生长的林木。

本条属于推定过错责任。林木的所有人或者管理人应当对林木进行合理的维护，防止林木出现危害他人安全的危险情况。因林木折断造成他人损害，如果林木的所有人或者管理人不能证明自己没有过错的，又不存在不可抗力等免责事由，就应当承担侵权责任。

【案例分析】

王烈凤诉千阳县公路管理段人身损害赔偿案①

原告王烈凤之夫马学智下班后骑自行车回家，突遇大风把护路树吹断，将马学智

① 案例来源：《最高人民法院公报》1990年第2期。

的头部砸中，后马学智抢救无效死亡。经查明，此路段的护路树属千阳县公路管理段管辖，路旁的护路树被虫蛀枯死已3年之久，在上级批文采伐后被告未采取积极措施，致使发生了这次事故。马学智之妻王烈凤遂向人民法院提起诉讼，要求被告承担侵害马学智生命权的民事责任。被告对马学智的死亡提不出没有过错的证明，法院依《民法通则》第12条的规定，被告无免责事由，其行为与损害事实之间有因果关系，应该承担侵害他人生命权的民事责任，判决被告千阳县公路管理段赔偿原告生活费7020元、丧葬费500元、自行车修理费50元、死者医药费14.23元。被告提出上诉，二审法院维持了原判。

分析对林木折断损害责任的过错要件应如何认定。

（七）公共场所、道路施工和窨井等地下设施损害责任

《侵权责任法》第91条规定："在公共场所或者道路上挖坑、修缮安装地下设施等，没有设置明显标志和采取安全措施造成他人损害的，施工人应当承担侵权责任。窨井等地下设施造成他人损害，管理人不能证明尽到管理职责的，应当承担侵权责任。"本条基本承继了《民法通则》第125条，但又增加了第2款关于窨井等地下设施造成他人损害的规定。

本条第1款规定的是地上施工责任，第2款规定的是地下设施在使用中致人损害的责任。第1款所谓"公共场所"，不应狭义理解为道路、广场、剧院、商场等这些公众聚集、活动的场所，凡是供不特定人出入、通行或活动的场所都应当归入"公共场所"范围。所谓"尽到管理职责"，应当以尽到法律上的注意义务为判断标准，这一义务也表现为一种安全保障义务。根据《道路交通安全法》第32条、第104条的规定，因工程建设需要占用、挖掘道路，或者跨越、穿越道路架设、增设管线设施，应当事先征得道路主管部门的同意；影响交通安全的，还应当征得公安机关交通管理部门的同意。施工作业单位应当在经批准的路段和时间内施工作业，并在距离施工作业地点来车方向安全距离处设置明显的安全警示标志，采取防护措施；施工作业完毕，应当迅速清除道路上的障碍物，消除安全隐患，经道路主管部门和公安机关交通管理部门验收合格，符合通行要求后，方可恢复通行。未经批准，擅自挖掘道路、占用道路施工或者从事其他影响道路交通安全活动，致使通行的人员、车辆及其他财产遭受损失的，依法承担赔偿责任。根据《公路法》第32条的规定，改建公路时，施工单位应当在施工路段两端设置明显的施工标志、安全标志。需要车辆绕行的，应当在绕行路口设置标志；不能绕行的，必须修建临时通道，保证车辆和行人通行。根据《城市道路管理条例》第24条、第35条的规定，城市道路的养护、维修工程应当按照规定的期限修复竣工，并在养护、维修

工程施工现场设置明显标志和安全防围设施,保障行人和交通车辆安全。经批准挖掘城市道路的,应当在施工现场设置明显标志和安全防围设施;竣工后,应当及时清理现场,通知市政工程行政主管部门检查验收。第2款中的窨井是指上下水道或者其他地下管线工程中所设置的井状构筑物,其他地下设施包括地窖、水井、下水道以及其他地下坑道等。《城市道路管理条例》第23条规定:“设在城市道路上的各类管线的检查井、箱盖或者城市道路附属设施,应当符合城市道路养护规范。因缺损影响交通和安全时,有关产权单位应当及时补缺或者修复。”

第1款的规定属于过错责任,没有设置明显标志和采取安全措施应由原告举证证明。比如,所设置的警示标志要具有明显性,随时维护警示标志的稳固性,以使警示标志持续地存在于施工期间。当仅设置明显的标志不足以保障他人的安全时,施工人还应当采取其他有效的安全措施。当然,即使是由第三人的原因破坏了“明显标志”或“安全措施”,施工人也不能因此而免责。第2款的规定则属于推定过错责任,窨井等地下设施的管理人不能证明尽到管理职责的,就应当承担侵权责任。

(八) 人工构筑物维护、管理瑕疵损害责任

根据《最高人民法院关于审理人身损害赔偿案件适用法律若干问题的解释》(2003)第16条的规定,道路、桥梁、隧道等人工建造的构筑物因维护、管理瑕疵致人损害的,由所有人或者管理人承担赔偿责任,但能够证明自己没有过错的除外。这也属于推定过错责任。《侵权责任法》第85条仅仅规定了“建筑物、构筑物或者其他设施及其搁置物、悬挂物发生脱落、坠落造成他人损害”,第86条对“倒塌”做了进一步规定,但没有规定“维护、管理瑕疵”致人损害的责任。所谓“维护瑕疵”,是指构筑物在维护中存在不完备的问题,致使公共构筑物的维护存在缺陷。所谓“管理瑕疵”,是指构筑物存在维护不周、保护不当、疏于修缮检修等不完善的问题,使构筑物不具备通常应当具备的安全性。

人工构筑物的范围如前所述,但这些道路、桥梁、隧道等人工构筑物的所有人基本上都是国家或者集体组织,具体的管理单位也是国家机关或集体组织,因设置或者管理缺陷而造成了损害就由其承担责任。但根据第2款的规定,在因设计、施工等的缺陷造成损害的,由管理人、所有人、设计者和施工者承担连带责任。

五、抗辩事由与举证责任

物件损害责任的免责事由:(1)物件所有人或者管理人无过错。所有人、管理人或

者使用人能够证明自己没有过错的,一般免除其赔偿责任,特殊情况下分担损害。(2)不可抗力。物件损害是因不可抗力如台风、地震等不能预见、不能避免并不能克服的客观情况造成的,应当免除所有人、管理人的赔偿责任。但不可抗力作为免责理由时,必须是不可抗力成为损害发生的唯一原因,如果存在设计、施工、维护或管理瑕疵,则可以排除不可抗力的适用。(3)意外事件、第三人过错往往不能免责,而是由责任人承担责任后对实际加害人追偿。(4)受害人过错可以成为免责或减轻责任的理由。

【案例分析】

偃师市总工会等诉洛阳市公路总段等公路防护墙倒塌赔偿案①

1998年8月凌晨,洛阳地区普降特大暴雨。晨7时许,原告偃师市总工会司机魏治水驾驶该单位轿车从偃师前往洛阳,行至洛阳市东花坛立交桥时,因机动车道积水不能通行,遂驾车沿非机动车道行驶。此时由市公路总段负责养护维修的公路防护墙因雨水浸泡,近五十余米长的防护墙突然倒塌,将该车砸毁,造成魏治水当场死亡。偃师市总工会及魏治水的亲人以郊区公路段、市公路总段、洛铁分局为被告,向法院提起诉讼。被告认为洛阳地区普降特大暴雨在以往比较少见,这种灾害性天气是造成公路防护墙倒塌的原因。由于这种原因具有不可预见性、不可避免性和不可克服性,所以其对公路防护墙因大雨浸泡发生倒塌致他人损害的民事赔偿责任依法应予免除。

但是已经查明的事实是,暴风雨并不是防护墙倒塌魏治水被砸死的唯一原因,被告市公路总段对魏治水的死亡存在过错:第一,公路防护墙倒塌系墙体被雨水长时间浸泡所致,这说明市公路总段在公路防护墙的日常维修、养护中没有充分履行其应尽的注意义务。第二,降雨作为一种自然现象,建造公路及公路设施本身就要求对这种自然现象进行预见,根据所能预见的最大限度来设计工程,避免相当值雨量造成损害。但是市公路总段在建设立交桥阶段对立交桥的排水能力估计不足,致使遭遇特大暴雨后机动车道因积水太多无法通车。市公路段的行为也违反了《公路管理条例》与《铁路、公路道路设置立体交叉的暂行规定》关于公路及其附属设施的维修管理的规定。因此特大暴雨虽属自然灾害,但是公路防护墙被雨水浸泡会引起倒塌,并不具有不可预见性、不可避免性和不可克服性。

分析本案中被告提出的抗辩理由能否成立。

---

① 案例来源于祝铭山主编:《人身损害赔偿纠纷》,中国法制出版社2003年版。

【本章小结】

特殊侵权责任主要包括使用人责任(包括国家赔偿责任、用人单位侵权责任、雇主责任)、监护人责任、学校责任、产品责任、机动车交通事故责任、医疗损害责任、环境污染责任、高度危险责任、饲养动物损害责任、物件损害责任。每一类型的特殊侵权责任都具有自己独特的构成要件,法律针对不同情况规定了不同的责任规则。

本章思考题

1. 在使用人责任的构成上,如何把握“执行工作任务”与“非执行工作任务”的界限?
2. 如何理解国家机关侵权责任的两种情形以及国家赔偿责任的性质?
3. 医疗损害责任的构成要件中的过错与因果关系如何判断?
4. 《侵权责任法》第87条规定:“从建筑物中抛掷物品或者从建筑物上坠落的物品造成他人损害,难以确定具体侵权人的,除能够证明自己不是侵权人的外,由可能加害的建筑物使用人给予补偿。”请结合“重庆烟灰缸案”、“济南菜板案”和“深圳玻璃案”等实际案例,谈谈你对本条所规定的规则的正当性的认识。
5. 结合本章内容谈谈责任保险等社会化救济机制对侵权责任法的影响。

第八章　侵权责任方式

【本章学习目的】

通过本章的学习，了解侵权责任方式的含义；掌握侵权责任方式的体系，掌握侵权责任方式的一般适用规则；理解侵权责任方式与其他责任方式的竞合。

第一节　侵权责任方式的含义与体系

一、侵权责任方式的含义

侵权责任方式是指侵权责任人对侵权损害后果依法应当承担的具体的民事责任形式。

这一定义的内涵在于：(1)侵权责任方式是一种民事责任形式。侵权责任一旦构成，侵权责任人就应当承担其在民法上应该承担的具体后果——侵权责任方式。所以，侵权责任是侵权责任方式的抽象，而侵权责任方式是侵权责任的具体表现。[①] (2)侵权责任方式具有法定性，因而区别于违约责任。它不能由当事人任意变更。(3)侵权责任方式是侵权责任现实化的具体手段。侵权责任必须转化为具体的形式才能具有实效。没有侵权责任方式，侵权责任法甚至还不如水中月、镜中花，法律是不需要这样的装饰成分的，不需要这样"被欣赏"，法律需要行动的实效，只有行动的法才不会失去存在的意义。

---

① 参见杨立新：《侵权行为法专论》，高等教育出版社2005年第1版，第117页。

二、侵权责任方式的体系

从比较法上看,普通法系的侵权法(tort law)上责任方式主要是损害赔偿(damages)这一种形式,而在大陆法系的侵权法中,大多数欧洲国家(如法国、希腊、意大利、荷兰等)的侵权责任方式主要是损害赔偿和恢复原状,其中恢复原状是作为例外规定而存在的,只有少数国家(如奥地利、德国)将其作为一项原则。但无论哪个国家,在实践中,绝大多数案件采取的都是损害赔偿金这种标准的救济方式。[①]在我国,对于侵权责任方式有不同的认识,一种主张是侵权责任方式仅仅是损害赔偿,但通说认为除了损害赔偿作为主要的方式之外,还应该包括其他《民法通则》所规定的侵权责任方式。但同样地,在实践中,绝大多数案件采取的也都是赔偿损失这一主要的侵权损害救济方式。

我国《侵权责任法》第15条在《民法通则》的基础上,规定了8种侵权责任方式,即停止侵害、排除妨碍、消除危险、返还财产、恢复原状、赔偿损失、赔礼道歉以及消除影响、恢复名誉。这是对我国20多年的民事立法和司法经验的总结和继承,体现了我国《侵权责任法》的一个重要特点,即采取了"大侵权责任方式"的立法模式,符合现代侵权责任方式的多元化趋势。现代社会出现了各种各样的侵权形态,并且还有更加多样化的倾向,这就在客观上需要多样化的侵权责任方式来应对。比如,对于知识产权侵权、网络侵权等,就有必要采取停止侵害的责任方式,以避免更大的损害。

以下对《侵权责任法》第15条所规定的8种侵权责任方式逐一解释如下:[②]

(一)停止侵害

行为人实施的侵权仍在继续的,受害人可依法请求法院责令行为人承担停止侵害的责任方式。停止侵害,主要是要求行为人不实施某种侵害。这种责任方式能够及时制止侵害,防止侵害后果的扩大。例如某人正在散布诽谤他人的谣言,受害人有权请求加以制止。采用这种责任方式以侵权正在进行或者仍在延续为条件,对于未发生或者已终止的侵权则不适用。人民法院根据受害人的请求,依据案件的具体情况,可以在审理案件之前发布停止侵害令,或者在审理过程中发布停止侵害令,也可以在判决

---

① 参见欧洲侵权法小组编著:《欧洲侵权法原则:文本与评注》,于敏、谢鸿飞译,法律出版社2009年10月第1版,第220—221页。

② 本部分内容参见全国人大法工委民法室:《〈中华人民共和国侵权责任法〉条文解释与立法背景》,人民法院出版社2010年1月第1版,第65—67页。本书几乎是在《侵权责任法》通过的同时出版的,由全国人大法工委副主任王胜明任主编,所有参编作者均具有立法机关的背景,具体从事《侵权责任法》的起草工作,可以认为该书对条文的解释具有权威性。本书予以借鉴,谨致谢意。

中责令行为人停止侵害。

（二）排除妨碍

排除妨碍是指行为人实施的行为使他人无法行使或者不能正常行使人身、财产权益的，受害人可以要求行为人排除妨碍权益实施的障碍。行为人不排除妨碍的，受害人可以请求人民法院责令其排除妨碍。例如某人在他人家门前堆放垃圾，妨碍了他人通行，同时污染了他人的居住环境，受害人有权请求行为人将垃圾清除。受害人请求排除的妨碍必须是不法的，如果行为人的妨碍行为是正当行使权利的行为，则行为人可以拒绝受害人的请求。受害人也可以自己排除妨碍，但排除妨碍的费用应由行为人承担。

（三）消除危险

消除危险是指行为人的行为对他人人身、财产权益造成现实威胁的，他人有权要求行为人采取有效措施消除这种现实威胁。例如某人的房屋由于受到大雨冲刷随时有倒塌可能，危及邻居的人身、财产安全，但房屋的所有人不采取措施，邻居可以请求该房屋的所有人采取措施消除这种危险。适用这种责任方式可以有效防止现实损害的发生，充分保护他人的人身、财产安全。适用这种责任方式必须是危险确实存在，对他人人身、财产安全造成现实威胁，但还未发生实际损害。对此，《侵权责任法》第21条规定，侵权行为危及他人人身、财产安全的，被侵权人可以请求侵权人承担停止侵害、排除妨碍、消除危险等侵权责任。

（四）返还财产

返还财产责任因行为人无权占有他人财产而产生。没有法律或者合同根据占有他人财产，就构成无权占有，侵害了他人财产权益，行为人应当返还该财产。例如某人抢了他人的电脑据为己有，构成了无权占有，电脑所有人有权要求无权占有人返还电脑。对此，我国《民法通则》第117条规定，侵占国家的、集体的财产或者他人财产的，应当返还财产。《物权法》第34条规定，无权占有不动产或者动产的，权利人可以请求返还原物。有权请求返还财产的主体一般是该财产的所有人，但财产被他人合法占有期间，该财产被第三人非法占有的，该合法占有人也可以请求返还财产。适用返还财产责任方式的前提是该财产还存在，如果该财产已经灭失，适用该责任方式就不可能，受害人只能要求赔偿损失；该财产虽然存在，但已经损坏的，权利人可以根据自己的意愿，请求返还财产、恢复原状或者赔偿损失等责任方式。

（五）恢复原状

狭义的恢复原状是指法院判令行为人通过修理等手段使受到损坏的财产恢复到损坏前状况的一种责任方式。广义的恢复原状则还包括赔礼道歉、消除影响、恢复名誉等。由于本法已将这些都作为单独的责任方式，所以本法所指的恢复原状是狭义的。采用恢复原状要符合以下条件：一是受到损坏的财产仍然存在且恢复原状有可能。受到损坏的财产不存在的，或者恢复原状不可能的，受害人只能请求赔偿损失；二是恢复原状有必要，即受害人认为恢复原状是必要的且具有经济上的合理性。恢复原状若没有经济上的合理性，就不能适用该责任方式。若修理后不能完全达到受损前状况的，行为人还应当对该财产的价值贬损部分予以赔偿。

（六）赔偿损失

赔偿损失是指行为人向受害人支付一定数额的金钱以弥补其损失的责任方式，其是最基本的责任方式，也是运用最为广泛的责任方式。有损害才有赔偿，无损害无赔偿。赔偿的目的，最基本的是补偿损害，使受到损害的权利得到救济，使受害人能恢复到未受到损害前的状态。本法规定的赔偿损失，包括人身损害赔偿、财产损失赔偿和精神损害赔偿。本章的许多规定都是关于如何确定赔偿范围和赔偿额的内容。例如本法第16条规定，侵害他人造成人身损害的，应当赔偿医疗费、护理费、交通费等为治疗和康复支出的合理费用，以及因误工减少的收入。造成残疾的，还应当赔偿残疾生活辅助具费和残疾赔偿金。造成死亡的，还应当赔偿丧葬费和死亡赔偿金。第19条规定，侵害他人财产的，财产损失按照损失发生时的市场价格或者其他方式计算。第20条规定，侵害他人人身权益造成财产损失的，按照被侵权人因此受到的损失赔偿；被侵权人的损失难以确定，侵权人因此获得利益的，按照其获得的利益赔偿；侵权人因此获得的利益难以确定，被侵权人和侵权人就赔偿数额协商不一致，向人民法院提起诉讼的，由人民法院根据实际情况确定赔偿数额。

（七）赔礼道歉

赔礼道歉是指行为人通过口头、书面或者其他方式向受害人进行道歉，以取得谅解的一种责任方式。赔礼道歉主要适用于侵害名誉权、隐私权、姓名权、肖像权等人格权益的情形。赔礼道歉可以公开，也可以私下进行；可以口头方式进行，也可以书面等方式进行，具体采用什么形式由法官依据案件的具体情况作出。口头道歉是由行为人直接向受害人表示，基本不公开进行；书面道歉以文字形式进行，可以登载在报刊上，或者张贴于有关场所。行为人不赔礼道歉的，人民法院可以判决按照确定的方式进行，产生的所有费用由行为人承担。

(八)消除影响、恢复名誉

消除影响、恢复名誉是指人民法院根据受害人的请求,责令行为人在一定范围内采取适当方式消除对受害人名誉的不利影响以使其名誉得到恢复的两种责任方式。具体适用消除影响、恢复名誉,要根据侵害行为所造成的影响和受害人名誉受损的后果来决定。处理的原则是,行为人应当根据造成不良影响的大小,采取程度不同的措施给受害人消除不良影响,例如在报刊上或者网络上发表文章损害他人名誉权的,就应当在曾刊载该文章的报刊或者网站上发表书面声明,对错误内容进行更正。消除影响、恢复名誉主要适用于侵害名誉权的情形,一般不适用于侵犯隐私权的情形,因为消除影响、恢复名誉一般是公开进行的,若适用于隐私权的保护,有可能进一步披露受害人的隐私,造成进一步的影响。

第二节　侵权责任方式的一般适用规则

侵权责任方式的一般适用规则表现为以下几个。

一、以损害的救济为根本目标

充分救济受害人的损害是侵权责任法的根本目标,只有充分救济才能有效"保护民事主体的合法权益",并最终能够"预防并制裁侵权行为,促进社会和谐稳定"。[①]所以,在适用各种侵权责任方式时,要以此为选择适用的标准。一般情况下,在采用返还财产的责任方式可以提供救济时,就应该采用;在无法返还财产如财产已经灭失时,则可以适用赔偿损失的责任方式;如果没有原物但其孳息尚存,则还要适用返还财产(孳息)与赔偿损失并用的方式,当然赔偿损失要实现完全赔偿。

二、灵活适用各种责任方式

以上这些承担侵权责任的方式,既可以单独适用,也可以合并适用。在救济受害人的总体目标下,需要采用什么方式,就采用什么方式,可以单独采用一种方式,也可

① 参见《侵权责任法》第1条。

以采用多种方式。例如对单纯的财产损失,可以单独采用赔偿损失的方式救济损害;对侵害名誉权、隐私权等人格权的,可以单独采用消除影响、恢复名誉,也可以并用消除影响、恢复名誉和精神损害赔偿。具体适用侵权责任方式应当掌握的原则是,在任何情况下,只要有救济损害的需要,如果一种方式不足以救济受害人,就应当同时适用其他方式。

三、尊重受害人的请求权

从受害人的角度看,侵权责任方式是受害人自己享有的请求权,受害人可以处分这种请求权。受害人坚持自己的请求权,若该请求权适当,且没有给行为人施加不适当责任的,法官原则上应支持其请求权;受害人自愿放弃某种可以行使的侵权责任方式的,法官不应当干预,例如受害人自愿放弃对行为人的赔偿损失请求权的,法官就不应当违背受害人的意愿强行判决行为人赔偿损失。

四、与行为性质和损害后果相适应

比如在特殊情况下,对一些侵权责任方式可以先予执行。在严重妨碍生产、生活的紧急情况下,如果不立即停止侵害,就将可能进一步造成重大损害,法院应该在案件受理时或诉讼中,根据原告的请求或者依职权先予执行某些侵权责任方式。《最高人民法院关于贯彻执行〈中华人民共和国民法通则〉若干问题的意见》(试行)第162条明确规定:"在诉讼中遇有需要停止侵害、排除妨碍、消除危险的情况时,人民法院可以根据当事人的申请或者依职权先行作出裁定。"

五、侵权责任方式在适用时的优先性

我国《侵权责任法》第4条第2款规定:"因同一行为应当承担侵权责任和行政责任、刑事责任,侵权人的财产不足以支付的,先承担侵权责任。"这一条文体现了侵权法对受害人充分救济的宗旨。侵权损害赔偿责任方式优先原则,在法律上得到明确确立的原因主要有:(1)侵权损害赔偿责任优先可以取得良好的社会效益,也更能体现法律的人道和正义的价值。(2)侵权损害赔偿责任的目的在于弥补受害人的损害,私权的损害救济应该优先于国家对加害人施加的财产性惩罚,因为通过其他的行政和刑事责任方式,完全可以达到制裁责任人的目的。

第三节 侵权责任方式与其他责任方式的竞合

一、责任竞合概述

责任竞合既可以发生在不同的法律部门之间，如民事责任与刑事责任、行政责任的竞合，也可以发生在同一法律部门内部，如民法中的侵权责任与违约责任、缔约过失责任、不当得利责任、无因管理责任的竞合。我国《合同法》第122条规定了侵权责任与违约责任的竞合时的处理："因当事人一方的违约行为，侵害对方人身、财产权益的，受损害方有权选择依照本法要求其承担违约责任或者依照其他法律要求其承担侵权责任。"

广义的责任竞合包括责任聚合在内。责任聚合是指"对于数种以不同的给付为内容的请求权，得同时并为主张。"①如果受害人的身体受到故意侵害，那么受害人可以同时主张财产上的损害赔偿及精神损害慰抚金；如果该受害人的身体伤害轻微，则加害人可能还要遭受行政处罚；如果该受害人的身体伤害构成轻伤以上，则加害人可能要承担刑事责任。我国《民法通则》第110条规定："对承担民事责任的公民、法人需要追究行政责任的，应当追究行政责任；构成犯罪的，对公民、法人的法定代表人应当依法追究刑事责任。"《物权法》第38条第2款规定："侵害物权，除承担民事责任外，违反行政管理规定的，依法承担行政责任；构成犯罪的，依法追究刑事责任。"《侵权责任法》第4条第1款也明确规定："侵权人因同一行为应当承担行政责任或者刑事责任的，不影响依法承担侵权责任。"这些法律规定都表明，因同一行为而发生的各种不同性质的责任或者不同的责任方式聚合在一起，可以同时施加于加害人或责任人。

一般所说的责任竞合是狭义上的，不包括责任聚合。责任竞合是指基于同一法律事实产生两种以上的不同性质的法律责任，同时这些责任又相互冲突而只能选择适用其一的现象。其构成要件为：(1)行为人只实施了一个加害行为；(2)同一加害行为同时满足两个或两个以上的责任构成要件；(3)不同的责任相互冲突。在责任竞合的法律处理上，存在不同的选择，有的禁止竞合，有的允许竞合，有的允许自由选择请求权，有的则就请求权的基础规范加以选择。相应地，在理论阐释上有三种具有较大影响的学说：法条竞合说、请求权竞合说和请求权规范竞合说。②以下以违约责任与侵权责任

① 王泽鉴：《法律思维与民法实例》，中国政法大学出版社2001年第1版，第166页。
② 参见王泽鉴：《侵权行为法》(第一册)，中国政法大学出版社2001年第1版，第79—80页。

竞合为例加以说明。

法条竞合说认为，违约行为是侵权行为的特别型态，违约行为与侵权行为在本质上并无不同，侵权行为是违反权利不可侵害的一般义务的行为，违约行为是违反当事人约定的特别义务的行为。法律上有关侵权行为的规定为一般规定，有关违约行为的规定是特别规定，故同一事实可发生两个请求权，但依特别法优于普通法的原则，只能承认违约责任请求权的存在。因此，在二者形式上发生“竞合”的情况下，只能适用合同法上的请求权，而不得行使侵权责任法上的请求权。即在这种情况下，只能适用其中一个具有特别法意义的法条。这一认识符合合同法与侵权法分离前的传统观念。

请求权竞合说来源于罗马法的“诉的竞合”理论，认为一个具体事实同时具备违约责任与侵权责任时，其所产生的两个请求权并存，无论在成立要件、举证责任、赔偿范围、抵消、时效等，均应就各个请求权加以判断。在此基础上，又分化为两个基本理论：一是请求权自由竞合说，即认为两个独立存在的请求权绝对独立，债权人或者受害人可以选择其中的一个行使；即使其中一个请求权因达到目的以外的原因而不能行使（例如因时效而消灭），另一个请求权（时效较长者）依然存在；当其中的一个已达目的时，另一个则随之消失。二是请求权相互影响说，即认为两个请求权并非绝对地独立存在，而是相互作用和影响的，以克服承认两个独立请求权所发生的法律适用中的不协调。

请求权规范竞合说认为，一个具体生活事实符合违约和侵权行为两个规范的要件时，并非产生两个独立的请求权，论其本质实仅产生一个请求权，但具有两个法律基础：一为契约关系，一为侵权关系。其内容应结合两个基础规范加以决定，债权人或被侵权人的主张对其有利之部分，但应特别斟酌法律之目的，即法律为尽速了结当事人间的关系特别规定短期时效时，则应适用此项短期时效。王泽鉴认为此项理论符合当事人利益，实现法律目的，避免请求权自由竞合说之缺点，兼采请求权相互影响说之特色，使实体法上请求权之概念与新诉讼标的理论趋于一致，颇具可采性。我国大陆民法学者多赞同此说。

二、侵权责任方式与违约责任方式的竞合

侵权责任方式与违约责任方式的竞合，是指同一加害行为同时违反侵权责任法和合同法的规定，均符合侵权责任和违约责任的构成要件而产生的责任方式竞合现象。我国《合同法》第122条规定：“因当事人一方的违约行为，侵害对方人身、财产权益的，受损害方有权选择依照本法要求其承担违约责任或者依照其他法律要求其承担侵权责任。”这是《合同法》解决二者竞合的规定，实际上赋予了受害人对于两种责任方式的

请求权的选择权。

侵权责任方式与违约责任方式的竞合所需要的条件有:(1)加害人与受害人之间存在合同关系;(2)在合同关系下,加害人实施了某种不应有的加害行为;(3)加害人的行为同时违反侵权责任法和合同法的规定,并均符合侵权责任和违约责任的构成要件;(4)所产生的责任方式一般都包含赔偿损失。我国《合同法》规定的法定违约责任方式有继续履行(如支付价款或者报酬)、采取补救措施(如修理、更换、重作、退货、减少价款或者报酬等)或者赔偿损失等。①

二者竞合情形的发生主要有两种原因:

一是基于违约的侵权。即合同当事人一方的违约行为致另一方合同利益以外的利益损害,即所谓"加害给付"的情况,满足侵权责任的构成要件。加害给付又称"积极侵害债权",债务人的履行行为不符合债的规定,是一种不适当履行,该不适当履行行为又造成了对债权人的履行利益以外的损害。例如,在买卖电视机的合同关系中,卖方所交付的标的物电视机因质量不合格而在使用中爆炸,导致买方的人身和财产损害。所以,加害给付是一种特殊的瑕疵给付,是一种同时侵害债权人的相对权和绝对权的加害行为,不仅给付行为存在瑕疵而侵犯了相对权债权,还因该瑕疵给付行为给债权人的人身权、财产权等绝对权造成了损害。单纯的瑕疵给付仅产生违约责任,而加害给付则产生违约责任与侵权责任的竞合。概括言之,在这种情况下,某一违约行为同时又是侵权行为。

二是基于侵权的违约。即加害人实施了某种应该承担侵权责任的侵权行为,同时也导致了与之有合同关系的另一方的合同利益受到不应有的损害,产生违约责任。例如,在租赁合同关系下,租赁人按照法律规定对该租赁物是没有处分的权利的,但却将租赁物出卖给了善意第三人,这种无权处分行为导致出租人的重大财产损害,既产生了侵权他人物权的责任,同时也产生了违反租赁合同的违约责任,二者皆可能适用返还财产或者赔偿损失的责任方式。再如,医生因重大过失造成病人的死亡,就既是一种过失侵权行为,也是一种违反了事先存在的医疗服务合同的违约行为,从而产生两种不同性质的责任适用的可能性。概括言之,在这种情况下,某一侵权行为同时又是违约行为。

三、侵权责任方式与缔约过失责任的竞合

缔约过失责任最早是由德国法学家耶林于1861年在其主编的《耶林法学年报》第

① 参见《合同法》第107条、第109条、第111条、第122条等。

四卷发表的《缔约上过失:契约无效与不成立时之损害赔偿》一文中系统地提出来的,被誉为“法学上的发现”,对各国立法、判例和学说产生了深远的影响。王泽鉴认为,缔约过失责任是“于缔约之际,尤其是在缔约谈判过程中,一方当事人因可非难的行为侵害他方当事人时,应依契约法原则(而非依侵权行为规定)负责。”①此说表明了缔约过失责任发生的时间要素、起因要素、规范基础等。王利明认为,缔约过失责任是指“在合同订立过程中,一方因违背其依据诚实信用原则所应负的义务,而致另一方的信赖利益的损失,并应承担的民事责任。”②此说进一步强调了违反义务的性质和损失的性质。综合言之,缔约过失责任是指在订立合同的过程中,当事人因违反诚实信用原则所要求的义务,导致合同不成立、无效或被撤销,而对另一方当事人的信赖利益的损失所承担的赔偿责任。

缔约过失责任的构成要件有:(1)缔约一方有违反法定附随义务或先合同义务的行为,如违反了正确的商品使用方法的告知义务、瑕疵告知义务、协作义务等;(2)缔约过失发生在缔约过程中,故不属于违约责任;(3)违反该义务的行为给对方造成了信赖利益的损失,信赖利益的损失是在缔约过程中因对相对人缔约行为的信赖而遭受的实际损失及可期待的利益的损失;(4)违反义务的行为与对方的损失之间存在因果关系;(5)违反义务一方存在过错,包括故意和过失;(6)另一方主观上是善意无过失的。

由此可以看出,缔约过失责任与侵权责任有许多相同之处,如都违反法定义务,都以损害赔偿为内容,一般情况下都以过错为构成要件等。但二者还是有着重大的区别,如存在前提不同、违反的义务性质不同、保护对象不同、责任形式和性质不同等。③在责任方式上,缔约过失责任的形式仅为损害赔偿,而侵权责任的方式除损害赔偿外,还有排除妨碍、停止侵害、恢复原状、赔礼道歉、消除影响和恢复名誉等,包括财产责任与非财产责任。另外,在赔偿范围上,缔约过失责任不产生精神损害赔偿,而在侵权责任中则有这种可能。

在实践中,缔约过失责任和侵权责任在一定条件下会发生竞合。比如,在订立合同过程中,缔约一方未尽对个人身份、财产状况以及商业秘密等的保密义务,或者存在欺诈、胁迫、乘人之危、恶意串通等行为,并致使另一方遭受损害,即构成缔约过失责任,也同时构成了侵权责任。

在发生上述情况时,应如何处理?以例说明:某人在某商场购买商品时,因电梯故障而被挤成重伤。如果不采用责任竞合的做法,则一可以按照缔约过失责任提出

---

① 参见王泽鉴:《王泽鉴法学全集》(第四卷),中国政法大学出版社2003年版,第9—10页。
② 王利明:《违约责任论》,中国政法大学出版社1996年第1版,第598页。
③ 参见第一章第一节关于侵权行为与缔约过失行为的分析。

请求,受害人只能向商场请求财产损害赔偿;二可以提出侵权责任请求权,就不仅可以向商场,而且还可以向电梯的制造者或维保单位求偿,不仅可以请求财产损害赔偿,还可以请求精神损害赔偿。但是,通过侵权责任请求权来追究该商场的责任时,该商场可以通过证明其已对直接造成损失的受害人尽到了相当的注意义务而免则,因为在侵权责任情况下的注意义务标准低于在缔约过失责任情况下的注意义务标准,从而减少受害人获得赔偿的机会。最有利于受害人的做法是承认侵权责任(方式)与缔约过失责任(方式)的竞合,让受害人享有选择权,这更有利于实现民法的目的。

四、侵权责任方式与不当得利返还责任

不当得利是指没有合法根据而获得利益并致使他人受到损失的一种事实状态。其构成要件为:(1)主体一方为受益人,另一方为受害人;(2)受益人取得利益与受害人遭受损害之间具有因果关系;(3)受益人取得利益没有合法根据,即既没有法律上、合同上的根据,包括曾经具有但后来丧失了合法根据的情况。受益人有义务将所获得的不当利益返还受害人,除返还原来所取得的利益外,由此利益所产生的孳息也应一并返还。

侵权责任方式与不当得利返还责任方式有一定的联系,但也有一些区别:(1)在构成要件上,侵权责任以损害事实为条件而不考虑侵害人是否受益,而不当得利则不仅要求致人损害,还要求加害人受益与他人损害具有因果关系;(2)侵权责任的方式以赔偿损失为主,可同时适用返还财产、停止侵害等多种责任方式,而不当得利返还责任的方式具有单一性;(3)在举证责任上,一般侵权责任由受害人对加害人的过错负举证责任,而不当得利返还责任不以过错为要件,受害人只需证明加害人获得利益没有合法根据,同时自己又因此受有损害。

侵权责任与不当得利返还责任竞合现象的出现,主要发生在受益人具有恶意的情况下,即加害人(受益人)因过错(即具有恶意)实施侵权行为致受害人产生财产损害,同时加害人因侵权行为而获得了不当利益(包括财产不该增加而增加和应该减少而未减少)。在受益人善意的情况下,不能发生与侵权责任的竞合。实践中,竞合现象的情形主要有对他人财产的无权处分、非法占有或使用等,前者主要表现为未经他人同意将其财产有偿转让给第三人或者许可第三人使用等行为,后者主要表现为未经他人同意擅自使用他人的财产并收取财产利益的行为。

五、侵权责任方式与无因管理责任

无因管理是指没有法定的或者约定的义务，为避免他人利益遭受损失，为他人管理事务的行为。在无因管理中，管理他人事务的人称管理人，被他人管理事务的人称本人。对于无因管理行为人的合法权益，应给予保护。无因管理的构成要件为：(1)管理人要有管理他人事务的行为；(2)管理人有为维护他人利益而进行管理的意思；(3)管理人没有法律上或合同上的义务。广义的无因管理分为真正无因管理和不真正无因管理两种类型，真正无因管理包含适法无因管理①和不适法无因管理，不真正无因管理在大多数情况下属于侵权行为。不同类型的无因管理的构成要件与法律效果有所不同。

与侵权责任发生竞合的主要是不适法无因管理。不适法无因管理主要包括：(1)管理事务违反本人的明示或可得推知的意思；(2)管理事务虽然有利于本人，但违反本人明示或可得推知的意思；(3)管理事务虽然不违反本人的意思，但不利于本人。我国台湾地区的民法第174条第1项规定："管理人违反本人明示或可得推知之意思，而为事务之管理者，对于因其管理所生之损害，虽无过失，亦应负赔偿之责。"但是，根据该法第175条②的规定，虽然管理事务不利于本人或违反本人明示或可得推知的意思，但是管理行为是在免除本人之生命、身体或财产上的急迫危险，并且没有恶意或重大过失，对于因管理行为所造成的损害，不负赔偿责任。管理人违反本人明示或可得推知之意思，或因故意和重大过失侵害本人权利的，应负损害赔偿责任，此时构成无因管理责任与侵权责任的竞合。本人对此享有救济的选择权。

六、侵权责任方式与绝对权请求权

侵权责任方式是通过侵权责任请求权的行使而在法律上实现的。在这个意义上，侵权责任方式也可以被称为侵权责任请求权或者侵权请求权。在绝对权受到侵害时，必然会发生侵权请求权和绝对权请求权竞合的问题。

绝对权请求权是指绝对权（如人格权、物权、知识产权等）受到侵害或者侵害的威

① 如我国《民法通则》第93条规定："没有法定的或者约定的义务，为避免他人利益受损失进行管理或者服务的，有权要求受益人偿付由此而支付的必要费用。"《侵权责任法》第23条规定："因防止、制止他人民事权益被侵害而使自己受到损害的，由侵权人承担责任。侵权人逃逸或者无力承担责任，被侵权人请求补偿的，受益人应当给予适当补偿。"

② 条文内容为："管理人为免除本人之生命、身体或财产上之急迫危险，而为事务之管理者，对于因其管理所生之损害，除有恶意或重大过失者外，不负赔偿之责。"

胁时,受害人所享有的旨在恢复绝对权的圆满状态或者防止损害发生而请求加害人承担相应责任的权利,是绝对权自身的保护方法。我国《物权法》就规定了这样的请求权,主要包括:确认权利、返还原物、排除妨害或者消除危险、修理、重作、更换或者恢复原状、损害赔偿等。[①]这与我国《侵权责任法》中的八大责任方式发生竞合,二者的竞合主要表现在返还财产(原物)、排除妨碍、消除危险、恢复原状、损害赔偿几种责任方式或请求权上。

绝对权请求权与侵权请求权有着明显的区别:(1)诉讼时效的适用不同。绝对权(如物权)请求权是基于原权利(物权)而存在的救济权,一般不受诉讼时效的影响而在原权利的存在期间持续存在。[②]侵权请求权则要受诉讼时效限制。(2)具体责任方式的内容不完全相同。绝对权请求权的内容与侵权请求权的内容有些差异,在损害赔偿责任方式上,物权请求权就不包括精神损害赔偿的内容。即使在其他绝对权如人格权请求权受到侵害时,受害人根据人格权请求权而请求损害赔偿,也不包括精神损害赔偿的内容,要想获得精神损害赔偿就只能根据侵权请求权求偿。(3)主旨不同。比如,在绝对权请求权中,物权请求权的主旨在于恢复物权的圆满状态,而侵权请求权的主旨则在于损害赔偿。(4)行使条件或构成要件不同。在一般侵权责任的情况下,根据绝对权请求权请求加害人承担责任时,并不要求对加害人的过错举证,而根据侵权请求权请求承担侵权责任则需要证明加害人过错的存在。

在发生责任竞合时,应该赋予受害人对请求权或者责任方式的选择权。法律假定每一个人都是自己利益的最佳判断者,赋予受害人对责任方式的选择权,有利于其根据实际情况选择适当的救济方式,以更充分地保护其利益。

【本章小结】

侵权责任方式是指侵权责任人对侵权损害后果依法应当承担的具体的民事责任形式。侵权责任方式的体系由停止侵害、排除妨碍、消除危险、返还财产、恢复原状、赔偿损失、赔礼道歉以及消除影响、恢复名誉组成。侵权责任方式的一般适用规则表现

---

① 《物权法》第33条:“因物权的归属、内容发生争议的,利害关系人可以请求确认权利。”第34条:“无权占有不动产或者动产的,权利人可以请求返还原物。”第35条:“妨害物权或者可能妨害物权的,权利人可以请求排除妨害或者消除危险。”第36条:“造成不动产或者动产毁损的,权利人可以请求修理、重作、更换或者恢复原状。”第37条:“侵害物权,造成权利人损害的,权利人可以请求损害赔偿,也可以请求承担其他民事责任。”

② 对此问题有较大争议。第一种观点是完全否定说,理由是物权请求权与物权不可分离,与物权同命运,既然物权不适用诉讼时效,因此产生的请求权也当然不适用诉讼时效,同时对物权的侵害通常是一种连续性的侵害行为,因此难以确定诉讼时效的起算点。第二种观点是选择肯定说,认为要有选择的适用诉讼时效,即仅针对返还财产请求权、恢复原状请求权适用,其余则不适用。第三种观点是选择否定说,认为已登记的不动产的物权请求权不适用诉讼时效,其余则适用。目前,对此问题还没有具有正式效力的解释。

为:以损害的救济为根本目标,灵活适用各种责任方式,尊重受害人的请求权,与行为性质和损害后果相适应,侵权责任方式在适用时的优先性等。必须处理好侵权责任方式与其他责任方式或请求权的竞合。

本章思考题

1. 如何正确理解侵权责任方式的意义和我国侵权责任方式的特色?
2. 侵权责任方式的一般适用规则如何?
3. 试述侵权责任方式与违约责任方式的竞合的情形及其处理规则。
4. 试述侵权责任方式与绝对权请求权的异同以及竞合时的处理规则。
5. 我国《侵权责任法》第 4 条第 2 款规定:“因同一行为应当承担侵权责任和行政责任、刑事责任,侵权人的财产不足以支付的,先承担侵权责任。”结合实际案例谈谈本条规定的现实意义。

第九章　侵权损害赔偿

【本章学习目的】

通过本章的学习，了解侵权损害赔偿的含义；掌握侵权损害赔偿原则，掌握侵权损害赔偿范围、类别、履行方式，掌握人身损害赔偿项目及其计算标准，掌握侵害财产权益的损害赔偿数额的计算方式，掌握精神损害赔偿的适用范围与赔偿数额的确定；理解伤残赔偿金和死亡赔偿金的性质，理解精神损害赔偿的含义和性质。

第一节　侵权损害赔偿概述

一、侵权损害赔偿的含义

损害赔偿是指责任人因法定或约定事由对他人的损害应承担的补偿。它是一种典型的民事责任方式，可以发生在不同的领域。在侵权责任法上，损害赔偿作为一种最主要的责任方式，是指赔偿义务人通过支付一定数额金钱或者实物的方式对受害人的损害予以救济的责任。侵权损害赔偿还是一种民事法律关系，表现为侵权损害赔偿之债。侵权损害赔偿又是一种法律制度，是由侵权责任法所确认的赔偿原则、赔偿范围、赔偿方法等构成的各项制度的总和。①本书在不同语境下分别使用这些概念，不再做具体的分析。

侵权损害赔偿作为一种侵权责任方式，不同于损害的公平分担。

《侵权责任法》第24条规定："受害人和行为人对损害的发生都没有过错的，可以

① 参见刘士国：《现代侵权损害赔偿研究》，法律出版社1998年版，第9页。

根据实际情况，由双方分担损失。”它和《民法通则》第132条是一致的，都是有关损害的公平分担原则的基本规定。适用本条需要注意的是：(1)适用的前提是侵权责任不能成立。双方都没有过错，不能适用过错责任，同时也不能基于危险而适用无过错责任；(2)适用的结果是分担损失，或者一方向另一方作出补偿；(3)适用的程度是适当。此种分担或补偿一定是适当的，而不是损害的全部，否则就变成了无过错责任而失去其存在的意义了。

损害的公平分担原则是民法基本原则中的公平原则在损害救济中的具体应用，体现了侵权责任法的补偿功能。损害由双方分担的情况主要有：(1)由都没有过错的双方分担损失。如上述《侵权责任法》第24条，这是具有兜底性的一般情况。(2)由受益人分担损害。如《侵权责任法》第23条规定：“因防止、制止他人民事权益被侵害而使自己受到损害的，由侵权人承担责任。侵权人逃逸或者无力承担责任，被侵权人请求补偿的，受益人应当给予适当补偿。”本条规定是在相关司法解释①的基础上作出的。(3)由造成损害的无过错一方适当补偿。如《侵权责任法》第33条规定：“完全民事行为能力人对自己的行为暂时没有意识或者失去控制造成他人损害有过错的，应当承担侵权责任；没有过错的，根据行为人的经济状况对受害人适当补偿。”

损害的公平分担并非侵权损害的赔偿原则，也不是侵权责任的归责原则。适用它的情形下，都不是侵权行为导致的损害，不能产生侵权责任。简而言之，有损害，无侵权。但只要有损害，就应该有法律上的救济。在我国社会救济机制尚不完善的情况下，当事人之间基于事件的关联，而对损害进行合理的分担，充分彰显了侵权责任法对受害人的关怀。

二、侵权损害赔偿原则

(一) 完全赔偿

完全赔偿是侵权损害赔偿的最基本原则，体现了对被侵权人的充分救济的目的。完全赔偿意味着责任人对受害人的赔偿应以侵权行为所造成的实际损害为依据，全部予以赔偿。这就是说，赔偿责任的大小即损害赔偿的数额只能是受害人的实际损害，这种全部损害包括合理的直接损害和间接损害。

直接损害是既得利益的丧失，又称积极的损害，它是侵权行为直接导致的受害人

① 《最高人民法院关于贯彻执行〈中华人民共和国民法通则〉若干问题的意见(试行)》第157条规定：“当事人对造成损害均无过错，但一方是在为对方的利益或者共同的利益进行活动的过程中受到损害的，可以责令对方或者受益人给予一定的经济补偿。”《最高人民法院关于审理人身损害赔偿案件适用法律若干问题的解释》第15条规定：“为维护国家、集体或者他人的合法权益而使自己受到人身损害，因没有侵权人、不能确定侵权人或者侵权人没有赔偿能力，赔偿权利人请求受益人在受益范围内予以适当补偿的，人民法院应予支持。”

的损害,表现为受害人现有财产的减少,也就是加害人侵害受害人的财产权利、人身权利,致使受害人现有财产直接受到的损失如财物被毁损、受害人医疗费用的支出、受害人为恢复权益受损害前的状态而支出的必要费用(如交通费、诉讼费、律师费等),还包括为了减少正在进行中的损害而支出的额外费用。

间接损害是可得利益的丧失,又称消极的损害,是指因第一次损害而生的二次性损害,表现为应当得到的利益因受侵权行为的侵害而没有得到,包括因损害的发生所导致的机会利益丧失的财产损害,如因健康权受损害不能参加劳动而减少的收入等。

(二)损益相抵

损益相抵,也称为损益同消,是指赔偿权利人(受害人)基于与发生损害之同一原因而受有利益,确定侵权损害赔偿的责任范围时,应在赔偿额中扣除此利益,由赔偿义务人(加害人)就其差额部分予以赔偿。

损益相抵的适用前提是受害人因侵权行为的发生而受有利益。例如,受害人因受伤害住院治疗而节省了伙食费用开支,因他人的爆炸致房屋被震塌而遗留一些建筑材料。对于受伤者而言,住院医疗的一切开支为其所受损害,但因住院而节省的伙食费用则应为一种利益。同样,对于房屋所有权人而言,房屋倒塌是一种损害,房屋所有权人当然可以请求赔偿,但因倒塌而呈现之建筑材料则是一种利益。“赔偿义务人赔偿损害时,应得于赔偿额中扣除赔偿权利人所得利益,谓之损益相抵。”①

损益相抵的计算或折抵方法较多,此不赘述。

(三)过错相抵

过错相抵是与有过失的法律后果,它是指在受害人对损害的发生也有过失的情况下,按照其过错的程度和原因力的大小比例,减轻或免除加害人的损害赔偿责任。在欧洲大陆法中,“双方有过失时认定分担比例的主要考虑因素就是各自过失的程度和过失对损害发生的作用力比例。受害人的共同过错大大超过被告的不当行为时,绝大多数法律制度甚至会否认对原告的任何补偿。这一点也同样适用于被告的责任虽然是严格责任,但根据综合分析,事件的发生却必须单独归责于受害人时的情况。葡萄牙法甚至规定了风险责任(民法典第 505 条)和过错推定责任(民法典第 570 条,第 2 款)中受害人的共同过错也会导致责任减少直至为零的基本原则。相反,受害人轻微的共同过错也可能根本不被加以计算,低于 10% 的共同过错认定是很少见的。”②在受

① 曾世雄:《损害赔偿法原理》,中国政法大学出版社 2001 年版,第 236 页。

② 参见[德]克雷斯蒂安·冯·巴尔:《欧洲比较侵权行为法》(下卷),焦美华译,张新宝校,法律出版社 2004 年第 2 版,第 652—653 页。

害人对于损害的发生或者扩大的同时具有故意或者过失时,如果仍令加害人承担全部赔偿责任,则有违公平原则。

过错相抵规则适用的前提条件是:(1)受害人的过错行为对损害的发生也具有原因力,与加害人的行为一起构成其损害发生或扩大的共同原因。例如,某人在公路上穿溜冰鞋滑行,被一辆超速行驶的机动车撞伤,导致人身损害,受害人就具有明显的过错,机动车驾驶人因超速行驶而不能及时采取避让措施,也具有过错,双方属于互有过失。(2)双方的过错行为所产生的责任具有法律上的同质性。上述案例中,因为所产生的责任都是损害赔偿,故具有同质性,可以相抵。(3)受害人的过错不是损害发生的唯一原因。如果受害人的过错是导致其损害的唯一原因,那么构成绝对的抗辩,不会产生侵权赔偿责任,更谈不上过失相抵。

在过错相抵规则的适用时,主要是要比较双方行为的过错程度及其原因力的大小。

比较过错就是通过确定并比较加害人和受害人的过错程度,以决定责任的承担和责任的范围。比较过错的方法是将双方当事人的过错程度具体确定为一定的比例,从而确定出责任范围。通常掌握的过失轻重标准是:

受害人具有故意或重大过失,加害人只有轻微过失,过错比例为9%以下。

受害人具有故意或重大过失,加害人有一般过失,过错比例为10%—25%。

受害人具有故意,加害人有重大过失者,过错比例为25%以上不足50%。

受害人和加害人均具有故意或者重大过失,且程度相当者,过错比例为50%。

受害人具有重大过失,加害人有故意者,过错比例为50%—75%。

受害人具有一般过失,加害人有故意或者重大过失者,过错比例为75%—90%。

受害人只有轻微过失,加害人有故意或重大过失者,过错比例为91%以上。

50%的过错比例,一般为同等责任;5%—49%的过错比例,加害人应承担次要责任;50%—95%的过错比例,加害人应承担主要责任;5%以下的过错比例或95%以上的过错比例,通常可以考虑免除加害人赔偿责任或者承担全部的赔偿责任,因为在这种情况下,不作为与有过失实行过失相抵。①

比较原因力就是在构成损害结果的共同原因中,比较每一个原因行为对于损害结果发生或扩大所发挥的作用力。原因力大小在一定程度上影响着双方对损害的责任范围的大小。

过错相抵的基本法律依据是《民法通则》第131条和《侵权责任法》第26条的规定。在特别法上,如《道路交通安全法》第76条就明确规定,机动车发生交通事故造成

① 参见杨立新:《侵权行为法专论》,高等教育出版社2005年第1版,第276页。

人身伤亡、财产损失的，由保险公司在机动车第三者责任强制保险责任限额范围内予以赔偿；不足的部分，按照下列规定承担赔偿责任：机动车之间发生交通事故的，由有过错的一方承担赔偿责任；双方都有过错的，按照各自过错的比例分担责任。机动车与非机动车驾驶人、行人之间发生交通事故，有证据证明后者有过错的，根据过错程度适当减轻机动车一方的赔偿责任。

2010年3月16日起施行的《最高人民法院关于审理铁路运输人身损害赔偿纠纷案件适用法律若干问题的解释》对铁路运输人身损害赔偿纠纷案件中的过错相抵做了详细规定，给出了具体的过错及其原因力比例。解释第6条规定："因受害人翻越、穿越、损毁、移动铁路线路两侧防护围墙、栅栏或者其他防护设施穿越铁路线路，偷乘货车，攀附行进中的列车，在未设置人行通道的铁路桥梁、隧道内通行，攀爬高架铁路线路，以及其他未经许可进入铁路线路、车站、货场等铁路作业区域的过错行为，造成人身损害的，应当根据受害人的过错程度适当减轻铁路运输企业的赔偿责任，并按照以下情形分别处理：(1)铁路运输企业未充分履行安全防护、警示等义务，受害人有上述过错行为的，铁路运输企业应当在全部损失的80%至20%之间承担赔偿责任；(2)铁路运输企业已充分履行安全防护、警示等义务，受害人仍施以上述过错行为的，铁路运输企业应当在全部损失的20%至10%之间承担赔偿责任。"该司法解释还对受害人横向穿越未封闭的铁路线路时存在过错并造成人身损害(第7条)、铁路运输造成无民事行为能力人、限制行为能力人的人身损害同时监护人有过错(第8条)等情形下的过失相抵的比例做了具体的规定。

关于过错相抵的具体法律效果的分析，参见前述第四章第三节有关受害人过错的叙述部分。

(四) 司法衡量

司法衡量是指在确定侵权损害赔偿范围时，法官可以基于具体情势如双方的经济状况、公共政策以及民法基本原则等因素，而对实际的赔偿数额予以适当增减。

减少赔偿的司法衡量多发生在以下情况下：(1)加害人的财产状况远不如受害人。因为加害人方面存在恶劣的经济状况，如果令其全部赔偿将使其生活陷于极度困难，此时可依据具体情况适当减少其赔偿数额。(2)未成年人或者精神病人致人损害。虽然我国法律没有以过错能力作为抗辩的事由，①但是，在此时还是可以考虑到加害人的

① 《侵权责任法》第32条的规定："无民事行为能力人、限制民事行为能力人造成他人损害的，由监护人承担侵权责任。监护人尽到监护责任的，可以减轻其侵权责任。有财产的无民事行为能力人、限制民事行为能力人造成他人损害的，从本人财产中支付赔偿费用。不足部分，由监护人赔偿。"第33条规定："完全民事行为能力人对自己的行为暂时没有意识或者失去控制造成他人损害有过错的，应当承担侵权责任；没有过错的，根据行为人的经济状况对受害人适当补偿。"

过错能力的欠缺,而在一定情况下对其予以可能的谅解。

增加赔偿额的情况极为罕见,主要就是惩罚性赔偿。我国《侵权责任法》第47条规定:"明知产品存在缺陷仍然生产、销售,造成他人死亡或者健康严重损害的,被侵权人有权请求相应的惩罚性赔偿。"目前,这种"相应的惩罚性赔偿"请求可以按照《消费者权益保护法》第49条提出,该条明确规定:"经营者提供商品或者服务有欺诈行为的,应当按照消费者的要求增加赔偿其受到的损失,增加赔偿的数额为消费者购买商品的价款或接受服务的费用的一倍。"这是在法律上最早确立的经营欺诈惩罚性损害赔偿制度。惩罚性赔偿的情形必须有法律的特别规定,但赔偿的幅度则需要法官根据具体个案情况在法律规定的限度内来确定。

司法衡量原则应当在全部赔偿、损益相抵和过错相抵等原则得到适用之后才能适用。在没有依据其他赔偿规则确定赔偿的基本范围之前不能冒险适用司法衡量原则。当然,在大部分案件的损害赔偿结果都不需要做这种考量,只有以上极少数的情况才可以考虑司法衡量原则的适用,以使案件的判断符合民法基本原则和司法政策的目的。在这个过程中,法官的自由裁量权应该受到相应的规制。

三、侵权损害赔偿范围

侵权损害赔偿范围应该包括全部损害,即直接损害和间接损害之总和。

一般而言,对于直接损害大致可以给出一个明确的范围加以法律上的限定。但对于间接损害而言却非易事,因为它并非既得利益,对它的判断是一种可能性基础上的,所以要想认定为间接损害,其先决条件是这种利益在将来"必然发生"。[①]根据《侵权责任法》第16条和第22条的规定,侵害他人造成人身损害的,应当赔偿医疗费、护理费、交通费等为治疗和康复支出的合理费用,以及因误工减少的收入。造成残疾的,还应当赔偿残疾生活辅助具费和残疾赔偿金。造成死亡的,还应当赔偿丧葬费和死亡赔偿金。在造成他人严重精神损害时,被侵权人还可以请求精神损害赔偿。在这些损害中,医疗费、护理费、交通费等为治疗和康复支出的合理费用、残疾生活辅助具费、丧葬费以及精神损害都是直接损害,而因误工减少的收入、残疾赔偿金和死亡赔偿金则属于间接损害。

一般情况下,基于全部损害原则,对直接损害中的"所受损害"和间接损害中的"所

① 《最高人民法院关于审理人身损害赔偿案件适用法律若干问题的解释》第19条规定:"器官功能恢复训练所必要的康复费、适当的整容费以及其他后续治疗费,赔偿权利人可以待实际发生后另行起诉。但根据医疗证明或者鉴定结论确定必然发生的费用,可以与已经发生的医疗费一并予以赔偿。"其中也使用了"必然发生"的限定,不过,这里所指的仍然是直接损害。

失利益”均应赔偿。但值得讨论的是，如果“所失利益”违法或违反公序良俗，是否仍在赔偿之列?[①]如妓女遭受车祸，可否按照其“营业收入”来计算其“误工费”? 在我国的法律中，应该排除这样的“损害”，但还是要按照《最高人民法院关于审理人身损害赔偿案件适用法律若干问题的解释》第 20 条的规定[②]，“参照受诉法院所在地相同或者相近行业上一年度职工的平均工资”计算其减少的收入。但“相同或者相近行业”的认定也是值得认真琢磨的。

在侵权损害赔偿范围中，全部损害还表现为财产性损害和非财产性损害。[③]财产性损害的产生不以财产权益受侵害为限，在人身（人格）权益（如生命、身体、健康、肖像、姓名等）受到侵害时也出现财产性损害，如医疗费、误工费、护理费、交通费等均为可以金钱计量的财产损失。非财产性损害则是指那些难以通过金钱计量的损害，如肉体的、精神的痛苦，以精神损害为主要表现形式。根据《最高人民法院关于确定民事侵权精神损害赔偿责任若干问题的解释》(2001)，在自然人因人格权利（生命权、健康权、身体权；姓名权、肖像权、名誉权、荣誉权；人格尊严权、人身自由权；隐私或者其他人格利益等）遭受非法侵害、亲子关系或者近亲属间的亲属关系遭受严重损害、近亲属因死者的姓名、肖像、名誉、荣誉、隐私、遗体、遗骨受到侵害等情况下，出现非财产性损害赔偿责任。根据《侵权责任法》第 22 条，侵害他人人身权益造成他人严重精神损害的，被侵权人可以请求精神损害赔偿。

四、侵权损害赔偿的类别

通常所说的人身损害、财产损害和精神损害是以损害的对象为根据而划分的。[④]人身损害是生命权、身体权、健康权等物质性人格权益受到侵害而产生的损害。广义上，它也包括因此侵害而产生的精神上的损害后果，如因健康受损而精神痛苦；但如果从狭义上理解，则主要表现为财产性损害（如医疗费的损失等）。财产损害是财产权受到侵害而产生的损害，主要表现为财产性损害。精神损害主要是基于人格权益被侵害而产生的精神上的痛苦等，属于非财产性损害。[⑤]虽然这种分类不太合理，但实践中多采这样的观念。以下也主要以侵害对象为依据，分为人身损害赔偿、财产损害赔偿和精

---

① 参见王泽鉴:《损害之概念及损害之分类》，载《月旦法学杂志》2005 年第 9 期，第 211 页。

② 该条规定:“误工费根据受害人的误工时间和收入状况确定。误工时间根据受害人接受治疗的医疗机构出具的证明确定。受害人因伤致残持续误工的，误工时间可以计算至定残日前一天。受害人有固定收入的，误工费按照实际减少的收入计算。受害人无固定收入的，按照其最近三年的平均收入计算；受害人不能举证证明其最近三年的平均收入状况的，可以参照受诉法院所在地相同或者相近行业上一年度职工的平均工资计算。”

③④ 参见第四章第三节。

⑤ 当然，在精神性人格权益被侵害时，也可能导致受害人的财产性损害，如侵犯他人监护权（擅自带走被监护人）而致受害人产生的交通费、电话费等的财产损失。

神损害赔偿分别进行叙述。

五、侵权损害赔偿的履行方式

根据《侵权责任法》第25条的规定，损害发生后，当事人可以协商赔偿费用的支付方式。协商不一致的，赔偿费用应当一次性支付；一次性支付确有困难的，可以分期支付，但应当提供相应的担保。

在人身侵权损害赔偿的一次性支付与分期（定期金）支付两种方式上，我国法律对此的规定是原则性的，对于二者没有根据具体情况的差别而做出不同计算方法。在实践中采一次性支付时，没有对死亡赔偿金或伤残赔偿金的相应的利息予以扣除。因为这些赔偿金应该是受害人在将来才可能获得的收入，现在提前一次性支付给了赔偿权利人，所以如果不扣除利息，则对赔偿义务人来说是不公平的。关于一次性赔偿时的计算方式主要有三种，即加尔布津奥法、霍夫曼法和莱布尼茨法。①此不赘述。

另外，侵权损害赔偿的履行一般是要通过金钱的方式，但在特殊情况下，如加害人确实生活困难而无力支付，法院可以在尊重受害人的意愿的情况下，根据具体情况而做出以实物、劳务等形式的赔偿判决或调解意见。

第二节　人身损害赔偿

一、人身损害赔偿概述

（一）含义

人身损害赔偿是指因生命权、健康权、身体权等物质性人格权益受到侵害，赔偿权利人要求赔偿义务人以赔偿损失的方式承担侵权责任的法律关系。这里的"人身"是在狭义上使用的。

人身损害赔偿的构成条件有：(1)作为侵害对象的仅仅是物质性人身权益而非财产权益，但这种损害的后果通常可以金钱计算，即表现为财产上的损失。(2)上述"赔偿权利人"是指"因侵权行为或者其他致害原因直接遭受人身损害的受害人、依法由受

---

① 参见刘士国：《现代侵权损害赔偿研究》，法律出版社1998年版，第140页；杨立新：《侵权损害赔偿》，法律出版社，2008年第4版，第389页。

害人承担扶养义务的被扶养人以及死亡受害人的近亲属。”“赔偿义务人”是指“因自己或者他人的侵权行为以及其他致害原因依法应当承担民事责任的自然人、法人或者其他组织。”①(3)责任方式是以金钱来赔偿损失。

人身损害赔偿制度在救济功能上具有多样性，它既具有保护生命、身体、健康权的功能，也具有填补实际经济损失和保护受害人及其近亲属精神利益的功能，还具有保障受害人近亲属基本生活来源的功能。②

（二）法律依据

我国《民法通则》第119条、《侵权责任法》第2章的有关条文，是关于人身损害赔偿的基本法律依据。《国家赔偿法》、《产品质量法》、《消费者权益保护法》、《道路交通安全法》等法律以及《医疗事故处理条例》、《国内航空运输旅客身体损害赔偿暂行规定》、《学生伤害事故处理办法》等行政法规、规章也从不同角度对相应的具体类型的人身损害赔偿作了规定。

《最高人民法院关于审理人身损害赔偿案件适用法律若干问题的解释》(2003)对我国人身损害赔偿制度进行了较为全面的规定。《最高人民法院关于审理涉外海上人身伤亡案件损害赔偿的具体规定(试行)》(1991)、《最高人民法院关于审理铁路运输损害赔偿案件若干问题的解释》(1994)、《最高人民法院关于审理触电人身损害赔偿案件若干问题的解释》(2001)、《最高人民法院关于审理铁路运输人身损害赔偿纠纷案件适用法律若干问题的解释》(2010)等司法解释对其他类型的人身损害赔偿提供了具体的审判规则。此外，最高人民法院还有一系列以答复、复函等形式出现的非正式司法解释，如针对云南省高级人民法院的《关于赵正与尹发惠人身损害赔偿案如何适用法律政策问题的复函》(1991)和《关于经常居住地在城镇的农村居民因交通事故伤亡如何计算赔偿费用的复函》(2005)、针对安徽省高级人民法院的《关于财保六安市分公司与李福国等道路交通事故人身损害赔偿纠纷请示的复函》(2008)等。

各级地方法院(主要是高级人民法院)也出台过一系列的指导性文件，如《北京市高级人民法院关于审理人身伤害赔偿案件若干问题的处理意见》(2000)、《安徽省高级人民法院审理人身损害赔偿案件若干问题的指导意见》(2005)、《山东省高级人民法院关于印发全省民事审判工作座谈会纪要的通知》(2005)、《江苏省高级人民法院、江苏省公安厅关于处理交通事故损害赔偿案件有关问题的指导意见》(2005)等。虽然它们不具有法律效力，但在事实上起到了统一本司法区域同类案件裁判标准的作用。

---

① 参见《最高人民法院关于审理人身损害赔偿案件适用法律若干问题的解释》(2003)第1条。

② 参见张新宝：《侵权责任法原理》，中国人民大学出版社2005年版，第479页。

(三) 赔偿范围

关于侵权损害赔偿范围,《民法通则》第119条曾经规定:“侵害公民身体造成伤害的,应当赔偿医疗费、因误工减少的收入、残废者生活补助费等费用;造成死亡的,并应当支付丧葬费、死者生前扶养的人必要的生活费等费用。”《最高人民法院关于审理人身损害赔偿案件适用法律若干问题的解释》(2003)第17条对此予以细化,规定为:“受害人遭受人身损害,因就医治疗支出的各项费用以及因误工减少的收入,包括医疗费、误工费、护理费、交通费、住宿费、住院伙食补助费、必要的营养费,赔偿义务人应当予以赔偿。受害人因伤致残的,其因增加生活上需要所支出的必要费用以及因丧失劳动能力导致的收入损失,包括残疾赔偿金、残疾辅助器具费、被扶养人生活费,以及因康复护理、继续治疗实际发生的必要的康复费、护理费、后续治疗费,赔偿义务人也应当予以赔偿。受害人死亡的,赔偿义务人除应当根据抢救治疗情况赔偿本条第一款规定的相关费用外,还应当赔偿丧葬费、被扶养人生活费、死亡补偿费以及受害人亲属办理丧葬事宜支出的交通费、住宿费和误工损失等其他合理费用。”

而根据2010年7月1日实施的《侵权责任法》第16条的规定,赔偿范围有所变化:“侵害他人造成人身损害的,应当赔偿医疗费、护理费、交通费等为治疗和康复支出的合理费用,以及因误工减少的收入。造成残疾的,还应当赔偿残疾生活辅助具费和残疾赔偿金。造成死亡的,还应当赔偿丧葬费和死亡赔偿金。”其第22条还对侵害他人人身权益情况下的精神损害赔偿做出了规定。可以看出,其中把“被扶养人生活费”一项取消了,而因就医治疗支出的住宿费、住院伙食补助费、必要的营养费因不与《侵权责任法》冲突,可以解释为其中的“合理费用”而继续保留。

总的来说,人身损害赔偿的范围主要有以下几项:一般情况下的医疗费、护理费、交通费、误工费、住宿费、住院伙食补助费、必要的营养费,特殊情况下的残疾生活辅助具费和残疾赔偿金、丧葬费和死亡赔偿金,以及造成他人严重精神损害的情况下的精神损害赔偿金(此处对精神损害赔偿金不再详述,参见下文)。另外,在侵害他人(特别是公众人物)的名誉权、姓名权、肖像权等人身权益的情况下,也可能在产生精神损害的同时,造成相应的财产损失,因为公众人物的姓名权、肖像权等可能具有一定的商业价值,未经同意而擅自使用其姓名或肖像就直接影响到其可能的财产收益(此种财产损害参见下文关于财产损害赔偿的部分)。

二、一般情况下的赔偿项目

(一) 医疗费

医疗费是指受害人为恢复健康而就医诊治所必须支出的费用。医疗费一般由下列项目构成:(1)诊查的费用。即为明确病员患病的种类、严重程度、愈后情况等而发生的诊断及检查的费用,如CT、数字化摄影、各类实验室检查所需的费用等;(2)治疗费用,包括各类手术费、用于治疗的药品及耗材的费用以及医护费用等;(3)就医期间的基本生活所需的费用,如床位费、空调费等。医疗费不限于住院治疗费,还包括门诊费用。

最早对医疗费做出规定的是《最高人民法院关于贯彻执行〈中华人民共和国民法通则〉若干问题的意见(试行)》(1988)第144条,该条规定:“医药治疗费的赔偿,一般应以所在地治疗医院的诊断证明和医药费、住院费的单据为凭。应经医务部门批准而未获批准擅自另找医院治疗的费用,一般不予赔偿;擅自购买与损害无关的药品或者治疗其他疾病的,其费用则不予赔偿。”之后,又在《最高人民法院关于审理人身损害赔偿案件适用法律若干问题的解释》(2003)第19条规定:“医疗费根据医疗机构出具的医药费、住院费等收款凭证,结合病历和诊断证明等相关证据确定。赔偿义务人对治疗的必要性和合理性有异议的,应当承担相应的举证责任。医疗费的赔偿数额,按照一审法庭辩论终结前实际发生的数额确定。器官功能恢复训练所必要的康复费、适当的整容费以及其他后续治疗费,赔偿权利人可以待实际发生后另行起诉。但根据医疗证明或者鉴定结论确定必然发生的费用,可以与已经发生的医疗费一并予以赔偿。”

根据以上解释,在实践中对医疗费的赔偿要注意以下几点:(1)对医疗费的赔偿数额的依据就是医疗机构出具的医药费、住院费等收款凭证。(2)此处所指医疗机构,并没有级别限制,只要是具有合法执业资格的医院即可,也包括乡镇卫生院、村卫生室等医疗机构。《最高人民法院关于审理触电人身损害赔偿案件若干问题的解释》第4条指出,“当事人选择的医院应当是依法成立的、具有相应治疗能力的医院、卫生院、急救站等医疗机构。当事人应当根据受损害的状况和治疗需要就近选择治疗医院。”(3)医疗费的数额要结合病历和诊断证明等相关证据确定,病历和诊断证明等由原告负责举证。但赔偿义务人对治疗的必要性和合理性有异议的,应当承担相应的举证责任。受害人的医疗费构成是否合理和必要,应当根据具体情况加以确定。如果受害人存在擅自转院、擅自自购药品、在医生已经确定的出院日期拒不出院、以及顺便治疗其他疾病等行为,这些项目下医疗费用就是不合理和不必须的。(4)医疗费的赔偿数额是指一审法庭辩论终结前已经实际发生的医疗费数额。(5)将来必然发生的后续治疗费可以一并赔偿。后续治疗费是指器官功能恢复训练所必要的康复费、适当的整容费等,一般来说,后续治疗费要等到待实际发生后另行起诉,但出于诉讼的便利,也可以提前提出请求裁判。但后续治疗费必须是根据医疗证明或者鉴定结论确定必然发生的费用,此时才可以与已经发生的医疗费一并予以赔偿。

在涉及保险赔偿责任的交通事故侵权损害赔偿实务中,医疗费的计算往往是原告、被告和保险公司争议的一个焦点。根据《道路交通安全法》的规定，发生交通事故后，应首先由保险公司在机动车强制保险责任限额范围内予以赔偿，但保险公司往往在医疗费上提出抗辩，对不属于国家基本医疗保险药品目录中收录的药品费用不予赔付。保险公司的主张是不合理的，因为：(1)这仅仅是保险公司和被保险人之间的格式条款中的规定，而《机动车交通事故责任强制保险条例》以及司法解释等都并没有这样的规定。(2)医疗费用是否合理并不完全取决于其是否属于基本医疗保险范围。特别是在紧急救治中，如果使用了治疗所必需的药品或器材，那么即使超出医疗保险药品目录，也是具有必要性和合理性的。(3)保险公司的拒赔如果得到支持，将可能使受害人无法得到及时的、有效的救治。如果要求医院和受害人在医疗中首先判断医疗用药是否属于医疗保险药物目录，那么势必影响到对受害人的及时治疗。这一结果显然与机动车交通事故责任强制保险的设立宗旨背道而驰。所以，只要受害人在接受治疗中使用的是治疗所必需的药品或器材，保险公司都应当对被保险人理赔或直接对受害人赔付。

还需要注意的是，受害人对医疗费的赔偿请求可以在治疗终结前提出，也可以在治疗终结后提出，更可以依据《民事诉讼法》第97条的规定，申请人民法院先予执行。在道路交通事故的情况下，受害人还可以请求保险公司在责任限额范围内支付抢救费用，或者请求道路交通事故社会救助基金先行垫付部分或者全部抢救费用。[①]

（二）护理费

护理费一般是指受害人在住院治疗期间需要陪同和护理所产生的费用，在特殊情况下如因残疾不能恢复生活自理能力，也可以产生相应的护理费。护理费的合理性在于，受害人由于人身损害使得其行动能力和自理能力有所降低，必须得到看护和帮助，由此产生的费用当然应该由赔偿义务人予以相应的赔偿。

护理费在《最高人民法院关于贯彻执行〈中华人民共和国民法通则〉若干问题的意见（试行）》(1988)第145条已经有所规定："经医院批准专事护理人，其误工补助费可以按收入的实际损失计算。应得奖金一般可以计算在应赔偿的数额内。本人没有工资收入的，其补偿标准应以当地的一般临时工的工资标准为限。"《最高人民法院关于审理人身损害赔偿案件适用法律若干问题的解释》(2003)第21条对此的规定更加明确。

---

① 参见《道路交通安全法》第75条："医疗机构对交通事故中的受伤人员应当及时抢救，不得因抢救费用未及时支付而拖延救治。肇事车辆参加机动车第三者责任强制保险的，由保险公司在责任限额范围内支付抢救费用；抢救费用超过责任限额的，未参加机动车第三者责任强制保险或者肇事后逃逸的，由道路交通事故社会救助基金先行垫付部分或者全部抢救费用，道路交通事故社会救助基金管理机构有权向交通事故责任人追偿。"

根据以上司法解释,对护理费的理解需要把握以下几点:(1)护理费的计算原则上参照误工费的标准,护理人员没有收入或者雇佣护工的,参照当地护工从事同等级别护理的劳务报酬标准计算。所谓“没有收入”,是指本人生活来源主要或者全部依靠他人供给,或者偶然有少量收入但不足以维持本人正常生活的人,比如失业人员,也包括一些可以提供相应护理的未成年人。护理费在特别法上有不同规定,如《医疗事故处理条例》第 50 条第 4 项规定的陪护费,即是按照医疗事故发生地上一年度职工年平均工资来计算的。《最高人民法院关于审理触电人身损害赔偿案件若干问题的解释》第 4 条第 4 项规定的护理费计算标准是按照误工费的规定计算,无收入的则按照事故发生地平均生活费计算,也可以参照护工市场价格计算。(2)护理人员一般为一人,但由于病情护理的需要,则可以多人护理,但必须有医疗机构或者鉴定机构的明确意见。(3)护理期限计算至受害人恢复生活自理能力时止。受害人因残疾不能恢复生活自理能力的,可以根据其年龄、健康状况等因素确定合理的护理期限,但最长不超过 20 年。(4)受害人定残后的护理,应当根据其护理依赖程度并结合配制残疾辅助器具的情况确定护理级别。护理级别的评定标准目前可以按照《人身损害护理依赖程度评定》(GA/T800—2008)执行。按照该标准,护理依赖程度等级分为:完全护理依赖、大部分护理依赖、部分护理依赖,在此基础上确定护理依赖赔付比例——各护理依赖程度等级所需护理费用的比例,即完全护理依赖的赔付比例为 100%;大部分护理依赖的赔付比例为 80%;部分护理依赖的赔付比例为 50%。

(三)交通费

交通费是指受害人、陪护人员以及帮助处理人身损害赔偿事务的亲属因住院治疗和处理相关事宜而发生的交通费用。

《最高人民法院关于审理人身损害赔偿案件适用法律若干问题的解释》(2003)第 22 条规定:“交通费根据受害人及其必要的陪护人员因就医或者转院治疗实际发生的费用计算。交通费应当以正式票据为凭;有关凭据应当与就医地点、时间、人数、次数相符合。”根据上述规定,需要注意的是:(1)交通费赔偿额的计算以“实际发生”为标准。如果交通费用的支出与受害人本人的就医治疗等必要活动和处理人身损害赔偿事务存在联系,则认为属于实际发生且必需的交通费用。(2)一般来说,交通费用支出的标准不超过损害发生地国家机关工作人员出差一般交通费的标准,但在特殊情况下必须和实际情况相结合,可以选择适应的交通工具。例如受害人半身瘫痪在床,行动不便,则完全可以在就医时乘坐出租车,去外地则可以乘坐飞机,由此产生的交通费用就是合理的。(3)交通费的支出有人数限制,一般情况下以 3 人为限。

(四) 误工费

误工费是指受害人在医疗期间,因无法正常参加工作或者从事日常的经营活动而造成经济收入减少,由赔偿义务人按照一定的标准对该项减少的收入给予的赔偿。

《最高人民法院关于贯彻执行〈中华人民共和国民法通则〉若干问题的意见(试行)》(1988)第143条曾就误工费做出过规定。在此基础上,《最高人民法院关于审理人身损害赔偿案件适用法律若干问题的解释》(2003)第20条规定更为详细。

需要注意的是:(1)误工费只有在存在因误工而减少收入的情况下才能赔偿,如果受害人不存在收入减少的情况,也就不会产生误工费的赔偿。(2)误工费根据受害人的误工时间和收入状况确定。(3)误工时间根据受害人接受治疗的医疗机构出具的证明确定,即按其实际损害程度、恢复状况并参照治疗医院出具的证明或者法医鉴定等认定。受害人因伤致残持续误工的,误工时间可以计算至定残日前一天。(4)受害人有固定收入的,误工费按照实际减少的收入计算。受害人无固定收入的,按照其最近三年的平均收入计算;受害人不能举证证明其最近三年的平均收入状况的,可以参照受诉法院所在地相同或者相近行业上一年度职工的平均工资计算。按照《最高人民法院关于贯彻执行〈中华人民共和国民法通则〉若干问题的意见(试行)》(1988)第143条规定,误工费的赔偿"可以按照受害人的工资标准或者实际收入的数额计算",并特别指明一些具体情形下的计算标准:"受害人是承包经营户或者个体工商户的,其误工费的计算标准,可以参照受害人一定期限内的平均收入酌定。如果受害人承包经营的种植、养殖业季节性很强,不及时经营会造成更大损失的,除受害人应当采取措施防止损失扩大外,还可以裁定侵害人采取措施防止扩大损失。"(5)在特别法上对于误工费有一些不同规定。如《医疗事故处理条例》第50条第2项关于误工费的规定是:"患者有固定收入的,按照本人因误工减少的固定收入计算,对收入高于医疗事故发生地上一年度职工年平均工资3倍以上的,按照3倍计算;无固定收入的,按照医疗事故发生地上一年度职工年平均工资计算。"

例如,受害人甲某驾车出行,不幸与一辆逆向行驶的大货车相撞并受重伤,住院治疗2个月。经认定,大货车司机对事故负全部责任。在受害人有固定收入的情况下,如果甲某月工资收入(含奖金)是4 000元,单位因其病假只发基本生活费1 000元,则甲某的误工费为(4 000 -1 000)×2 = 6 000元;如果单位因为其没有上班而连基本生活费都不发,则误工费赔偿金额为4 000×2 = 8 000元;如果单位并没有因其不上班而扣发任何工资,则甲某无权请求误工费的赔偿。

在受害人无固定收入、又不能举证证明其最近3年的平均收入状况的情况下,需要参照受诉法院所在地相同或者相近行业上一年度职工的平均工资计算。“上一年度”,是指一审法庭辩论终结时的上一统计年度。“相同或者相近行业上一年度职工的平均工资”,按照政府统计部门公布的各省、自治区、直辖市以及经济特区和计划单列市上一年度相关统计数据确定。另外,《最高人民法院关于审理触电人身损害赔偿案件若干问题的解释》第4条第2项的规定是按事故发生地上年度职工平均年工资标准计算。①这里规定的平均工资标准所在地并非“受诉法院所在地”。

(五)住宿费、住院伙食补助费、必要的营养费

住宿费是指受害人及其护理人员在去往医院进行诊疗、转院、以及处理相关事宜的过程中所发生的住宿费用。《最高人民法院关于审理人身损害赔偿案件适用法律若干问题的解释》(2003)第23条规定:“受害人确有必要到外地治疗,因客观原因不能住院,受害人本人及其陪护人员实际发生的住宿费和伙食费,其合理部分应予赔偿。”解释并没有给出住宿费的计算标准,但《最高人民法院关于审理触电人身损害赔偿案件若干问题的解释》第4条第11项关于住宿费有明确规定:“受害人因客观原因不能住院也不能住在家里确需就地住宿的费用,其数额参照事故发生地国家机关一般工作人员的出差住宿标准计算。”所以可以认为,住宿费一般以国家机关一般工作人员出差住宿标准为标准进行计算,并且以受害人及其陪护人员实际支出的合理费用为限。所谓国家机关一般工作人员的出差住宿标准,为处级以下的工作人员的出差住宿标准。还需要注意的是,住宿费不包括受害人住院的床位费,此项费用属于医疗费。同交通费一样,受害人能够请求的住宿费也以3人为限。

住院伙食补助费是指受害人在医院接受诊疗期间,需要进行伙食消费,而由相关责任人依据一定的标准对该项费用进行的赔偿。《最高人民法院关于审理人身损害赔偿案件适用法律若干问题的解释》(2003)第23条规定:“住院伙食补助费可以参照当地国家机关一般工作人员的出差伙食补助标准予以确定。受害人确有必要到外地治疗,因客观原因不能住院,受害人本人及其陪护人员实际发生的住宿费和伙食费,其合理部分应予赔偿。”根据上述规定,住院伙食补助费的计算主要以国家机关工作人员的出差伙食补助为标准,以住院期间为限。受害人的陪护人员的伙食费也应当予以赔偿。

营养费是受害人在就医期间为恢复健康而补充营养所花费的费用。它在通常看来是合理的支出,但标准却没有明确的规定。《最高人民法院关于审理人身损害

---

① 该条规定:“有固定收入的,按实际减少的收入计算。没有固定收入或者无收入的,按事故发生地上年度职工平均年工资标准计算。误工时间可以按照医疗机构的证明或者法医鉴定确定;依此无法确定的,可以根据受害人的实际损害程度和恢复状况等确定。”

赔偿案件适用法律若干问题的解释》(2003)第24条规定:“营养费根据受害人伤残情况参照医疗机构的意见确定。”《最高人民法院关于审理触电人身损害赔偿案件若干问题的解释》第4条第3项的规定与此类似,即根据受害人的伤残情况、治疗医院的意见决定是否赔偿营养费及其数额。实践中由法官酌定具体数额。

三、残疾生活辅助具费与丧葬费

(一) 残疾生活辅助具费

残疾生活辅助具费是指受害人因其组织、肌体的某项功能全部或者部分丧失,需要安装或使用具有辅助功能的器具而支出的费用。如受害人下肢残废,无法行动,因而有必要配置假肢,由此而支出的费用就是残疾生活辅助具费。

《最高人民法院关于审理人身损害赔偿案件适用法律若干问题的解释》(2003)第26条规定:“按照普通适用器具的合理费用标准计算。伤情有特殊需要的,可以参照辅助器具配制机构的意见确定相应的合理费用标准。辅助器具的更换周期和赔偿期限参照配制机构的意见确定。”其中使用的是“残疾辅助器具费”用语,和《侵权责任法》第16条规定的“残疾生活辅助具费”所指相同,以下采取“残疾生活辅助具费”的称谓。

在残疾生活辅助具的赔偿中,需要注意以下几点:(1)残疾生活辅助具的购买一定是必要的,即根据受害人的残疾程度、年龄、职业以及所处的地理环境而为必要的认定。(2)残疾生活辅助具费的计算是合理的,即在一般情况下按照普通适用器具的合理费用标准计算。这是因为残疾生活辅助具费是以补偿受害人残疾功能的必要用具所需费用为目的的,不能要求达到残疾生活辅助用具可以完全恢复残疾前的身体功能。所谓“普通适用器具”是指被广泛或被普遍使用的残疾辅助用具,一般以国产用具为优先考虑的对象。《最高人民法院关于审理触电人身损害赔偿案件若干问题的解释》第4条第6项规定的是按照“国产普通型器具”的费用计算,《医疗事故处理条例》第50条第6项规定的是按照“普及型器具”的费用计算,意思基本相同。(3)对于那些有特殊需要的,可以参照辅助器具配制机构的意见确定相应的合理费用标准。基于受害人的特定的伤残情况,在国内没有相适应的辅助器具时,参照配制机构的意见可以进口的器具作为配置的对象。(4)残疾生活辅助具费的计算,要根据残疾用具的使用年限、维修或者更换周期等情况综合计算,以便在诉讼时一并赔偿。当然,也可以在实际发生时分期赔偿,但一般要由赔偿义务人提供担保。

【案例分析】

打乒乓球打断他人门牙侵害身体权案①

2006年3月15日,原告(小学生)在课间旁观被告(小学生)和同学打乒乓球。为接住对手的发球,被告冲到了原告站立的位子挥拍,球没接到,手中的球拍挥在被告的嘴上,打断被告一颗门牙。双方的法定代理人一起对小鱼的补牙费进行了鉴定,结论是普通烤瓷牙每颗365元,钛合金烤瓷牙每颗800元,金合金烤瓷牙每颗1 800元。原告要求用金合金烤瓷牙,被告只同意按照普通烤瓷牙的价格进行赔偿。重庆市五中院的终审判决按照30%和60%的比例划分了原告和被告的责任,因为学校没有完全尽到管理教育职责,所以剩下的10%划分给学校(但由于原告没有起诉学校,因此学校承担责任的部分由原告自己承担)。法院折中以钛合金烤瓷牙的价格作为赔偿标准,因烤瓷牙一般在8—10年后需要进行修复,按照人均寿命70岁,减去原告现在的岁数11岁,今后需要作7次牙齿修复,总共需要费用5 600元。

分析残疾生活辅助具费的赔偿规则。

(二)丧葬费

丧葬费是指在受害人死亡的情况下,亲属为处理其丧葬事宜而产生的费用。在侵权责任法上,丧葬费可以被视为是一种对提前致人死亡的损害补偿。有观点认为,丧葬费是一个人必然发生的费用,因为自然人总有一死,所以不属于损失的范围。但基于民间善良风俗,致人死亡总要进行相应的补偿,所以《侵权责任法》对此予以认可,但应对该费用的赔偿有所限制。《最高人民法院关于审理人身损害赔偿案件适用法律若干问题的解释》(2003)第27条规定:"丧葬费按照受诉法院所在地上一年度职工月平均工资标准,以6个月总额计算。"根据上述规定,丧葬费的计算以受诉法院所在地上一年度职工月平均工资为标准。

四、残疾赔偿金

(一)残疾赔偿金的含义

所谓"伤残",是指受害人"精神的、生理功能的和解剖结构的异常及其导致的生

---

① 参见央视网2008年6月19日报道《小学生打乒乓打断同学门牙 法院判赔到70岁》,http://news.cctv.com/society/20080619/103915.shtml。

活、工作和社会活动能力不同程度丧失”。[1]残疾赔偿金正是基于受害人因遭遇加害人的人身侵害而致残，使得劳动能力和生活能力部分或完全丧失的现实情况，而由加害人（或赔偿义务人）对受害人（或赔偿权利人）所进行的赔偿。

（二）残疾赔偿金的性质

关于残疾赔偿金性质，主要有三种观点：

一是“所得丧失说”。“所得丧失说”也称为“收入丧失说”或“差额说”，认为残疾赔偿金在性质上是受害人因人身损害致残进而导致的实际收入的减少。在这样的认识之下，如果受害人虽然受有伤残，并丧失或者减少了相应的劳动能力，但是如果受伤前后的实际收入并无明显差异，自然不得请求残疾赔偿金。例如，一个本来就只靠养老金度日的退休老人又因交通事故而头部受伤，被鉴定为十级伤残，但他的实际收入并未因人身损害致残而减少，所以就不能请求此种赔偿。该说的缺陷是极为明显的。

二是“生活来源丧失说”。该说认为，残疾赔偿金在性质上是受害人因残疾所致生活来源的减少或丧失，因而应当赔偿其生活补助费。我国《民法通则》第 119 条直接将残疾赔偿金定名为“残废者生活补助费”，《最高人民法院关于审理触电人身损害赔偿案件若干问题的解释》称之为“残疾人生活补助费”，《医疗事故处理条例》称之为“残疾生活补助费”，《工伤保险条例》称之为“伤残补助金”。由此可以看出，以往的认识是残疾赔偿金救济的既不是受害人致残前后的收入差距，也不是劳动能力的丧失，而是受害人致残前后生活来源的差额。采用该学说的最大缺陷在于赔偿标准较低。

三是“劳动能力丧失说”。该说认为，残疾赔偿金在性质上是对受害人劳动能力丧失的补偿。受害人因人身损害而残疾，可能导致实际收入或生活来源的减少，但更意味着劳动能力完全或部分的丧失，而劳动能力是一种人力资本，其丧失本身就是一种损害。因此，无行为能力人、限制行为能力人、未就业人员（如家庭主妇）、失业人员以及全身瘫痪的本来就只靠养老金度日的退休老人等，在遭受人身损害受有残疾的时候，也有权向赔偿义务人请求残疾赔偿金。

在三种学说中最为合理的是“劳动能力丧失说”。《最高人民法院关于审理人身损害赔偿案件适用法律若干问题的解释》（2003）第 25 条即采此说，当时的最高人民法院的权威人士在该解释出台后的新闻发布会上做出的解释是：“关于残疾赔偿采取‘劳动能力丧失说’。‘劳动能力丧失说’是根据残疾等级抽象评定劳动力丧失程度，并以此作为评价受害人利益损失的学说。‘劳动能力丧失说’与‘收入丧失说’相对而言。依据‘收入丧失说’，只有实际取得收入的受害人才会有收入损失；也只有实际减少收入

① 参见《道路交通事故受伤人员伤残评定标准》（GB 18667—2002）关于伤残的定义。

的人才存在收入损失。未成年人、待业人员都不存在收入损失,因此不能获得赔偿。受害人虽然因伤致残,但实际收入没有减少的,也不应获得赔偿。这显然不合理。因此,通常都是以'收入丧失说'结合'劳动能力丧失说'作为评价残疾赔偿的理论依据。《解释》以'劳动能力丧失说'为原则,同时也综合考虑收入丧失与否的实际情况,以平衡当事人双方的利益。"①我国《侵权责任法》第16条规定的残疾赔偿金的性质也应遵照此说进行解释。

(三)残疾赔偿金的计算依据

《最高人民法院关于审理人身损害赔偿案件适用法律若干问题的解释》(2003)第25条规定:"残疾赔偿金根据受害人丧失劳动能力程度或者伤残等级,按照受诉法院所在地上一年度城镇居民人均可支配收入或者农村居民人均纯收入标准,自定残之日起按20年计算。但60周岁以上的,年龄每增加1岁减少1年;75周岁以上的,按5年计算。受害人因伤致残但实际收入没有减少,或者伤残等级较轻但造成职业妨害严重影响其劳动就业的,可以对残疾赔偿金作相应调整。"可以看出,司法解释明显采取了"劳动能力丧失说"来界定残疾赔偿金的性质。不过,在计算残疾赔偿金时,却采取了定额化赔偿的模式,即按照固定的受诉法院所在地的收入标准,结合在全国范围内根据年龄而定的统一的赔偿期限来确定赔偿数额。

根据上述规定,在残疾赔偿金的计算之前,需要首先确定丧失劳动能力程度或者伤残等级以及赔偿年限。赔偿年限比较容易确定。伤残等级需要由司法鉴定机构根据受害人的具体伤残情况,按照相应的国家标准②进行评定。残疾赔偿金是根据受害人丧失劳动能力程度或者伤残等级进行计算的,也就是说"程度"或"等级"不同,残疾赔偿金也不同。但解释中并没有明确表明具体如何根据丧失劳动能力程度或者伤残等级来计算总的赔偿数额,在实践中是把不同伤残等级转化成伤残赔偿系数,并考虑被告的责任系数,来确定其数额。残疾赔偿金的具体计算公式如下:

残疾赔偿金 = 收入标准 × 赔偿年限 × 责任系数 × 伤残赔偿系数

其中,"收入标准"是指受诉法院所在地的各省、自治区、直辖市以及经济特区和计划单列市在上一年度的城镇居民人均可支配收入或者农村居民人均纯收入标准,可以在每年的政府统计公报中查到。"上一年度"是指一审法庭辩论终结时的上一统计年度。不过,根据《最高人民法院关于审理人身损害赔偿案件适用法律若干问题的解释》

① 黄松有:《在最高人民法院公布〈关于审理人身损害赔偿案件适用法律若干问题的解释〉新闻发布会上的讲话》,载《人民法院报》,2003年12月30日。

② 目前主要的标准有:针对工伤事故受害人的《劳动能力鉴定——职工工伤与职业病致残等级分级》(GB/T 16180—2006)和针对交通事故受害人的《道路交通事故受伤人员伤残评定标准》(GB 18667—2002)。

(2003)第30条的规定:“赔偿权利人举证证明其住所地或者经常居住地城镇居民人均可支配收入或者农村居民人均纯收入高于受诉法院所在地标准的,残疾赔偿金或者死亡赔偿金可以按照其住所地或者经常居住地的相关标准计算。”针对特殊的情况,收入标准可以进行相应的调整。

“赔偿年限”直接根据《最高人民法院关于审理人身损害赔偿案件适用法律若干问题的解释》(2003)的规定即可确定。不过要注意的是,在特别法中有的规定与本司法解释规定的赔偿年限不同。

“责任系数”是指在侵权责任范围的认定中,考虑过错相抵的因素,赔偿义务人应该承担的赔偿责任比例,用百分比表示。

“伤残赔偿系数”是指受害人丧失劳动能力的程度或者是伤残的等级所应获得的赔偿系数。以《道路交通事故受伤人员伤残评定标准》(GB 18667—2002)为例,伤残等级根据具体的标准,分为十级:一级伤情最严重,伤残等级最高,赔偿系数最大即100%;十级伤情最轻,伤残等级最低,赔偿系数最小即10%;其余伤残等级与其赔偿系数按照这样的顺序一一对应。

举例说明,受害人甲某,61岁,系上海市城镇居民,不幸于2009年9月6日在市区遭遇重大交通事故而受伤,甲某对于事故无任何过错。在治疗终结出院后,经司法鉴定,甲某被评为四级伤残。2010年1月,受害人将加害人及其保险公司诉至上海市某基层法院。经查,上海市2009年度的城镇居民人均可支配收入为人民币28 838元。因为甲某对于事故无任何过错,事故责任为零,不应扣除被告的赔偿责任,故赔偿责任系数为100%。那么,他应获得的伤残赔偿金是:28 838(收入标准)×19(赔偿年限)×100%(责任系数)×70%(伤残赔偿系数)=383 545.4元。

(四)多等级伤残情况下的残疾赔偿金的计算

前面举例计算的是一般情况下的残疾赔偿金,在特殊情况下,受害人可能会受到不同部位的不同伤害,并留下不同的残疾,因此可能产生多个不同身体部位上的不同的伤残等级。那么,在多等级伤残情况下,残疾赔偿金如何计算?

按照《道路交通事故受伤人员伤残评定标准》(GB 18667—2002)附录B,并结合相关的司法解释,多等级伤残的综合计算主要伤残赔偿总额、赔偿责任系数、赔偿指数等因素为根据,计算公式为:

$$C = C_t \times C_1 \times \left(Ih + \sum_{i=1}^{n} Ia,\ i\right)\left(\sum_{i=1}^{n} Ia,\ i \leqslant 10\%,\ i = 1, 2, 3, \cdots n, \text{多处伤残}\right)$$

在上式中,C代表伤残者的伤残实际赔偿额(单位:元);C_t 代表伤残赔偿总额(单位:元);C_1 代表赔偿责任系数,即赔偿义务主体对造成事故负有责任的程度,同时符

合 $0 \leqslant C_1 \leqslant 1$ 的条件;Ih 代表伤残等级最高处的伤残赔偿指数,即多等级伤残者,最高伤残等级的赔偿比例,用百分比(%)表示;Ia 代表伤残赔偿附加指数,即每增加一处伤残所增加的赔偿比例,用百分比(%)表示,同时符合 $0 \leqslant Ia \leqslant 10\%$ 的条件;最终,综合赔偿指数不超过100%,即

$$Ih + \sum_{i=1}^{n} Ia,\ i \leqslant 100\%。$$

还以上例说明,但需进一步假设受害人有两处伤残,一处四级,另一处为九级。那么他可以得到的赔偿如何计算?在上述公式中,已经确定的因素有:伤残赔偿总额 C_t 为28 838(收入标准)×19(赔偿年限)=547 922元;因为甲某对于事故无任何过错,事故责任为零,不应扣除被告的赔偿责任,故赔偿责任系数 C_1 为100%;最高伤残等级为四级,对应的伤残赔偿指数为70%;最低的伤残等级为九级,在只有一处伤残时对应的赔偿系数为20%,但在此处,这一伤残赔偿的附加指数 Ia 必须小于10%,究竟如何确定?在实践中对于伤残赔偿附加指数 Ia 的认定有不同做法,常见做法是每增加一处伤残所增加的赔偿比例,按照十级为2%,余者以此类推,直至二级为10%(在一级时,其最高一处伤残等级对应的赔偿系数已经为100%,所以对其他伤残等级的附加赔偿指数没有再考虑的必要,因为 Ih + Ia 不能超过100%)。根据上述做法,在本案中,附加指数 Ia 宜定为3%,那么综合赔偿指数为73%,没有超过80%的限定范围。在按照73%来确定综合赔偿指数的情况下,总的伤残赔偿金就为547 922×80% =399 983.06元。

五、死亡赔偿金

(一)死亡赔偿金的含义

死亡赔偿金是指侵害他人生命权而由赔偿义务人按照一定的标准对这一最重大损害做出的赔偿。需要明确的是,死亡赔偿金不是对死者的生命价值或价格的赔偿,生命无价,无法予以赔偿,尤其重要的是,生命是神圣的,如果可以金钱计量则是对人的尊严的极大违背。所以,死亡赔偿金的目的主要在于对死者家属的抚慰,并以此适当弥补其所受到的相应的财产损失。

(二)死亡赔偿金的性质

首先,通常认为,死亡赔偿金不是对死者的损害赔偿。这一认识的原因主要基于民事主体的一般原理,即认为死者既然已经死亡,其在法律上的权利能力当然消灭,作为民事主体的资格从而不复存在,也就不可能存在对其进行损害赔偿的问题。欧洲学者认为,"一个被杀死的人不会遭受任何损害,这种说法似乎有些嘲讽的味道,然而这

却是为欧洲各国法律所认可的事实。"当然立法上也有例外,如葡萄牙里斯本上诉法院1994年的一份判决曾经认为,"丧失生命本身是可以用金钱衡量和加以赔偿的损害"。①但即使如此,这种权利还是只能由继承人来行使了。虽然对这种损害赔偿请求权的发生根据在理论上有不同看法,②但都认为侵害生命权的损害赔偿请求权人只能是死者的继承人(或其近亲属)。

其次,既然死亡赔偿金并非对死者财产损害的赔偿,那当然就不是死者的遗产,而应该是对死者亲属(或继承人)的赔偿。在对死者亲属赔偿的理论依据问题上,又有两种观点:一是"抚养(扶养)丧失说"。该说认为,由于受害人的死亡,其生前抚养的被抚养人因此丧失了生活来源,赔偿义务人必须对这些被抚养人丧失的抚养费作出赔偿。不过,因受害人的死亡而导致对受害人享有法定继承权的那些人在将来可能从受害人处所继承财产减少的损失,则不属于赔偿之列。目前持这种观点的有德国、英国、美国及我国台湾地区等。二是"继承丧失说"。该说认为,受害人倘若没有遭受侵害,在未来将不断地获得收入,而这些收入本来是可以作为受害人的财产为其法定继承人所继承的,加害人的侵害行为导致受害人死亡,从而使得这些未来可以获得的收入完全丧失,以致受害人的法定继承人在将来所能够继承的财产也减少了。因此,依据继承丧失说,赔偿义务人应当赔偿的是因受害人死亡而丧失的未来可得利益。美国少数州、日本采取此种学说。③两相比较,后者的赔偿数额更高一些,从而有利于对受害人的救济。《最高人民法院关于审理人身损害赔偿案件适用法律若干问题的解释》(2003)第29条所采的是"继承丧失说",④即将死亡赔偿金定性为死者未来可能的收入损失,在死者近亲属损害赔偿请求权的理论依据上是合理的。

再次,死亡赔偿金的赔偿项目已经包括了被抚养人生活费。上述司法解释还同时规定了被抚养人生活费的赔偿请求权,这就使得死者的近亲属获得了重复赔偿,因为死亡赔偿金以死者丧失的收入为依据,而被抚养人生活费就应该被包括在其中。所以,受害人的近亲属所享有基于同一损害的两个并立的赔偿请求权是不合理的。不过,在2010年实施的《侵权责任法》中,这个问题得到了解决,它没有再规定被抚养人生活费这一赔偿项目。

最后,根据我国侵权责任法的规定,死亡赔偿金属于对财产性损害的赔偿,而不是对非财产性损害或精神损害的赔偿。《医疗事故处理条例》第50条及《最高法院关于

---

① 参见[德]克雷斯蒂安·冯·巴尔:《欧洲比较侵权行为法》(下卷),焦美华译,张新宝校,法律出版社2004年第2版,第68页。

② 参见第六章第一节相关内容。

③ 参见张新宝主编:《人身损害赔偿案件的法律适用》,中国法制出版社2004年版,第391—392页。

④ 参见黄松有:《在最高人民法院公布〈关于审理人身损害赔偿案件适用法律若干问题的解释〉新闻发布会上的讲话》,载《人民法院报》,2003年12月30日。

确定民事侵权精神损害赔偿责任若干问题的解释》第9条明确将死亡赔偿金与残疾赔偿金规定为精神损害抚慰金,《最高法院关于审理触电人身损害赔偿案件的若干问题的解释》第4条也规定了死亡补偿费是一种精神损害赔偿。而于2003年出台、2004年5月1日施行的《最高人民法院关于审理人身损害赔偿案件适用法律若干问题的解释》则明确了死亡赔偿金和精神损害抚慰金是两个并立的重要赔偿项目。《侵权责任法》同样如此。所以,如果受害人近亲属因死者的死亡而遭受精神痛苦,仍有权依据有关精神损害赔偿的法律和司法解释的规定,请求精神损害抚慰金。

(三)死亡赔偿金的计算依据

《民法通则》第119条曾经规定:"造成死亡的,并应当支付丧葬费、死者生前扶养的人必要的生活费等费用",其中的规定虽然也属于死亡赔偿性质的,但只是给予象征性的补助,没有明确死亡赔偿金的独立赔偿项目的地位。1991年的《道路交通事故处理办法》(现已失效)第37条第8项规定了"死亡补偿费"的计算标准。2000年修订后的《产品质量法》第44条规定"因产品存在缺陷造成受害人死亡的,并应当支付丧葬费、死亡赔偿金及由死者生前扶养的人所必需的生活费等费用",这里直接规定了"死亡赔偿金"的称谓,但没有提供具体计算办法。1994年《国家赔偿法》第27条规定:"侵犯公民生命健康权的,造成死亡的,应当支付死亡赔偿金、丧葬费,总额为国家上年度职工平均工资的20倍,对死者生前扶养的人还应支付生活费",较为具体地规定了死亡赔偿金的计算标准。

目前,在一般情况下,所适用的计算标准和方法为《最高人民法院关于审理人身损害赔偿案件适用法律若干问题的解释》(2003)第29条:"死亡赔偿金按照受诉法院所在地上一年度城镇居民人均可支配收入或者农村居民人均纯收入标准,按20年计算。但60周岁以上的,年龄每增加1岁减少1年;75五周岁以上的,按5年计算。"

其中,"城镇居民人均可支配收入和农村人均纯收入标准"按照受诉法院所在地的政府统计部门公布的各省、自治区、直辖市以及经济特区和计划单列市上一年度相关统计数据确定。可以明显看出的是,虽然死亡赔偿金的性质是未来收入的减少,但死亡赔偿金的计算同残疾赔偿金一样,采用了定额化赔偿,即按照固定的标准和固定的赔偿年限进行赔偿。死亡赔偿金的具体计算公式如下:

$$死亡赔偿金 = 收入标准 \times 赔偿年限$$

假设在前面的例子中,受害人不是受伤致残而是死亡,则其近亲属应获得的死亡赔偿金是:28 838(收入标准)×19(赔偿年限) = 547 922元。

(四) 概括性死亡赔偿金

在大规模的事故损害如空难、矿难等突发事故的处理上,国际公约或者国内的法律、行政法规通常规定了概括的死亡赔偿金,即不区分具体赔偿项目而只赔偿一个确定的总额。我国《国内航空运输旅客身体损害赔偿暂行规定》第6条就规定,每名旅客的近亲属最高可以得到金额为7万元人民币的概括性死亡赔偿。《铁路旅客运输损害赔偿规定》第5条规定,铁路运输企业依照本规定应承担赔偿责任的,对每位旅客人身伤亡的赔偿责任限额为人民币4万元。在矿难的情况下,我国一些地方政府要求对受害人做出的概括性死亡赔偿金必须不低于20万元人民币。①

我国《侵权责任法》第17条规定:"因同一侵权行为造成多人死亡的,可以以相同数额确定死亡赔偿金。"在基本法律层面对大规模侵权损害情况下的概括性死亡赔偿金做了明确规定。

(五) 死亡赔偿金的分配

死亡赔偿金对近亲属集体的赔偿,所以有必要在其近亲属内部进行分配。在分配时,首先要将被抚养人的生活费予以划出,因为这是假如受害人活着就必然依法定义务而支出的费用,不能平均分给所有的继承人,这之后才可以按照人数平均分配。

六、关于"同命不同价"问题

在前例中,如果受害人甲某是上海市的一个农村居民,当年度上海市农村居民人均纯收入为人民币12 324元,那么他得到的伤残赔偿金赔偿为:12 324(收入标准)×19(赔偿年限)×70%(伤残赔偿系数)=163 909.2元。与其作为城镇居民时能够获得的赔偿金383 545.4元比较,有较大悬殊。再假设在前面的例子中,受害人不是受伤致残而是死亡,则其近亲属应获得的死亡赔偿金是:12 324(收入标准)×19(赔偿年限)=234 156元。与前面按照城镇居民标准计算的结果547 922元相比,同样悬殊较大。

这就是曾经沸沸扬扬的所谓"同命不同价"问题。

根源在于《最高人民法院关于审理人身损害赔偿案件若干问题的解释》第29条的规定。该规定是以受害人的年龄大小来计算死亡赔偿金的,超60岁后,赔偿金随年龄增加而递减。这种规定还是有道理的,也能够被接受。但是,其所设立的城镇居民标准和农村居民标准,则引发了较大争议。支持者认为,这是考虑到城镇居民的平均消

① 如山西省政府于2004年12月出台政策,规定因煤矿事故造成的人员死亡,对死亡职工的赔偿标准每人不得低于20万元人民币。此后各省基本上都遵循这个"价格"。至2009年河南省平顶山"9.8"特大矿难事故,对此有所突破,死亡赔偿金达到40万元,这是目前我国矿难受害人亲属所能获得的最高赔偿金。

费水平和收入水平高于农村居民，为合理地补偿受害人死亡造成的损失，而对两者的赔偿标准加以区别，其本意并非以户籍因素划分生命价值的高低。反对者认为，这是法律上的对农村居民的“歧视”，并在事实上产生了不公平的赔偿结果。

近年来，大批农村居民进入城镇务工，收入虽低但大多数也相对稳定，消费水平与一般的城镇居民基本相同，不过其户籍仍登记为农村居民。对此，特别是在同一起事故中，既有城镇居民又有农村居民的情况下，如果一律对这样的进城务工农民按照农村居民的标准予以赔偿，就会有失公正。所以，最高人民法院民一庭2006年4月3日针对云南省高级人民法院请示所作的答复《关于经常居住地在城镇的农村居民因交通事故伤亡如何计算赔偿费用的复函》([2005]民他字第25号)进行了矫正，该复函明确受害人“虽然是农村户口，但在城市经商、居住，其经常居住地和主要收入来源地均为城市，有关损害赔偿费用应当根据当地城镇居民的相关标准计算。”接着，各地高级人民法院，例如安徽省、重庆市、广东省、河南省等高级人民法院也相继做出指导意见，认为对该类人员应按照城镇居民标准计算数额。如《安徽省高级人民法院审理人身损害赔偿案件若干问题的指导意见》(2005)第21条规定：“农村居民能提供在城镇的合法暂住证明，在城镇有相对固定的工作和收入，已连续居住、生活满一年的(短期回农村探亲等不视为中断)，人身损害的残疾赔偿金、死亡赔偿金等按城镇居民的标准计算。农村户口的未成年人在城镇上学、生活的，人身损害的残疾赔偿金、死亡赔偿金等按城镇居民的标准计算。损害事故发生时受害人是农村居民，但在生效判决宣告以前因法定事由成为城市居民的，其残疾赔偿金按城镇居民的标准计算。因同一事由造成的人身损害赔偿，受害人既有城镇居民又有农村居民的，残疾赔偿金、死亡赔偿金等按城镇居民的标准确定。”河南省高级人民法院《关于加强涉及农民工权益案件审理工作，切实保护农民工合法权益的意见》(2006)第15条中也明确规定：“受害人为农民工的医疗损害、交通肇事及其他损害赔偿案件审理中，有经常居住地，且其收入主要来源为城镇的，有关损害赔偿费用根据当地城镇居民的相关标准计算。”上述司法实践中的做法在一定程度上对解决“同命不同价”问题具有很好的指导意义，具体案例①已经大量出现。

但是，《侵权责任法》并没有针对这个问题做明确的规定，只是在第17条有条件地作出规定：“因同一侵权行为造成多人死亡的，可以以相同数额确定死亡赔偿金。”这样，只有在因同一侵权行为造成多人死亡的情况下，才可以不分城镇居民和农村居民，而以相同的标准进行赔偿。同时，以相同数额确定赔偿的仅仅是死亡赔偿金，其他项目的赔偿如医疗费、精神损害抚慰金等可能还会有区别。所以，本条并没有从根本上解决“同命不同价”问题。《侵权责任法》依然将此问题留给了最高司法机关。

---

① 较早的如江苏省海安县人民法院于2006年1月13日判决的“季宜珍等诉财保海安支公司、穆广进、徐俊交通事故损害赔偿纠纷案”，载《中华人民共和国最高人民法院公报》2006年第9期。

第三节　财产损害赔偿

一、财产损害赔偿的含义

财产损害赔偿是指赔偿义务人对受害人的财产损失以金钱或实物等方式做出的赔偿。

财产损害赔偿的前提是受害人的财产权益直接受到侵害并造成财产损毁或经济上的损失。在不能返还财产、恢复原状的情形下,只能采取损害赔偿的方式进行法律救济。另外,在侵害他人(特别是公众人物)的名誉权、姓名权、肖像权等人身权益的情况下,也可能在产生精神损害的同时,造成相应的财产损失,因为公众人物的姓名权、肖像权等可能具有一定的商业价值,未经同意而擅自使用其姓名或肖像就直接影响到其可能的财产收益,这种损害也属于此处所说的财产损害赔偿的对象。

已如前述,财产损害赔偿的范围包括直接损害与间接损害,这个范围并不完全取决于加害人的主观过错程度,而主要取决于其加害行为所造成的客观后果,即财产上的所有损失,这种损失应得到全部赔偿。

财产损害赔偿的方式主要是金钱赔偿、实物赔偿或者其他方式。其中,金钱赔偿是最主要的赔偿方式。在无法进行金钱赔偿时,可以考虑用实物折价进行赔偿,或者在双方同意的情况下,灵活采取其他方式,如提供劳务。不过,在最后一种变通赔偿的情况下,不能对加害人或其他赔偿义务人采取强制手段。

二、财产损害赔偿的法律依据

《民法通则》第 106 条规定:“公民、法人由于过错侵害国家的、集体的财产,侵害他人财产、人身的应当承担民事责任。”第 117 条规定:“侵占国家的、集体的财产或者他人财产的,应当返还财产,不能返还财产的,应当折价赔偿。损坏国家的、集体的财产或者他人财产的,应当恢复原状或者折价赔偿。受害人因此遭受其他重大损失的,侵害人并应当赔偿损失。”

《物权法》第 37 条规定:“侵害物权,造成权利人损害的,权利人可以请求损害赔偿,也可以请求承担其他民事责任。”

《侵权责任法》第 2 条规定:“侵害民事权益,应当依照本法承担侵权责任。”而该条所称“民事权益”中的财产权益是指“所有权、用益物权、担保物权、著作权、专利权、商标专用权、发现权、股权、继承权”等。

在司法解释层面,《最高人民法院关于贯彻执行〈中华人民共和国民法通则〉若干问题的意见(试行)》(1988)第86条、第97—103条等条文对不同情形下(如添附行为、相邻关系等)的财产损害赔偿作出了相应的规定。

以上是在基本法律和司法解释层面有关财产损害赔偿的主要法律依据,在其他特别法上(如《专利法》、《商标法》、《著作权法》等)也有不同的规定。

三、财产损害赔偿数额的计算

关于财产损害赔偿数额的计算,可以分为直接损失的计算和间接损失的计算两个方面,在理论上有不同认识,并提出过不同的计算公式。[①]但在实践中,这些复杂的公式往往没有真正得到精确的适用。以下主要就具体类型财产损害的赔偿数额的计算做具体介绍。

(一)侵害财产权益的损害赔偿数额的计算

我国《侵权责任法》第19条规定:“侵害他人财产的,财产损失按照损失发生时的市场价格或者其他方式计算。”从中可以看出,财产损害赔偿数额的计算方式,主要有两种,即按照损失发生时的市场价格以及其他方式。被侵害的财产权益,根据《侵权责任法》第2条的规定,表现为“所有权、用益物权、担保物权、著作权、专利权、商标专用权、发现权、股权、继承权”等具体形态。

侵害物权(以所有权为例)的行为是侵害他人财产的最主要和最典型的形式,包括对他人所有的动产和不动产的毁损或作其他非法处分。由此而导致受害人财产损失,加害人要承担损害赔偿责任,损害赔偿数额应该按照损失发生时的市场价格进行计算。所谓“损失发生时”,是指在侵权行为发生并产生损害的时间,而非提出损害赔偿请求的时间。所谓“市场价格”,是指在该物完全毁损、灭失时,要按照其或其同类物在市场上所对应的标准全价计算;如果该物属于旧物,应该参照市场上同类物的全价以相应的比例而算出的折旧价格赔偿;如果该物部分毁损,则根据毁损的情况而以价值减损的相应比例的数额赔偿。当然,如果该物不属于通常流通物,即不存在市场价格,则可以按照其他方式计算。所谓“其他方式”,一是按照有关鉴定机构做出的价格评估,比如对于个人合法拥有的特定文物,可以按照相应有资质的机构的评估或文物专家的意见做出损害赔偿的数额;二是按照双方的协商或者法官的自由裁量做出损害赔偿的数额。对于那些具有人格象征意义的特定物,比如拿去冲印的结婚纪念照底片、数辈留传的纪念物、祖宗的画像等等,均可

---

① 具体分析可以参见刘士国:《现代侵权损害赔偿研究》,法律出版社1998年版,第124—127页;杨立新:《侵权行为法专论》,高等教育出版社2005年第1版,第359—365页,等等。

以这里所说的"其他方式"而做出比在一般情况下较高的损害赔偿数额。

侵害知识产权的损害赔偿是近来日益增多的纠纷类型。对知识产权的侵害既表现为对精神利益的损害,也表现为对财产权益的损害。因知识产权法如《专利法》、《商标法》、《著作权法》等对知识产权侵权损害赔偿做出了特别的规定,因而应优先适用这些规定。《专利法》(2008 年修正)第 65 条规定:"侵犯专利权的赔偿数额按照权利人因被侵权所受到的实际损失确定;实际损失难以确定的,可以按照侵权人因侵权所获得的利益确定。权利人的损失或者侵权人获得的利益难以确定的,参照该专利许可使用费的倍数合理确定。赔偿数额还应当包括权利人为制止侵权行为所支付的合理开支。权利人的损失、侵权人获得的利益和专利许可使用费均难以确定的,人民法院可以根据专利权的类型、侵权行为的性质和情节等因素,确定给予一万元以上一百万元以下的赔偿。"《商标法》(2001 年修正)第 56 条规定:"侵犯商标专用权的赔偿数额,为侵权人在侵权期间因侵权所获得的利益,或者被侵权人在被侵权期间因被侵权所受到的损失,包括被侵权人为制止侵权行为所支付的合理开支。前款所称侵权人因侵权所得利益,或者被侵权人因被侵权所受损失难以确定的,由人民法院根据侵权行为的情节判决给予 50 万元以下的赔偿。销售不知道是侵犯注册商标专用权的商品,能证明该商品是自己合法取得的并说明提供者的,不承担赔偿责任。"《著作权法》(2010 年修正)第 49 条规定:"侵犯著作权或者与著作权有关的权利的,侵权人应当按照权利人的实际损失给予赔偿;实际损失难以计算的,可以按照侵权人的违法所得给予赔偿。赔偿数额还应当包括权利人为制止侵权行为所支付的合理开支。权利人的实际损失或者侵权人的违法所得不能确定的,由人民法院根据侵权行为的情节,判决给予 50 万元以下的赔偿。"上述三部知识产权法中关于损害赔偿数额的计算方式的规定基本类似,也与《侵权责任法》第 20 条的规定一致,概括而言,即被侵权人因此受到的损失、侵权人获得的利益以及人民法院根据实际情况确定的赔偿数额三种方式。

对股权的侵害造成财产损失的,应当按照《公司法》、《证券法》等特别法上的规定计算损害数额。在公司法领域,中小股东的股权被侵犯的情形较多,如:控制股东操纵发行价格与利润分配、控制信息披露、侵吞公司和其他股东的财产(如利用发起人对资金的代管地位直接截留募集资金等)、挪用从属公司的资金、利用公司机会、强制处理股东股票、关联交易等,这些行为极大地侵犯了中小股东的利益。在直接诉讼或间接诉讼中,对损害数额的计算是有很大困难的,需要在不同情形下根据公司法的相关规定,结合侵权责任法关于损害赔偿的规定具体认定。

(二)侵害人身权益造成财产损失的赔偿数额的计算

《侵权责任法》第 20 条规定:"侵害他人人身权益造成财产损失的,按照被侵权人因此受到的损失赔偿;被侵权人的损失难以确定,侵权人因此获得利益的,按照其获得的利益赔偿;侵权人因此获得的利益难以确定,被侵权人和侵权人就赔偿数额协商不一致,向人民法院提起诉讼的,由人民法院根据实际情况确定赔偿数额。”本条所包含的侵害他人生命权、健康权、身体权等物质性人格权益所造成的财产损失赔偿,已经在关于人身损害赔偿的本书本章第二节中有所叙述,此处主要分析侵害他人名誉权、姓名权、肖像权等精神性人格权益所造成的财产损失。这一类财产损失的赔偿数额的计算方式,主要有被侵权人因此受到的损失(所受损失)、侵权人获得的利益(所得利益)以及人民法院根据实际情况确定的赔偿数额。

按照所受损失计算赔偿数额是最基本的方式。如果某个知名影星的肖像被他人擅自使用在商品上,而这位影星又正好刚刚和一家经营同类业务的公司签了平面媒体独家代言协议,约定报酬是100万元。由于此种负面影响,导致该公司按照约定而单方面提出解除协议。在这种情况下,对该影星肖像权的侵害的损害数额就可以认定为100万元,因为基于这种侵权行为而使得影星失去了本来可以按照独家代言协议而获得的报酬,其因此而受到的损失就是100万元。

按照所得利益计算赔偿数额是较为可行和合理的方式。特别是在被侵权人的损失难以确定的情况下,以侵权人获得的利益作为受害人的财产损失,二者其实就是不同角度的观察结论。其合理性在于,任何人都不能从非法行为中获利。

根据实际情况确定赔偿数额,是在被侵权人的损失和侵权人因此获得的利益都难以确定、双方就赔偿数额也不能协商一致的情况下,由法官决定的。因为,现实中确实存在“损人不利己”的情况,如把别人尚未发表的作品放在互联网上供大众阅读,或者以自己的名义发表他人的作品,这就侵害了他人的合法权益,但加害人本人又不一定获得财产利益,同时被侵权人的财产损失也难以确定。所以,由法院根据实际情况确定具体的损害赔偿数额就有了必要性。

第四节　精神损害赔偿

一、精神损害赔偿概述

(一)精神损害的界定

法学上的“精神损害”是一个具有特定法律内涵的术语,不同于医学上的精神损害或一般生活中的精神不快。在侵权责任法上,它是指因他人的侵权行为而遭受的精神利益的损害,如肉体上的疼痛感以及心理上的恐惧、焦虑、抑郁、狂躁、绝望等不良情感反应,并最终表现为精神上的极大痛苦。在1995年发生、1997年判决的"贾国宇因用餐时使用的卡式炉气罐爆炸致残诉春海餐厅等赔偿案"①的判决中,法院认为:"精神损失,即实际存在的无形的精神压力与痛苦,通常表现为人格形象与人体特征形象的毁损所带来的不应有的内心卑屈与羞惭。事故发生时,贾国宇尚未成年,但身心发育正常。烧伤造成的片状疤痕对其容貌产生了明显影响,并使之劳动能力部分受限,严重地妨碍了她的学习、生活和健康。除肉体痛苦外,无可置疑地给其精神造成了终身悔憾与痛苦,甚至可能导致其心理情感、思想行为的变异,其精神损害是显而易见的,必须给予抚慰与补偿。"

需要注意的是:(1)精神损害的受害人是自然人,法人没有精神活动,故而不会产生精神上的痛苦。②(2)精神损害本身具有无形性,但其外在表现形式具有客观的可感知性,而非仅存抽象的意义。(3)精神损害是一种独立的非财产性损害,但也在一定程度上具有伴生性,往往和财产性损害同时发生。

精神损害产生的来源主要有:(1)对物质性人格的侵权。如侵害他人生命权、健康权和身体权等物质性人格权益的行为。在这种情况下,除了产生财产性损害外,还同时产生了精神损害:受害人可能受有严重伤残,或者被毁容貌,生命品质下降,生活幸福感丧失;受害人由于身体器官残缺或功能障碍,存活寿命可能也会大大缩短;受害人因受伤害而出现永久性的精神障碍,甚至成为植物人;受害人死亡,其近亲属遭受巨大精神痛苦;等等。这些情况都是因物质性人格侵权而产生的精神损害。(2)对精神性人格的侵权。如侵害他人姓名权、肖像权、名誉权、隐私权等精神性人格权益的行为。在这种情况下,主要产生的是精神损害,只在特殊的条件下(特别如公众人物是受害人时)可以附带产生财产性损害。(3)对身份权益的侵权。如侵害他人监护权、配偶权、亲属权的行为。在特殊情况下,如侵害死者的名誉、姓名、肖像、隐私等,实际上是侵害了继承人基于身份上的关系而对死者的名誉、姓名、肖像、隐私等所具有的一般人格利益,这种利益也同样应受法律的保护。在这种情况下,主要产生的也是精神损害,同时

① 案情为:1995年3月8日19时许,贾国宇等12人在北京市海淀区春海餐厅吃火锅,桌上使用的卡式炉突然爆炸起火,12人全部受伤,其中贾国宇的伤最重,面部、双手背部深Ⅱ度烧伤,面积为8%。1995年8月1日贾国宇将北京国际气雾剂有限公司、龙口市厨房配套设备用具厂、北京市海淀区春海餐厅告上法庭,诉称:事故发生使我容貌被毁,手指变形,留下残疾,不仅影响学业,而且给我的身体、精神均造成了极大痛苦,要求被告共同赔偿1 659 551.63元。北京市海淀区人民法院于1997年3月15日审理并宣判,判令被告北京国际气雾剂有限公司、龙口市厨房配套设备用具厂连带赔偿原告贾国宇治疗费等共计17万余元,同时赔偿原告残疾赔偿金(即精神损害赔偿金)10万元。参见祝铭山主编:《精神损害赔偿纠纷》,中国法制出版社2004年版,第126页。

② 《最高人民法院关于确定民事侵权精神损害赔偿责任若干问题的解释》(2001)第5条即排除了法人或者其他组织的精神损害赔偿请求权。

也可能产生财产性损害。(4)对特定物上蕴含的精神利益的侵权。如侵害他人具有人格象征意义的纪念物品、宠物以及死亡的近亲属的尸体、遗骨等的行为。[①]不过,这一点在理论上还有争议。在我国《侵权责任法》第22条中,只有"侵害他人人身权益"才有进行精神损害赔偿的可能。[②]侵害死者的尸体、遗骨、骨灰、坟墓等行为的责任,在解释上或许有可能适用第22条而使被侵权人能够得到精神损害赔偿;除此之外,大部分对财产(物)的侵权行为不能作为精神损害赔偿请求的事实依据。但毫无疑问,对受害人而言,此类对特定物上蕴含的精神利益的侵权行为,所产生的精神痛苦并不一定小于前三种侵权行为!

【案例分析】

蓝天野诉天伦王朝饭店有限公司、北京电影制片厂侵犯肖像权、名誉权案[③]

2001年11月,原告蓝天野与其几位艺术界同仁赴被告天伦王朝饭店有限公司所属影艺食苑就餐,发现该餐厅内摆放的广告展示架使用了原告在《茶馆》中扮演的秦二爷的影视剧照(该剧照还包含有另外两名人民艺术剧院的老演员),餐厅门楣处有电影《茶馆》剧照的广告灯箱。因协商未果,原告于2002年10月起诉至北京市东城区人民法院,诉称,我一直非常珍惜自己的艺术形象,从不曾以任何方式借曾塑造过的艺术形象做广告或许可他人营利性地使用我的形象。被告天伦王朝饭店未经我本人许可,擅自使用我形象制作广告灯箱和展示架的行为不仅侵犯了我的肖像权,且使公众对我产生误解,影响了我的社会评价,构成了对我名誉权的侵犯,故起诉要求被告天伦王朝饭店立即停止使用含有我形象的广告灯箱及广告展示架;赔礼道歉,恢复名誉;并支付肖像权的赔偿金10万元,名誉权赔偿金5万元及代理费、公证费、查询费等经济损失6 040元。本案在审理过程中,被告提交了《茶馆》的摄制单位北京电影制片厂授权其使用该剧照的证明,原告遂追加了该电影制片厂作为共同被告。被告天伦王朝饭店辩称:我方在影艺食苑内使用电影《茶馆》中原告饰演的"秦二爷"剧照属实,但电影剧照不是肖像,我方并未使用原告肖像。肖像与电影剧照利用的识别性特征或知名度是不同的。该剧照的使用也是取得了电影《茶馆》的制片人北京电影制片厂的同意。且即使该剧照归入肖像之列,也是集体肖像,因该剧照共有三个人物,在集体肖像中,各肖

① 参见《最高人民法院关于确定民事侵权精神损害赔偿责任若干问题的解释》(2001)第3条、第4条。

② 《侵权责任法》第22条规定:"侵害他人人身权益,造成他人严重精神损害的,被侵权人可以请求精神损害赔偿。"这就排除了财产损害中的精神损害赔偿的可能。

③ 参见北京市东城区人民法院2003年11月作出的(2002)东民初字第6226号民事判决书。

像权人不得主张肖像权。我方使用的《茶馆》剧照并未侵犯原告的肖像权；另，该剧照使用目的不是为餐厅做广告，是为餐厅营造一种影视艺术文化氛围，此做法只能凸显原告的艺术造诣，并不会对原告的名誉权造成侵害，故不同意原告的诉讼请求。被告北影厂辩称：电影《茶馆》是1982年我厂拍摄的故事片，该影片的著作权归我厂享有。由于影片剧照是影片的一部分，因此《茶馆》剧照著作权亦属我厂享有。我厂有许可他人使用的权利。且原告作为表演者在影视作品表演中代表的不是其本人，是剧中人物即角色，角色形象不等于角色扮演者的个人形象，其不能代替角色享有角色的肖像权。而我厂在被告天伦王朝饭店为了宣传国产优秀影片、营造艺术氛围情况下许可其使用《茶馆》剧照不仅是行使自身权利，也是为了弘扬影视文化，并未侵犯原告肖像权和名誉权，故不同意原告的诉讼请求。

分析本案中可能涉及的人格侵权损害赔偿责任问题。

（二）精神损害赔偿的含义和性质

精神损害赔偿不是对财产性损害的完全赔偿，而是为弥补受害人或其近亲属的精神利益损害的一种适当的金钱赔偿。其内涵如下：(1)受害人产生精神损害后，除通过停止侵害、赔礼道歉、消除影响、恢复名誉等责任方式获得救济外，也可以请求金钱方式的损害赔偿。(2)精神损害赔偿不是对财产损害的赔偿，也即其赔偿范围一般是侵害他人人身权益的精神损害，侵害财产权益所产生的所谓精神损害一般不在其赔偿范围之内。(3)精神损害赔偿的请求权人不限于受害人本人，在其死亡时，近亲属如果遭受严重精神损害，也是可以提出精神损害赔偿请求的。(4)精神损害要求具备一定的程度，即达到“严重”的程度，才能获得精神损害赔偿，偶尔的精神上的不安或不快不是法律上的“严重”的精神损害。实践中通常的做法是，在人身伤害的情况下，对于那些只有轻微伤情的受害人提出的精神损害赔偿请求是不予支持的。①(5)精神损害赔偿只能是法律意义上的赔偿，本质上只是一种适当补偿。

精神损害赔偿是非财产性损害赔偿之一种。这种性质表明：(1)在本质意义上，精神损害是无法真正通过金钱来计量的。但是，“有损害必有救济”，法律必须对这种精神痛苦做出金钱数量的具体评价。(2)因为其具有不可计量性，所以精神损害的具体认定只能有法官在个案中根据具体情形做出判断。(3)精神损害赔偿不等同于能够用等量的金钱填补等量的财产损失的赔偿，它只是对受害人所遭受的精神痛苦而给予的适当物质补偿和抚慰。

① 比如，《安徽省高级人民法院审理人身损害赔偿案件若干问题的指导意见》(2005)第25条：“……公民身体权、健康权遭受轻微伤害，不支持赔偿权利人的精神抚慰金请求……”

（三）精神损害赔偿的功能

精神损害赔偿具有补偿、安抚、惩罚三重功能。补偿即对受害人或其近亲属以金钱补偿，体现了侵权责任法的最突出功能。安抚即对受害人及其近亲属在精神上进行安慰，防止社会矛盾的进一步激化，产生更大的损害后果。惩罚即对加害人的制裁，也即虽然精神痛苦无法计量，但法律必须让加害人明白在法律上这种痛苦的“代价”是什么。

当然，精神损害赔偿是以补偿和安抚为主，惩罚为辅的。它主要通过物质赔偿填补精神上的损害，既用给受害人以物质满足的方法，使受害人心理上的痛苦适当减轻或恢复平静，以最大限度地救济受害人的精神创伤。尽管它无法真正弥补受害人的精神痛苦，但是金钱赔偿在这种情况下可能是可采用的最基本、最恰当、最现实的替代方法。这三种功能的结合，也能够在社会上进一步起到预防潜在的损害发生的作用。所以，精神损害赔偿制度完全符合“保护民事主体的合法权益，明确侵权责任，预防并制裁侵权行为，促进社会和谐稳定”的《侵权责任法》（第1条）立法目的。

二、精神损害赔偿的请求权人

根据我国法律规定，精神损害赔偿的请求权人是“被侵权人”，主要是受害人本人。《侵权责任法》第22条规定：“侵害他人人身权益，造成他人严重精神损害的，被侵权人可以请求精神损害赔偿。”单从字面上看，条文中出现三个主体，即两个“他人”，一个“被侵权人”，它们分别指向同一人还是可以做别的解释？比如：侵害“受害人”人身权益并致死亡，造成“受害人”严重精神损害的，“受害人”可否请求精神损害赔偿或此请求权可否继承？①侵害“受害人”人身权益未致死亡，但造成“受害人近亲属”严重精神损害的，“受害人近亲属”可否请求精神损害赔偿？……在这里，对前两个“他人”似应做限缩解释，即认为都是受害人本人，②也即本条规定的是受害人本人而非其近亲属因侵权行为而遭受严重精神损害时的请求权。不过，这种理解是否妥当，尚需立法机关或司法机关的正式解释。

精神损害赔偿的请求权人——“被侵权人”——不限于受害人本人，也包括其近亲属。近亲属的精神损害赔偿请求权主要在两种情况下发生：一是受害人死亡。在其死亡的情况下，近亲属如果遭受严重精神损害，也是可以提出精神损害赔偿请求的。尤

① 此前，有关司法解释规定这种请求权一般不得继承。参见《最高人民法院关于审理人身损害赔偿案件适用法律若干问题的解释》（2003）第18条：“精神损害抚慰金的请求权，不得让与或者继承。但赔偿义务人已经以书面方式承诺给予金钱赔偿，或者赔偿权利人已经向人民法院起诉的除外。”

② 参见全国人大法工委民法室：《〈中华人民共和国侵权责任法〉条文解释与立法背景》，人民法院出版社2010年1月第1版，第93页。

其是,结合第18条的规定:“被侵权人死亡的,其近亲属有权请求侵权人承担侵权责任。”其中赋予近亲属的请求权并没有明确排除精神损害赔偿。在实践中,也是允许受害人近亲属提出精神损害赔偿的请求并予以支持的。二是死者的名誉、隐私、姓名、肖像、遗体、遗骨等受到侵害。此时,所谓的“受害人”在表面上是死者,实质上是死者的近亲属,因为死者已经不是民事主体了,当然在法律上成为侵权对象并进而成为“受害人”。所以,这种情况的侵权行为的“被侵权人”就是死者的近亲属,侵害客体是近亲属的精神利益——死者的名誉、隐私、姓名、肖像、遗体、遗骨等,这些侵害客体上蕴含着其近亲属的精神利益,一旦被侵害往往会产生极大的精神痛苦(甚至会出现财产利益的损害)。

三、精神损害赔偿的法律依据

(一)基本法律层面

《民法通则》第120条规定:“公民的姓名权、肖像权、名誉权、荣誉权受到侵害的,有权要求停止侵害,恢复名誉,消除影响,赔礼道歉,并可以要求赔偿损失。法人的名称权、名誉权、荣誉权受到侵害的,适用前款规定。”这是最早有关精神损害赔偿的基本法律依据,但没有明确提出“精神损害赔偿”的概念。

《侵权责任法》第22条规定:“侵害他人人身权益,造成他人严重精神损害的,被侵权人可以请求精神损害赔偿。”这是首次以法律形式明确“精神损害赔偿”的规定,具有开创意义。

在民事特别法上也有相应的规定,如2001年修正的《婚姻法》第46条规定:“有下列情形之一,导致离婚的,无过错方有权请求损害赔偿:(一)重婚的;(二)有配偶者与他人同居的。”虽然它没有明确提到“精神损害”,但在事实上有条件地确认了一方侵害另一方配偶权的精神损害赔偿的法律依据。

(二)司法解释层面

《最高人民法院关于贯彻执行〈中华人民共和国民法通则〉若干问题的意见(试行)》(1988)第150条规定:“公民的姓名权、肖像权、名誉权、荣誉权和法人的名称权、名誉权、荣誉权受到侵害,公民或者法人要求赔偿损失的,人民法院可以根据侵权人的过错程度、侵权行为的具体情节、后果和影响确定其赔偿责任。”同样并未明确精神损害赔偿的概念,只是初步提出赔偿损失的考虑因素。

最早真正涉及精神损害赔偿的规定是《最高人民法院关于审理名誉权案件若干问题的解答》(1993),在第十问中明确指出:“公民、法人因名誉权受到侵害要求赔偿的,侵权人应赔偿侵权行为造成的经济损失；公民并提出精神损害赔偿要求的，人民法院可根据侵权人的过错程度，侵权行为的具体情节、给受害人造成精神损害的后果等情况酌定。"

随着2001年3月《最高人民法院关于确定民事侵权精神赔偿责任若干问题的解释》的出台，我国在实践中基本确立了精神损害赔偿制度。不过，该解释第九条认为精神损害抚慰金的方式为残疾赔偿金、死亡赔偿金或其他损害情形的精神抚慰金，这就把二者混淆了。

而《最高人民法院关于审理人身损害赔偿案件适用法律若干问题的解释》(2003)第18条对精神损害赔偿又进一步明确了法律适用的规则："受害人或者死者近亲属遭受精神损害，赔偿权利人向人民法院请求赔偿精神损害抚慰金的，适用《最高人民法院关于确定民事侵权精神损害赔偿责任若干问题的解释》予以确定。精神损害抚慰金的请求权，不得让与或者继承。但赔偿义务人已经以书面方式承诺给予金钱赔偿，或者赔偿权利人已经向人民法院起诉的除外。"同时，本解释第17条和第18条对前一个司法解释的相关规定做出了修正，认为精神损害抚慰金是一个和残疾赔偿金、死亡赔偿金并立的赔偿项目。这就明确了残疾赔偿金、死亡赔偿金是对财产性损害的赔偿，而精神损害赔偿金则是对精神损害(非财产性损害)的赔偿。

此外，最高人民法院对下级法院的一些复函也涉及精神损害赔偿的问题。比如，针对安徽省高级人民法院的《关于财保六安市分公司与李福国等道路交通事故人身损害赔偿纠纷请示的复函》([2008]民一他字第25号复函)①，明确了精神损害赔偿金在交通事故强制责任保险限额中的赔偿次序的优先性。

地方法院(主要是高级人民法院)也出台过一系列的指导性文件，对精神损害赔偿多有涉及。当然它们不属于司法解释，不具有法律效力，不过在本司法区域具有实际指导作用。

四、精神损害赔偿的适用范围

按照《最高人民法院关于确定民事侵权精神赔偿责任若干问题的解释》第1条至第4条的规定，精神损害赔偿的适用范围包括：

(一)自然人的人格权受到侵害。如生命权、健康权、身体权等物质性人格权、姓名权、肖像权、名誉权、荣誉权等精神性人格权，以及人格尊严、人身自由等一般人格利

---

① 该复函指出：《机动车交通事故责任强制保险条例》第3条规定的"人身伤亡"所造成的损害包括财产损害和精神损害。精神损害赔偿与物资损害赔偿在强制责任保险限额中的赔偿次序，请求权人有权进行选择。请求权人选择优先赔偿精神损害，对物资损害赔偿不足部分由商业第三者责任险赔偿。

益受到侵害的情形。在违反社会公共利益、社会公德侵害他人隐私或者其他人格利益,受害人以侵权为由向人民法院起诉请求赔偿精神损害的,人民法院也应当依法予以受理。

（二）监护或其他亲属关系受到侵害。如非法使被监护人脱离监护,导致亲子关系或者近亲属间的亲属关系遭受严重损害,监护人向人民法院起诉请求赔偿精神损害的,人民法院应当依法予以受理。

（三）死者的名誉、隐私、姓名、肖像、遗体、遗骨等受到侵害。自然人死亡后,其"人格利益"可能也会受到侵害,如:以侮辱、诽谤、贬损、丑化或者违反社会公共利益、社会公德的其他方式,侵害死者姓名、肖像、名誉、荣誉;非法披露、利用死者隐私,或者以违反社会公共利益、社会公德的其他方式侵害死者隐私;非法利用、损害遗体、遗骨,或者以违反社会公共利益、社会公德的其他方式侵害遗体、遗骨;等。近亲属因这些侵权行为遭受严重的精神痛苦,可以请求赔偿精神损害。

（四）具有人格象征意义的特定纪念物品受到永久性灭失或者毁损。具有人格象征意义的特定纪念物品,因侵权行为而永久性灭失或者毁损,物品所有人以侵权为由,向人民法院起诉请求赔偿精神损害的,人民法院应当依法予以受理。不过在《侵权责任法》实施后这一规定的效力不无疑问。

【案例分析】

周海婴诉绍兴越王珠宝金行侵犯"鲁迅肖像权"案①

1996年,被告未经原告(鲁迅之子)同意制售圆形和方形鲁迅肖像金卡礼座,并于同年开始销售。原告认为,被告未经其同意,以制作"近代贤人"为名,以获取利润为目的,制售鲁迅肖像金卡礼座,显然侵犯了鲁迅的肖像权。此案经绍兴市中级人民法院立案受理,但因此案涉及鲁迅的肖像权,且法律上又没有明确规定,故向浙江省高级人民法院请示。浙江省高级人民法院就此案向最高人民法院书面请示。最高人民法院答复:公民死亡后,其肖像权应依法保护。任何污损、丑化或擅自以营利为目的使用死者肖像构成侵权的,死者的近亲属有权向人民法院提起诉讼。2000年12月6日,原、被告双方在法院主持下达成调解协议,被告赔偿1.5万元,并赔礼道歉,停止侵害。

分析侵害死者的名誉、姓名、肖像、隐私等责任的性质及其承担方式。

① 案例来源:《最高人民法院请示与答复(民事卷)》,中国法制出版社2004年版,第92—93页。

五、精神损害赔偿数额的确定

（一）确定精神损害赔偿数额的原则

根据我国的现实情况，确定精神损害赔偿数额的原则可以归纳为以下三个。

首先是必要性原则。对精神损害予以赔偿，首先要考虑是否必要。如果受害人确实产生了极其严重的精神损害后果，不进行安抚和补偿将有失公平，则就是必要的；如果受害人确实产生了精神损害，但并不是严重的而是非常轻微的，如一般的精神不快，那么可以对加害人予以其他责任方式如赔礼道歉等，精神损害赔偿就不是必要的。法律规定精神损害赔偿的目的在于以经济补偿的方式缓和或解除受害人精神上所遭受的痛苦，对受害人进行安抚，作为众多责任方式中的一种，精神损害赔偿只有在必要时才能采用。

其次是适当性原则。在精神损害赔偿有必要适用的时候，还要对赔偿数额进行适当的限制。精神损害赔偿对受害人而言，仅仅具有一定程度上的补偿和安抚性质，这就决定了在确定精神损害赔偿的数额时必须适当。只要能够按照一般社会观念，达到能够接受的程度就是适当的。哪种动辄提出数百万元的精神损害赔偿金的请求，是不能提倡的，因为法律不能让精神损害赔偿成为一些人——特别是在原告是受害人近亲属的时候——获取某种经济利益的工具。

最后是衡平性原则。精神损害赔偿数额必然要由法官根据具体案件情况进行裁量，所以必须坚持衡平性原则。因为精神损害并不像财产损害那样容易判断，在确定精神损害赔偿数额时，所要考虑的案件事实因素是多样的，赔偿数额可能会具有明显的悬殊，但在同一个司法区域内，同样或类似情况的处理结果一定要统一。比如，2005 年发生在北京的“公共汽车售票员掐死清华大学教授女儿”一案，二审法官考虑的因素主要有：教授老年得女；又在现场亲眼目睹女儿被掐死；售票员的手段特别恶劣，破坏了人们对于社会的正常秩序和善良风俗的信心，以及社会的和谐与稳定；被告巴士公司也有赔偿能力等，最终将一审判决的 10 万元精神损害赔偿金改判为 30 万元（其他赔偿项目为 45 万元）。在本案中，法官就很好地应用了衡平性原则。

（二）确定精神损害赔偿数额的因素

按照《最高人民法院关于确定民事侵权精神赔偿责任若干问题的解释》第 10 条的规定，精神损害的赔偿数额根据以下因素确定：（1）侵权人的过错程度，法律另有规定的除外；（2）侵害的手段、场合、行为方式等具体情节；（3）侵权行为所造成的后果；（4）

侵权人的获利情况;(5)侵权人承担责任的经济能力;(6)受诉法院所在地平均生活水平。

根据第11条的规定,受害人对损害事实和损害后果的发生有过错的,可以根据其过错程度减轻或者免除侵权人的精神损害赔偿责任,即过错相抵的效果。

此外,还可以综合考虑:侵权人的认识态度及其对恢复受害人的权益的态度;受害人的谅解程度;受害人的社会地位、年龄、职业情况、家庭状况、经济能力等;侵权行为所造成的社会影响程度等因素。

当然,如果法律、行政法规对确定精神损害赔偿数额的因素有明确规定的,就要适用法律、行政法规的规定。

(三)确定精神损害赔偿数额的标准

国内外对于确定精神损害赔偿数额的标准和方法有不同立法例,主要有以下几个:(1)酌定赔偿。即不制定统一的赔偿标准,而是由法院根据案件的具体情况酌定。英美法系国家和地区采用这一做法。(2)比例赔偿。即按照有关医疗费确定一定的比例进行赔偿,将生理痛苦和心理痛苦的赔偿数额标准化。德国采用这一做法。(3)标准赔偿。即确定每日赔偿标准,按标准计算赔偿金额。丹麦采用这一做法。(4)固定赔偿。即制定固定的赔偿金表格,规定各种精神损害赔偿的固定赔偿数额,法官只需依照表格上确定的数额进行判决即可。日本采用这一做法。(5)限定赔偿。即规定精神损害赔偿的最高限额,法官可在该限额下酌定具体数额。埃塞俄比亚采用这一做法。[①]这些确定精神损害赔偿数额的标准和方法,对我们不无启发意义。但是,上述这些国家大部分都是发达国家或地区,国内基本上不存在像我国这样的地区发展水平的巨大差异。

在我国,由于在法律、法规乃至司法解释中都没有对精神损害赔偿金数额的具体的确定标准,在司法实践中,各地法院关于精神损害赔偿金数额的判决极不一致。如1998年的钱缘诉上海屈臣氏日用品有限公司等侵害名誉权案,一审判决精神损害赔偿人民币25万元,而二审法院改判为1万元。2006年,新疆乌鲁木齐市还发生过一个8岁女童因阑尾炎手术致死案,一审法院判决医院赔偿精神抚慰金35万元,但二审却改判为10万元。[②]在这些案件中,引起最大争议的是一审法院破天荒地判决25万元或35万元的巨额精神损害赔偿是否符合国情?而二审改判赔偿1万元或10万元是否合理?

---

① 参见魏振瀛主编:《民法》,北京大学出版社、高等教育出版社出版,2000年9月第1版,第729页。
② 参见《法制日报》2006年12月18日报道《女童死亡家属获判80万赔偿 法院被指情绪化判案》。

【案例分析】

钱缘诉上海屈臣氏日用品有限公司等侵害名誉权案①

1998年7月8日，原告钱缘（上海某大学女学生）从上海屈臣氏超市四川北路店出门时，门口的警报器突然鸣叫起来。门口的一名女保安拦住原告，对其挎包进行检查，未发现有该店商品。超市员工强行把原告带到办公室，并当着超市经理和男保安的面，用一只手提探测器对原告的全身进行检查，认为她的髋部有磁信号，并要求她脱下裤子接受检查。在男性回避后原告忍辱脱下长裤，女保安竟然又伸手到内裤里面进行检查，仍然是什么也没有。原告当即对商场表示自己的抗议，要求道歉并赔偿精神损失。而该店的经理却说，这是商场正常的行为，为保护商店的利益，你有义务接受检查。当原告表示要向报社投诉时，一个保安还调侃说，去吧，我们店还正想上报纸扬名呢。原告向上海市虹口区消费者协会投诉，但调解没有成功。于是在家人的陪同下向虹口区法院起诉，要求屈臣氏超市登报赔礼道歉，并赔偿自己的精神损失费人民币50万元。虹口区法院对该案进行了公开审理，10月28日做出判决：被告上海屈臣氏日用品有限公司四川北路店在《新民晚报》上刊登向原告赔礼道歉的公告，同时赔偿原告精神损失费人民币25万元，被告上海屈臣氏日用品有限公司承担连带责任。1999年1月6日，上海市中级人民法院对此案进行二审，判决被告侵权成立，但精神赔偿费从25万元降到了1万元。

分析本案对精神损害数额的确定是否合理。

为了尽量做到赔偿标准的一致，各地立法机关或司法机关几乎都曾做出过适用于本区域的规定或指导性意见，有以下几类：(1)有的规定精神损害赔偿的最低限额。比如，广东省人民代表大会于1999年8月5日审议通过的《广东省实施〈消费者权益保护法〉办法》第31条规定："经营者以暴力或者其他方法公然侮辱或捏造事实诽谤消费者、搜查消费者的身体及其携带物品，侵害消费者的人格尊严或者侵犯消费者人身自由的，应当停止侵害，恢复名誉、消除影响、赔礼道歉，并给予5万元以上的精神赔偿"。(2)有的规定精神损害赔偿的最高限额。比如，江西省、上海市、四川省等高级人民法院均有关于赔偿最高限额的规定。(3)有的规定精神损害赔偿的最低限额和最高限额。比如，河南省、山东省等高级人民法院对赔偿最低限额和最高限额做了粗略的规

① 案例来源：上海市第二中级人民法院(1998)沪二中民终字第2300号民事判决书。

定。(4)有的根据不同侵权程度分档评定精神损害赔偿金的数额,并规定有最高或最低限额。重庆市高级人民法院于2000年1月14日印发的《审理精神损害赔偿案件若干问题的意见(试行)》第6条就是关于精神损害赔偿的标准的规定。①在《福建省高级人民法院关于审理人身损害赔偿案件若干问题的意见》(2001)中,按侵权行为程度的不同等级,规定了相应的精神损害赔偿数额的幅度范围。②《安徽省高级人民法院审理人身损害赔偿案件若干问题的指导意见》(2005)第25条也对确定精神损害赔偿金数额的参考标准做出了规定。③这些标准在地方法院的实际裁判活动中发挥了重要作用。

在一定的区域内实行具有一定自由裁量空间的标准有利于法律的统一适用,使精神损害赔偿数额不至于在本地出现较大的差异。不过,其缺陷也是明显的,如各地区之间依然存在较大差别,可能无法适应不断发展变化的社会经济和生活消费水平的需要,忽略个案中的具体情况的不同,等等。不过,考虑到地区发展的差异,在全国范围内统一确定赔偿数额可能是不实际的。精神损害的本质在于个体对精神痛苦的感受程度,所以精神损害赔偿必须能够真正实现个案中的公平和正义。即使在一个地区内初步实现赔偿数额确定标准的统一,也要留下一个个案可以适用的空间,如前述安徽省高级人民法院的指导意见中规定的"案件有其他特殊侵权情节的,精神抚慰金的数额可以不按上述标准确定",这就是一个很好的做法。精神损害赔偿数额在个案中具有差别本来就属于正常的现象,所以,最恰当的做法可能只能是在个案当中根据具体情况,对精神损害赔偿数额做出具体判定。

【本章小结】

在侵权责任法中,损害赔偿作为一种最主要的责任方式,是指赔偿义务人通过支付一定数额金钱或者实物的方式对受害人的损害予以救济的责任。侵权损害赔偿作

① 该条规定:"(一)公民的姓名权、肖像权、名誉权、荣誉权遭受损害的,精神损害赔偿金额一般不超过1 000元;侵权行为情节恶劣、后果严重的,赔偿金额为1 000—5 000元。(二)侵害公民身体权、健康权的精神损害赔偿,按伤残程度予以划分。1.对公民的身体权、健康权造成一般侵害的,赔偿金额一般不超过1 000元。2.对公民的身体权、健康权造成严重侵害的,赔偿金额一般不超过5 000元。3.侵害公民的身体权、健康权,致使受害人轻微伤残的,赔偿金额一般不超过1万元。4.侵害公民的身体权、健康权,致使受害人严重伤残的,赔偿金额一般不超过10万元。5.精神损害赔偿金额最高限一般为10万元。"

② 一般侵权行为的精神损害赔偿数额在1 000元至1万元之间;严重侵权行为的精神损害赔偿数额在1万元至5万元之间;特别严重侵权行为的精神损害赔偿数额在5万元至10万元之间。

③ 该条规定:"按照最高人民法院《关于确定民事侵权精神损害赔偿责任若干问题的解释》第10条的规定确定精神抚慰金的数额时可以参考下列标准:(一)公民身体权、健康权遭受轻微伤害,不支持赔偿权利人的精神抚慰金请求;(二)公民身体权、健康权遭受一般伤害没有构成伤残等级的,精神抚慰金的数额一般为1 000元至5 000元;(三)公民身体权、健康权遭受的伤害已经构成伤残等级,精神抚慰金的数额可以结合受害人的伤残等级确定,一般不低于5 000元,但不能高于8万元。(四)造成公民死亡的,精神抚慰金的数额一般不低于5万元,但不得高于8万元。案件有其他特殊侵权情节的,精神抚慰金的数额可以不按上述标准确定。"

为一种侵权责任方式，不同于损害的公平分担。侵权损害赔偿原则有完全赔偿、损益相抵、过错相抵、司法衡量等。侵权损害赔偿范围应该包括全部损害，即直接损害和间接损害之总和。以侵害对象为依据，分为人身损害赔偿、财产损害赔偿和精神损害赔偿。

本章思考题

1. 侵权损害赔偿原则有哪些？结合实例谈谈各个原则如何适用。
2. 谈谈你对残疾赔偿金和死亡赔偿金的性质的认识。
3. 《侵权责任法》第 17 条规定："因同一侵权行为造成多人死亡的，可以以相同数额确定死亡赔偿金。"有人认为本条实现了"同命同价"，你认为呢？结合所谓"同命不同价"问题进行探讨。
4. 侵害财产权益的损害赔偿数额的计算标准如何确定？
5. 精神损害赔偿的适用范围有哪些？如何确定精神损害赔偿的数额？

主要参考书目

程啸:《侵权行为法总论》,中国人民大学出版社2008年版。

胡雪梅:《英国侵权法》,中国政法大学出版社2008年第1版。

胡雪梅:《"过错"的死亡——中英侵权法宏观比较研究及思考》,中国政法大学出版社2004年第1版。

梁慧星:《民法总论》,法律出版社2007年第3版。

梁慧星等:《中国民法典草案建议稿附理由:侵权行为编·继承编》,法律出版社2004年第1版。

李龙主编:《法理学》,武汉大学出版社1996年版。

李昊:《交易安全义务论:德国侵权行为法机构变迁的一种解读》,北京大学出版社2008年第1版。

刘士国:《现代侵权损害赔偿研究》,法律出版社1998年版。

刘士国等:《侵权责任法重大疑难问题研究》,中国法制出版社2009年版。

马骏驹、余延满:《民法原论》,法律出版社2005年第2版。

欧洲侵权法小组编著:《欧洲侵权法原则:文本与评注》,于敏、谢鸿飞译,法律出版社2009年10月第1版。

江平、米健:《罗马法基础》,中国政法大学出版社2004年修订本第3版。

邱聪智:《民法研究(一)》,中国人民大学出版社2002年增订版。

全国人大法工委民法室:《〈中华人民共和国侵权责任法〉条文解释与立法背景》,人民法院出版社2010年1月第1版。

史尚宽:《债法总论》,中国政法大学出版社2000年第1版。

孙笑侠:《法的现象与观念》,山东人民出版社2001年版。

孙笑侠主编:《法理学》,中国政法大学出版社1996年版。

佟柔、赵中孚、郑立:《民法概论》,中国人民大学出版社1982年版。

魏振瀛主编:《民法》,北京大学出版社、高等教育出版社出版2000年9月第1版。

王利明:《侵权行为法归责原则研究》,中国政法大学出版社1992年版。

王利明:《合同法研究》(第一卷),中国人民大学出版社2002年第1版。

王利明:《违约责任论》,中国政法大学出版社2000年修订版。

王利明:《我国民法典重大疑难问题之研究》,法律出版社2006年第1版。

王利明:《侵权行为法研究》(上卷),中国人民大学出版社2004年版。

王利明、杨立新:《侵权行为法》,法律出版社 1996 年版。

王利明主编:《民法·侵权行为法》,中国人民大学出版社 1993 年版。

王卫国:《过错责任原则:第三次勃兴》,中国法制出版社 2000 年第 1 版。

王泽鉴:《侵权行为法》(第一册),中国政法大学出版社 2001 年第 1 版。

王泽鉴:《民法学说与判例研究》(八册),中国政法大学出版社 1998 年版。

王泽鉴:《法律思维与民法实例》,中国政法大学出版社 2001 年第 1 版。

王泽鉴:《民法概要》,中国政法大学出版社 2003 年第 1 版。

王泽鉴:《王泽鉴法学全集》(八卷),中国政法大学出版社 2003 年第 1 版。

谢邦宇、李静堂:《民事责任》,法律出版社 1991 年版。

许玉秀:《主观与客观之间:主观理论与客观归责》,法律出版社 2008 年版。

徐爱国编著:《英美侵权行为法》,法律出版社 1999 年第 1 版。

徐国栋:《民法哲学》,中国法制出版社 2009 年第 1 版。

徐国栋:《民法总论》,高等教育出版社 2007 年第 1 版。

尹田:《民事主体理论与立法研究》,法律出版社 2003 年版。

杨立新:《侵权损害赔偿》,法律出版社,2008 年第 4 版。

杨立新:《侵权行为法专论》,高等教育出版社 2005 年第 1 版。

杨立新:《中华人民共和国侵权责任法草案建议稿及说明》,法律出版社 2007 年版。

杨立新:《人格权法专论》,高等教育出版社 2005 年版。

杨立新:《侵权法论》,人民法院出版社 2005 年第 3 版。

杨立新主编:《类型侵权行为法研究》,人民法院出版社 2006 年第 1 版。

于敏:《日本侵权行为法》,法律出版社 2006 年第 2 版。

张俊浩主编:《民法学原理》,中国政法大学出版社 1991 年版。

张俊浩主编:《民法学原理》(下册),中国政法大学出版社 2000 年修订第 3 版。

张民安、梅伟:《侵权法》,中山大学出版社 2008 年第 3 版。

张新宝:《侵权责任法原理》,中国人民大学出版社 2005 年第 1 版。

张新宝:《中国侵权行为法》,中国社会科学出版社 1998 第 2 版。

张新宝:《侵权责任构成要件研究》,法律出版社 2007 年第 1 版。

张新宝主编:《人身损害赔偿案件的法律适用》,中国法制出版社 2004 年版。

曾世雄:《损害赔偿法原理》,中国政法大学出版社 2001 年版。

曾宪义主编:《以案说法(民法篇)》,中国人民大学出版 1998 年版。

郑玉波:《民法债编总论》,中国政法大学出版社 2004 年版。

周枏:《罗马法原论》(下册),商务印书馆1994年版。

祝铭山主编:《精神损害赔偿纠纷》,中国法制出版社2004年版。

[奥]凯尔森:《法与国家的一般原理》,沈宗灵译,中国大百科全书出版社1996年版。

[德]克雷斯蒂安·冯·巴尔:《欧洲比较侵权行为法》(上卷),张新宝译,法律出版社2004年第2版。

[德]布吕格迈耶尔、朱岩:《中国侵权责任法学者建议稿及其立法理由》,北京大学出版社2009年第1版。

[德]克劳斯·罗克辛:《德国刑法学总论》(第1卷),王世洲译,法律出版社2005年版。

[德]U.马格努斯主编:《侵权法的统一:损害与损害赔偿》,谢鸿飞译,法律出版社2009年版。

[德]克雷斯蒂安·冯·巴尔:《欧洲比较侵权行为法》(下卷),焦美华译,张新宝校,法律出版社2004年第2版。

[德]鲁道夫·冯·耶林:《为权利而斗争》,胡宝海译,中国法制出版社2004年第1版。

《马克思恩格斯全集》第1卷,人民出版社1956年版。

[德]康德:《法的形而上学原理——权利的科学》,沈叔平译,商务印书馆1991年版。

[德]卡尔·拉伦茨:《德国民法通论》(上册),王晓晔等译,法律出版社2003年版。

[德]马克西米利安·福克斯:《侵权行为法》,齐晓琨译,法律出版社2006年第1版。

[古希腊]亚里士多德:《尼各马科伦理学》,中国社会科学出版社1990年版。

[美]肯尼斯·S.亚伯拉罕、阿尔伯特·C.泰特选编:《侵权法重述——纲要》,许传玺、石宏等译,法律出版社2006年8月第1版。

[美]罗尔斯:《正义论》,何怀宏等译,中国社会科学出版社1988年版。

[美]伯纳德·施瓦茨:《美国法律史》,王军译,中国政法大学出版社1989年版。

[日]圆谷峻:《判例形成的日本新侵权行为法》,赵莉译,法律出版社2008年第1版。

[意]彼德罗·彭梵得:《罗马法教科书》,黄风译,中国政法大学出版社2005年修订版。

[英]戴维·M.沃克:《牛津法律大辞典》,李双元等译,法律出版社2003年第1版。

[英]彼得·斯坦、约翰·香德:《西方社会的法律价值》,王献平译,中国法制出版社2004年版。

[英]P.S.阿狄亚:《合同法导论》,赵旭东等译,法律出版社2002年第1版。

[英]丹宁勋爵:《法律的训诫》,杨百揆等译,法律出版社1999年第1版。

Philip S. James & D. J. Latham Brown, *General Principles of the Law of Torts*, 4th ed., London, Butterworth & Co (Publishers) Ltd, 1978.

H. L. A. Hart & A. M. Honore, *Causation in the Law*, Oxford: The Clarendon Press, 1967.

图书在版编目(CIP)数据

侵权责任法原理/蒋云蔚,王康编著.—上海:格致出版社:上海人民出版社,2010

高等院校法学精品课教材

ISBN 978-7-5432-1823-9

Ⅰ.①侵… Ⅱ.①蒋… ②王… Ⅲ.①侵权行为-民法-中国-高等学校-教材 Ⅳ.①D923

中国版本图书馆 CIP 数据核字(2010)第165717号

责任编辑 罗 康
美术编辑 路 静

高等院校法学精品课教材

侵权责任法原理

蒋云蔚 王康 编著

出 版 世纪出版集团 www.ewen.cc 格致出版社 www.hibooks.cn 上海人民出版社

(200001 上海福建中路193号24层)

编辑部热线 021-63914988
市场部热线 021-63914081

发 行 世纪出版集团发行中心
印 刷 上海图宇印刷有限公司
开 本 787×1092毫米 1/16
印 张 20.5
插 页 1
字 数 370,000
版 次 2010年9月第1版
印 次 2010年9月第1次印刷

ISBN 978-7-5432-1823-9/D·42

定 价 32.00元